"十四五"职业教育国家规划教材

Xinnengyuan Qiche Jiegou yu Jianxiu

新能源汽车结构与检修

(第2版)

全国交通运输职业教育教学指导委员会
中国汽车维修行业协会
组织编写

陈社会 主编

人民交通出版社股份有限公司

北京

内 容 提 要

本书为“十四五”职业教育国家规划教材，主要内容包括：新能源汽车概述、电动汽车的能量储存装置、电动汽车电机驱动系统、电动汽车的充放电系统、混合动力汽车构造与检修和纯电动汽车检修。

本书适用于中等职业学校汽车运用与维修专业的教学，也可供其他相关专业教师学生参考使用。

图书在版编目(CIP)数据

新能源汽车结构与检修/陈社会主编. —2 版. —北京：人民交通出版社股份有限公司，2021.9（2025.2重印）

中等职业教育汽车专业技能课教材

ISBN 978-7-114-17279-3

Ⅰ.①新… Ⅱ.①陈… Ⅲ.①新能源—汽车—构造—中等专业学校—教材②新能源—汽车—车辆修理—中等专业学校—教材 Ⅳ.①U469.7

中国版本图书馆 CIP 数据核字(2021)第 162151 号

书　　名：新能源汽车结构与检修(第 2 版)
著 作 者：陈社会
责任编辑：戴慧莉
责任校对：孙国靖　魏佳宁
责任印制：张　凯
出版发行：人民交通出版社股份有限公司
地　　址：(100011)北京市朝阳区安定门外外馆斜街 3 号
网　　址：http://www.ccpcl.com.cn
销售电话：(010)85285911
总 经 销：人民交通出版社股份有限公司发行部
经　　销：各地新华书店
印　　刷：北京市密东印刷有限公司
开　　本：787×1092　1/16
印　　张：18.75
字　　数：348 千
版　　次：2017 年 3 月　第 1 版
2021 年 9 月　第 2 版
印　　次：2025 年 2 月　第 2 版　第 8 次印刷　总第 14 次印刷
书　　号：ISBN 978-7-114-17279-3
定　　价：45.00 元

编审委员会

第2版前言
Preface

本套由全国交通运输职业教育教学指导委员会、中国汽车维修行业协会组织编写的教材，自 2017 年 3 月出版以来，多次重印，被全国多所中等职业学校选为教学用书，受到了广大师生的好评。

为了体现职业教育理念，贴近汽车运用与维修专业实际教学目标，促进"教、学、做"更好地结合，突出对学生实践能力的培养，使之成为技能型人才，2020 年 11 月，人民交通出版社股份有限公司吸取教材使用学校的意见和建议，组织相关老师，经过认真研究和充分讨论，确定了修订方案，对本套教材进行了修订。通过教材修订，使教材在结构和内容上与教学内容更加吻合。

《新能源汽车结构与检修（第 2 版）》是其中的一本。此次修订，根据《国家职业教育改革实施方案》职业教育教材建设要求，参考《汽车运用与维修（含智能新能源汽车）职业技能领域职业技能等级标准》，修订内容如下：

1. 更新了新能源汽车相关数据；

2. 采用丰田卡罗拉混合动力汽车取代了前版中的丰田普锐斯；

3. 采用吉利 EV450 汽车取代前版中已经停产的北汽 E150；

4. 书中涉及的技术标准更新为现行国家标准；

5. 配套的电子课件也进行了修订，并将思考与练习的参考答案添加到配套电子课件中供教师参考。

本书由无锡汽车工程高等职业技术学校陈社会担任主编。编写分工如下：无锡汽车工程高等职业技术学校的顾重伟编写了单元一、单元二，无锡市正原大昌修车有限公司的李志军编写了单元三、单元四，无锡汽车工程高等职业技术学校的陈社会编写了单元五、单元六。

限于编者水平，书中难免有不当之处，敬请广大院校师生指正。

作　者

2021 年 4 月

目录 Contents

单元一　新能源汽车概述 …… 1
课题一　汽车工业面临的挑战 …… 1
课题二　新能源汽车的定义、分类和发展 …… 3
课题三　混合动力电动汽车 …… 5
课题四　纯电动汽车 …… 17
课题五　燃料电池电动汽车 …… 23
单元小结 …… 30
思考与练习 …… 31
单元二　电动汽车的能量储存装置 …… 32
课题一　电池的分类及性能指标 …… 32
课题二　铅酸蓄电池 …… 36
课题三　镍氢动力蓄电池 …… 40
课题四　锂离子动力蓄电池 …… 43
课题五　动力蓄电池的结构 …… 47
单元小结 …… 55
思考与练习 …… 56
单元三　电动汽车电机驱动系统 …… 57
课题一　电动汽车电机驱动系统概述 …… 57
课题二　直流电机驱动系统 …… 60
课题三　交流感应电机驱动系统 …… 65
课题四　永磁电机驱动系统 …… 69
课题五　开关磁阻电机驱动系统 …… 73
课题六　其他电机 …… 77
课题七　电动机和控制器的冷却 …… 83
单元小结 …… 86
思考与练习 …… 87
单元四　电动汽车的充放电系统 …… 88
课题一　电动汽车的充电 …… 88
课题二　再生制动能量回收系统 …… 101
单元小结 …… 105

思考与练习……………………………………………………………………………… 106
单元五　混合动力汽车构造与检修……………………………………………………… 107
课题一　混合动力汽车构造及控制技术……………………………………………… 107
课题二　混合动力汽车 THS-Ⅱ主要部件及工作原理 ……………………………… 139
课题三　混合动力汽车检修…………………………………………………………… 179
单元小结…………………………………………………………………………………… 218
思考与练习……………………………………………………………………………… 218
单元六　纯电动汽车检修…………………………………………………………………… 220
课题一　动力蓄电池的检修…………………………………………………………… 220
课题二　驱动电机系统的检修………………………………………………………… 238
课题三　整车控制系统的检修………………………………………………………… 253
课题四　充电系统的检修……………………………………………………………… 269
课题五　电动真空助力系统检修……………………………………………………… 286
单元小结…………………………………………………………………………………… 290
思考与练习……………………………………………………………………………… 290
参考文献……………………………………………………………………………………… 292

单元一　新能源汽车概述

课题一　汽车工业面临的挑战

学习目标

☞ **知识目标**

了解当今世界能源、大气污染、全球变暖等问题。

☞ **技能目标**

能掌握汽车排放污染物成分。

☞ **素养目标**

理解环境污染防治的意义，加强汽车排放污染物控制意识。

建议课时

1 课时。

统计数据显示，2020 年，世界汽车保有量超过 12 亿辆；我国机动车保有量达 3.72 亿辆，其中汽车为 2.81 亿辆。汽车工业的发展，对人类文明产生了深远的影响，同时也带来了一系列的问题。能源、环境和安全成为 21 世纪汽车工业发展的三大主题，这也是汽车工业发展中所面临的巨大挑战。

一　能源问题

近 100 多年的工业社会是建立在化石能源基础之上的。目前，世界能源消费的 40%、交通能源的 90% 还依赖石油。国际能源机构的统计数据表明，2020 年交通用油占全球石油总消耗量的 62% 以上。目前，全球石化能源面临供应短缺。

根据英国石油公司、IHS 公司、美国地质调查局和中国石油天然气股份有限公司评价数据,截至2018年底,世界石油总可采资源量约9222×10^8t。其中,已发现石油可采储量3758×10^8t,占41%;待发现常规石油可采资源量1045×10^8t,占11%;非常规石油可采资源量(页岩油、重油、油砂和油页岩)4419×10^8t,占48%,但开发成本高,开采难度大。天然气总可采资源量为$846\times10^{12}m^3$。已发现常规天然气可采储量$428\times10^{12}m^3$,占51%;待发现常规天然气可采资源量$181\times10^{12}m^3$,占21%;非常规可采资源量(致密/页岩气和煤层气)$237\times10^{12}m^3$,占28%。

这些资源是不可再生资源,并非“取之不尽用之不竭”。

中国能源现状也令人担忧。中国石油资源相对贫乏,能源对外依存度在持续升高。2018年我国原油对外依存度达到70.9%。

二 大气污染

全球环境问题日益突出,汽车尾气是城市环境污染和大气污染的重要因素之一,这使得世界汽车工业面临着严峻的挑战。

汽车排气污染物主要是一氧化碳(CO)、碳氢化合物(HC)、氮氧化物(NO_x)、硫化物(主要是SO_2)、炭烟及其他一些有害物质。汽车排出的各种有害物质给人类造成危害。

PM是Particulate Matter的缩写,即颗粒物。PM2.5是指大气中直径小于或等于2.5μm的颗粒物,也称为可入肺颗粒物,它的直径还不到人的头发丝粗细的1/20。虽然PM2.5只是地球大气成分中含量很少的组分,但它对空气质量和能见度等有重要的影响。PM2.5粒径小,富含大量的有毒、有害物质且在大气中的停留时间长、输送距离远,因而对人体健康和大气环境质量的影响更大。PM2.5的主要来源是日常发电、工业生产、汽车尾气排放等过程中经过燃烧而排放的残留物,大多含有重金属等有毒物质。

三 全球变暖

一般认为全球变暖是“温室效应”的结果,而“温室效应”是由于二氧化碳和其他气体(如大气中的甲烷)排放造成的。这些温室气体对来自太阳辐射的可见光具有高度的透过性,而对地球反射出来的长波辐射具有高度的吸收性,能强烈吸收地面辐射中的红外线,也就是常说的“温室效应”,导致全球气候变暖。全球变暖的后果,会使全球降水量重新分配、冰川和冻土消融、海平面上升等,这既危害自然生态系统的平衡,更威胁人类的食物供应和居住环境。全球气候的变化严重危及了生态安全,成为当今世界以及今后长时期内人类所面临的严峻的环境与发展的挑战。

二氧化碳是碳氢化合物和煤燃烧的生成物。交通运输工具对二氧化碳的排放占有大量的份额。

面对能源、环境的挑战，发展节能与新能源汽车技术成为必然。

课题二　新能源汽车的定义、分类和发展

学习目标

知识目标

1. 掌握新能源汽车的定义；
2. 掌握新能源汽车的分类；
3. 了解新能源汽车的发展史。

技能目标

能辨别新能源汽车和节能汽车。

素养目标

能理解我国汽车工业向清洁能源汽车转型发展政策，支持能源革命。

建议课时

1 课时。

一　新能源汽车的定义及分类

2012 年 6 月国务院通过《节能与新能源汽车产业发展规划（2012—2020 年）》。规划对新能源汽车进行了定义和分类。规划指出，新能源汽车是指采用新型动力系统，完全或主要依靠新型能源驱动的汽车。《节能与新能源汽车产业发展规划（2012 — 2020 年）》中所指新能源汽车主要包括纯电动汽车、插电式混合动力电动汽车及燃料电池电动汽车。

1 纯电动汽车（Battery Electric Vehicle，BEV）

纯电动汽车是驱动能量完全由电能提供、由电机驱动的汽车。电机的驱动电能来源于车载可充电储能系统或其他能量储存装置。

❷ 插电式混合动力电动汽车(Hybrid Electric Vehicle,HEV)

能够至少从下述两类车载储存的能量中获得动力的汽车即插电式混合动力电动汽车:可消耗的燃料;可再充电能/能量储存装置。

❸ 燃料电池电动汽车(Fucl Cell Electric Vehicle,FCEV)

燃料电池电动汽车是以燃料电池系统作为单一动力源或者是以燃料电池系统与可充电储能系统作为混合动力源的电动汽车。

二 新能源汽车发展史

1834 年在布兰顿演示过托马斯·蒂温博特(Thomas Davenport)发明的采用玻璃封装的不可充电蓄电池驱动的汽车,如图 1-1 所示,它只能行驶一小段距离;1859 年,法国人普兰特(G Plante)发明了世界第一只可充电的蓄电池,为后来电动汽车发展奠定了基础;1881 年,法国工程师特鲁夫(Gustave Trouve)第一次将直流电机和可充电的铅酸蓄电池用于私人车辆,同年在巴黎举办的国际博电器展览会上展出了一辆能实际操作使用的电动三轮车。19 世纪末,美国、英国、法国的公司开始生产电动汽车。19 世纪末 20 世纪初是电动汽车发展的黄金时代,例如:1900 年在美国销售的4200 辆汽车中有大约 38% 是电动汽车,20% 是燃油汽车,40% 是蒸汽机汽车。随后由于内燃机汽车的成熟和发展,电动汽车逐步退出历史的舞台。20 世纪 70 年代初期,美国、英国、法国、德国、意大利和日本开始重新发展电动汽车。

图1-1 世界第一辆电动汽车

三 我国的新能源汽车产业发展规划(节选)

2020 年 10 月 20 日,国务院办公厅印发了《新能源汽车产业发展规划(2021—2035 年)》。

总体思路是:以习近平新时代中国特色社会主义思想为指引,坚持创新、协调、绿色、开放、共享的发展理念,以深化供给侧结构性改革为主线,坚持电动化、网联化、智能化发展方向,深入实施发展新能源汽车国家战略,以融合创新为重点,突破关键核心技术,提升产业基础能力,构建新型产业生态,完善基础设施体系,优化产业发展环境,推动我国新能源汽车产业高质量可持续发展,加快建设汽车强国。

发展愿景是:力争经过15年的持续努力,我国新能源汽车核心技术达到国际先进水平,质量品牌具备较强国际竞争力。纯电动汽车成为新销售车辆的主流,公共领域用车全面电动化,燃料电池电动汽车实现商业化应用,高度自动驾驶汽车实现规模化应用,充换电服务网络便捷高效,氢燃料供给体系建设稳步推进,有效促进节能减排水平和社会运行效率的提升。

《新能源汽车产业发展规划(2021—2035年)全文》

课题三　混合动力电动汽车

学习目标

☞ 知识目标

1. 掌握混合动力车辆的基本概念;
2. 掌握混合动力电动汽车的定义;
3. 掌握混合动力电动汽车的类型;
4. 熟悉串联式混合动力电动汽车的结构与工作原理;
5. 熟悉并联式混合动力电动汽车的结构与工作原理;
6. 掌握混联式混合动力电动汽车的结构与工作原理;
7. 熟悉插电式混合动力电动汽车。

☞ 技能目标

能识别混合动力汽车的结构形式及主要部件。

☞ 素养目标

通过对比不同类型的混合动力汽车,培养分析问题和独立思考问题的能力。

建议课时

4课时。

一　混合动力车辆的基本概念

根据国际能源组织(IEA)的有关文献,“能量与功率传送路线”具有如下特点的车辆称为混合动力车辆:

(1)传送到车轮推进车辆运动的能量,至少来自两种不同的能量转换装置

(例如:内燃机、燃气涡轮、斯特林发动机、电动机、液压马达、燃料电池等)。

(2)这些能量转换装置至少要从两种不同的能量储存装置(例如:燃油箱、蓄电池、飞轮、超级电容、高压储氢罐等)吸取能量。

(3)从储能装置流向车轮的这些通道,至少有一条是可逆的。

如果可逆的储能装置供应的是电能时,则称作混合动力电动汽车。

二 混合动力电动汽车(HEV)的定义

国家标准《电动汽车术语》(GB/T 19596—2017)对于混合动力电动汽车的定义如下。

能够至少从下述两类车载储存的能量中获得动力的汽车:

——可消耗的燃料;

——可再充电能/能量储存装置。

HEV 的突出优点是:发动机可工作在经济工况区,排放少,燃油消耗低;发动机不在全负荷和加速工况工作,噪声小;可以回收制动时的能量和利用已有的燃油设施等。当然,混合动力电动汽车推广中也存在一些问题,如与传统汽车相比,动力系统复杂,成本较高,还有动力系统的质量增加,占用空间增大,故障率高于传统汽车等。

HEV 与传统汽车的区别主要是驱动系统,HEV 通常至少由两种动力源组成。一种是由发动机提供的、与传统汽车类似的动力系统。从理论上讲,所有可以用于传统汽车的发动机(包括各种内燃机和外燃机)都可用于 HEV;另一种是传统汽车上所没有的电驱动系统。电驱动系统通常由电能储存器(蓄电池、超级电容器、飞轮电池等)、电源变换器(逆变器、变压器等)和电动机(直流电动机、三相异步感应电动机、永磁电动机、开关磁阻电动机)等组成,为了能够利用发动机发电或回收汽车的制动能量等,电驱动系统的电动机一般都可作为发电机使用,也有电动机和发电机分别设置的。HEV 的组成可以说是上述两种驱动系统的组合,由于组合方式和选用的装置种类的不同,就形成了各具特色的 HEV。

三 混合动力电动汽车的类型

汽车行业标准《混合动力电动汽车类型》(QC/T 837—2010)对于混合动力电动汽车的类型进行了划分。

1 按照动力系统结构类型划分

(1)串联式混合动力电动汽车。

串联式混合动力电动汽车是车辆行驶系统的驱动力只来源于电机的混合动

力电动汽车。

其典型的结构特点是发动机带动发电机发电，电能通过电机控制器输送给电机，由电机驱动车辆行驶。另外，动力蓄电池可以单独向电机提供电能驱动车辆行驶。

（2）并联式混合动力电动汽车。

并联式混合动力电动汽车是车辆行驶系统的驱动力由电机及发动机同时或单独供给的混合动力电动汽车。

其典型的结构特点是并联式驱动系统可以单独使用发动机或电机作为动力源，也可以同时使用电机和发动机作为动力源驱动车辆行驶。

（3）混联式混合动力电动汽车。

混联式混合动力电动汽车是具备串联式和并联式两种混合动力系统结构的混合动力电动汽车。

其典型的结构特点是可以在串联混合模式下工作，也可以在并联混合模式下工作，同时兼顾了串联式和并联式混合动力电动汽车的特点。

2 按照混合度划分

（1）微混合型混合动力电动汽车。

微混合型混合动力电动汽车是以发动机为主要动力源，电机作为辅助动力，具备制动能量回收功能的混合动力电动汽车。电机的峰值功率和总功率的比值小于10%。

仅具有停车怠速停机功能的汽车也可称为微混合型混合动力电动汽车。

（2）轻度混合型混合动力电动汽车。

轻度混合型混合动力电动汽车是以发动机为主要动力源，电机作为辅助动力，在车辆加速和爬坡时，电机可向车辆行驶系统提供辅助驱动力矩的混合动力电动汽车。一般情况下，电机的峰值功率和总功率的比值大于10%。

（3）重度混合（强混合）型混合动力电动汽车。

重度混合（强混合）型混合动力电动汽车是以发动机和/或电机为动力源，一般情况下，电机的峰值功率和总功率的比值大于30%，且电机可以独立驱动车辆正常行驶的混合动力电动汽车。

3 按照外接充电能力划分

（1）可外接充电式混合动力电动汽车。

可外接充电式混合动力电动汽车是正常使用情况下可从非车载装置中获取电能量的混合动力电动汽车。

仅当制造厂在其提供的使用说明书中或者以其他明确的方式推荐或要求进行车外充电时,混合动力电动汽车方可认为是“外接充电式”的。仅用作不定期的储能装置电量调节或以维护为目的而非用作常规的车外能量补充,即使有车外充电能力,也不认为是“外接充电式”的车辆。

插电式(plug-in)混合动力电动汽车(PHEV)属于此类型。

(2)不可外接充电式混合动力电动汽车。

不可外接充电式混合动力电动汽车是在正常使用情况下从车载燃料中获取全部能量的混合动力电动汽车。

4 按照行驶模式的选择方式划分

(1)有手动选择功能的混合动力电动汽车。

有手动选择功能的混合动力电动汽车是具备行驶模式手动选择功能的混合动力电动汽车。车辆可选择的行驶模式包括发动机模式、纯电动模式和混合动力模式三种。

(2)无手动选择功能的混合动力电动汽车。

无手动选择功能的混合动力电动汽车是不具备行驶模式手动选择功能的混合动力电动汽车。车辆的行驶模式根据不同工况自动切换。

5 其他划分类型

按照可再充电能量储存系统不同可以划分为(但不限于)以下类型:

(1)动力蓄电池混合动力电动汽车;

(2)超级电容器混合动力电动汽车;

(3)机电飞轮混合动力电动汽车;

(4)动力蓄电池与超级电容器组合式混合动力电动汽车。

混合动力电动汽车按照其技术特征、燃料类型、功能结构和车辆用途等因素还可有其他划分类型。

四 串联式混合动力电动汽车结构与工作原理

1 基本结构

串联式混合动力电动汽车系统的结构形式及驱动方式如图1-2所示。串联式混合动力系统利用发动机动力发电,从而带动电动机驱动车轮。其基本结构是由电动机、发动机、发电机、动力蓄电池、变压器等组成。由发动机进行准稳恒性运转来带动发电机,直接向电动机供应电力,或一边给动力蓄电池充电一边行驶。由于发动机的动力是以串联的方式供应到电动机,所以称为“串联式混合动力系统”。

发动机和发电机构成辅助动力单元(Auxiliary Power Unit,APU),发动机输出的驱动力(能)首先通过发电机转化为电能,转化后的电能一部分用来给动力蓄电池充电,另一部分经由电动机和传动装置驱动车轮。在这种结构形式中,发动机的唯一功能就是用来发电,而驱动车轮的转矩全部来自电动机。动力蓄电池实际上起平衡发动机输出功率和电动机输入功率的作用。当发电机的发电功率大于电动机所需的功率时(例如:汽车减速滑行、低速行驶或短时停车等工况),控制器控制发电机向动力蓄电池充电;当发电机发出的功率低于电动机所需的功率时(例如汽车起步、加速、高速行驶、爬坡等工况),动力蓄电池则向电动机提供额外的电能。串联式结构可使发动机不受汽车行驶工况的影响,始终在其最佳的工作区稳定行驶,因此可降低汽车的油耗和排放。串联式混合动力系统的结构简单,控制容易,但是由于发动机的输出需全部转化为电能再变为驱动汽车的机械能,而机电能量转换和蓄电池充放电的效率较低,因此串联式结构的能量利用效率较低。

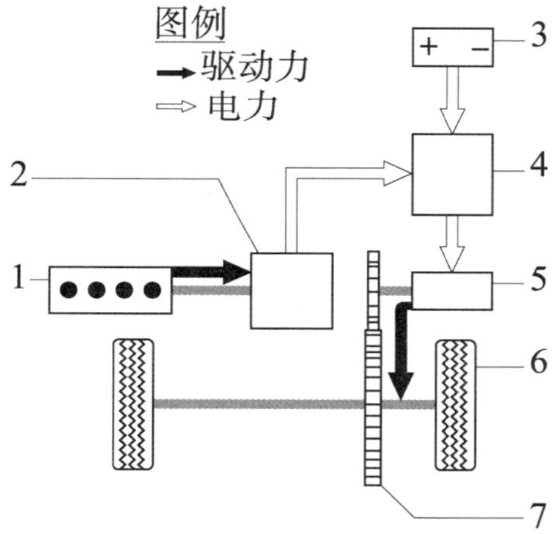

图 1-2　串联式混合动力系统

1-发动机;2-发电机;3-动力蓄电池;4-变压器;5-电动机;6-驱动轮;7-减速器

❷ 串联式混合动力驱动系统的三种基本控制模式

(1)"恒温器式控制"控制模式。主要利用电池来驱动车辆,仅当荷电状态(State of Charge,SOC)降低到最小限值时,发动机才起动,发动机在最高效率区以输出恒定功率的方式工作,当 SOC 回升到最大限值时发动机关停。这种控制模式的主要缺点是发动机的起动和关停会贯穿于车辆行车的整个过程。由于发动机每次关停期间,发动机和催化转换器装置的温度会降低,从而导致它们的效率降低。

(2)"负荷跟随"控制模式。保持蓄电池的 SOC 在规定的范围之内,发动机带动发电机工作并尽可能地供应接近车辆行驶所需的电能,蓄电池只起负荷调节装置的作用。这种模式蓄电池的充放电量较小,能量损失最小,缺点是发动机不能工作在最佳转速和负荷下,因此其排放可能变差、效率降低。

(3)最佳串联混合动力控制模式是上述两种控制模式的一个折中方案。在蓄电池的SOC较高时,主要用纯电动模式。而当蓄电池的SOC降低到设定的范围内时,发动机带动发电机工作,考虑到发动机的排放和效率,将其输出功率严格限定在一定的变化范围内。如果能预测到车辆行程内的总能量需求,则一旦蓄电池中储存了足够的能量,在剩余的行程中车辆就可转换为纯电动模式,到了行程终点正好耗尽蓄电池所允许放出的电能。

五 并联式混合动力电动汽车结构与工作原理

1 基本结构

并联式混合动力系统使用电机和发动机两种不同装置来驱动车轮,动力的流向为并联,所以称为“并联式混合动力系统”。可以采用发动机单独驱动、电机单独驱动、发动机和电机混合驱动三种工作模式,典型的并联式混合动力系统的结构类型及能量流动路线如图1-3所示,其基本结构是由电机、发动机、动力蓄电池、变压器和变速器等组成。

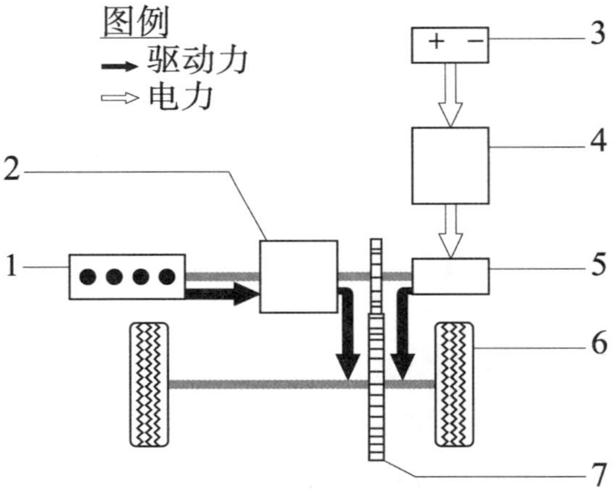

图1-3 并联式混合动力系统

1-发动机;2-变速器;3-动力蓄电池;4-变压器;5-电机(电动机);6-驱动轮;7-减速器

2 并联式混合动力驱动系统典型工作模式的功率流

(1)车辆起动、低速及轻载行驶时,发动机关闭,车辆由电机(电动机)驱动,为纯电动工况,如图1-4所示。

(2)车辆正常行驶、加速及爬坡工况时,发动机和电机(电动机)同时工作驱动车辆行驶,如图1-5所示。

(3)在车辆行驶过程中,当车载动力蓄电池组电量过低时,发动机在驱动车辆行驶的同时向动力蓄电池充电,如图1-6所示。

（4）车辆减速及制动时，电机（发电机）回收车辆制动能量向蓄电池充电，如图1-7所示。

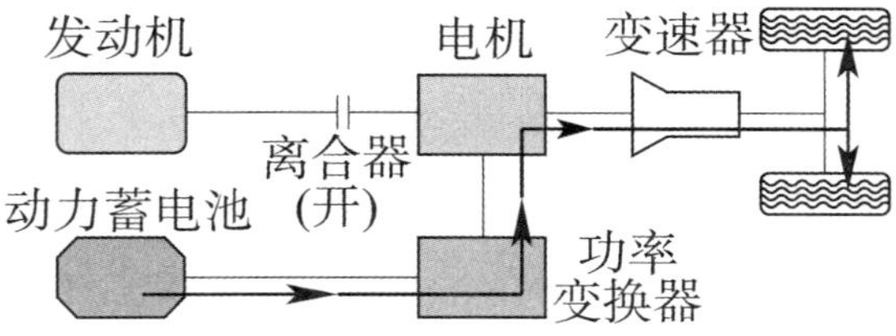

图1-4　纯电动工作模式

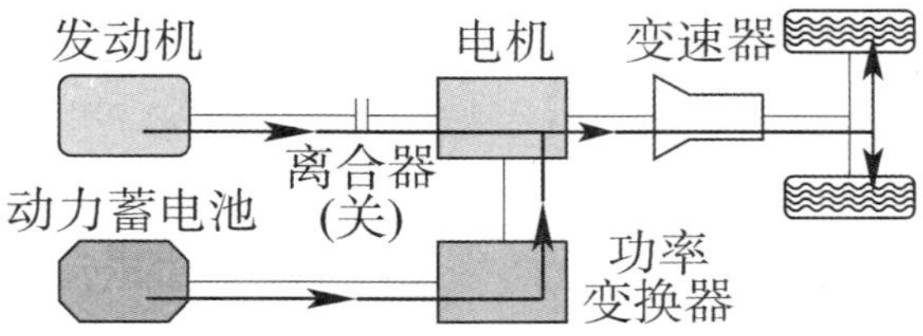

图1-5　混合动力

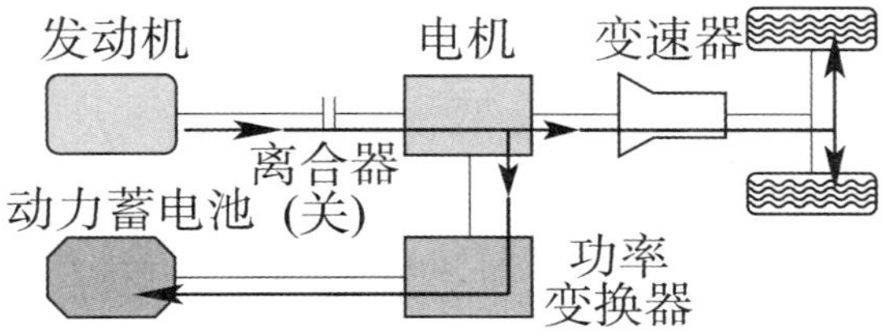

图1-6　向动力蓄电池充电

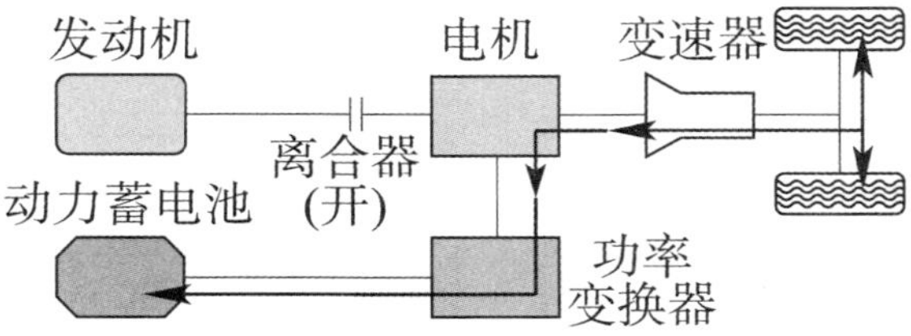

图1-7　制动能量回收

3　并联式混合动力驱动系统两种基本控制模式

（1）发动机辅助混合动力模式。这种模式主要利用动力蓄电池—电机系统来驱动车辆，仅当以较高的速度行驶、爬坡和急加速时才使发动机起动。这种控制模式的优点是大多数情况下车辆都是用动力蓄电池的电能来工作，车辆的排放和燃油消耗较少，同时发动机的起动机可以取消而利用车辆运动的惯性力起动发动机。这种控制模式的缺点是，由于发动机每次关停期间，发动机和催化转化装置的温度降低从而导致它们的效率降低，尾气排放增加。

（2）电机辅助混合动力模式。这种模式主要利用发动机来驱动车辆，电机只在两种状态下使用：一是用于瞬间加速和爬坡需要峰值功率时，可使发动机工作在最高效率区间，以降低排放和减少燃油消耗；二是在车辆减速制动时电机被用来回收车辆的制动动能对动力蓄电池进行充电。这种模式的主要缺点是车辆不具备纯电动模式，在行驶过程中若经常加速，动力蓄电池的电能消耗到最低限度，则会失去电机辅助能力，驾驶员会感到车辆动力性能有所降低。

六　混联式混合动力电动汽车结构与工作原理

1　基本结构

混联式混合动力系统的结构和类型如图1-8所示，在结构上综合了串联式和并联式的特点。混联式混合动力系统利用电动机和发动机这两个动力来驱动车轮,同时电动机在行驶当中还可以发电。根据行驶条件的不同,可以仅靠电动机驱动力来行驶,或者利用发动机和电动机驱动行驶。另外还安装有发电机,所以可以一边行驶,一边给动力蓄电池充电。混联式混合动力系统基本结构由电动机、发动机、动力蓄电池、发电机、动力分离装置、电子控制单元(变压器、转换器)等组成。利用动力分离装置将发动机的动力分成两份,一部分用来直接驱动车轮;另一部分用来发电,给电动机供应电力和动力蓄电池充电。

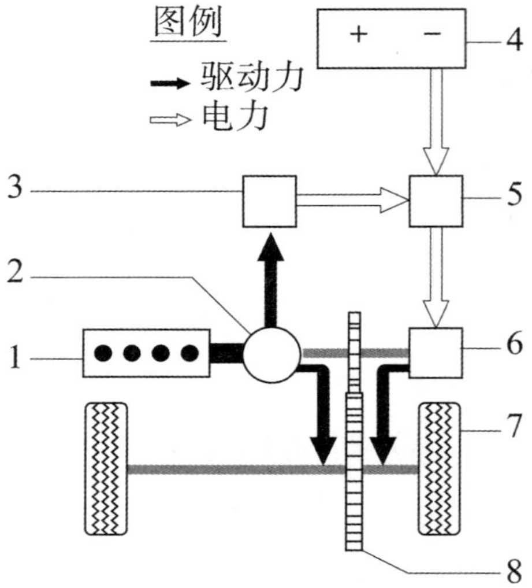

图 1-8 混联式混合动力系统

1-发动机;2-动力分离装置;3-发电机;4-动力蓄电池;5-变压器;6-电动机;7-驱动轮;8-减速器

❷ 丰田混联式混合动力系统

丰田混联式混合动力系统(图 1-8)将发动机输出的动力通过动力分离装置分解为发电机的驱动力和车轮的驱动力,发电机产生的电力一部分供给驱动车轮用的电动机,另一部分通过变压器把交流变为直流给动力蓄电池充电。动力蓄电池又通过变压器把直流变成交流给驱动电机供电来驱动车轮,此部分为串联混合动力部分;另一方面,尽管发动机可以通过减速器来驱动车轮,但是还可以通过增加电动机来共同驱动,此部分构成并联式混合动力部分。丰田混联式混合动力系统的核心是用行星齿轮组组成的动力分离装置,用于协调发动机和电动机的运动和动力传递。

丰田混联式混合动力系统具有低油耗和低排放的效果。根据行驶工况的不同,它在不同的模式工作,最大限度地适应车辆的行驶工况,使系统达到最高的燃油经济性和最低的排放。

(1)起动时。

充分利用电动机起动时的低速转矩。

当汽车起动时,丰田油电混合动力系统仅使用由动力蓄电池提供能量的电动机的动力起动,这时发动机并不运转,如图1-9所示。

发动机不能在低旋转带输出大转矩,而电动机可以灵敏、顺畅、高效地进行起动。

注意:点火起动时,发动机将进行运转,直至充分预热。

图1-9　起动时

(2)低速—中速行驶时。

由高效利用能量的电动机驱动行驶。

对于发动机而言,在低速—中速行驶区间的效率并不理想,而另一方面,电动机在低速—中速区间性能优越。因此,在用低速—中速行驶时,油电混合动力系统使用动力蓄电池的电力为电动机提供动力,由电动机驱动汽车行驶,如图1-10所示。

注意:动力蓄电池的电量少时,利用发动机来带动发电机发电,为电动机提供动力。

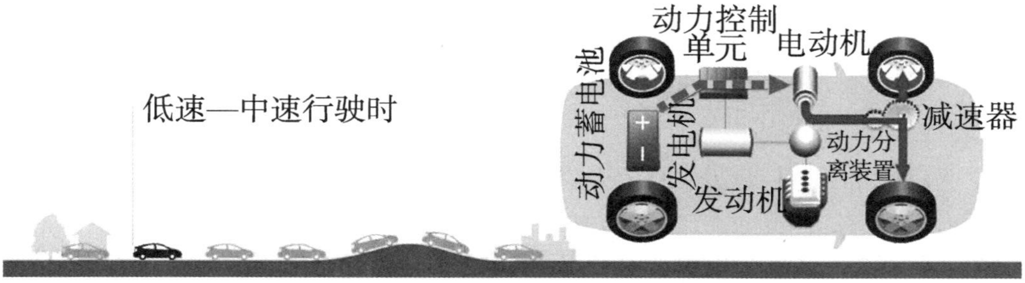

图1-10　低速—中速行驶时

(3)一般行驶时。

低油耗工况时的行驶,使用发动机作为主要动力源。

丰田油电混合动力系统采用发动机,使系统能在产生最高效功率的速度区间被驱动。由发动机产生的动力直接驱动车轮,并依照驾驶状况部分动力被分配给发电机。由发电机产生的动力用来驱动电动机和辅助发动机。利用发动机和电动机这一双重传动系统,发动机产生的动力以最小消耗被传向地面,如图1-11所示。

注意:动力蓄电池的电量少时,发动机输出功率会被提高以加大发电量,来给动力蓄电池充电。

图1-11　一般行驶时

(4)一般行驶时/剩余能量充电。

一般行驶时会将剩余能量用于动力蓄电池充电。

因为丰田油电混合动力系统在高速运转时是采用发动机来驱动,而发动机有时会产生多余的能量。这时多余的能量由发电机转换成电力存储于动力蓄电池中,如图1-12所示。

图1-12　一般行驶时/剩余能量充电

(5)全速行驶时。

全速行驶时利用双动力来获得更高一级的加速。

在需要强劲动力(如爬陡坡及超车)时,动力蓄电池也提供电力,来加大电动机的驱动力。通过发动机和电动机双动力的结合使用,丰田油电混合动力系统得以实现与高一级发动机同等水平的强劲而流畅的加速性能,如图1-13所示。

(6)减速/能量再生时。

减速时将减速能量回收到动力蓄电池中用于再利用。

在踩制动器和松加速踏板时,丰田油电混合动力系统使车轮的旋转力带动

图 1-13　全速行驶时

电动机运转，将其作为发电机使用。减速时通常作为摩擦热散失掉的能量，在此被转换成电能，回收到动力蓄电池中进行再利用，如图 1-14 所示。

图 1-14　减速/能量再生时

(7)停车时。

停车时动力系统全部停止。

在停车时，发动机、电动机、发电机全部自动停止运转。不会因怠速而浪费能量，如图 1-15 所示。

注意：当动力蓄电池的充电量较低时，发动机将继续运转，给动力蓄电池充电。另外，有时因与空调开关连动，发动机仍会保持运转。

图 1-15　停车时

七　插电式混合动力电动汽车(Plug-in Hybrid Electric Vehicle，PHEV)

插电式混合动力驱动系统是在三种混合动力系统(串联、并联、混联)基础上发展起来的一种混合动力系统。它配备了较大容量的动力蓄电池,可以通过接入电网为系统中配备的动力蓄电池充电,充电后可仅凭动力蓄电池和电机驱动汽车以纯电动模式行驶。在动力蓄电池的剩余电量用完后,切换至混合动力系统模式(串联式、并联式或混联式)工作,延长电动汽车的续驶里程。插电式混合动力系统既可以以纯电动模式行驶较长的距离,又解决了目前纯电动汽车续驶里程短的问题,是目前非常有发展前景的一种驱动系统。

图1-16是丰田汽车的并联式插电式混合动力系统结构原理图。

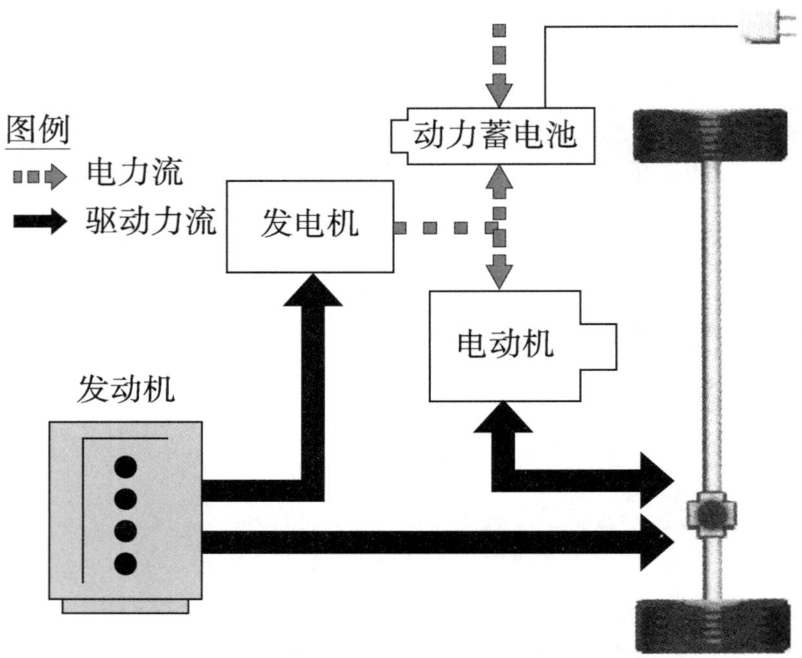

图1-16　丰田普锐斯并联式插电式混合动力系统

插电式混合动力电动汽车兼顾了纯电动汽车和混合动力电动汽车的优点。

(1)在局部地区或短距离上下班行驶,可以作为纯电动汽车使用,用家里的电源对车上动力蓄电池充电,不使用汽油。

(2)利用晚上电网负荷处于低谷时对动力蓄电池充电,可以提高电网效率。具有纯电动汽车的所有优点。

(3)加满油,插电式混合动力电动汽车续驶里程可以与混合动力汽车和内燃机汽车相当。

(4)由于主要以纯电动模式工作,车辆寿命期间的维修成本低。

课题四　纯电动汽车

学习目标

☞ 知识目标

1. 掌握纯电动汽车的定义；
2. 掌握纯电动汽车的结构原理；
3. 掌握电动汽车电力驱动的结构形式；
4. 熟悉电动汽车的电磁兼容性和高压电安全。

☞ 技能目标

能识别纯电动汽车的结构与部件。

☞ 素养目标

能关注电动汽车电磁兼容性和高压安全问题，树立安全意识。

建议课时

3课时。

一　纯电动汽车的定义

纯电动汽车(Battery Electrical Vehicle,BEV)是驱动能量完全由电能提供的、由电机驱动的汽车。电机的驱动电能来源于车载可充电储能系统或其他能量储存装置。

二　纯电动汽车的结构原理

1　电力驱动控制系统

燃油汽车主要由发动机、底盘、车身和电气设备四大部分组成，纯电动汽车的结构与燃油汽车相比，主要增加了电力驱动控制系统，而取消了发动机。电力驱动控制系统的组成与工作原理如图1-17所示，它由电力驱动主模块、车载电源模块和辅助模块3大部分组成。

当汽车行驶时，由蓄电池输出电能(电流)通过控制器驱动电机运转，电机输出的转矩经传动系统带动车轮前进或后退。纯电动汽车续驶里程与蓄电池容量有关，蓄电池容量受诸多因素限制。

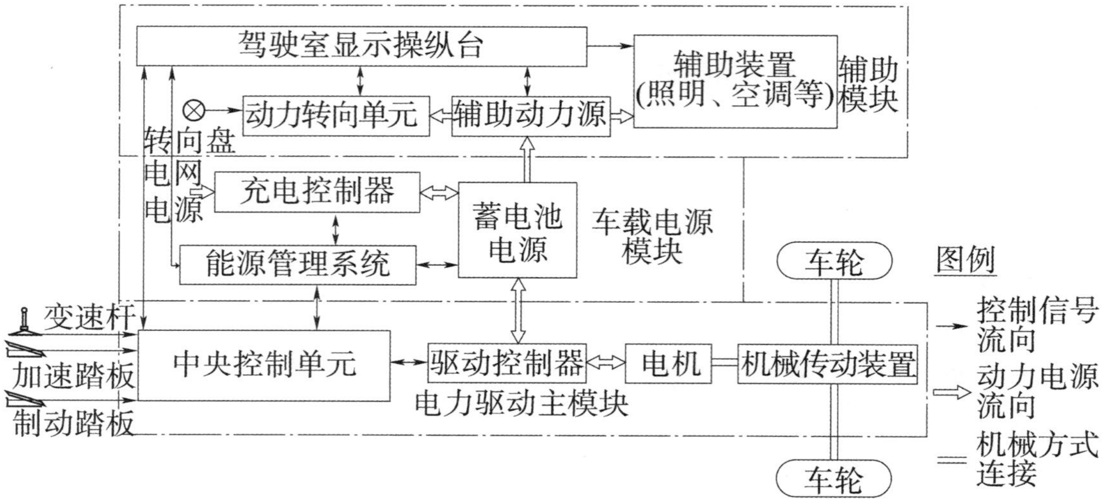

图1-17　电力驱动控制系统的组成与工作原理

(1)电力驱动主模块。

电力驱动主模块主要包括中央控制单元、驱动控制器、电机、机械传动装置。它的功用是将存储在蓄电池中的电能高效地转化为车轮的动能,并能够在汽车减速制动时,将车轮的动能转化为电能充入蓄电池。

中央控制单元根据加速踏板和制动踏板的输入信号,向驱动控制器发出相应的控制指令,对电机进行起动、加速、减速、制动控制。

驱动控制器是按中央控制单元的指令、电机的速度和电流反馈信号,对电机的速度、驱动转矩和旋转方向进行控制。驱动控制器必须和电机配套使用。

电机在电动汽车中承担电动和发电的双重功能,即在正常行驶时发挥其主要的电动机功能,将电能转化为机械能;在减速和下坡滑行时又被要求进行发电,将车轮的惯性动能转化为电能。

机械传动装置是将电机的驱动转矩传输给汽车的驱动轴,从而带动汽车车轮行驶。

(2)车载电源模块。

车载电源模块主要包括蓄电池电源、能量管理系统和充电控制器等。它的功用是向电机提供驱动电能、监测电源使用情况以及控制充电机向蓄电池充电。

纯电动汽车的常用蓄电池电源有铅酸蓄电池、镍镉蓄电池、镍氢蓄电池、锂离子蓄电池等。

能量管理系统主要是指蓄电池管理系统,它的主要功用是对电动汽车用蓄电池单体及整组进行实时监控、充放电、巡检、温度监测等。

充电控制器是把交流电转化为相应电压的直流电，并按要求控制其电流。

(3)辅助模块。

辅助模块主要包括辅助动力源、动力转向单元、驾驶室显示操纵台和辅助装置等。

辅助动力源主要由辅助电源和DC/DC功率变换器组成，其功用是供给电动汽车其他各种辅助装置所需要的动力电源，一般为12V或24V的直流低压电源，它主要给动力转向单元、制动力调节控制、照明、空调、电动窗门等各种辅助装置提供所需的能源。

动力转向单元是为实现汽车的转向而设置的，它由转向盘、转向器、转向机构和转向轮等组成。作用在转向盘上的控制力，通过转向器和转向机构使转向轮偏转一定的角度，实现汽车的转向。

驾驶室显示操纵台类似于传统汽车驾驶室的仪表盘，但其功能根据电动汽车驱动的控制特点有所增减，其信息指示更多地选用数字或液晶屏幕显示。

辅助装置主要有照明、各种声光信号装置、车载音响设备、空调、刮水器、风窗除霜清洗器、电动门窗、电控玻璃升降器、电控后视镜调节器、电动座椅调节器、车身安全防护装置控制器等。它们主要是为提高汽车的操控性、舒适性、安全性而设置的，可根据需要进行选用。

2 电气控制系统

电气系统是电动汽车的神经，承担着能量与信息传递的功能，对电动汽车的动力性、经济性、安全性和舒适性等有很大的影响，是电动汽车的重要组成部分。

电动汽车的电气系统主要包括低压电气系统、高压电气系统和整车网络化控制系统。纯电动汽车电气系统的结构原理如图1-18所示。

(1)低压电气系统。

纯电动汽车低压电气系统主要由DC/DC变换器、辅助蓄电池和若干低压电器设备组成。低压电器主要包含灯光系统、仪表系统、娱乐系统、电动车窗、刮水器、除霜和各种控制器等。燃油汽车与纯电动汽车、低压电气控制系统的主要区别在于，燃油汽车的辅助蓄电池由与发动机相连的发电机来充电，而纯电动汽车的辅助蓄电池由动力蓄电池通过DC/DC变换器来充电。

(2)高压电气系统。

高压电气系统主要由动力蓄电池、驱动电机和功率变换器等大功率、高电压电气设备组成，根据车辆行驶的功率需求完成从动力蓄电池到驱动电机的能量变换与传输过程。

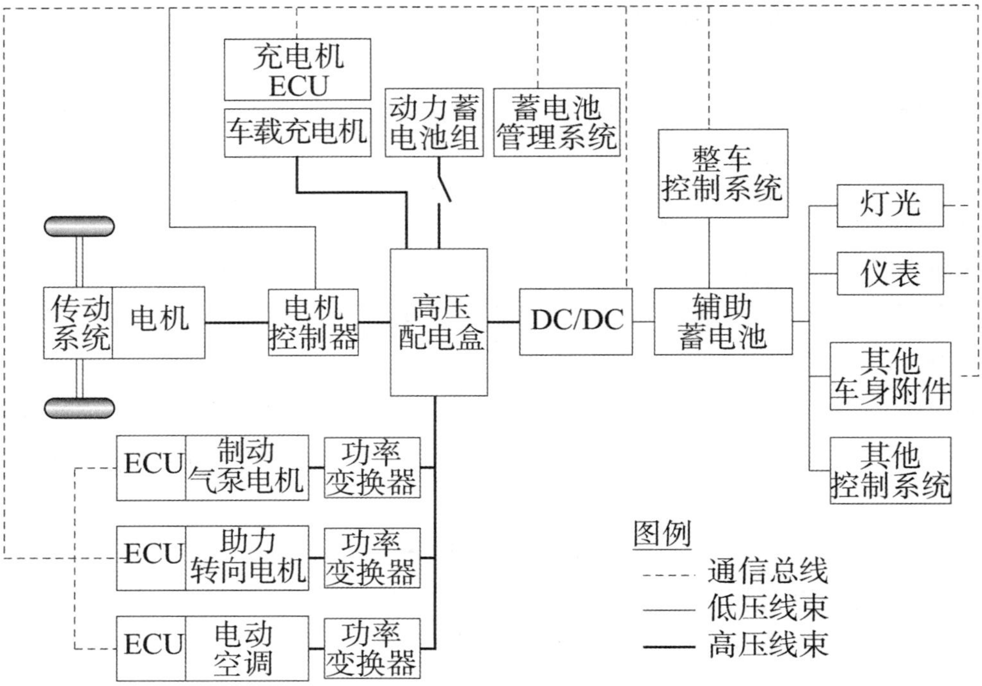

图 1-18　纯电动汽车电气系统的结构原理

(3)整车网络化控制系统。

电动汽车是一个高度集成的电气化系统,必须通过一个整车控制系统来进行协调控制,从而实现整车的最佳性能。整车控制系统主要包括整车控制器、电机控制器、电池管理系统、车身控制管理系统、信息显示系统和通信系统等。整车控制器是整车控制系统的核心,承担了数据交换与管理、故障诊断、安全监控、驾驶员意图解释等功能。各系统之间的信息传递通过网络通信系统实现,目前常用的通信协议是 CAN 协议,它具有较好的可靠性、实时性和灵活性。信息显示系统可以实现整车工作状态的实时显示,如车速、电池状态(电压、电流、剩余电量等)、电机状态、故障显示等,方便驾驶员了解车辆的实时状态。

电动汽车是由多个子系统构成的复杂系统,控制系统的数量也比同类型的燃油汽车多,其整体性能的发挥和安全可靠性均取决于各个子系统的协同工作。因此,电动汽车更需要采用车载网络系统进行整车信息的通信和数据共享。电动汽车网络化控制系统如图 1-19 所示。

三　电动汽车电力驱动的结构形式

根据电力驱动系统的不同,把电动汽车分为以下六种,如图 1-20 所示。

电动汽车的驱动布置形式

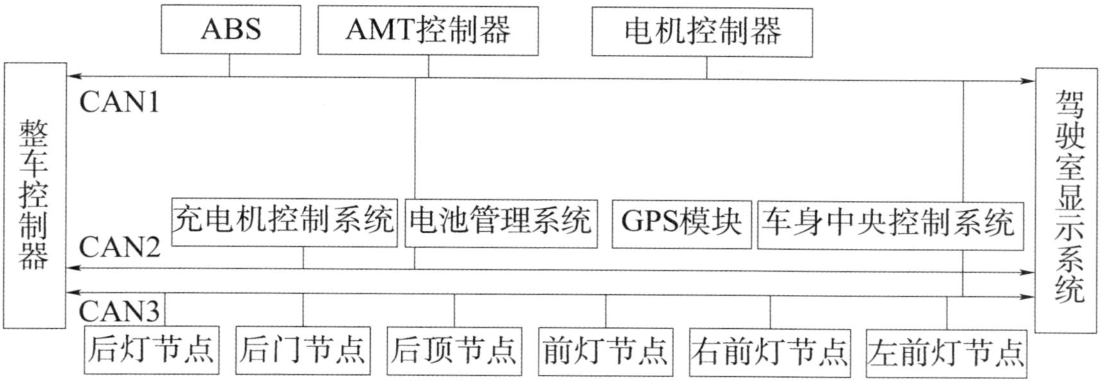

图1-19　电动汽车网络化控制系统

(1)第一种类型如图1-20a)所示,由发动机前置前轮驱动的燃油车发展而来,它由电机、离合器、变速器和差速器组成。离合器用来切断或接通电机到车轮之间传递动力的机械装置,变速器是一套具有不同传动比的齿轮机构,驾驶员可选择不同的传动比,把力矩传给车轮。在低速挡时,车轮获得大转矩低转速;在高速挡时,车轮获得小转矩高转速。汽车在转弯时,内侧车轮的转弯半径小,外侧车轮的转弯半径大,差速器使内外车轮以不同转速行驶。

(2)如果用固定传动比的减速器,去掉离合器,可减小机械传动装置的质量、缩小其体积。图1-20b)所示为由电机、固定传动比的减速器和差速器组成的电力驱动系统。应该注意,这种结构的电动汽车由于没有离合器和可选的变速挡位,不能提供理想的转矩/转速特性,因而不适合于使用发动机的燃油汽车。

(3)图1-20c)所示的这种结构与发动机横向前置、前轮驱动的燃油汽车的布置方式类似,它把电机、固定传动比减速器和差速器集成为一个整体,两根半轴连接驱动车轮,这种结构在小型电动汽车上应用最普遍。

(4)图1-20d)所示的双电机独立驱动结构是采用两个电机通过固定传动比的变速器分别驱动两个车轮,每个电机的转速可以独立地调节控制,因此不必选用机械差速器,而且比燃油汽车易于实现整车复杂的动力学控制。

(5)电机也可以装在车轮里面,称为轮毂电机,可进一步缩短从电机到驱动车轮的传递路径,如图1-20e)所示。为了将电机转速降低到理想的车轮转速,可采用固定减速比的行星齿轮变速器,它能提供大的减速比,而且输入和输出轴可布置在同一条轴线上。

(6)图1-20f)表示了另一种使用轮毂电机的电动汽车结构,这种结构采用低速外转子电机,彻底去掉了机械减(变)速器,电机的外转子直接安装在车轮的轮缘上,车轮转速和电动汽车的车速控制完全取决于电机转速的控制。

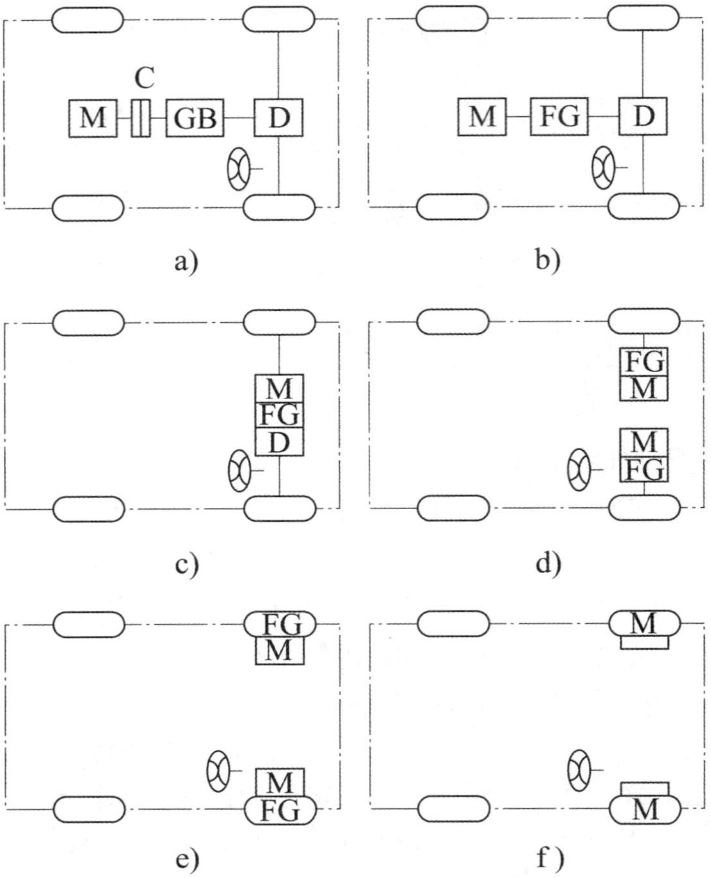

图 1-20　电力驱动的六种结构形式

C-离合器;D-差速器;FG-固定传动比变速器;GB-变速器;M-驱动电机

四 电磁兼容性

电磁兼容性(EMC)是指设备或者系统在其电磁环境中能正常工作,而且不对该环境中其他任何事物构成不能承受的电磁骚扰的能力。实际上,电磁兼容性包括了两个重要内容:能够抵御环境中的电磁干扰;不对环境造成不能承受的电磁骚扰。

电动汽车中由于应用了高压大功率变换装置和驱动电机,会产生严重的电磁干扰噪声。同时在汽车狭小的环境中增加了更多的高压与低压控制线束,干扰会通过线间耦合或辐射对低压控制系统造成影响。因此,电动汽车的电磁兼容性问题比传统燃油汽车更为复杂和严重,分析电动汽车的电磁环境和电磁兼容性也就成为评价电动汽车设计的重要方面。

五 高压安全

电动汽车动力系统的一个重要特点就是具有高电压、大电流的动力回路。为了适应电机驱动工作的特性要求并提高效率,高压电气系统的工作电压为300V以上,而且电力传输线路的阻抗很小,高压电气系统的正常工作电流可能达到数十甚至数百安培,瞬时短路放电电流更是成倍增加。高电压和大电流会危及车上乘客的人身安全,同时还会影响低压电气和车辆控制器的正常工作。

电动汽车的运行情况非常复杂,在运行过程中难免会出现部件间的相互碰撞、摩擦、挤压,这有可能使原本绝缘良好的导线绝缘层出现破损;接线端子与周围金属出现搭接。高压电缆绝缘介质老化或受潮湿环境影响等因素都会导致高电压电路和车辆底盘之间的绝缘性能下降,电源正负极引线将通过绝缘层和底盘构成漏电流回路。当高电压电路和底盘之间发生多点绝缘性能下降时,还会导致漏电回路的热积累效应,可能造成车辆的电气火灾。因此,高压电气系统相对车辆底盘电气绝缘性能的实时检测是电动汽车电气安全技术的核心内容。

电动汽车电气安全监测系统需要实时监测整车电气状态信息,如总电压、总电流、正负母线对地电压值、正负母线绝缘电阻值、辅助电压、继电器连接状况等,并通过CAN总线输出测得各部分的状态及数值、输出系统的报警状态和通断指令,从而确保电动汽车的安全运行。

课题五 燃料电池电动汽车

学习目标

☞ 知识目标

1. 掌握燃料电池的工作原理和分类;
2. 熟悉燃料电池发电系统的组成和工作原理;
3. 熟悉汽车用燃料电池发电系统的结构和工作原理;
4. 熟悉燃料电池电动汽车的系统组成和工作原理。

☞ 技能目标

能识别燃料电池电动汽车的结构与部件。

☞ 素养目标

能关注并思考燃料电池电动汽车的发展,热爱自己的专业。

建议课时

3 课时。

一 燃料电池的工作原理和分类

燃料电池的种类繁多,如氢燃料电池、甲醇燃料电池、生物燃料电池等,其主要原理是将燃料及氧化剂中的化学能转换成电能供电动机使用来驱动车辆。

1839 年威廉·格鲁夫(W·Grove)发明燃料电池。燃料电池由于具有能量转换效率高、对环境污染小等优点,受到世界各国的普遍关注。

1 燃料电池的工作原理

燃料电池实质上是电化学反应发生器,其反应机理是将燃料中的化学能不经燃烧而直接转化为电能。氢氧燃料电池实际上就是一个电解水的逆过程,通过氢氧的化学反应生成水并释放电能,氢气和氧气分别是反应过程中的燃料和氧化剂。

如图 1-21 所示,燃料电池通常由三部分组成,即正极(A)、负极(C)和电解质(E)。正极(燃料电极)为燃料和电解液提供了一个接触面,在催化剂作用下发生氧化反应并输出电子到外电路。另一方面,负极(氧气电极)为氧气和电解质提供了一个接触面,在催化剂作用下发生还原反应并从外电路接受电子。在正极和负极之间,电解质用于传递燃料反应的离子,并和氧气电极反应,而且还用于传递电子。

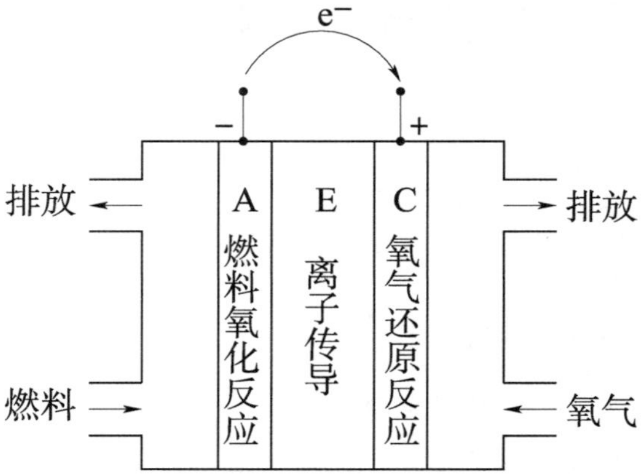

图 1-21　燃料电池的基本工作原理

氢气具有比任何燃料都高的单位比能量,是燃料电池理想的无污染燃料,而且燃料电池的反应生成物为纯净的水,其反应方程式为:

$$2H_2 + O_2 \longrightarrow 2H_2O$$

氢气不是初级燃料,通常需要从初级燃料例如碳氢化合物($CH_4 - C_{10}H_{22}$)、甲醇和煤等,通过处理提取得到。

2 燃料电池的分类

由于燃料电池是一个多变量系统,如燃料类型、电解质类型、燃料供给方式和工作温度等,所以燃料电池具有多种归类方法。

(1)按照工作温度分。

可以分为高温型、中温型及低温型三类。工作温度低于100℃为低温型,工作温度在100~300℃之间为中温型,工作温度高于500℃为高温型。

(2)按燃料的来源分。

根据燃料电池使用燃料的来源不同,可分为直接性燃料电池、间接型燃料电池和再生型燃料电池三类。

直接型燃料电池是指燃料不经过转化步骤直接参加燃料电池的电极反应的燃料电池。比如氢氧燃料电池,燃料直接使用氢气。

间接型燃料电池是指燃料不直接参加电化学反应,而是要通过重整等方法将燃料转化后再供给燃料电池发电的燃料电池。比如将甲醇重整后富氢的混合气作为燃料电池的燃料,即其燃料不是直接使用氢气,而是通过某种方法把甲烷、甲醇或其他烃类化合物转变成氢或含富氢的混合气后再供给燃料电池。

再生型燃料电池是指将燃料电池反应生成的水经过某种方式(如热和光等)分解成氢和氧,再将氢和氧重新输送给燃料电池进行发电的燃料电池。

(3)按照燃料电池电解质类型分。

一般分为碱性燃料电池(AFC)、磷酸燃料电池(PAFC)、熔融碳酸盐燃料电池(MCFC)、固体氧化物燃料电池(SOFC)和质子交换膜燃料电池(PEMFC)等。

3 质子交换膜燃料电池结构与原理

最近电动汽车用燃料电池的开发重点集中在质子交换膜燃料电池(PEMFC)技术上。

质子交换膜燃料电池的结构原理如图1-22所示。电池单体主要由膜电极(正极和负极、质子交换膜)和集流板组成。电池的具体反应步骤为,经增湿后的 H_2 和 O_2,分别进入正极室和负极室,经电极扩散层扩散到达催化层和质子交换膜的界面,分别在催化剂作用下发生氧化和还原反应,电化学反应方程式如下。

正极:

$$H_2 \longrightarrow 2H^+ + 2e^-$$

负极:

$$O_2 + 4H^+ + 4e^- \longrightarrow 2H_2O$$

电池总反应：

$$H_2 + \frac{1}{2}O_2 \longrightarrow H_2O$$

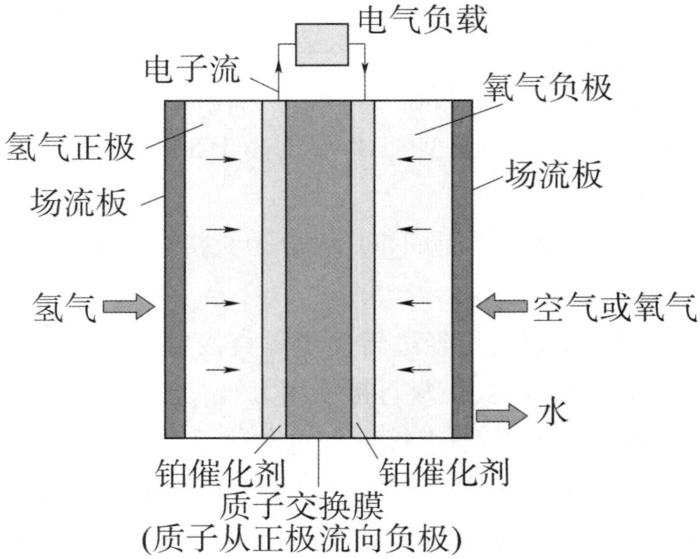

图 1-22　质子交换膜燃料电池结构原理

正极反应生成的质子(H^+)通过质子交换膜传达到负极,正极反应产生的电子通过外电路到达负极。生成的水以水蒸气或冷凝水的形式随过剩的负极反应气体从负极室排出。

质子交换膜燃料电池的核心部件包括质子交换膜、催化剂、膜电极和集流板等。

二　燃料电池发电系统的组成和工作原理

单独的燃料电池堆是不能发电并应用于汽车的,它必须和燃料供给与循环系统、氧化剂供给系统、水/热管理系统和一个能使上述各系统协调工作的控制系统组成燃料电池发电系统,简称燃料电池系统(Fuel Cell System,FCS),才能对外输出功率。目前最成熟的技术是以纯氢为燃料的发电系统,系统结构相对简单,仅由氢源、稳压阀和循环回路组成。典型的燃料电池发电系统示意图如图 1-23 所示。

燃料电池的功率密度随反应物——氢和氧的压力升高而增大。所以,现行的燃料电池发电系统一般可分为增压式和常压式两种。

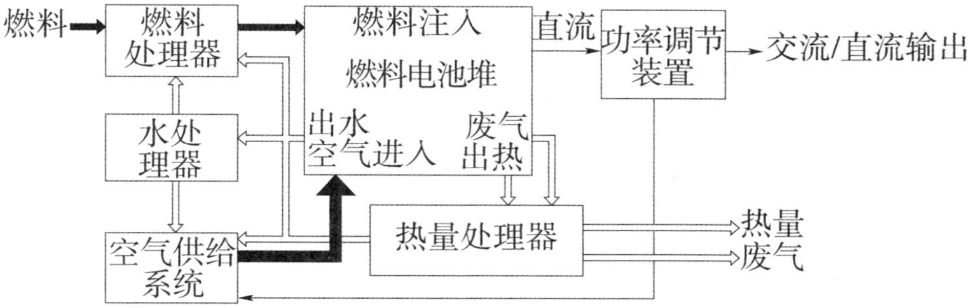

图 1-23　典型的燃料电池发电系统示意图

三 汽车用燃料电池发电系统的结构和工作原理

燃料电池电动汽车实质上是电动汽车的一种,在车身、动力传动系统、控制系统等方面与纯电动汽车基本相同,主要区别在于动力蓄电池的工作原理不同。

一般来说,燃料电池是通过电化学反应将化学能转化为电能,电化学反应所采用的还原剂一般为氢气,氧化剂为氧气或空气。图 1-24 所示为典型汽车用燃料电池发电系统(燃料电池发动机系统)的基本原理。其组成如图 1-25 所示,其子系统包括强制通风系统、储气系统、氢安全系统、水管理系统、热管理系统、反应物排放后处理系统、压力调整前处理系统和测试控制平台等。

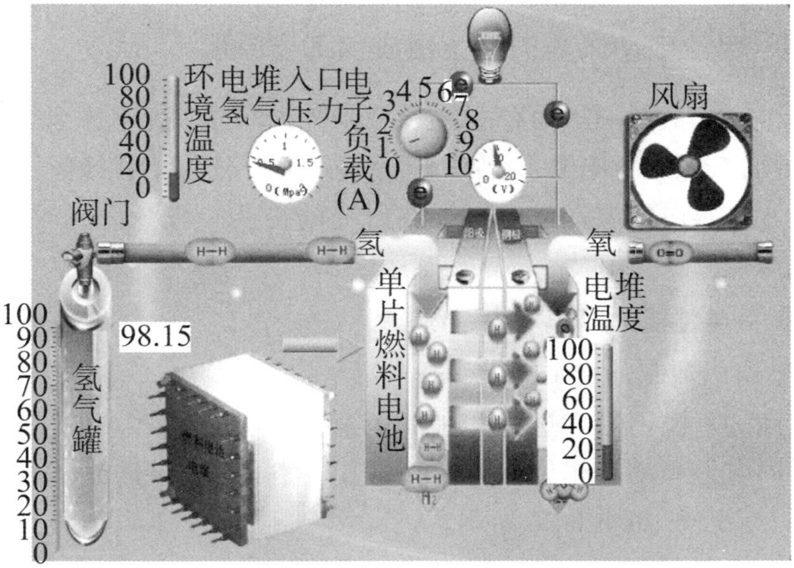

图 1-24　汽车用燃料电池发电系统的基本原理

按燃料电池发动机系统的增湿类型来划分,燃料电池发动机可分为内增湿型和外增湿型两类。按燃料的供应方式来分类,分为直接供氢型和间接供氢型。

直接供氢就是直接用氢作燃料,没有中间重整过程;间接供氢是通过重整装置先将氢从其他形式的燃料中分离出来。

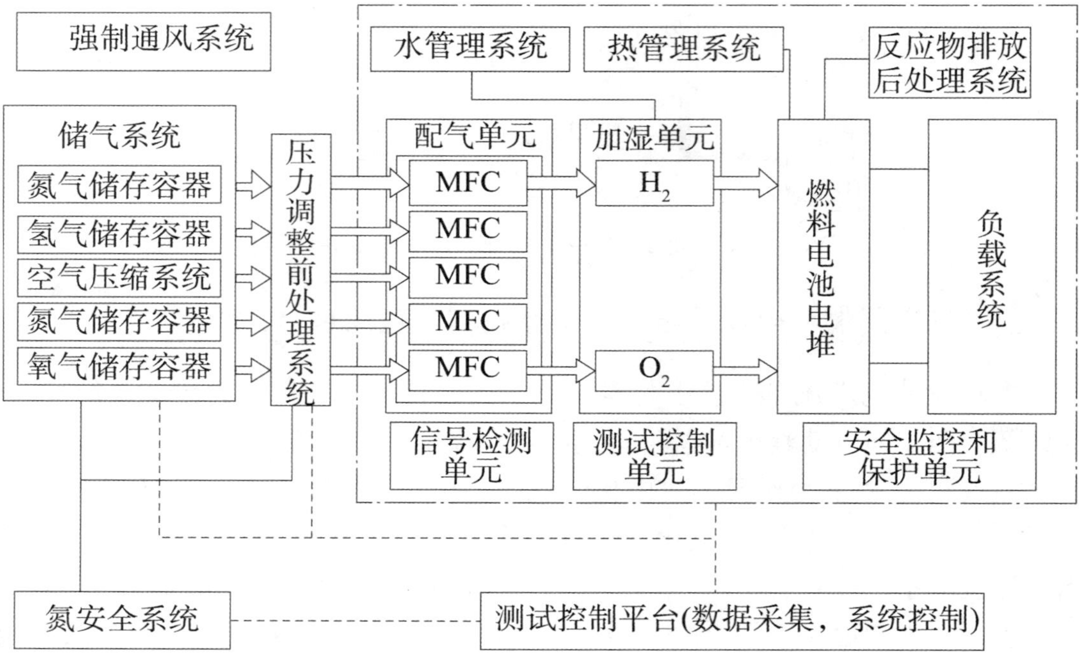

图 1-25　燃料电池发动机系统组成

四 燃料电池电动汽车的系统组成和工作原理

燃料电池电动汽车的结构有多种形式:按照驱动形式,可分为纯燃料电池驱动和混合驱动;按照燃料电池系统的能量来源,又可分为车载纯氢和燃料重整两种方式。由于燃料电池电动汽车正处在研究的初期阶段,所以各种技术竞相试用并各有优缺点。

1 纯燃料电池驱动汽车动力系统

(1)纯燃料电池驱动汽车动力传动系统结构。

燃料电池的种类不同和选配的辅助电池组种类不同,构成了动力路线的多样性。纯燃料电池驱动汽车驱动系统一般由燃料箱、燃料电池、电机控制器、电机、信号线路等组成,如图 1-26 所示。

燃料电池单独驱动汽车动力传动系统结构简图如图 1-27 所示,该系统实为纯燃料电池驱动系统。燃料电池系统将氢气与氧气反应产生的电能通过总线传给驱动电机,驱动电机将电能转化为机械能再传给传动系统,从而驱动汽车前进。

(2)纯燃料电池驱动汽车动力传动系统的优点。

①系统结构简单,便于实现系统控制和整体布置。

②系统部件少,有利于整车的轻量化。

③较少的部件使得整体的能量传递效率高,从而提高整车的燃料经济性。

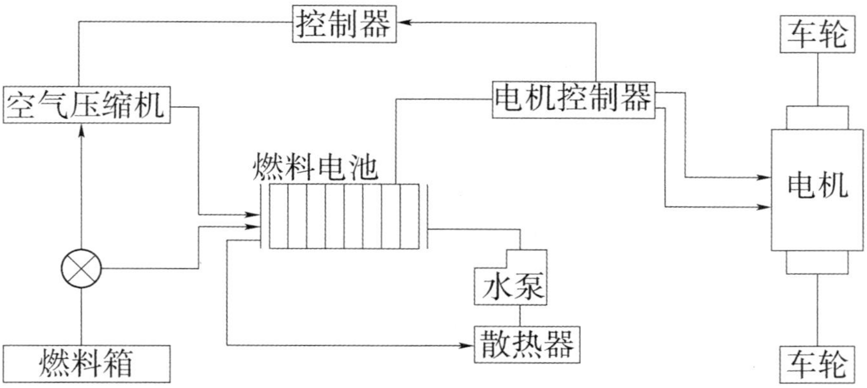

图 1-26　燃料电池单独驱动车型驱动系统结构图

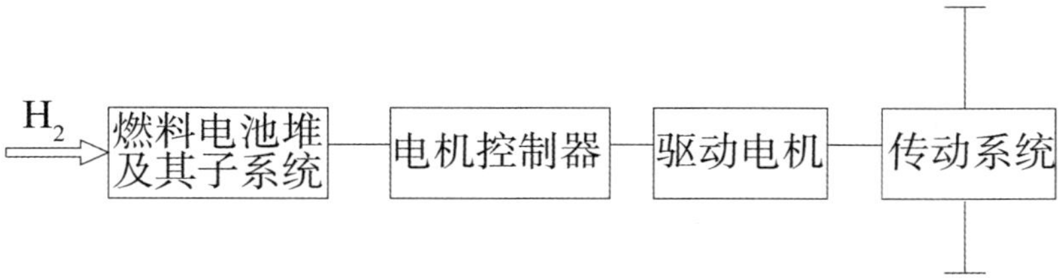

图 1-27　燃料电池单独驱动车型驱动系统结构简图

但是,这种系统也对燃料电池提出了较高的要求:

①为了减少整车成本,燃料电池必须有较低的价格;

②为了提高整车的经济性,燃料电池应在较大的输出范围内有较高的效率;

③燃料电池应具有较快的动态响应;

④燃料电池应具有较好的冷起动性能。

由于燃料电池无法充电,所以这种结构形式的燃料电池电动汽车无法实现制动能量回收,这将影响系统能量效率的提高。

2 燃料电池混合动力驱动汽车动力系统

基于燃料电池单独驱动汽车上述这些不利因素,现在已较多地采用了混合驱动这种结构形式。这种结构形式既以燃料电池系统作为主动力源,又增加了动力蓄电池组或超级电容作为辅助动力源。图 1-28 所示为混合驱动型燃料电池电动汽车的动力系统结构原理图,从图中可知它主要由燃料电池系统、DC/DC 变换器、辅助动力源、驱动电机以及各相应的控制器,再加上机械传动与车辆行驶机构等组成。

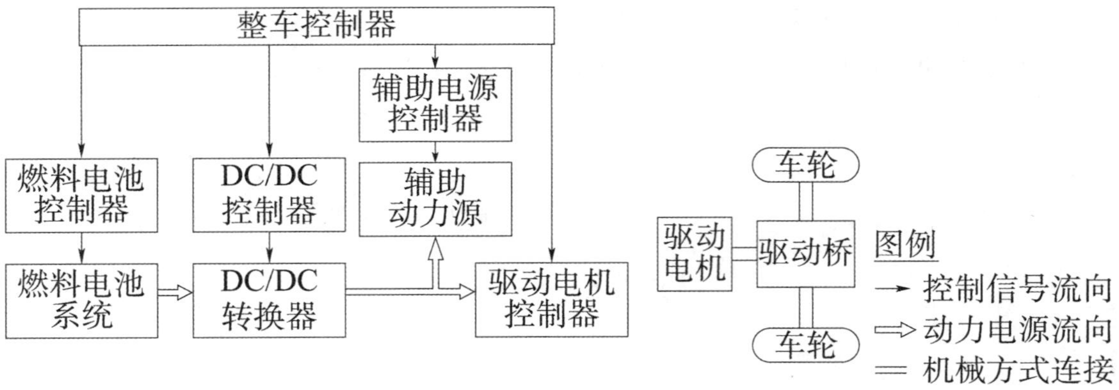

图1-28　混合驱动型燃料电池汽车的动力系统结构原理图

(1)DC/DC 变换器。

燃料电池由于制造工艺要求和对其使用安全性的考虑,其输出电压一般比电动汽车动力电源所要求的电压低,且特性较软,即随输出电流的增加,电压下降幅度较大。为了实现燃料电池系统输出电压与电机驱动电压相匹配,中间需要通过 DC/DC 变换器,即经过 DC/DC 变换起到升压和稳压的调节作用。它不仅是为了满足驱动电机的需要,也为了使混合动力系统中的工作电压与辅助动力源中的动力电池等工作电压相匹配,并且 DC/DC 变换器能够对燃料电池的最大输出电流和功率进行控制,起到保护燃料电池系统的目的。

(2)辅助动力源。

辅助动力源有三种方式:动力蓄电池、超级电容、动力蓄电池 + 超级电容,由此所构成的混合动力驱动系统分别被称为“FC + B”“FC + C”或“FC + B + C”三种结构形式。

单元小结

(1)能源、环境和安全成为21 世纪汽车工业发展的三大主题,这也是汽车工业发展中所面临的巨大挑战。

(2)《节能与新能源汽车产业发展规划(2012—2020 年)》所指新能源汽车主要包括纯电动汽车、插电式混合动力电动汽车及燃料电池电动汽车。

(3)国家标准和行业标准对混合动力电动汽车进行了定义和分类。也重点介绍了串联式、并联式、混联式混合动力电动汽车结构与工作原理。

(4)介绍了纯电动汽车的结构原理和六种驱动形式。

(5)燃料电池的种类繁多，如氢燃料电池，甲醇燃料电池，生物燃料电池等，其主要原理是将燃料及氧化剂中的化学能转换成电能供电动机使用来驱动车辆。

思考与练习

(一)填空题

1. 按照混合度划分，混合动力汽车可以分为________、________、________。

2. 并联式混合动力电动汽车是指________由________及________同时或单独供给的混合动力电动汽车。

3. 串联式混合动力电动汽车是指车辆行驶系统的________只来源于________的混合动力电动汽车。

4. 丰田混联混合动力系统的核心是用________组成的动力分离装置，用于协调发动机和电动机的________和________。

5. 纯燃料电池驱动车型驱动系统一般由燃料箱、________、电机控制器、________、信号线路等组成。

(二)判断题

1. 汽车排气污染物主要是一氧化碳(CO)、碳氢化合物(HC)和氮氧化物(NO_x)。　(　　)

2. 串联式混合动力系统结构形式中，动力蓄电池实际上起平衡发动机输出功率和电动机输入功率的作用。　(　　)

3. 并联式混合动力系统使用电动机和发动机两种不同装置来驱动车轮。　(　　)

4. 并联式混合动力驱动系统车辆减速及制动时，电机以发电机模式工作，回收车辆制动能量向电池充电。　(　　)

(三)简答题

1. 简述 HEV 的突出优点。

2. 燃料电池的分类是怎样的?

单元二　电动汽车的能量储存装置

课题一　电池的分类及性能指标

学习目标

☞ **知识目标**

1. 掌握电池的分类；
2. 能复述蓄电池的性能指标的含义。

☞ **技能目标**

知道电池的性能参数之间的关系并能够进行计算。

☞ **素养目标**

培养对本专业的兴趣。

建议课时

2 课时。

一　电池的种类

电池的种类有很多，划分的方法也有多种。按其原理可以分为生物电池、物理电池和化学电池。

1 生物电池

生物电池是利用生物（如生物酶、微生物、叶绿素等）分解反应过程中表现出来的带电现象进行能量转换，主要有微生物电池、酶电池、生物太阳能电池等。

2 物理电池

物理电池是指利用物理原理制成的电池，其特点是能在一定条件下实现直接的能量转换，主要有太阳能电池、飞轮电池、核能电池和温差电池。

3 化学电池

化学电池是利用物质的化学反应发电。化学电池一般由电极(正极和负极)电解质和外壳(容器)四部分组成。按工作性质分为原电池、蓄电池、燃料电池和储备电池。

原电池又称为一次电池，是指电池放电后不能用简单的充电方法使活性物质复原而继续使用的电池。根据《电动汽车术语》(GB/T 19596—2017)，蓄电池指的是一种将所获得的电能以化学能的形式储存并可以将化学能转变为电能的电化学装置，它可以反复充电和放电。蓄电池有的叫二次电池，也称为可充电电池。常见的有铅酸蓄电池、镍氢蓄电池、锂离子蓄电池、镍—金属氢蓄电池等。储备电池是指电池正负极由于电解质在储存期间不直接接触，使用前注入电解液或者使用其他方法使电解液与正负极接触，此后电池进入带放电状态的电池，如镁电池、热电池等。

用于电动汽车能量储存装置的有动力蓄电池、燃料电池、超级电容、飞轮储能器装置，及其相互组合而形成的混合储能装置。

二 蓄电池主要性能指标

蓄电池的性能指标

动力蓄电池是具有强大能量的动力电源，除了作为驱动动力能源外，还要向空调系统、动力转向系统等提供电力能源。有的还要为照明、信号系统、刮水器和喷淋器以及车载娱乐和通信设备等装备提供低压电源。

动力蓄电池的能量密度、功率密度、充放电性能、成本、使用寿命、单体一致性和安全性等性能是影响电动汽车能否产业化的关键因素。

1 电池的放电制度

电池的放电制度是指放电率、放电形式(恒流、变流或脉冲)、终止电压和温度。终止电压指放电结束时的电池电压，分为充电终止电压和放电终止电压。在研究电池容量时要规定统一的放电电流，常用 n 小时率表示。如果以电流 I 放电，电池在 n 小时内放出的电量为额定容量的话，这个放电率称为 n 小时放电率。

2 电池容量

电池的容量是指充满电的电池在指定的条件下放电到终止电压时输出的电量，单位为 A·h。电池的容量有理论容量、i 小时率放电容量、额定容量、实际容量和剩余容量等概念。

(1)理论容量。

是假定电池中的活性物质全部参加成流反应,按法拉第定律计算出的电量,理论容量是电池容量的最大极限值。电池实际放出的电量只是理论容量的一部分。

(2)i小时率放电容量。

在恒流放电条件下,正好用i小时把充满电的电池放电到终止电压时能够放出的电量,通常用C_i表示。通常启动电池用C_{20}、牵引电池用C_5、电动汽车用电池用C_3表示。

(3)额定容量(保证容量)。

在规定条件下电池应放出的电量。

(4)实际容量。

充满电的电池在一定条件下所能输出的电量,等于放电电流与放电时间的乘积。

(5)剩余容量。

电池经过使用后,在指定的放电率和温度状态下可以从电池中放出的电量。

3 荷电状态 SOC

荷电状态(State of Charge,SOC)是指电池剩余容量占额定容量的百分比。SOC=1 即表示电池为充满状态。随着蓄电池放电,蓄电池的电荷逐渐减少,此时,可以用 SOC 的百分数的相对量来表示蓄电池中电荷的变化状态。一般蓄电池放电高效率区为 50% ~80% SOC。对 SOC 精确的实时辨识,是电池管理系统的一个关键技术。

4 电池的能量

电池的能量是指在一定标准所规定的放电制度下,电池所输出的电能,单位为 W·h 或 kW·h。

5 能量密度

电池的能量密度分为质量能量密度和体积能量密度。质量能量密度是指电池单位质量所能输出的电能,单位为 W·h/kg。体积能量密度是指电池单位体积所能输出的电能,单位为 W·h/L。

6 电池的功率与功率密度

电池的功率是指在一定的放电制度下,电池在单位时间内所输出的能量,单位为 W 或 kW。单位质量的电池输出的功率称为质量功率密度,单位为 W/kg。

单位为体积的电池输出的功率称为体积功率密度,单位为 W/L。

7 循环次数(次)

蓄电池的工作是一个不断充电—放电—充电—放电的循环过程,按一定标准的规定放电,当电池的容量降到某一个规定值以前,就要停止继续放电,然后就需要充电才能继续使用。在每一个循环中,电池中的化学活性物质,要发生一次可逆性的化学反应。

随着充电和放电次数的增加,电池中的化学活性物质会发生老化变质,逐渐削弱其化学功能,使得电池充电和放电的效率逐渐降低,最后电池损失全部功能而报废。蓄电池充电和放电的循环次数与电池的充电和放电的形式、电池的温度和放电深度有关,放电深度"浅"时,有利于延长电池的寿命。特别是电池在电动汽车上的使用环境,包括电池组中各个电池的均衡性、安装与固定方式、所受的振动和线路的安装等,都会影响电池的工作循环次数,最终导致完全丧失其充电和放电的功能而报废。蓄电池的循环寿命要求不低于 1000 次。

8 使用年限(年)

电池除了以循环次数表示使用时间外,通常还要用电池的使用年限来表示电池的寿命。

9 自放电率

自放电率指电池在存放时间内,在没有负荷的条件下自身放电,使得电池容量损失的速度,自放电率用单位时间(月/年)内电池容量下降的百分数来表示。

10 成本

电池的成本是与电池的技术含量、材料、制作方法和生产规模有关,目前新开发的高质量能量密度的电池成本较高,使得电动汽车的造价也较高,开发和研制高效、低成本的电池是电动汽车发展的关键。

11 记忆效应

记忆效应是指电池在没有完全放电之前就重新充电,电池会储存这一放电平台并在下次循环中将其作为放电的终点,尽管电池本身的容量可以使电池放电到更低的平台上,但在以后的放电过程中,电池将只记得这一容量。同样在每一次使用中,任何一次不完全的放电都会加深这一效应,使电池容量逐渐变低,这主要表现在镍镉蓄电池中。对于其他蓄电池该效应小或不存在。造成记忆效应的原因是电池内部枝晶的生长,通过深度充放电虽可缓解,但会损坏电池。比较好的方法是采用脉冲充电法,不仅可抑制枝晶的生长,还有可能使一些生长的枝晶得到溶解。

除上述主要性能指标外,还要求蓄电池无毒性、对周围环境不会造成污染或腐蚀,使用安全,有良好的充电性能,充电操作方便,充电时间短,耐振动,无记忆性,对环境温度变化不敏感,寿命长,制造成本低,易于调整和维护等。

课题二 铅酸蓄电池

学习目标

知识目标

1. 掌握铅酸蓄电池的种类;
2. 理解铅酸蓄电池的工作原理;
3. 掌握铅酸蓄电池的构造。

技能目标

会对铅酸蓄电池进行充电及维护。

素养目标

通过铅酸蓄电池的结构与组成,知道其对环境构成的污染,能理解和支持电池产业结构调整方向,树立环保意识。

建议课时

1 课时。

一 铅酸蓄电池的种类

以酸性水溶液为电解质的蓄电池称为酸蓄电池。由于电池电极是以铅及其氧化物为材料,故又称为铅酸蓄电池。铅酸蓄电池广泛应用于燃油汽车的起动。电动汽车使用的动力铅酸蓄电池要求有高的质量能量密度和比功率,高的循环次数和使用寿命,以及快速充电性能等。随着铅酸蓄电池的技术发展,适合电动汽车的各种新型蓄电池不断出现,性能也不断提高。

铅酸蓄电池一般分为免维护铅酸蓄电池和阀控密封式铅酸蓄电池。

1 免维护铅酸蓄电池

免维护铅酸蓄电池具有自身结构上的优势,电解液的消耗量非常小,在使用寿命内基本不需要补充蒸馏水。它具有耐振动、耐高温、体积小、自放电小的特点，使用寿命一般为普通铅酸蓄电池的两倍。市场上的免维护铅酸蓄电池有两种：一种在购买时一次性添加电解液，以后使用中不需要添加补充液；另一种是电池本身出厂时就已经加好电解液并封死，用户根本就不能添加补充液。

2 阀控密封式铅酸蓄电池

阀控密封式铅酸蓄电池在使用期间不用加酸加水维护，电池为密封结构，不会漏酸，也不会排酸雾，电池盖子上设有溢气阀（也叫安全阀），该阀的作用是当电池内部气体量超过一定值，即当电池内部气压升高到一定值时，溢气阀自动打开，排出气体，然后自动关闭，防止空气进入电池内部。

阀控密封式铅酸蓄电池分为 AGM（吸液式）和 GEL（胶体）电池两种。AGM 采用吸附式玻璃纤维棉作隔膜，电解液吸附在极板和隔膜中，电池内无流动的电解液，电池可以立放工作，也可以卧放工作；GEL（胶体）以 SiO_2 作为凝固剂，电解液吸附在极板和胶体内，一般立放工作。如无特殊说明，阀控密封式铅酸蓄电池皆指 AGM 电池。电动汽车使用的动力蓄电池一般是阀控密封式铅酸蓄电池。

近年来，国内外开发的称为第一代的电动汽车也广泛使用了铅酸蓄电池。铅酸蓄电池主要用于电动旅游观光车、电动高尔夫车、电动叉车、电动巡逻车、电动清洁车和低速电动汽车。

二 铅酸蓄电池的构造

图 2-1 为普通铅酸蓄电池的结构图。铅酸蓄电池的基本单元是单体电池。每个单体电池都是由正极板、负极板和装在正极板和负极板之间的隔板组成［图 2-1b）］。每个单体电池的基本电压为 2V，然后将不同容量的单体电池按使用要求进行组合，装置在不同的塑料外壳中，来获得不同电压和不同容量的铅酸蓄电池。铅酸蓄电池总成经过灌装电解液和充电后，就可以从铅酸蓄电池的接线柱上引出电流。铅酸蓄电池通常采用密封、无锑网隔板等技术措施，并在普通铅酸蓄电池的电解液中加入硅酸胶（Na_2SiO_3）之类的凝聚剂，使电解质成为胶状物，形成一种“胶体”电解质。采用“胶体”电解质的铅酸蓄电池，使用起来更加方便。

图 2-2 是安装了排气阀的铅酸蓄电池的结构图。该电池的特点是带有催化剂，可以使充电时产生的氢气和氧气反应生成水流回电池，因而可以防止充电时产生的氢气和氧气逸散，控制水的消耗。

铅酸蓄电池
工作原理

三 铅酸蓄电池的工作原理

铅酸蓄电池的放电和充电的反应过程，是铅酸蓄电池中活性物质可逆进行的化学变化过程。它们可以用下列化学反应方程式表示。

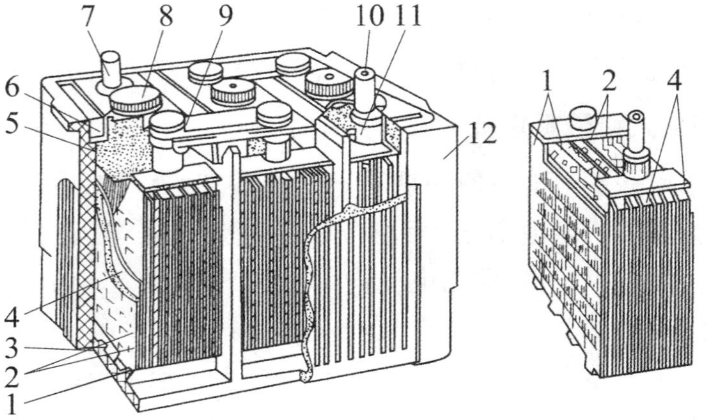

a)蓄电池组成　　b)单体电池

图 2-1　普通铅酸蓄电池的构造

1-正极板;2-负极板;3-肋条;4-隔板;5-护板;6-封料;7-负极柱;8-加液口盖;9-电极连接条;10-正极柱;11-极柱衬套;12-蓄电池容器

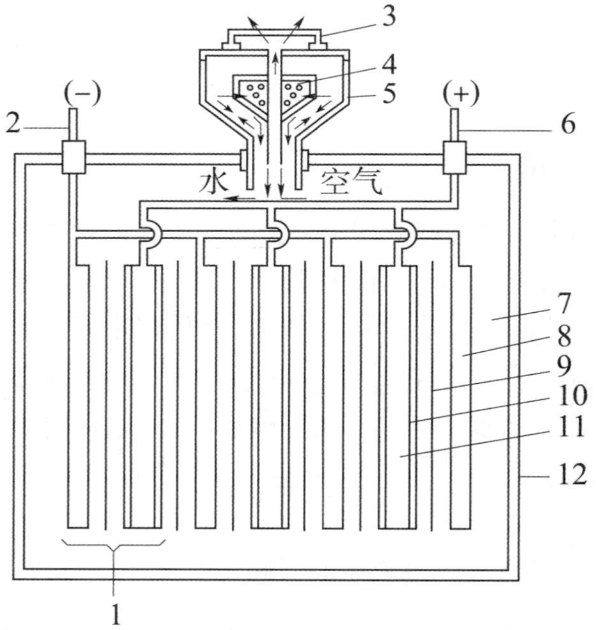

图 2-2　安装了排气阀的铅酸蓄电池

1-单电池;2-负极端(-);3-防爆过滤网;4-催化剂;5-排气阀;6-正极端(+);7-电解液(硫酸);8-负极板;9-隔板;10-玻璃纤维板;11-正极板;12-电池槽

$$PbO_2 + 2H_2SO_4 + Pb \underset{充电}{\overset{放电}{\rightleftharpoons}} PbSO_4 + 2H_2O + PbSO_4$$

充电时，把铅板分别和直流电源的正、负极相连，进行充电电解，阴极的还原反应为：

$$PbSO_4 + 2e^- \longrightarrow Pb + SO_4^{2-}$$

阳极的氧化反应为：

$$PbSO_4 + 2H_2O \longrightarrow PbO_2 + 4H^+ + SO_4^{2-} + 2e^-$$

充电时的总反应为：

$$2PbSO_4 + 2H_2O \longrightarrow Pb + PbO_2 + 2H_2SO_4$$

随着电流的通过，$PbSO_4$在阴极上变成蓬松的金属铅，在阳极上变成黑褐色的二氧化铅，溶液中有 H_2SO_4生成。铅酸蓄电池放电过程如图 2-3 所示。

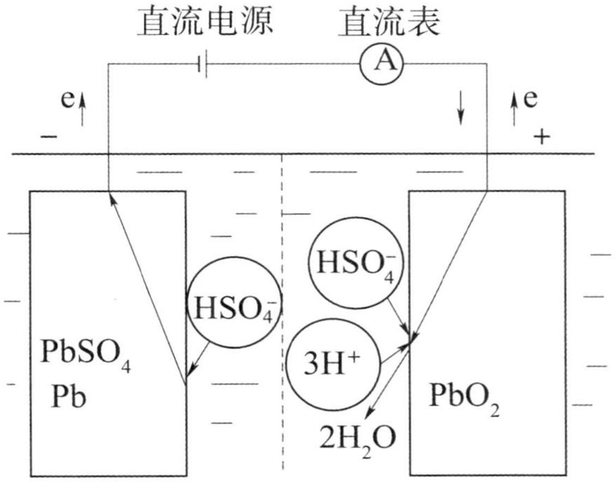

图 2-3　铅酸蓄电池放电示意图

放电时蓄电池阴极的氧化反应为：

$$Pb \longrightarrow Pb^{2+} + 2e^-$$

由于硫酸的存在，Pb^{2+}立即生成难溶解的 $PbSO_4$。

阳极的还原反应为：

$$PbO_2 + 4H^+ + 2e^- \longrightarrow Pb^{2+} + 2H_2O$$

同样，由于硫酸的存在，Pb^{2+}也立即生成 $PbSO_4$。

放电时总的反应为：

$$Pb + PbO_2 + 2H_2SO_4 \longrightarrow 2PbSO_4 + 2H_2O$$

蓄电池充电的时候，随着电池端电压的升高，水开始被电解，当电池电压达到约2.39V/单体时，水的电解不可忽视。水电解时阳极和阴极的化学反应式分别为：

$$H_2O \longrightarrow \frac{1}{2}O_2 + 2H^+ + 2e^-$$

$$2H^{+}+2e^{-}\longrightarrow H_2$$

阳极给出电子,阴极得到电子,从而形成了回路电流。端电压越高,电解水也越激烈,此时充入的大部分电荷会参加水电解,形成的活性物质很少。

课题三 镍氢动力蓄电池

学习目标

☞ 知识目标

1. 熟悉镍氢动力蓄电池的工作原理;
2. 熟悉镍氢动力蓄电池的结构;
3. 了解镍氢动力蓄电池的充、放电特性。

☞ 技能目标

会识别镍氢动力蓄电池电池的结构。

☞ 素养目标

培养关注本专业技术发展、热爱本专业的精神。

建议课时

1 课时。

一 镍氢动力蓄电池的结构

镍氢动力蓄电池(以下简称镍氢电池)属于碱性电池,是 20 世纪 90 年代发展起来的一种新型绿色电池。20 世纪 90 年代随着电动汽车尤其是混合动力电动汽车的规模化而得到应用。

镍氢电池由氢氧化镍[$Ni(OH)_2$]正极、储氢合金负极、隔板、氢氧化钾电解质、外壳、顶盖和密封圈等组成。在正负极之间有隔板,共同组成镍氢单体电池。在金属铂的催化作用下,完成充电和放电的可逆反应。圆柱形和方形镍氢电池的结构如图 2-4 所示。

二 镍氢动力蓄电池的工作原理

镍氢电池的正极,是球状氢氧化镍粉末与添加剂钴等金属、塑料和黏合剂等制成的涂膏，用自动涂膏机涂在正极板上，然后经过干燥处理成发泡的氢氧化镍正极板。在正极材料 $Ni(OH)_2$ 中添加钙、钴、锌（Ca、Co、Zn）或稀土元素，对稳定电极的性能有明显的改进。采用高分子材料作为黏合剂或用挤压和轧制成的泡沫镍电极，并采用镍粉、石墨等作为导电剂，可以提高大电流时的放电性能。

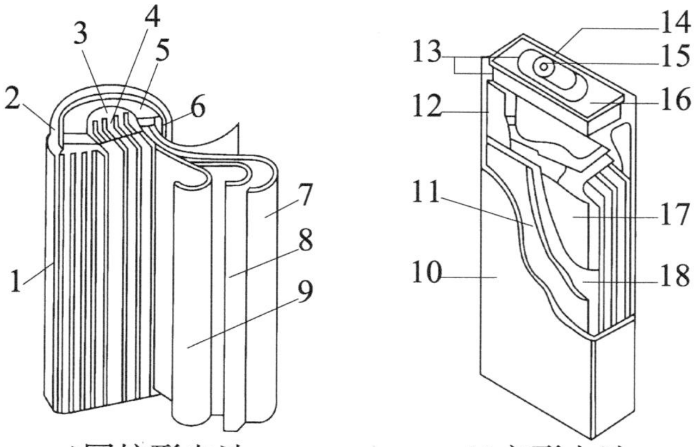

a)圆柱形电池　　b)方形电池

图 2-4　镍氢电池的结构

1、10-盒子（－）；2、13-绝缘衬垫；3、14-盖帽（＋）；4、15-安全排气口；5-封盘；6、16-绝缘圈；7、11-负极；8、17-隔板；9、18-正极；12-绝缘体

镍氢电池负极的关键技术是储氢合金，要求储氢合金能够稳定地经受反复的储气和放气的循环。储氢合金是一种允许氢原子进入或分离的多金属合金的晶格基块，用钛、钒、锆、镍、铬（Ti、V、Co、Ni、Cr）五种基本元素，与钴、锰（Co、Mn）等金属元素烧结的合金，经过加氢、粉碎、成形和烧结成负极板。储氢合金的种类和性能，对镍氢电池的性能有直接的影响。负极在充电或放电过程中既不溶解，也不再结晶，电极不会有结构性的变化，在保持自身化学功能的同时，还能保证本身的机械坚固性。储氢合金一般需要进行热处理和表面处理，以增加储氢合金的防腐性能，这有利于提高镍氢电池的质量能量密度、比功率和使用寿命。

电解质是水溶性氢氧化钾和氢氧化锂的混合物。在电池充电过程中，水在电解质溶液中分解为氢离子和氢氧离子，氢离子被负极吸收，负极由金属转化为金属氢化物。在放电过程中，氢离子离开了负极，氢氧离子离开了正极，氢离子和氢氧离子在电解质氢氧化钾中结合成水并释放电能。

正极：

$$Ni(OH)_2 = NiOOH + H^+ + e^-$$

负极：

$$M + H_2O + e^- = MH + OH^-$$

MH-Ni 蓄电池工作原理

电池总反应：

$$Ni(OH)_2 + M \quad = \quad NiOOH + MH$$

图 2-5 为镍氢电池在碱性电解液中进行反应的模型。

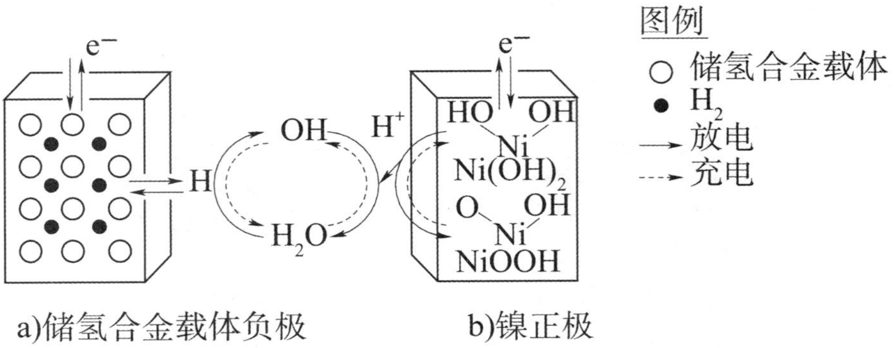

图 2-5　镍氢电池在碱性电解液中进行反应的模型

三　镍氢电池的充、放电特性

1　放电特性

松下公司生产的混合动力汽车用 D 型镍氢电池(6 个单体电池组件)放电时,2C 的功率输出时的质量比功率可达到 600W/kg 以上,3C 的功率输出时的质量比功率可达到 500W/kg 以上,深度范围内质量比功率的变化比较平稳,对混合动力电动汽车的动力性能的控制十分有利,电池的寿命可以达到使电动汽车行驶 100000km 以上。

2　充电特性

D 型镍氢电池的充电接受性很好,充电效率几乎达到 100%,能够有效地接受混合动力电动汽车在制动时反馈的电能。另外,由于能量损耗较小,镍氢电池的发热量被抑制在最小范围内,可以有效地控制剩余电量,并用电流来显示电池的剩余电量。

3　寿命

混合动力电动汽车动力蓄电池组经常处于充电、放电状态,而且充电、放电是不规则地进行的,这对电池的寿命带来严重的影响,松下电池公司用模拟混合动力电动汽车行驶工况对镍氢电池进行仿真试验,证实镍氢电池的特性几乎不发生变化,镍氢电池用于混合动力电动汽车是比较合适的。

课题四 锂离子动力蓄电池

学习目标

☞ 知识目标

1. 掌握锂离子电池的分类；
2. 掌握锂离子电池的结构；
3. 掌握锂离子电池的工作原理；
4. 了解锂离子电池的充、放电特性；
5. 掌握锂离子电池的特点。

☞ 技能目标

会识别锂离子电池的结构，并能对其进行正确的充放电。

☞ 素养目标

通过分析锂离子电池的特性，能理解其对发展新能源汽车的重要性。

建议课时

1 课时。

锂离子动力蓄电池（以下简称锂离子电池）出现在20 世纪90 年代初期，在短短二十几年的时间里，得到了迅猛的发展，被认为是未来极具发展潜力的动力蓄电池。

一 锂离子电池的分类

按照锂离子电池的外形形状可分为：方形锂离子电池和圆柱形锂离子电池。

锂离子电池的发展呈现出多方向并举的局面。发展方向的不同主要在于所采用正极材料的不同。因为正极材料的性能将很大程度地影响电池的性能。同时正极材料也直接决定电池成本的高低。锂离子电池正极材料的发展引领了锂离子电池的发展。目前已批量应用于锂电池的正极材料主要有钴酸锂、镍酸锂、锰酸锂以及磷酸铁锂。但由于钴金属储量少、价格昂贵，因此成本高，而且作为动力蓄电池其安全也存在问题，目前应用最为广泛的是锰酸锂电池和磷酸铁锂电池。

二 锂离子电池的结构

锂离子电池有方形和圆柱形两种。锂离子电池由正极、负极、隔板、电解液和安全阀等组成,其结构如图2-6所示。

锂离子电池结构与特点

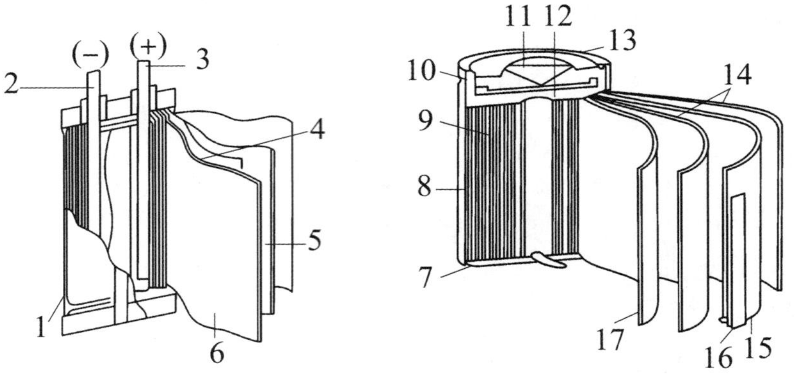

a)方形锂离子电池　　b)圆柱形锂离子电池

图2-6　锂离子电池结构示意图

1-外壳;2-负极端子;3-正极端子;4、14-隔板;5、16-负极板;6、17-正极板;7-绝缘体;8-负极柱;9-绝缘板;10-密封圈;11-顶盖;12-正极;13-安全排气阀;15-负极

❶ 正极

正极物质在锰酸锂离子电池中以锰酸锂为主要原料,在磷酸铁锂离子电池中以磷酸铁锂为主要原料,在镍钴锂离子电池中以镍钴锂为主要原料,在镍钴锰锂离子电池中以镍钴锰锂为主要原料。在正极活性物质中再加入导电剂、树脂黏合剂,并涂覆在铝基体上,呈细薄层分布。

❷ 负极

负极活性物质是由碳材料与黏合剂的混合物再加上有机溶剂调制成糊状,并涂覆在铜基上,呈薄层状分布。

❸ 隔板

隔板的功能是起关闭或阻断通道的作用,一般使用聚乙烯或聚丙烯材料的微多孔膜。关闭或阻断功能是电池出现异常温度上升,阻塞或阻断作为离子通道的细孔,使蓄电池停止充放电反应。隔板可以有效防止因外部短路等引起的过大电流使电池产生异常发热现象。这种现象即使只产生一次,也会使电池不能正常使用。

❹ 电解液

电解液是影响锂离子倍率放电性能和安全性的又一重要因素。高功率锂离子电池采用的是以$LiPF_6$为电解质盐、以碳酸乙烯酯(EC)和直链碳酸酯组成的混合溶剂为电解液。动力锂离子蓄电池材料的主要研制单位ANL尝试使用

LiBOB 盐与 $LiPF_6$的复合盐。

5 安全阀

为了保证锂离子电池的使用安全性，一般通过对外部电路的控制或者在蓄电池内部设有异常电流切断的安全装置。即使这样，在使用过程中也有可能有其他原因引起蓄电池内压异常上升，这时，安全阀释放气体，以防止蓄电池破裂。安全阀实际上是一次性非修复式的破裂膜，用以保护蓄电池使其停止工作，是蓄电池的最后保护手段。

三 锂离子电池的工作原理

锂离子电池使用锂碳化合物（Li_xC）作负极，锂化过渡金属氧化物（$Li_{1-x}M_yO_z$）作正极，液体有机溶液或固体聚合物作电解液。在充放电过程中，锂离子在电池正极和负极间往返流动。电化学反应方程式为：

锂离子电池工作原理

$$Li_xC + Li_{1-x}M_yO_z \longleftrightarrow C + LiM_yO_z$$

放电时，负极上释放锂离子，通过电解液流向正电极并被吸收。充电时，反应过程相反，如图 2-7 所示。

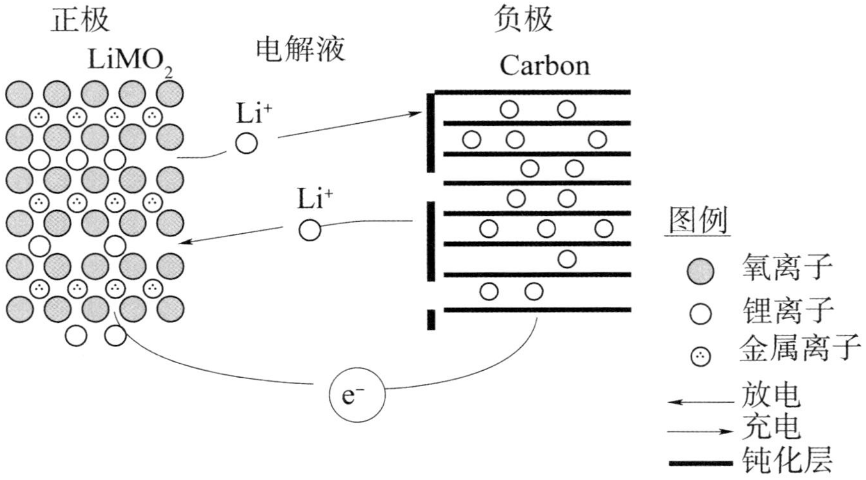

图 2-7 锂离子电池工作原理

由于锂离子电池只涉及锂离子而不涉及金属锂的充放电过程，从根本上解决了由于锂枝晶的产生而带来的电池循环性和安全性的问题。

四 锂离子电池的充、放电特性

在电压方面，锂离子电池对充电终止电压的精度要求很高，一般误差不能超过额定值的1%。终止电压过高,会影响锂离子电池的寿命,甚至造成过充电现象,对电池造成永久性的损坏;终止电压过低,又会使充电不完全,电池的可使用时间变短。

充电电流方面,锂电池的充电率(充电电流)应根据电池生产厂的建议选用。虽然某些电池充电率可达2C,但常用的充电率为(0.5~1)C。在采用大电流对锂离子电池充电时,因充电过程中电池内部的电化学反应会产生热,因此有一定的能量损失,同时必须检测电池的温度以防过热损坏电池或产生爆炸。此外对锂电池充电,若全部用恒定电流,虽然可以在一定程度上缩短充电时间,但很难保证电池充满,如果对充电结束控制不当还会造成过充现象。

放电方面,锂离子电池的最大放电电流一般被限制在(2~3)C。更大的放电电流会使电池发热严重,对电池的组成物质造成损坏,影响电池的使用寿命。同时,由于大电流放电时,电池的部分能量转变成热能,因此电池的放电容量将会降低。在造成过放电(低于3.0V)时,还会造成电池的失效。对于过放电的锂离子电池,在充电前需要进行预处理,即使用小电流充电,使电池内部被过放电的单元被激活,在电池电压被充电到3.0V后再按正常方式充电,通常将这一阶段的充电称为预充电。

锂电池的充电温度一般应该限制在0~60℃范围内。电池温度过高会损坏电池并可能引起爆炸;温度过低虽不会造成安全方面的问题,但很难将电池充满。由于充电过程中,电池内部将有一部分热能产生,因此在大电流充电时,需要对电池进行温度检测,并且在超过设定充电温度时停止充电以保证安全。

五 锂离子电池的特点

1 锂离子电池的优点

(1)工作电压高。锂离子电池工作电压为3.6V,是镍氢和镍镉电池工作电压的3倍。

(2)质量能量密度高。锂离子电池质量能量密度已达到150W·h/kg,是镍镉电池的3倍,镍氢电池的1.5倍。

(3)循环寿命长。目前锂离子电池循环寿命已达到1000次以上,在低放电深度下可达几万次。

(4)自放电率低。锂离子电池月自放电率仅为6%~8%,远低于镍镉电池(25%~30%)和镍氢电池(15%~20%)。

(5)无记忆性。可以根据要求随时充电,而不会降低电池性能。

(6)对环境无污染。锂离子电池中不存在有害物质,是名副其实的“绿色电池”。

(7)能够制造成任意形状。

❷ 锂离子电池的缺点

(1)成本高。主要是正极材料 $LiCoO_2$ 的价格高,但按单位能量(W·h)的价格来计算,已经低于镍氢电池,与镍镉电池持平,但高于铅酸蓄电池。

(2)必须有特殊的保护电路,以防止过充。

课题五 动力蓄电池的结构

学习目标

☞ 知识目标

1. 能叙述动力蓄电池的结构和组成;
2. 能叙述电池管理系统的主要功能;
3. 熟悉热管理子系统;
4. 熟悉电池组管理子系统。

☞ 技能目标

能识别电池管理系统的主要部件。

☞ 素养目标

能关注动力蓄电池的高压安全问题,坚持安全第一,并做好预防工作。

建议课时

1 课时。

动力蓄电池主要由动力蓄电池模组、动力蓄电池管理系统、动力蓄电池箱及辅助元器件四部分组成。

动力蓄电池管理系统简介

一 动力蓄电池模组

电池单体是构成动力蓄电池模块的最小单元,一般由正极、负极、电解质及外壳等构成,实现电能与化学能之间的直接转换。

电池模块是一组并联的电池单体的组合,该组合的额定电压与电池单体的额定电压相等,是电池单体在物理结构和电路上连接起来的最小分组,可作为一个单元替换。

动力蓄电池模组则是由多个电池模块或单体电芯串联组成的一个组合体。

需要指出的是有的车型动力蓄电池模组采用的是先串联后并联的形式,构成一个模组。

二 动力蓄电池管理系统(Battery Management System, BMS)

动力蓄电池管理系统是监视蓄电池的状态(温度、电压、荷电状态等),可以为蓄电池提供通信、安全、电芯均衡及管理控制,并提供与应用设备通信接口的设备。

1 动力蓄电池管理系统的主要功能

动力蓄电池管理系统是整车能源管理系统的一个子系统,为了保护动力电池组的电力性能,合理地使用和管理电池组的电能,BMS 可以为电动汽车驾驶员提供和显示动力电池组的动态变化参数等,是电动汽车节能、减排和延长电动汽车续驶里程的一个重要的管理机构。BMS 的主要功能见表 2-1。

动力蓄电池管理系统的基本功能 表 2-1

关键技术项目	相关系统和装置	功　　能
建立电池模型	—	描述电池参数的动态变化规律,用数学方程表达,用于动力蓄电池系统仿真
数据检测及采集	集中式或分布式检测装置	单体蓄电池电压、电流,动力蓄电池组总电压、总电流检测和采集,控制均衡充放电策略
能量管理	电池管理器模块	根据动力蓄电池组的电压、电流,荷电状态SOC控制电池组的充放电,防止过充和过放

续上表

关键技术项目	相关系统和装置	功　能
状态估算	电池管理器模块	根据动力蓄电池荷电状态 SOC 和 SOH 的算法,估算电池寿命(衰减)状态
热量管理	热量检测模块及传感器	冷却系统和冷却装置(风扇或液泵)检测及控制
数据处理与通信	串行通信接口,CAN 总线	单体电池采用串行通信接口,整车管理系统采用 CAN 总线
数据显示	仪表、显示器	动力蓄电池组实时电压、电流、SOC、剩余电量、温度等数据显示和故障报警等
安全管理	自动断电、报警	动力蓄电池组过充、过放、过压、过流、高温等危险状态自动切断电源、报警等

2 动力蓄电池组管理系统的一般组成

综合动力蓄电池组管理系统的各种功能,动力蓄电池组管理系统的基本组成如图 2-8 所示。

带有温度测量装置的动力蓄电池组管理系统的基本组成如图 2-9 所示。带有温度测量装置的动力蓄电池组管理系统,是利用损坏的电池在充电过程中电池温度高于正常电池温度的原理,用温度传感器来测定和监控每一个电池在充电过程中的温度是否在允许的范围内。如果发现某个电池的温度处于不正常状态,荷电状态(SOC)显示也不正常时,即刻向动力蓄电池组管理系统反馈某个电池在线的响应信息,并由故障诊断系统预报动力蓄电池组的故障。

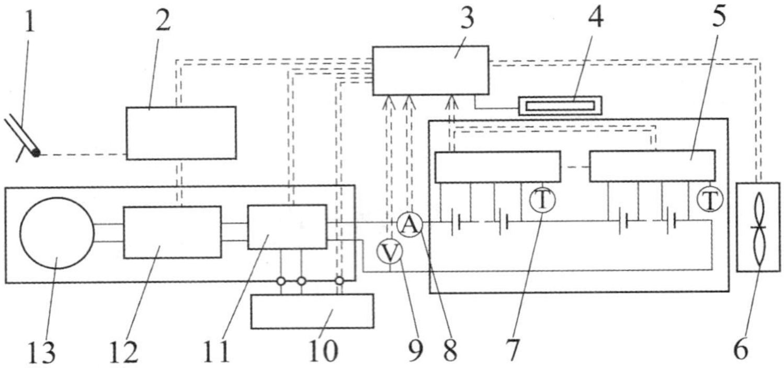

图 2-8　动力蓄电池组管理系统的基本组成

1-驾驶员控制信号输入;2-车辆中央控制器;3-动力蓄电池组管理系统;4-荷电状态(SOC)显示器;5-动力蓄电池组(由多个分电池组组成);6-冷却风扇;7-温度测量计;8-电流安培计;9-电压伏特计;10-充电器;11-继电器箱;12-逆变器;13-电动机

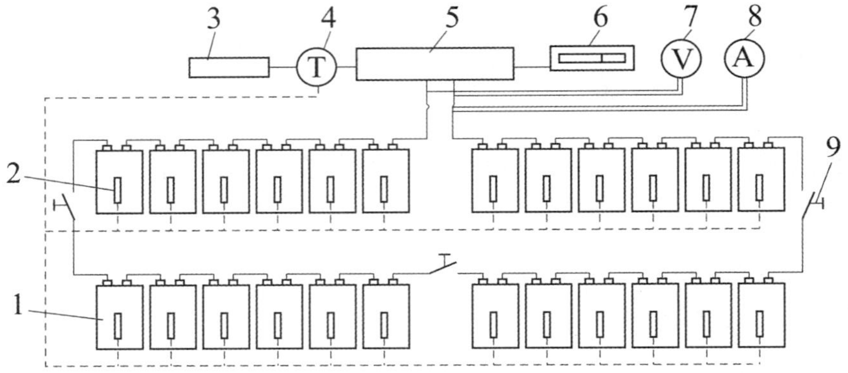

图 2-9　带有温度测量装置的动力蓄电池组管理系统

1-电池组;2-温度传感器;3-故障诊断器;4-温度表;5-动力蓄电池组管理系统;6-荷电状态(SOC)显示;7-电压表;8-电流表;9-断电器

❸ 热管理子系统

动力蓄电池组在工作时都会有发热现象,不同蓄电池的发热程度各不相同,有的蓄电池采用自然通风即可满足电池组的散热要求,但有的蓄电池则必须采取强制通风来进行冷却,才能保证电池组正常工作并延长蓄电池的寿命。另外,在混合动力电动汽车上由于动力蓄电池组的各个蓄电池或各个分电池组布置在车架不同的位置上,各处的散热条件和周围环境都不相同,这些差别也会对蓄电池充、放电性能和蓄电池的使用寿命造成影响。为了保证每个蓄电池都能有良好的散热条件和环境,将混合动力电动汽车的动力蓄电池组装在一个强制冷却系统中,使各个蓄电池的温度保持一致或相接近，并使各个蓄电池的周边环境条件相似。

根据动力蓄电池组在电动汽车上的布置，动力蓄电池组的热管理子系统中，首先应合理安排动力蓄电池组的支架，要求便于动力蓄电池组或其分组的安装，能够实现机械化装卸，便于各种电线束的连接。在动力蓄电池组的支架位置和形状确定后设计通风管道、风扇、动力蓄电池组 ECU 和温度传感器等，混合动力电动汽车上水平布置的温度管理系统如图 2-10 所示，垂直布置的温度管理系统如图 2-11 所示。

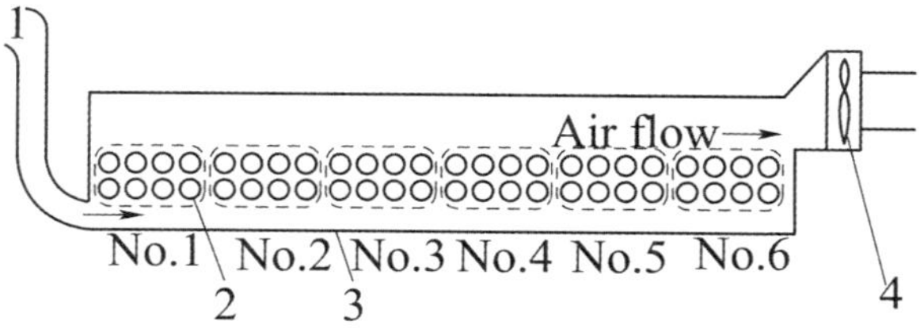

a)动力蓄电池组的强制通风系统及分组布置

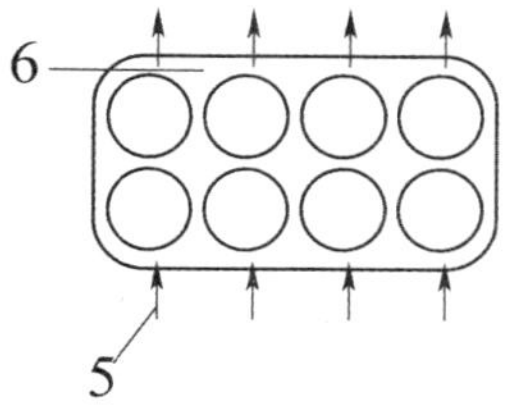

b)分电池组的局部通风

图 2-10 动力蓄电池组水平布置的强制冷却系统

1-空气吸入管道；2-分电池组；3-动力蓄电池组密封支架；4-冷却风扇；5-分电池组冷却气流；6-温度传感器

在某些蓄电池工作时，会产生较高的温度，可以充分利用其产生的热量用于取暖和给风窗玻璃除霜等，使热量得到管理与应用。

注意：在温度较低的时候，还需要对动力蓄电池加热。

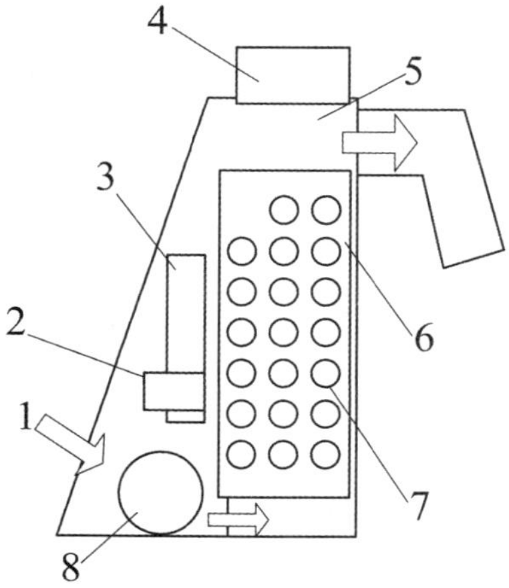

图 2-11 垂直布置的温度管理系统

1-冷却空气吸入管道；2-温度传感器；3-电池组管理 ECU；4-充电器；5-电池组通风箱；6-单元电池；7-分电池组；8-风扇

4 电池组管理子系统

电池组管理子系统的作用是对电池的组合、安装、充电、放电，电池组中各个电池的不均衡性，电池的热管理和电池的维护等进行监控和管理，使电池组能够提高工作效率，保证正常运转，避免发生电池的过充电和过放电，有效延长电池的寿命，以及对动力蓄电池组的安全管理和保洁等。电池组管理子系统主要包括以下几个方面。

(1)电池的技术性能。

不同类型和不同型号、不同使用程度的电池都具有不同的性能，包括电池的容量、工作电压、终止电压、质量、外形尺寸和电池特性(包括记忆特性)等,因此要对动力蓄电池组建立技术档案。实际上即使是同一型号、同一批量的电池,由于制造原因、电解质的浓度差异和使用情况的不同,都会对整个动力蓄电池组的性能带来影响,因此,在安装电池组之前,应对每个电池进行检测,将性能差异不大的电池组成动力蓄电池组。

(2)电池状态的管理。

动力蓄电池组由多个单节电池组成,其基本状态包括在充电和放电时双向作业时的电压、电流、温度、SOC 的比例等。在正常情况下动力蓄电池组的电压、电流、温度、SOC 的比例等应能够进行双向计量和显示。

由于多种原因在动力蓄电池组中个别电池会出现性能的改变,使得动力蓄电池组在充电时不能充足,而在放电时很快将电能放尽。这就要求电池管理系统应能够及时自动检测各个单节电池的状态,当检测出某节电池出现损坏状态时,及时报警,以便将"坏"电池剔出、更换。

(3)动力电池组的组合。

动力蓄电池模块3D结构展示

动力蓄电池组需要 8 ~ 32 节 12V 的单节电池串联起来(指铅酸电池)或更多单节电池(指其他电池)串联而成,为了能够分别安装在混合动力电动汽车的不同位置,通常动力蓄电池组上分为多个小的电池组分散进行布置,这样有利于电池组的机械化安装、拆卸和检修。

线路管理子系统管理电池与电池、电池组与电池组之间的线路。当动力蓄电池组的总电压较高时,导线的截面积比较小,有利于电线束的连接和固定,但高电压要求有更可靠的防护。当动力蓄电池组的总电压较低时,则电流比较大,导线的截面积则比较大,安装较不方便。在各个电池组之间还需要安装连接导线将各个电池组串联起来,一般在电池组与电池组之间,装有手动或自动断电器,以便在安装、拆卸和检修时切断电流。另外,在电池管理系统中还有各种传感器线路等,在混合动力电动汽车上还有尺寸很长的各种各样的电线束,因此要求电线之间要有可靠的绝缘,并能快速连接。

(4)动力蓄电池组的安全管理。

动力蓄电池组的总电压可以达到 90 ~ 400V,高电压对人体会造成危害,应采取有效的隔离措施。一般是将动力蓄电池组与车辆的乘坐区分离,将动力蓄电池组布置在地板下面或车架的两侧,在正常的情况下,车辆停止使用时,通常会自动切断电源,只有在混合动力电动汽车起动时才接通电源。当混合动力电动汽车发生碰撞或倾覆时,电池管理系统应能立即切断电源,防止高压电引起的人身事故和火灾，并防止电解液对人造成的伤害，以保证人身安全。

三 动力蓄电池箱体

动力蓄电池箱体通常安装在车身底盘下方，有承载及保护动力蓄电池组及电气元件的作用，制造材料通常包括具有绝缘作用的玻璃钢和高硬度耐磨的钢等。由于汽车的运行环境多变，因此，对动力蓄电池箱散热、防水、绝缘等安全设计的要求很高。

四 辅助元器件

辅助元器件主要包括动力蓄电池系统内部的电子电器元件（如熔断器、接触器、分流器、接插件、紧急开关、烟雾传感器等）、维修开关以及电子电器元件以外的辅助元器件（如密封条，绝缘材料等）。

（1）电流传感器。电流传感器用来监测充、放电电流的大小，如图 2-12 所示。该电流传感器是一个霍尔式电流传感器。

霍尔元件是一种采用半导体材料制成的磁电转换器件，其原理如图 2-13 所示。霍尔电势 U_H 的大小和控制电流 I_C、磁通密度 B 的乘积成正比，通过测量霍尔电势的大小，可以间接测量载流导体电流的大小。

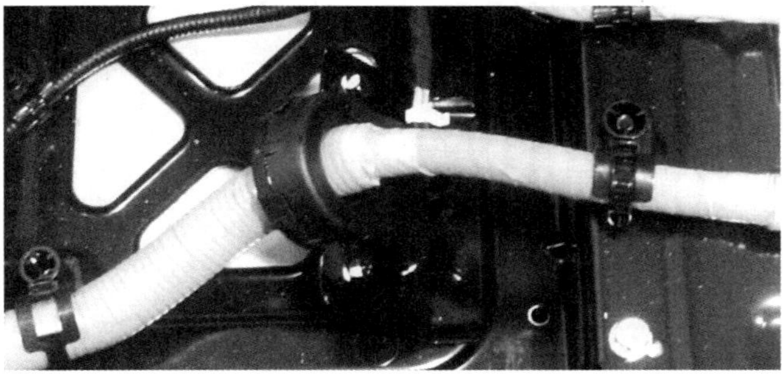

图 2-12 电流传感器

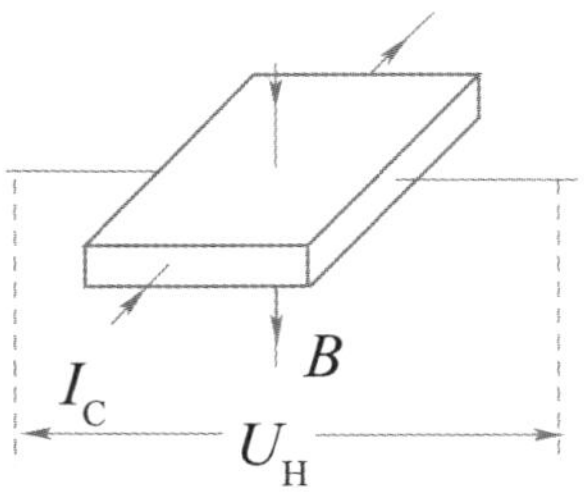

图 2-13 霍尔元件原理图

（2）维修开关。电动汽车大多采用高于 300V 的高压电，如果电路出现过载或短路，容易引起电气元件的损坏，如果操作不当，更易酿成电击危险。维修开关安装在电路大电流主干线上，通常位于动力蓄电池组箱体的中间位置，如图 2-14 所示。

维修开关是保证电动汽车高压电气安全的关键部件，在紧急情况或进行高压系统、动力蓄电池维修等操作时，应将其断开，以保障维修人员的安全。

(3)熔断器。熔断器可保护高压系统的安全,当高压系统出现短路时,熔断器将会断开,维修开关内装有电压500V(250A)熔断器,如图2-15所示。

图2-14　维修开关

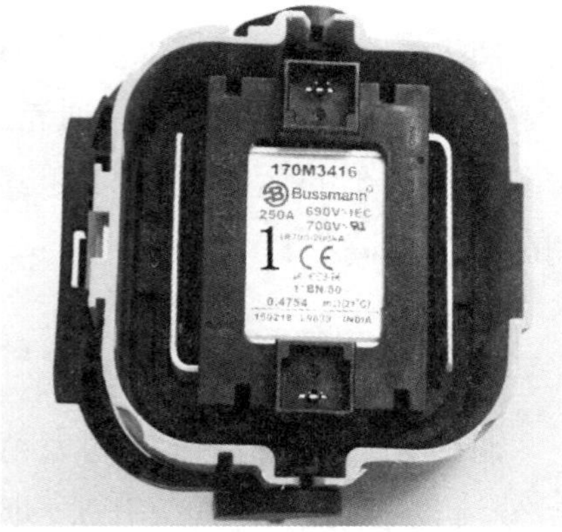

图2-15　熔断器

(4)加热接触器和加热熔断器。加热接触器和加热熔断器用于动力蓄电池热管理系统。加热熔断器与加热膜串接在一起,加热接触器受BMS控制,在温度低于设定值时接通,对动力蓄电池系统进行加热,如图2-16所示。

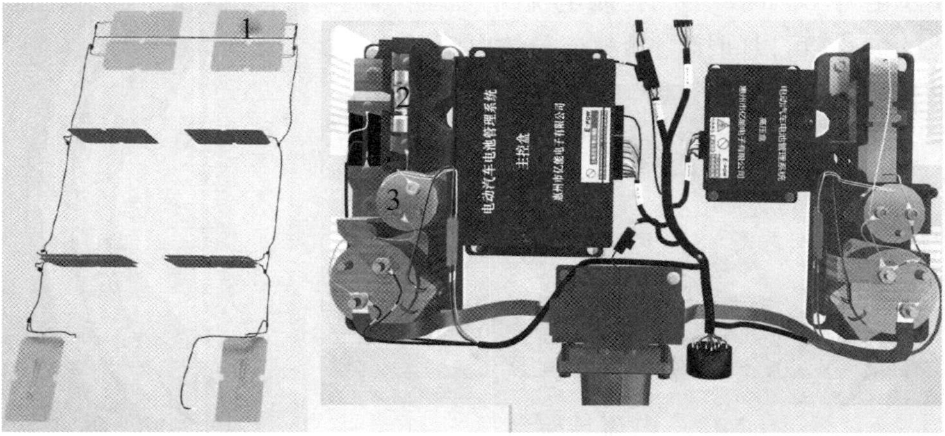

图2-16　加热接触器和加热熔断器

1-加热膜片;2-加热熔断器;3-加热接触器

(5)接触器集成器。有的把接触器叫作继电器。接触器集成器将高压正极接触器、高压负极接触器、预充电接触器和预充电阻进行了集成,如图2-17所示。

高压正极和负极接触器为主接触器,控制回路的通断。预充电接触器和预充电阻由BMS控制闭合和断开,在充放电初期闭合进行预充电,当预充完成后断开。

图 2-17 接触器集成器

1-预充电阻;2-高压正极接触器;3-预充电接触器;4-高压负极接触器

单元小结

(1)电池的种类有很多,划分的方法也有多种。按其原理可以分为生物电池、物理电池和化学电池。动力蓄电池的能量密度、功率密度、充放电性能、成本、使用寿命、单体一致性和安全性等性能是影响电动汽车能否产业化的关键因素。

(2)铅酸蓄电池的基本单元是单体电池。每个单体电池都是由正极板、负极板和装在正极板和负极板之间的隔板组成。铅酸蓄电池主要用于电动旅游观光车、电动高尔夫车、电动叉车、电动巡逻车、电动清洁车和低速电动汽车。

(3)镍氢动力蓄电池属于碱性电池, 20 世纪 90 年代随着电动汽车尤其是混合动力电动汽车的规模化而得到应用。镍氢电池由氢氧化镍[$Ni(OH)_2$]正极、储氢合金负极、隔膜纸、氢氧化钾电解质、外壳、顶盖、密封圈等组成。在正负极之间有隔板,共同组成镍氢单体电池。在金属铂的催化作用下,完成充电和放电的可逆反应。

(4)锂离子电池被认为是未来极具发展潜力的动力蓄电池。

(5)BMS 是整车能源管理系统的一个子系统,为了保护动力电池的电力性能,合理地使用和管理电池组的电能,BMS 可以为电动汽车驾驶员提供和显示动力电池组的动态变化参数等,是电动汽车节能、减排和延长电动汽车续驶里程的一个重要的管理机构。

思考与练习

(一)填空题

1. 电池的种类有很多,划分的方法也有多种。按其原理可以分为________电池、________电池和________电池。

2. 铅酸蓄电池一般分为免维护铅酸蓄电池和________式铅酸蓄电池。

3. 锂离子电池由________、________、隔板、________和安全阀等组成。

4. 化学电池按工作性质分为________、________、________和储备电池。

(二)判断题

1. 原电池又称为一次电池,也称为可充电电池。 (　　)

2. AGM 采用吸附式玻璃纤维棉作隔板。 (　　)

3. 充满电的电池在一定条件下所能输出的电量,等于放电电流与放电时间的总和。 (　　)

4. 电解液是影响锂离子倍率放电性能和安全性的又一重要因素。 (　　)

5. 按法拉第定律计算出的电量,额定容量是电池容量的最大极限值。 (　　)

(三)简答题

BMS 的主要功能是什么?

单元三 电动汽车电机驱动系统

课题一 电动汽车电机驱动系统概述

学习目标

☞ 知识目标

1. 掌握电动汽车电机驱动系统的组成；
2. 熟悉电动汽车电机驱动系统的主要性能指标；
3. 掌握电动汽车电动机的类型。

☞ 技能目标

会识别不同电机的类型。

☞ 素养目标

培养独立分析问题的能力。

建议课时

1 课时。

一 电动汽车电机驱动系统的组成

电机驱动系统的基本组成如图 3-1 所示。电机驱动系统是电动汽车的心脏，它由电动机、功率转换器、控制器、各种检测传感器和电源(动力蓄电池)组成，其任务是在驾驶员的控制下，高效率地将动力蓄电池的电量转化为车轮的动能，或者将车轮的动能反馈到蓄电池中。

早期的电动汽车主要采用直流电机系统，但直流电机有机械换向装置，必须经常维护。随着电力电子技术的发展，交流调速逐渐取代直流调速。

功率转换器按所选电机类型，有 DC/DC 功率转换器、DC/AC 功率转换器等形式,其作用是按所选电动机驱动电流的要求,将蓄电池的直流电转换为相应电压等级的直流、交流或脉冲电。

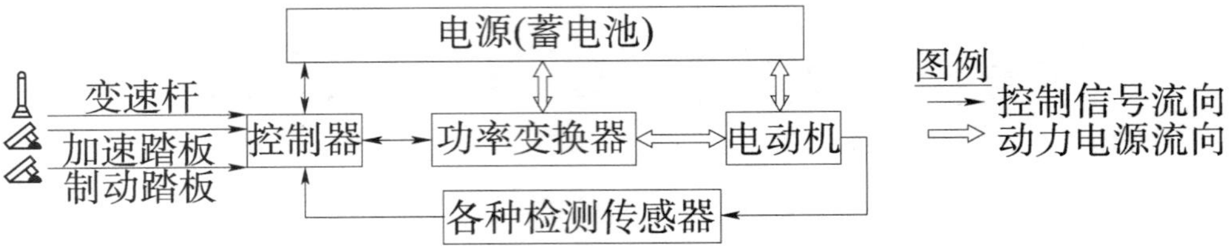

图 3-1　电机驱动系统的基本组成框图

检测传感器主要对电压、电流、速度、转矩以及温度等进行检测,其作用是为了提高和改善电动机的调速特性。对于永磁无刷电动机或开关磁阻电动机还要求有电动机转角位置检测。

控制器是按驾驶员操纵变速杆、加速踏板和制动踏板等动作,相应输入前进、倒退、起步、加速、制动等信号,以及各种检测传感器反馈的信号,通过运算、逻辑判断、分析比较等,适时向功率转换器发出相应的指令,使整个驱动系统有效运行。

二　电动汽车电机驱动系统的主要性能指标

(1)额定电压。在额定工况运行时,电机定子绕组应输入的线电压值。

(2)额定电流。在额定电压下,电机轴上输出的机械功率为额定功率时,电机定子绕组通过的线电流值。

(3)额定转速。在额定电压输入下,以额定功率输出时对应的电机最低转速。

(4)额定功率。在额定条件下,电机轴上输出的机械功率。

(5)峰值功率。在规定的时间内,电机允许输出的最大输出功率。

(6)最高工作转速。电动汽车最高设计速度时相应的电机转速。

(7)最高转速。在无带载条件下,电机允许旋转的最高转速。

(8)额定转矩。电机在额定功率和额定转速下的输出转矩。

(9)峰值转矩。电机在规定的持续时间内允许输出的最大转矩。

(10)堵转转矩。电机转子在所有角位堵住时所产生的转矩最小测得值。

(11)机械效率。在额定运行时电机轴上输出的机械功率与电机在额定运行时电源输入电机定子绕组上的功率之比值。

(12)电机及控制器整体效率。电机转轴输出功率除以控制器输入功率。

(13)温升。电机在运行时允许升高的最高温度。

电动汽车最早采用的是直流电动机。随着电子技术和自动控制技术的发展以及电动汽车技术要求的提高,无刷直流电动机、交流异步电动机、永磁同步电动机和开关磁阻式电动机等显示出比直流电动机更为优越的性能，在电动汽车中应用越来越广泛。

三 电动汽车电动机的类型

应用于电动汽车的驱动电动机可分为有换向器电动机、无换向器电动机和特种电动机，如图 3-2 所示。

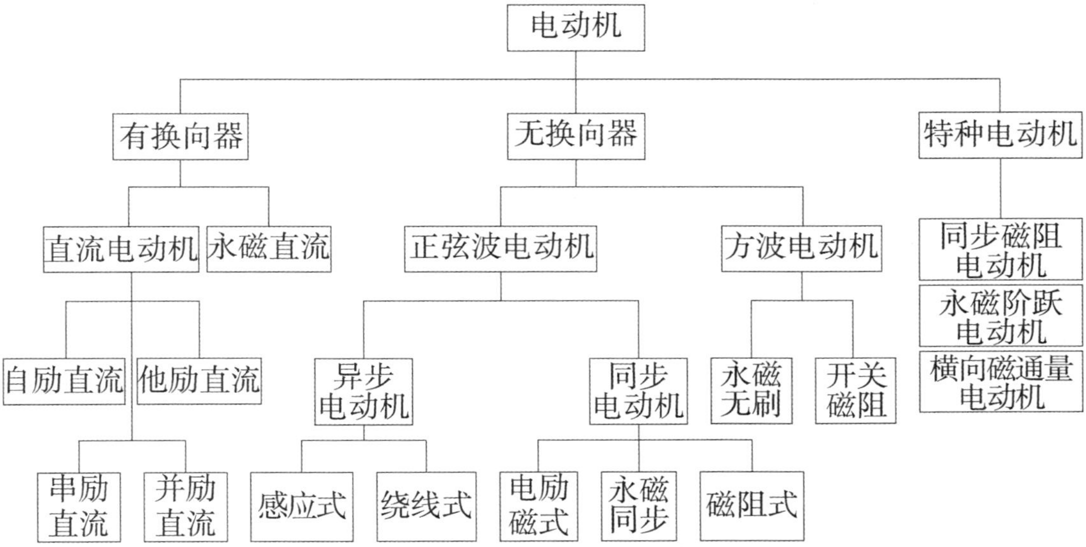

图 3-2　电动汽车电动机的基本类型

由于技术成熟和控制简单，直流电动机驱动一直在电机驱动系统中占有突出的地位。最近，随着技术的发展，无换向器电动机达到了一个应用的新阶段。与有刷直流电动机相比，无换向器电动机的优点包括高效率、高功率密度、低运行成本、高可靠性以及免维护。无换向器的异步电动机在电动汽车上得到了广泛应用。开关磁阻电动机（SRM）已被公认在电动汽车应用中具有很大的潜力。

电动机分类

表 3-1 为现代电动汽车所采用的典型电动机的基本性能比较。

各种电动机的基本性能比较　　表 3-1

项目	直流电动机	感应式电动机	永磁式电动机	开关磁阻式电动机
比功率	低	中	高	较高
过载能力（%）	200	300～500	300	300～500
峰值效率（%）	85～89	94～95	95～97	90

续上表

项目	直流电动机	感应式电动机	永磁式电动机	开关磁阻式电动机
负荷效率(%)	80~87	90~92	97~85	78~86
功率因数(%)	—	82~85	90~93	60~65
恒功率区	—	1:5	1:2.25	1:3
转速范围(r/min)	4000~6000	12000~20000	4000~10000	可以>15000
可靠性	一般	好	优	良好
结构的坚固性	差	好	一般	优良
电动机外廓	大	中	小	小
电动机质量	大	中	小	小
控制操作性能	最好	好	好	好
控制器成本	低	高	高	一般

注:只做各种电动机之间的定性比较。

课题二 直流电机驱动系统

学习目标

☞ 知识目标

1. 熟悉直流电动机的分类;
2. 掌握直流电动机的结构与特点;
3. 掌握直流电动机的工作原理;
4. 熟悉电动汽车直流电动机的驱动特性和特点;
5. 熟悉电动汽车直流电动机的要求及应用;
6. 熟悉直流电动机的控制系统。

☞ 技能目标

会识别直流电动机的结构。

☞ 素养目标

培养探索、钻研精神。

建议课时

1 课时。

一 直流电动机的分类

直流电动机分为绕组励磁式直流电动机和永磁式直流电动机。在电动汽车所采用的直流电动机中,小功率电动机采用永磁式直流电动机,大功率电动机则采用绕组励磁式直流电动机。根据励磁方式的不同,绕组励磁式直流电动机可分为他励式、并励式、串励式和复励式四种类型。

二 直流电动机的基本工作原理

直流电动机的工作原理如图 3-3 所示。在磁场 N 极和 S 极之间,装有一个可以转动的线圈(电枢绕组),线圈的首末两端分别接到两片圆弧形的换向片(铜片)上,两个换向片之间、换向片与转轴(与线圈一起旋转)之间均相互绝缘,为了把电枢绕组和外电路接通,在换向器上安置了两个固定不动的电刷。由于电刷和电源固定连接,因此无论线圈怎样转动,总是上半边的电流向里,下半边的电流向外,由电磁感应原理可知,通电线圈在磁场中收到逆时针方向的力矩作用。虽然电流方向是交替变化的,但所受电磁力的方向不改变,因而线圈可以连续地按逆时针方向转动。

直流电动机工作原理

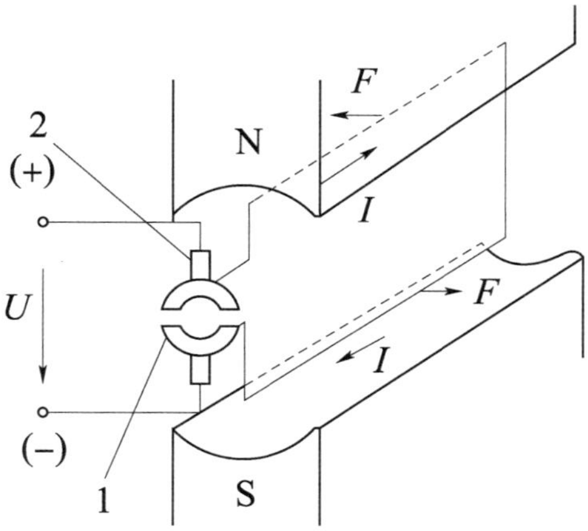

图 3-3 直流电动机的工作原理

1-换向片;2-电刷

直流电动机结构

三 直流电动机的结构

直流电动机由定子与转子两大部分构成,定子和转子之间的间隙称为气隙,直流电动机的结构如图 3-4 所示,实物图如图 3-5 所示。

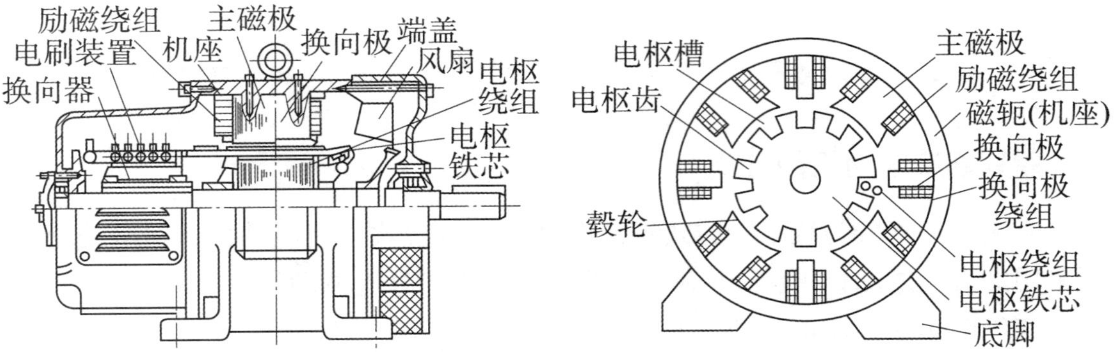

图 3-4 直流电动机结构

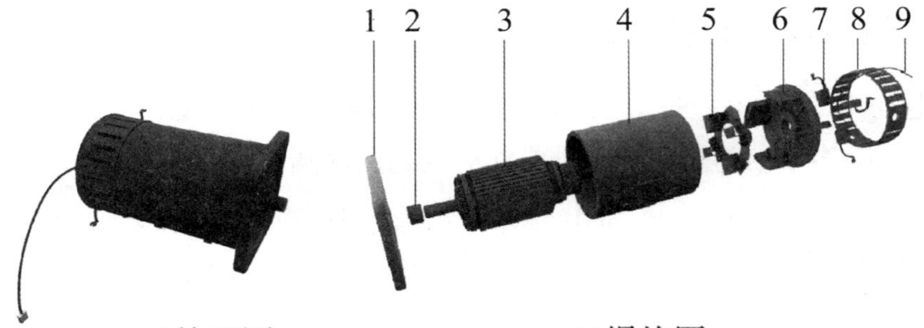

a)外观图 b)爆炸图

图 3-5 直流电动机实物图

1-底座;2-底座轴承;3-转子总成;4-外壳及定子;5-碳刷架;6-前端盖;7-碳刷;8-防尘罩;9-转速传感器线束

❶ 定子部分

定子的主要作用是产生气隙磁场。直流电动机定子主要由主磁极、机座、换向极和电刷装置等组成。

主磁极的作用是建立主磁场,它由主极铁芯和套装在铁芯上的励磁绕组构成。主极铁芯一般由 1 ~ 1.5mm 的低碳钢板冲压成一定形状叠装固定而成,是主磁路的一部分。励磁绕组用扁铜线或圆铜线绕制而成,产生励磁磁动势。

机座用铸钢或厚钢板焊接而成,它既是主磁路的一部分,又是电动机的结构框架。

换向极的作用是改善直流电动机的换向情况,使直流电动机运行时不产生有害的火花。它由换向极铁芯和套装在铁芯上的换向极绕组构成。

电刷装置由电刷、刷握、刷杆、汇流排等组成,用于电枢电路的引入或引出。

❷ 转子部分

转子部分包括电枢铁芯、电枢绕组、换向器等。

电枢铁芯既是主磁路的组成部分，又是电枢绕组的支撑部分，电枢绕组嵌放在电枢铁芯的槽内。电枢铁芯一般用0.55mm厚的硅钢片叠压而成。

电枢绕组由扁铜线或圆铜线按一定规律绕制而成，它是直流电动机的电路部分，也是产生电动势和电磁转矩，进行机电能量转换的部分。

换向器由冷拉梯形铜排和绝缘材料等构成，用于电枢电流的换向。

四　电动汽车用直流电动机的特性

1　直流电动机的驱动特性

电动汽车用直流电动机的驱动特性如图3-6所示。

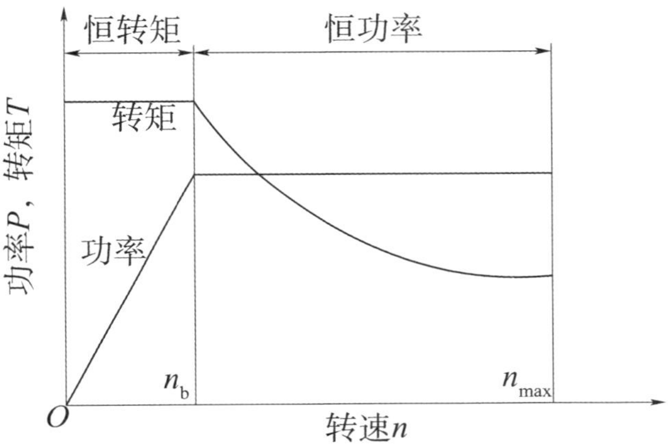

图3-6　电动汽车用直流电动机的驱动特性

基本转速n_b以下为恒转矩区，基本转速n_b以上为恒功率区。在恒转矩区，励磁电流保持不变，改变电枢电压来控制转矩。在高速恒功率区，电枢电压不变，改变励磁电流或弱磁来控制转矩。直流电动机的这种特性很适合汽车对动力源低速、高转矩和高速、低转矩的使用需求，而且直流电动机结构简单，易于平滑调速，加之控制技术成熟，所以几乎所有早期的电动汽车都是采用直流电动机。

2　直流电动机的特点

（1）调速性能好。直流电动机可以在重负载条件下实现均匀、平滑的无级调速，而且调速范围较宽。

（2）起动转矩大。直流电动机可满足在重负载下起动或要求均匀调节转速的机械要求。

（3）控制简单。直流电动机一般用斩波器控制，它具有高效率、控制灵活、重量轻、体积小、响应快等优点。

（4）有易损件。由于存在电刷、换向器等易损零件，所以直流电动机必须进行定期维护或更换零件。

3 直流电动机的应用

电动汽车用直流电动机主要包括他励式直流电动机(包括永磁直流电动机)、串励式直流电动机、复励式直流电动机三种类型。小功率(小于10kW)的电动机多采用小型高效的永磁式直流电动机,一般应用在小型、低速的专用车辆上。中等功率(10～100kW)的电动机采用他励、串励或复励式直流电动机,可以用在结构简单、转矩较大的电动货车上。大功率(大于100kW)的电动机采用串励式直流电动机,可用在要求低速、高转矩的大型专用电动汽车上。

但是,直流电机驱动系统和其他电机驱动系统相比已大大处于劣势。

五 直流电动机的控制系统

直流电动机控制电路原理

一般而言,直流电动机的转速控制可以通过两种方法实现,即电枢控制和励磁控制。电枢调速方式属于恒转矩调速,励磁调速方式属于恒功率调速。当直流电动机电枢电压减小时,电枢电流和电机转矩就会降低,由此引起电机转速降低。反之,当电枢电压增加时,电动机转矩就会增加,由此会引起电动机转速增加。由于电枢的最大允许电流不变,且磁场是固定的,电枢电压的控制可在任何转速下保持最大转矩不变。然而,由于电枢电压不能超过其额定值,这种控制方法只适于直流电动机的工作转速低于基速的场合。另外,当电枢电压值恒定,直流电动机的励磁电压减弱时,电动机的感应电动势就会降低。由于电枢电阻很小,电枢电流增大的程度比磁场减弱的程度要大,因此,电动机转矩增加,电动机转速也随之增大。由于电枢的最大允许电流是常数,所以当电枢电压保持不变时,无论转速多大,感应电动势都是恒定的。因此,电动机所允许的最大功率恒定,允许的最大转矩随电动机转速的变化而逆向变化。所以,为使电动汽车的直流电动机有较宽的转速控制范围,电枢控制必须和励磁控制相结合。当电动机转速在零与基速之间时,励磁电流保持在额定值,采用电枢控制。当电动机转速超过基速时,电枢电压保持在额定值,采用励磁控制。

电动汽车使用直流电动机时的电机控制器一般以斩波方式工作,也称为直流斩波器,主要由功率开关模块和中央控制器构成。斩波器是直流电源和负载电机之间的一个周期性通断的开关控制装置,它的作用是改变供给电动机的电压。实际上,斩波器作为一个电压调节系统而工作,由于采用斩去输入电压而变成在时间上断续的脉冲输出,这类调节器因此而得名。

直流斩波器的输出电压有三种调节方式,即脉宽调制(PWM)方式、频率调制方式和限流控制方式。第一种方式，斩波器的频率保持不变，只改变脉冲的宽度；第二种方式，脉冲宽度保持不变，斩波频率是可变的；第三种方式，脉冲宽度和频率都是可变的，使负载电流控制在某个特定的最大值和最小值之间。

电动汽车直流电动机驱动通常采用PWM方式，通过斩波器控制电路控制IGBT（绝缘栅双极晶体管，图3-7中的VTl）的门极实现VT1的通断，调节VTl通断占空比δ，直流电动机电枢电压依赖于占空比δ的变化。此外，通过斩波器控制电路控制IGBT（图3-7中的VT2）的门极实现VT2的通断，继而实现电动机电枢电压泵升，给动力电池（图3-7中U_s）充电，完成电动机的再生制动过程。

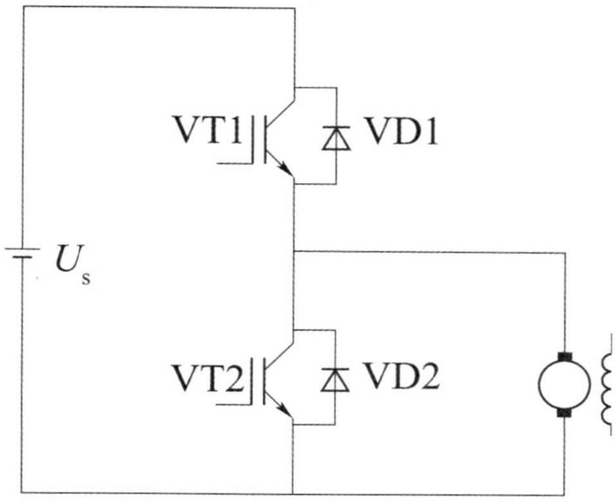

图3-7　用于电动汽车驱动的直流斩波器

电动汽车的加速踏板位移、制动踏板位移和转向盘转角映射到驱动电动机及其控制系统的是转矩（或转速）控制信号，电动机及其控制系统采取转矩和转速闭环控制，通过调节占空比δ来控制电机电枢电压，以实现电机电磁转矩和电机转速的调节，系统一般采用比例—积分—微分（PID）调节控制。

课题三　交流感应电机驱动系统

学习目标

☞ **知识目标**

1. 掌握交流感应电动机的结构；
2. 掌握交流感应电动机的工作原理；
3. 熟悉交流感应电动机的控制系统。

☞ **技能目标**

会识别交流感应电动机的结构。

☞ **素养目标**

培养努力钻研技术的习惯，不断提出真正解决问题的新理念新思路新办法。

建议课时

1 课时。

一 交流电动机分类

交流电动机可分为同步电动机和异步电动机两类。如果电动机转子的转速 n 与定子旋转磁场的转速 n_1 相等,则转子与定子旋转磁场在空间同步地旋转,这种电动机就被称为同步电动机。如果 n 不等于 n_1,则转子与定子旋转磁场在空间旋转时不同步,则称为异步电动机。三相异步电动机有笼型异步感应电动机和绕线式异步感应电动机两种。由于绕线式异步感应电动机成本高、需要维护,缺乏坚固性,因而没有笼型异步感应电动机应用广泛,特别是在电动汽车的电力驱动应用中。

二 交流感应电动机的结构与工作原理

交流感应电动机主要由定子和转子两大部分组成,定子和转子之间是气隙,如图 3-8 和图 3-9 所示。定子是用来产生旋转磁场的,它由机座、定子铁芯、定子绕组、铁芯外壳、支撑转子轴的轴承等组成。转子由转子铁芯、转子绕组和转子轴等组成。转子铁芯和定子铁芯由薄硅钢片叠加而成,以减少铁损。笼型转子采用铜条减少线圈损失,定子铁芯采用 C 级绝缘,可直接用低黏度的油来冷却,采用铸铝机座来减小电动机总质量。

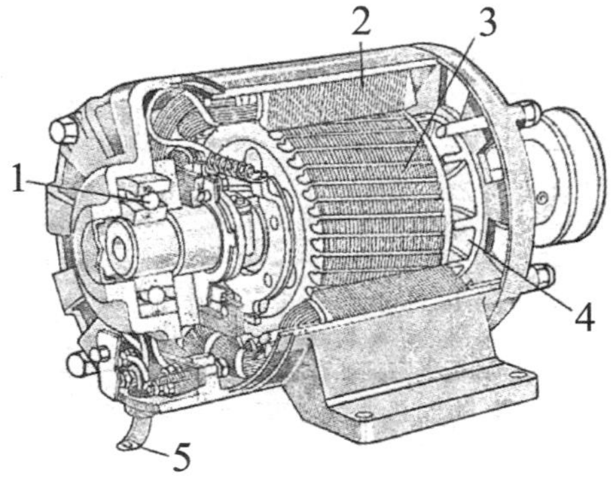

图 3-8　交流感应电动机的结构

1-轴承;2-定子;3-转子;4-冷却风扇;5-电源线

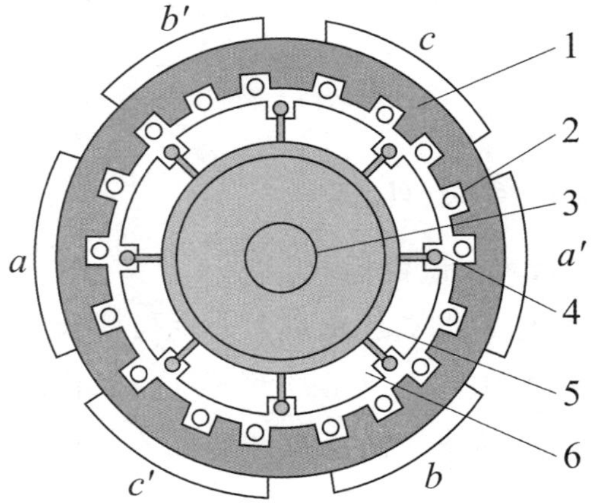

图 3-9　交流感应电动机横断面

1-定子铁芯;2-定子导体;3-转子轴;4-转子导体;5-转子端环;6-转子铁芯

在电动机定子上有三相对称的交流绕组(各相差 120°,图 3-10),三相对称交流绕组流入三相对称交流电流时,将在电动机气隙空间产生旋转磁场,转子绕组的导体处于旋转磁场中,转子导体切割磁力线,并产生感应电动势。由于转子导体通过端环自成闭路,在感应电动势的作用下,转子导体中将产生与感应电动势方向基本一致的感应电流。感应电流与旋转磁场相互作用产生电磁力,电磁力作用在转子上产生电磁转矩,驱动转子旋转。

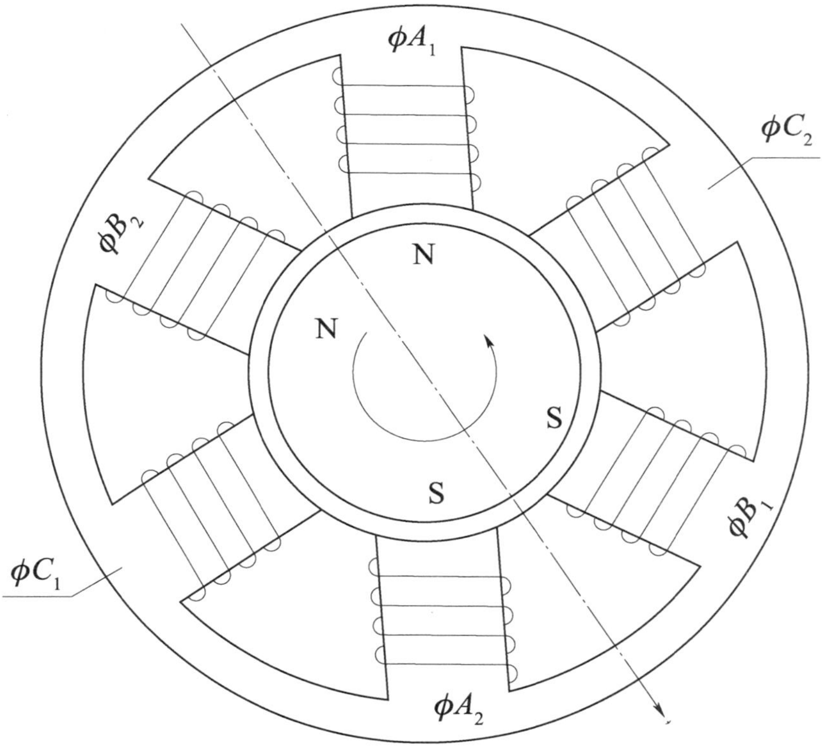

图 3-10　空间对称分布的三相定子绕组

三　交流感应电动机控制系统

交流感应电动机控制系统的主要作用是为电动机提供变压、变频电源,同时其电压和频率能够按照一定的控制策略进行调节,以使驱动系统具有良好的转矩—转速特性。

1 功率变换器

电动汽车的动力蓄电池提供的是直流电源,而三相异步感应电动机不能直接使用直流电源,因此必须由功率变换器将直流电源变换为频率和幅值都可以调节的交流电,来实现对感应电动机的控制。电动汽车的感应电动机使用的几乎都是专用的三相电压型 PWM(Pulse Width Modulation,脉宽调制)变换器。由于硬开关变换器的拓扑结构几乎是固定不变的,所以变换器的设计通常取决于功率器件的选择和 PWM 的变换方案。目前基于变换器的 IGBT 应用较为广泛。选择功率器件的标准是:

(1)由于变换过程中会产生浪涌电压,所以要求其额定电压至少是蓄电池额定电压的 2 倍;

(2)要求额定电流足够大,不需要再并联功率器件;

(3)为抑制谐波和噪声,要求开关速度足够高。

2 转速控制方式

由于感应电动机的直轴和交轴的磁耦合作用,导致它动态模型的高度非线性,使得感应电动机的控制比直流电动机要复杂得多。

感应电动机转速控制的基本方程为:

$$N = N_s(1 - s) = \frac{60f}{p}(1 - s)$$

式中:N——电动机转速;

N_s——同步旋转磁场转速;

s——滑差率;

p——磁极对数;

f——电源频率。

通过改变 s、p 和 f 可以控制电机转速,因此可以将感应电动机的基本调速方式相应分为调压调速、变极调速和变频调速三种。

(1)改变感应电动机输入电源电压进行调速的方式称为调压调速,是一种变滑差率调速;

(2)变换感应电动机绕组极对数,从而改变同步转速进行调速的方式称为变极调速,其转速阶跃变化;

(3)改变感应电动机输入电源频率,从而改变同步转速的调速方式称为变频调速,其转速可以均匀变化。

一般采用改变多个变量的方法控制电动机转速。高级的控制策略和复杂控制算法如自适应控制、变结构控制和最优控制等已经得以使用,以获得快速响应、高效率和宽转速范围。

为了实现感应电动机的理想控制,许多新的控制方法被应用到电动汽车的感应电动机驱动中来。

课题四 永磁电机驱动系统

学习目标

☞ 知识目标

1. 熟悉永磁驱动电动机的分类;
2. 熟悉交流永磁电动机的结构和工作原理;
3. 掌握永磁无刷直流电动机的结构、性能和控制系统。

☞ 技能目标

会识别永磁无刷直流电动机的结构。

☞ 素养目标

通过不同类型的电动机,培养对比和分析问题的能力。

建议课时

1 课时。

一 永磁驱动电动机的分类

永磁电动机的分类方法很多,根据输入电动机接线端波形的不同,可分为永磁直流电动机和永磁交流电动机。

由于永磁交流电动机没有电刷、换向器或集电环,因此也称为永磁无刷电动机。根据输入电动机接线端的交流波形,永磁无刷电动机可分为永磁同步电动机(Permanent Magent Synchronous Motor,PMSM)和永磁无刷直流电动机(Brushless DC Motor,BLDCM)。输入永磁同步电动机的是交流正弦波或近似正弦波,采用连续转子位置反馈信号来控制换向;而永磁无刷直流电动机输入的是交流方波,采用离散转子位置反馈信号控制换向。由于方波磁场与方波电流之间相互作用而产生的转矩比正弦波大,所以,永磁无刷直流电动机的功率密度大,但是由功率器件的换向电流引起的转矩脉动也大,而正弦波产生的转矩基本是恒转矩或平稳转矩,这与绕线转子同步电动机相同。

现有的永磁电动机可分为永磁直流电动机、永磁同步电动机、永磁无刷直流电动机和永磁混合式电动机四类。其中,后三类没有传统直流电动机的电刷和换向器,故统称为永磁无刷电动机。在电动汽车中,永磁同步电动机应用广泛。

二 永磁同步电动机的结构与工作原理

永磁同步电动机结构

1 结构

永磁同步电动机是用永磁体取代绕线式同步电机转子中的励磁绕组,从而省去了励磁线圈、集电环和电刷。永磁电动机转子分为凸装式、嵌入式和内埋式三种基本结构,前两种形式又称为外装结构。

凸装式转子永磁体的分类如图3-11所示。图3-11a)所示为圆套筒型整体磁钢,每极磁钢的宽度与极距相等,可提供接近梯形的磁场分布,在小直径转子的电动机中,可以采用这种径向异极的永磁环,但在大容量电动机中,必须利用若干个分离的永磁体。如果永磁体厚度一致,宽度又小于一个极距,则整个磁场分布接近为梯形。

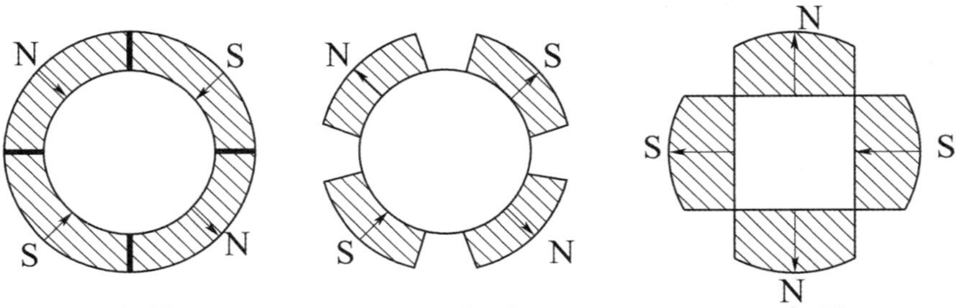

a)圆套筒型　　b)瓦片型　　c)扇形

图3-11　凸装式转子永磁体的分类

在图3-12中,不将永磁体凸装在转子表面上,而是嵌于转子表面下,永磁体的宽度小于一个极距,这种结构称为嵌入式。对于凸装式和嵌入式转子,一般是用环氧树脂将永磁体直接粘在转轴上,这两种结构可使转子直径小、惯量小,电感也较小,有利于改善电动机的动态性能。

内埋式永磁转子的结构如图3-13所示,它是将永磁体埋装在转子铁芯内部,每个永磁体都被铁芯包着,称为内埋式永磁同步机。这种结构机械强度高,磁路气隙小,与外装式转子相比,更适用于弱磁。

2 工作原理

永磁同步电动机工作原理

永磁同步电动机是用永磁体取代绕线式同步电动机转子中的励磁绕组,从而省去了励磁线圈、集电环和电刷,定子中通入三相对称交流电。永磁同步电动机模型如图3-14所示,由于电动机定子三相绕组接入三相对称交流电而产生旋转磁场,用旋转磁极 S、N 来模拟。根据磁极异性相吸、同性相斥的原理,不论定子旋转磁极与永磁转子起始时相对位置如何,定子的旋转磁极总会由于磁拉力拖着转子同步旋转。

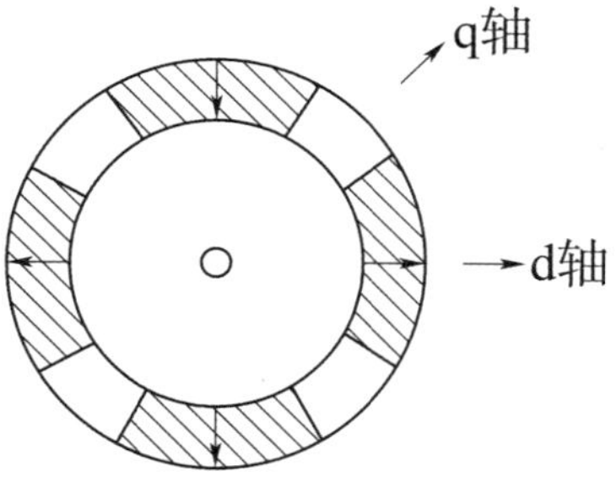

图 3-12　嵌入式永磁转子

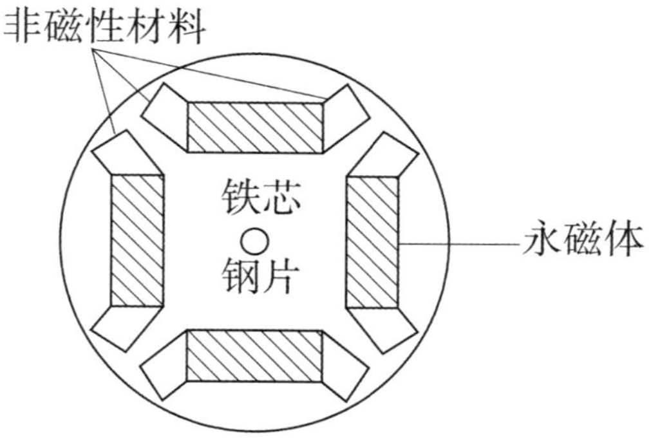

图 3-13　内埋式永磁转子

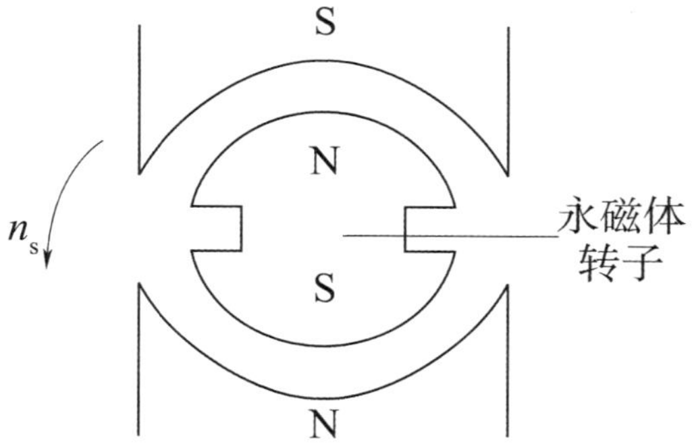

图 3-14　永磁同步电动机模型

三　永磁无刷直流电动机

1 永磁无刷直流电动机的结构

永磁无刷直流电动机结构

在直流电动机的转子上装置永久磁铁,转子采用径向永久磁铁制成的磁极,将磁铁插入转子内部,或将瓦形磁铁固定在转子表面上,转子上不再用电刷和换向器为转子输入励磁电流,所以电动机的转子磁路是各向均匀的,转子上不再用励磁绕组、集电环和电刷等来为转子输入励磁电流。因此,这种直流电动机称为永磁无刷直流电动机。

2 永磁无刷直流电动机的性能

永磁无刷直流电动机在工作时,直接将方波(矩形脉冲波)电流输入永磁无刷直流电动机的定子中,控制永磁无刷直流电动机运转。矩形脉冲波电流可以使电动机获得较大的转矩,永磁无刷直流电动机的优点为效率高(比交流电动机高6%)、输出转矩大、高速操作性能好、无电刷、结构简单牢固、免维护或少维护、尺寸小、质量小,输出转矩与转动惯量比值大于相类似的三相感应电动机。永磁电动机在材料的电磁性能、磁极数量、磁场衰退等多方面的性能都优于其他种类的电动机。如果输出的波形不好,会发生较大的脉动转矩和冲击力,影响电动机的低速性能,导致电流损耗大,工作噪声大。

3 永磁无刷直流电动机的控制系统

永磁无刷直流电动机具有很高的功率密度和较宽的调速范围。永磁无刷直流电动机的控制系统较为复杂,有多种控制策略,采用方波电流(实际上方波为顶宽不小于120°的矩形波)的永磁无刷直流电动机的控制则比较容易,驱动效率也最高。方波电动机可以比正弦波电动机产生大15%左右的电功率。由于磁饱和等因素的影响,三相合成产生的恒定电磁转矩是一种脉动电磁转矩。永磁无刷直流电动机实际上是一种隐极式同步电动机,在正常运行时电枢电流磁动势与永磁磁极的磁动势在空间位置相差90°电角度。在高速运行时通过“弱磁调速”的技术来升速。

永磁无刷直流电动机的基本控制系统,由直流电源、电容器、绝缘栅双极晶体管(IGBT)、永磁无刷直流电动机(PMBDC)、电动机转轴位置检测器(PS)、逻辑控制单元120°导通型脉宽调制信号发生器(PWM)驱动电路和其他一些电子器件共同组成。

转轴位置检测器检测转轴位置的信号,并经过位置信号处理,将信号输送到逻辑控制单元。码盘检测电动机的转速,经过速度反馈单元、速度调节器,对电动机的运行状态进行判别,将信号输送到逻辑控制单元。经过逻辑控制单元计算后,将控制信号传送到PWM发生器。

电流检测器按照闭环控制方式,将反馈电流进行综合,经过电流调节器调控,也将电流信号输入PWM发生器。

由转轴位置检测器根据转角 θ 和速度调节器,对电动机的运行状态进行判别,共同发出转子位置的信号,以及电流检测器对电流的调控信号,共同输入PWM发生器后,产生脉宽调制的信号(导通相位及相电流大小),自动换流来改变向定子绕组的供电频率和电流的大小,控制逆变器功率开关元件的导通规律。如图3-15所示,逆变器的功率开关由上半桥开关元件 $S_1 \sim S_3$ 和下半桥开关元件 $S_4 \sim S_6$ 组成,在同一时刻只有处于不同桥臂上的一个开关元件被导通(例如 S_1 及 S_3),电动机的电磁转矩 T 与开关元件导通的电流成正比。

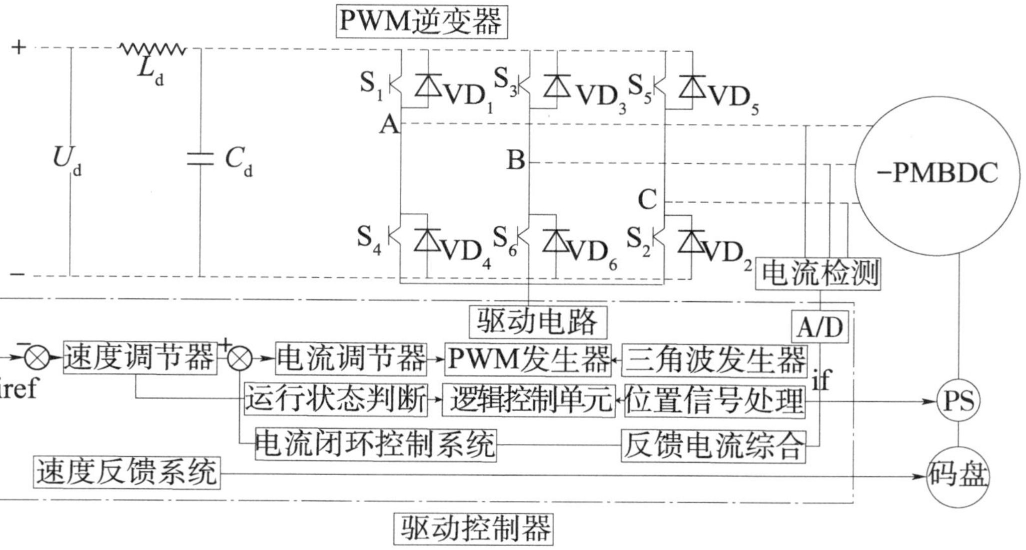

图 3-15　永磁无刷直流电动机控制策略

课题五　开关磁阻电机驱动系统

学习目标

☞ 知识目标

1. 掌握开关磁阻电机驱动系统的组成；
2. 掌握开关磁阻电机的结构与工作原理；
3. 熟悉开关磁阻电机的控制系统；
4. 熟悉开关磁阻电机的特点。

☞ 技能目标

会识别开关磁阻电机的结构。

☞ 素养目标

能关注新能源汽车电动机的发展方向，主动接受并学习新事物。

建议课时

1 课时。

一　开关磁阻电机驱动系统的组成

开关磁阻电机驱动系统是高性能机电一体化系统，主要由开关磁阻电机、功率转换器、传感器和控制器四部分组成，如图3-16所示。其中，开关磁阻电机为系统主要组成部分，用于实现电能向机械能的转换。功率转换器是连接电源和电机的开关器件，用于提供开关磁阻电机所需的电能，功率转换器的结构形式一般与供电电压、电机相数以及主开关器件种类有关。传感器主要用来反馈位置及电流信号，并传送给控制器。控制器是系统的中枢，起决策和指挥作用，主要针对传感器提供的转子位置、速度和电流反馈信息以及外部输入的指令，实时加以分析和处理，进而采取相应的控制决策，控制功率转换器中主开关器件的工作状态，实现对开关磁阻电机运行状态的控制。

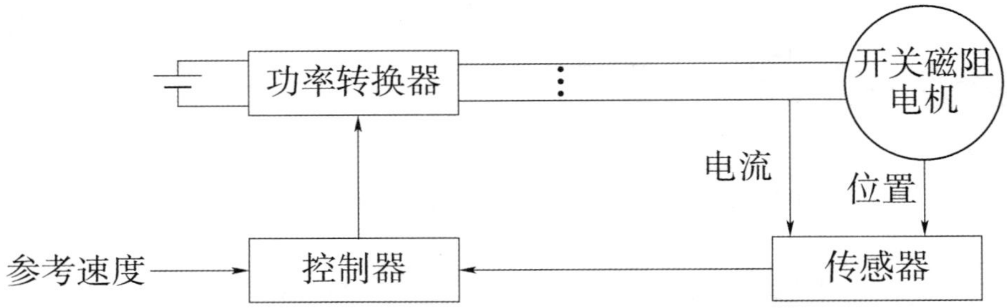

图3-16　开关磁阻电机驱动系统的基本构成

二　开关磁阻电机的结构

开关磁阻电机的定子和转子采用凸极结构，定子和转子都是由硅钢片叠压而成，开关磁阻电机的定子和转子极数不同，有多种组合方式，最常见的有四相8/6结构和三相6/4结构。三相开关磁阻电机的定子上有6个凸极，转子上有4个凸极。四相开关磁阻电机的定子上有8个凸极，转子上有6个凸极。在定子相对称的两个凸极上的集中绕组互相串联，构成一相，但在转子上没有任何绕组。因此，定子上有6个凸极的为三相开关磁阻电机，定子上有8个凸极的为四相开关磁阻电机，依此类推。由于开关磁阻电机的定子凸极数量不同，形成不同极数的开关磁阻电机。开关磁阻电机的结构方案有多种组合方式，见表3-2。

开关磁阻电机的结构方案　　表3-2

相数	3	4	5	6	7	8	9
定子极数 N_s	6	8	10	12	14	16	18
转子极数 N_r	4	6	8	10	12	14	16
步进角(°)	30	15	9	6	4.28	3.21	2.5

图3-17a)为三相6/4凸极结构的开关磁阻电机定子和转子结构剖面示意图；

图3-17b)为三相12/8凸极(双绕组)结构的开关磁阻电机定子和转子结构剖面示意图;图3-17c)为四相8/6凸极结构的开关磁阻电机定子和转子结构剖面示意图。

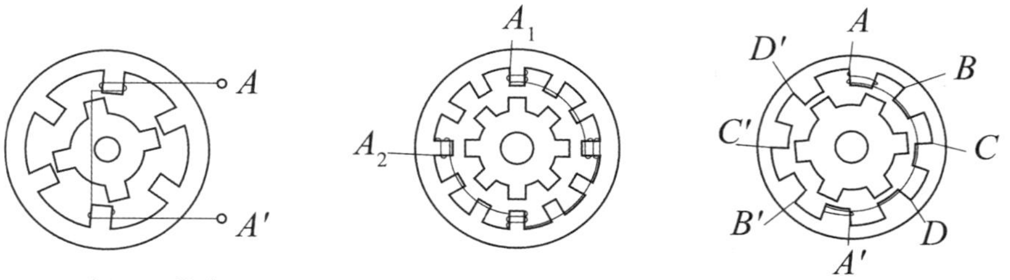

图3-17 不同的凸极开关磁阻电机的结构

三 开关磁阻电机的工作原理

三相6/4极开关磁阻电机工作原理如图3-18所示。

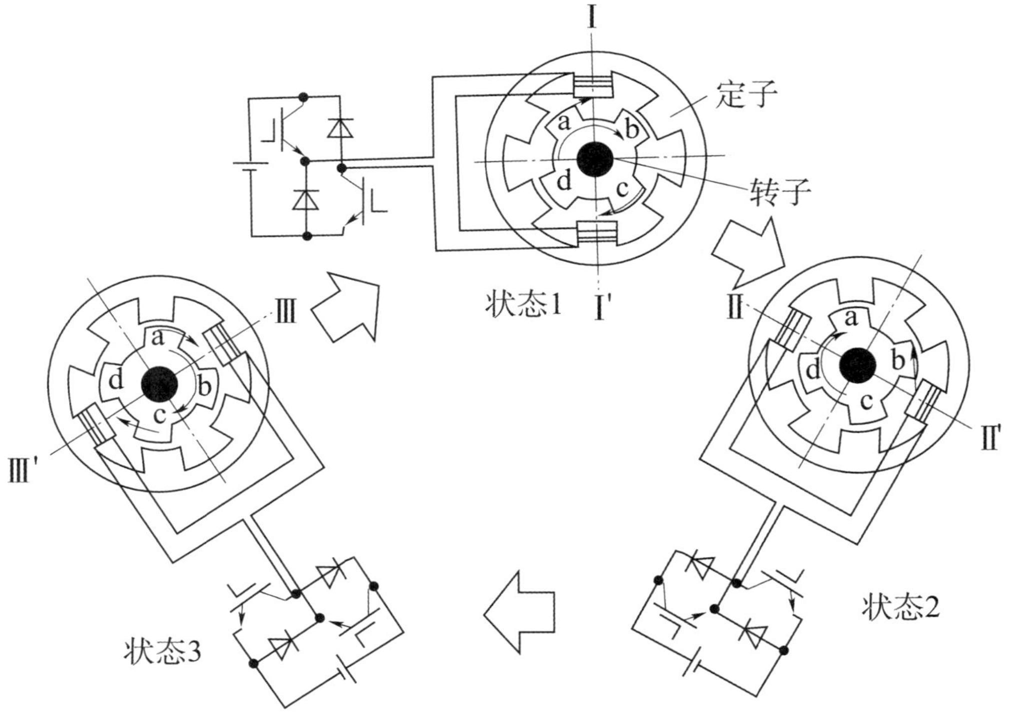

图3-18 三相6/4极开关磁阻电机工作原理

控制器根据位置传感器检测到的定转子间相对位置信息,结合给定的运行命令(正转或反转),导通相应的定子相绕组的主开关元件。对应相绕组中就有电流流过,并产生磁场。开关磁阻电机的工作原理遵循磁阻最小的原则。由于磁场总是趋于“磁阻最小”,因而电磁转矩使转子转向“极对极”位置。当转子转到被吸引的转子磁极与定子激磁相相重合(平衡位置)时,电磁转矩消失。此时控制器根据新的位置信息,在定转子即将达到平衡位置时,向功率变换器发出命令,关断当前相的主开关元件,而导通下一相,则转子又会向下一个平衡位置转动。当Ⅰ相绕组受到激励时,为减小磁路的磁阻,转子顺时针旋转,直到转子极a与定子极Ⅰ相对,此时磁路的磁阻最小(电感最大)。切断绕组Ⅰ的激励,给绕组Ⅱ施加激励,磁阻转矩使转子极b与定子极Ⅱ相对。切断绕组Ⅱ的激励,给绕组Ⅲ施加激励,磁阻转矩使转子极c与定子极Ⅲ相对。如果相绕组按Ⅰ-Ⅱ-Ⅲ-Ⅰ的顺序导通,转子沿顺时针方向连续旋转,反之,则按逆时针方向旋转。

控制器根据相应的位置信息按一定的控制逻辑连续地导通和关断相应的相绕组主开关,就可产生连续的同转向的电磁转矩,使转子在一定的转速下连续运行,再根据一定的控制策略控制各相绕组的通、断时刻以及绕组电流的大小,就可使系统在最佳状态下运行。

四 开关磁阻电机的特点

1 开关磁阻电机的优点

(1)调速范围宽,控制灵活,易于实现各种特殊要求的转矩—速度特性。开关磁阻电机启动转矩大、低速性能好,无异步电机在启动时所出现的冲击电流现象。在恒转矩区,由于电机转速较低,电机的反电动势小,因此需要采用对电流进行斩波限幅,即电流斩波控制方式,也可采用调节相绕组外加电压有效值的电压PWM方式。在恒功率区,通过调解主开关的开通角取得恒功率的特性,即角度位置控制方式。

(2)制造和维护方便。

(3)运转效率高。由于开关磁阻控制灵活,易在很宽的转速范围内实现高效节能控制。

(4)可四象限运行,具有较强的再生制动能力。

(5)结构简单、成本低,制造工艺也相对简单。其转子绕组可工作于很高的速度;定子为集中绕组,嵌放容易,端部短而牢固并且工作可靠,适用于各种恶劣、高温甚至强振动环境。

(6)转矩方向与电流方向无关,从而减少了功率转换器的开关器件数,降低了成本。同时出现故障的概率减小,控制可靠方便,可四象限运行,容易实现正转、反转和启动、制动等需要的调节控制。

(7)损耗小。损耗主要产生在定子,电机易于冷却。电机转子不存在励磁及转差损耗,并且由于功率变换元器件少,相应的损耗也小。

(8)可控参数多、调速性能好。可控参数有主开关开通角、主开关关断角、相电流幅值和直流电源电压。

(9)适于频繁启动、停止以及正反转运行。

2 开关磁阻电机的缺点

(1)虽然结构简单,但其设计和控制较复杂。

(2)由于开关磁阻电机磁极端部的严重磁饱和以及与沟槽的边缘效应,使得开关磁阻电机设计和控制要求非常高。

(3)开关磁阻电机噪声较大。

课题六 其他电机

学习目标

☞ 知识目标

1. 掌握轮毂电机的形式、类型、驱动方式和轮毂电机驱动系统的特点;
2. 熟悉交流励磁记忆电动机;
3. 熟悉外转子型双励磁永磁无刷电动机。

☞ 技能目标

能识别轮毂电机的结构。

☞ 素养目标

能关注新能源汽车电动机的发展方向,接受并学习新事物。

建议课时

1 课时。

一 轮毂电机

轮毂电机技术又称为车轮内装式电机技术,是一种将电动机、传动系统和制动系统融为一体的轮毂装置技术。各大汽车厂商都投入了大量资金进行研发。轮毂电机驱动式电动汽车的应用越来越广泛,轮毂电机驱动技术具有广阔的发展前景。

1 轮毂电机结构形式

轮毂电机驱动系统通常由电动机、减速机构、制动器与散热系统等组成。轮毂电机驱动系统根据电机的转子形式主要分成内转子型和外转子型两种结构形式。图 3-19 所示为两种形式轮毂电机的结构简图。通常,外转子型采用低速外转子电机,电机的最高转速为 1000 ~ 1500r/min,无任何减速装置,电机的外转子与车轮的轮辋固定或者集成在一起,车轮的转速与电机相同。内转子型则采用高速内转子电机,同时装备固定传动比的减速器,为了获得较高的功率密度,电机的转速通常高达 10000r/min,减速结构通常采用传动比为 10:1 左右的行星齿轮减速装置,车轮的转速为 1000r/min 左右。

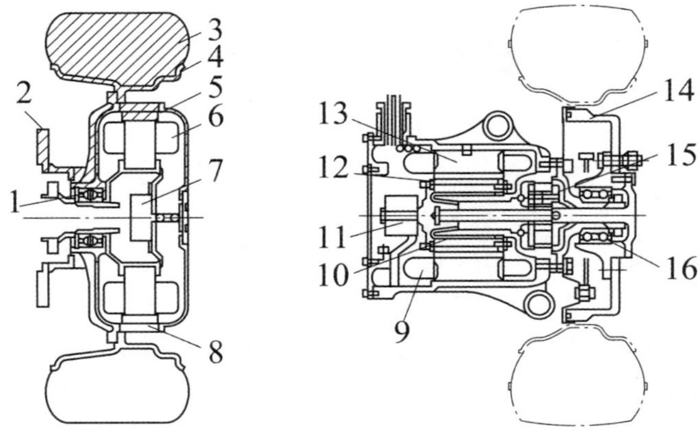

a)外转子型　　b)内转子型

图 3-19　轮毂电机的结构形式

1、16-轴承;2、14-制动鼓;3-轮胎;4-轮辋 ;5、12-永磁体;6、9-定子绕组;7、11-位置传感器;8-外转子;10-内转子;13-外定子;15-行星齿轮

高速内转子型轮毂电机的优点是具有较高的比功率,质量轻、体积小、效率高、噪声小、成本低;缺点是必须采用减速装置,使效率降低,非簧载质量增大,电机的最高转速受线圈损耗、摩擦损耗以及变速机构的承受能力等因素的限制。低速外转子电机的优点是结构简单、轴向尺寸小、比功率高,能在很宽的速度范围内控制转矩,且响应速度快,外转子直接和车轮相连,没有减速机构,因此效率高;缺点是如要获得较大的转矩,必须增大电机体积和质量,因而成本高,加速时效率低、噪声大。这两种结构在目前的电动汽车中都有应用,但是随着紧凑的行星齿轮变速机构出现,高速内转子式驱动系统在功率密度方面比低速外转子式更具竞争力。

需要附加机械制动系统。轮毂电机系统中的制动器可以根据结构采用鼓式或者盘式制动器。由于电动机电制动容量的存在,往往可以使制动器的设计容量适当减小。大多数的轮毂电机系统采用风冷方式进行冷却,也可采用水冷和油冷的方式对电机、制动器等的发热部件进行散热降温,但结构比较复杂。

图 3-20 为某轮毂电机的外观,图 3-21 是爆炸图,爆炸图中的各部件见表 3-3。

图3-20　某轮毂电机外观

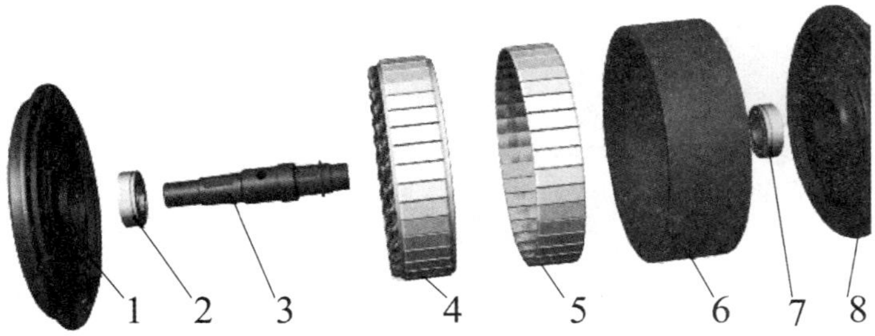

图 3-21　轮毂电机爆炸图

1-内端盖;2-内轴承;3-中心轴;4-定子;5-外转子;6-外壳;7-外轴承;8-外端盖

轮毂电机部件外观　　表 3-3

序　号	名　称	外　观
1	内端盖	
2	内轴承	
3	中心轴	
4	定子	

续上表

序　　号	名　　称	外　　观
5	外转子	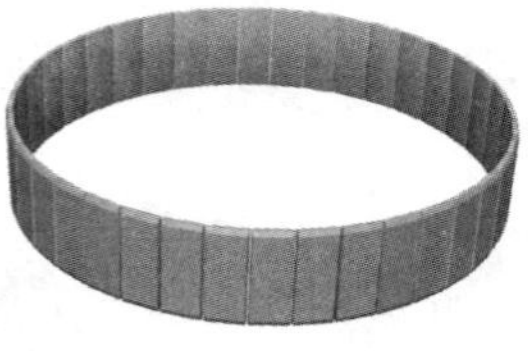
6	外壳	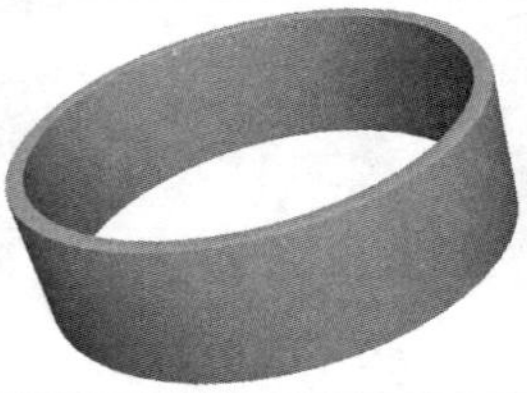
7	外轴承	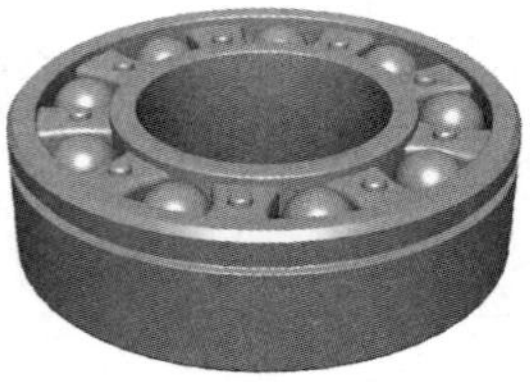
8	外端盖	

❷ 轮毂电机驱动方式

轮毂电机的驱动方式可以分为直接驱动和减速驱动两种基本形式。

直接驱动方式如图 3-22 所示，采用低速外转子电机，轮毂电机与车轮组成一个完整部件总成，电机布置在车轮内部，直接驱动车轮带动汽车行驶。其主要优点是体积小、质量轻、成本低、系统传动效率高、结构紧凑，既有利于整车结构布置和车身设计，也便于改型设计。这种驱动方式直接将外转子安装在车轮的轮辋上驱动车轮转动。由于电动汽车在起步时需要较大的转矩，所以安装在直接驱动型电动轮中的电机必须能在低速时提供大转矩；承载大转矩时需要大电流，易损坏电池和永磁体；电机效率峰值区域很小，负载电流超过一定值后效率急剧下降。为了使汽车能够有较好的动力性，电机还必须具有很宽的转矩和转速调节范围。由于电机工作产生一定的冲击和振动，要求车轮轮辋和车轮支撑必须坚固、可靠；同时，由于非簧载质量大，要保证汽车的舒适性，要求对悬架系统进行优化设计。此方式适用于平路行驶或负载小的场合。

减速驱动方式如图3-23所示，采用高速内转子电机，适合现代高性能电动汽车的运行要求。这种电动轮采用高速内转子电机，其目的是为了获得较高的功率。减速机构布置在电机和车轮之间，起减速和增矩的作用，保证电动汽车在低速时能够获得足够大的转矩。电机输出轴通过减速机构与车轮驱动轴连接，使电机轴承不直接承受车轮与路面的载荷作用，改善了轴承的工作条件；采用固定传动比行星齿轮减速器，使系统具有较大的调速范围和输出转矩，消除了车轮尺寸对电机输出转矩和功率的影响。但轮毂电机内齿轮的工作噪声比较大，并且润滑方面存在很多问题；其非簧载质量也比直接驱动式的大，对电机及系统内部的结构设计要求更高。

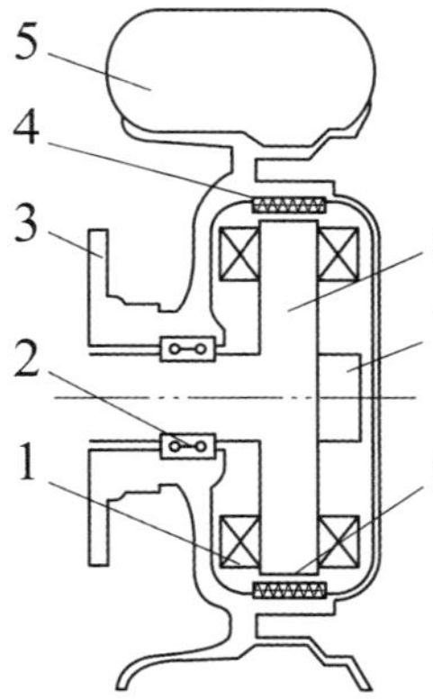

图3-22　轮毂电机直接驱动方式

1-绕组；2-轴承；3-制动盘；4-转子磁钢；5-轮胎；6-定子铁芯；7-轴承；8-气隙

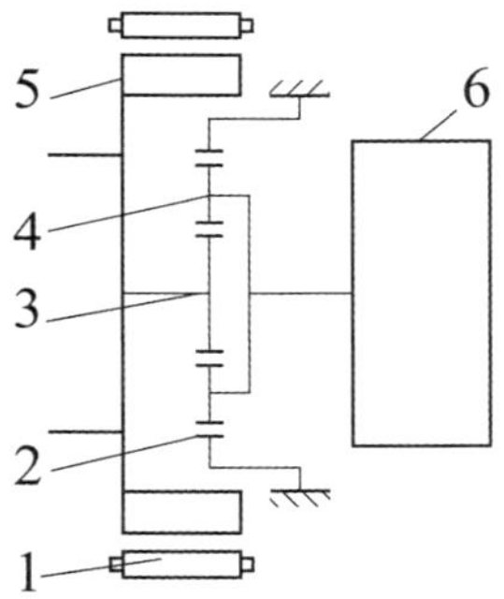

图3-23　轮毂电机减速驱动方式

1-定子；2-齿圈 ；3-太阳齿轮 ；4-行星齿轮；5-转子；6-车轮

③ 轮毂电机驱动系统的特点

轮毂电机驱动系统作为一种新兴的电机驱动形式，其布置非常灵活，可以根据汽车驱动方式分别布置在电动汽车的两前轮、两后轮或四个车轮的轮毂中。和其他驱动形式的电动汽车相比，轮毂电机驱动式电动汽车在动力源配置、底盘结构等方面有其独特的技术特征和优势，具体体现在以下几个方面。

(1)动力控制由硬连接改为软连接。通过电子线控技术，实现各电动轮从零到最大速度的无级变速和各电动轮间的差速要求，从而省略了传统汽车所需的机械式操纵变速装置、离合器、变速器、传动轴和机械差速器等,使驱动系统和整车结构简洁,有效可利用空间大,传动效率提高。

(2)各电动轮的驱动力直接独立可控,使其动力学控制更为灵活、方便;能合理控制各电动轮的驱动力,从而提高恶劣路面条件下的行驶性能。

(3)容易实现各电动轮的电气制动、机电复合制动和制动能量回馈,还能对整车能源的高效利用实施最优化控制和管理,节约能源。

(4)底架结构大为简化,使整车总布置和车身造型设计的自由度增加,若能将底架承载功能与车身功能分离,则可实现相同底盘不同车身造型的产品多样化和系列化,从而缩短新车型的开发周期,降低开发成本。

(5)若在采用轮毂电机驱动系统的四轮电动汽车上导入线控四轮转向技术,实现车辆转向行驶高性能化,可有效减小转向半径,甚至实现零转向半径,大大增加了转向灵便性。

二 交流励磁记忆电动机

记忆的概念主要源自永磁电动机中所用永磁材料的特性,即材料本身的磁化程度能够在很短的时间内通过施加充磁或者去磁磁动势而得到改变,并且充、去磁之后其磁化程度也能被保留记忆住,从而达到了简单、有效地调节电动机内磁场以及气隙磁通密度的目的。从这个概念可以看出,记忆电动机并不是一种新的电动机结构,而只是一种新的电动机概念。理论上,任何一种以永磁体为主要励磁源的永磁电动机,通过采用合适的永磁材料再加以合适的电动机制造工艺,都能成为记忆电动机。

永磁电动机作为一种高效、高功率密度的电动机,在各种工业领域,特别是电动汽车领域,得到了广泛的应用。在传统的永磁电动机中,永磁材料的磁性能一般比较稳定,当需要弱磁时,通常采用施加持续弱磁电流的方法来达到,这必然导致较大的励磁损耗。而另一方面,永磁体在外磁场特别是电枢反应磁场的作用下,有可能发生不可逆去磁,从而导致电动机性能下降,甚至无法使用。记忆电动机的出现,正是为了在拓展永磁电动机调速范围的同时,避免产生额外的励磁损耗。

记忆电动机又称为磁通可控永磁电动机,由德国的 Vlado Ostovic 在 2001 年最早提出。他所提出的记忆电动机的结构,既能做成变磁通形式,又能做成变极数形式。在这两种电动机结构中极大地减少了传统永磁电动机励磁时所需的持续功率损耗。

三　外转子型双励磁永磁无刷电动机

双励磁永磁无刷电动机通常是指由电励磁和永磁体相互作用而产生磁场的无刷电动机。电励磁通常是由直流励磁构成,因为电励磁具有灵活的可调性,因此这种双励磁永磁无刷电动机既继承了普通永磁无刷电动机的优点,又克服了普通永磁无刷电动机所具有的磁场调节复杂性和局限性。

外转子型双励磁永磁无刷电动机是双励磁永磁电动机的一种,该电动机在结构上克服了传统混合励磁的冗余和复杂,性能优越、控制简单灵活。

课题七　电动机和控制器的冷却

学习目标

☞ **知识目标**

掌握电动机和控制器的冷却方式。

☞ **技能目标**

会识别电动机和控制器的冷却管路回路走向。

☞ **素养目标**

通过搜集、观察不同车型对热量的管理与利用,树立绿色化发展、低碳化发展理念。

建议课时

1 课时。

一　电动机冷却方式

电动机常见的冷却方式有风冷和液冷。采用风冷方式较为常见,如一些小型电动机、交流电动机、开关磁阻电动机、异步电动机等;液冷方式主要用在一些永磁电动机。从理论上讲,几乎所有的电动机既可以采用风冷也可以采用液冷,最大的区别主要体现在电动机的设计用途和功率密度上。

如果车辆安装空间自由度较大,通风情况良好,电动机的质量要求不是很苛刻,可以采用风冷电动机。为了节约车辆空间,缩小电动机的体积,降低电动机的质量,提高电动机的功率,可采用液冷方式。

多数电动汽车尤其是大功率电动汽车一般采用液冷电动机。液冷电动机需要增设额外的电动水泵和散热器等装置来为电动机提供冷却。这增加了额外功耗,使结构较为复杂,且布置和安装要求较高。

二 主电动机控制器冷却方式

主电动机控制器与电动机的冷却方式一样,也有风冷和液冷之分。在外观上,风冷的控制器体积要较液冷的控制器体积大,风冷控制器一般需要装备多个强制散热风扇,进行强制通风。车载电动机控制器的冷却方式主要取决于电动机的冷却方式。一般情况下,这两者均可采用相同的冷却方式进行冷却。

三 其他控制装置

系统控制器除了有主电动机控制器(简称控制器)外,还有若干小功率的 DC/DC 或者 DC/AC 逆变器。其中 DC/DC 将高压直流转变为低压直流,为低压电路供电或者为低压蓄电池充电;DC/AC 逆变器则产生交流电来驱动空调压缩泵电动机、动力转向泵电动机、制动泵电动机和冷却泵电动机。控制装置一般允许最高温度为 60～70℃,而最佳工作环境温度在 40～50℃。周围环境的温度较高时,很容易达到其允许温度限值。因此,这些装置都要有自身附带的散热设备,对其温度进行控制,需要做的就是选择合适的安装位置,并预留必要散热空间。

四 电动机和控制器的冷却要求

电动机和控制器的最高允许温度和冷却方式有所不同,因而冷却要求略有差别。对于风冷电动机及控制器来说,只能从本身的设计上进行改善,如增加散热面积、增加必要的强制通风设备等,这些要求在电动机设计的时候就被提出。在安装时,设备必须安装在开放位置或者通风良好的环境下。

而对于液冷的电动机和控制器来说,需要对电动机和控制器进行合理的设计和安装,采用匹配的散热系统,方能满足使用要求。电动机的热源来自电动机内部,即电流流过定子绕组时产生的铜损耗,在铁芯内当磁通变化时所产生的铁损耗,轴承摩擦所产生的机械损耗及附加损耗。电动机产生的热量,首先通过传导方式传送到电动机的外表面,然后借辐射和对流作用将热量从电动机外表面散发到周围冷却介质中去。电动机的冷却情况决定了电动机的温升,温升又直接影响电动机的使用寿命和额定容量。电动机的冷却介质一般选用水、防冻液或油等。

为了保证冷却效果,电动机和控制器的安装位置尤为重要,为保证冷却液的顺畅，通常会将电动机安装设计成有一定的倾角的布置方式，位置较低的水口作为进水口，位置较高的水口为出水口。而控制器内部由于设计较为特殊，为了避免散热不均对内部产生影响，一般采用控制器生产厂家要求的安装方式，通常采用水平安装，图3-24所示为某大型电动客车电动机及控制器布局图。

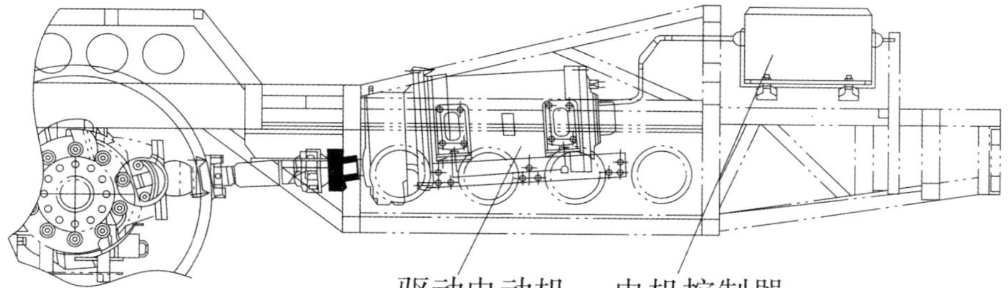

图3-24　某大型电动客车电动机及控制器布置图

由于电动汽车采用一套液冷设备，因此，对于电动机和控制器而言，要想获得最佳的冷却效果，冷却液的流向十分重要。如图3-25所示，冷却液的流向是从散热水箱下部出来后，经水泵后先冷却电动机控制器，从电动机控制器流出的冷却液进入电动机的低位进水口，然后回流到散热水箱的上回流口。这样一个循环下来，保证了控制器的冷却需求，使电动机控制器得到整个系统最低温度的冷却液。

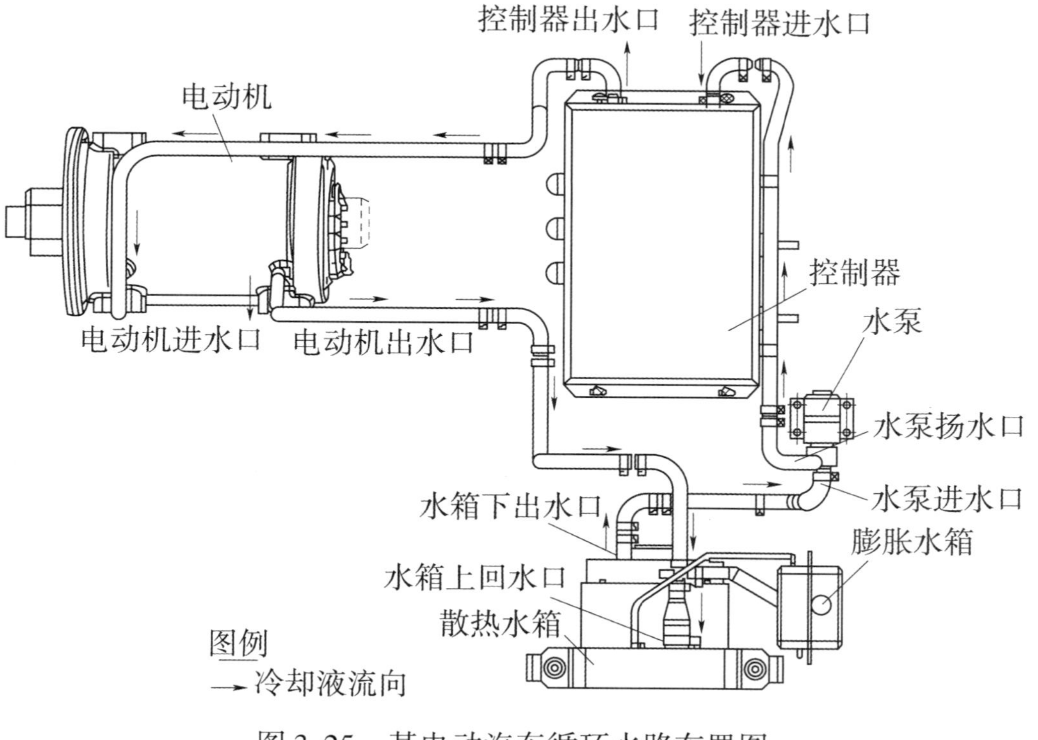

图3-25　某电动汽车循环水路布置图

为了保证整个系统的冷却效果和可靠性,上述循环系统的水泵需要在车辆的整个运行期间内连续工作,同时为了节约车载能源,散热水箱的风扇可采用温控风扇,能够根据冷却液的温度控制转速,当冷却液温度较低时,可以关闭散热风扇以节约电能;当循环水温度稍高时,以一个较低的风扇转速对散热水箱进行冷却;当循环水的温度高时,散热风扇全速运行,以获得较大的散热量,维护散热系统的温度不过高。

单元小结

(1)电机驱动系统是电动汽车的心脏,它由电动机、功率转换器、控制器、各种检测传感器和电源(动力蓄电池)组成,其任务是在驾驶员的控制下,高效率地将动力蓄电池的电量转化为车轮的动能,或者将车轮的动能反馈到蓄电池中。评价电动汽车电机驱动系统的主要性能指标有额定电压、额定电流、额定转速、额定功率、峰值功率、最高工作转速、最高转速、额定转矩、峰值转矩、堵转转矩、机械效率、电机及控制器整体效率、温升等。应用于电动汽车的驱动电动机可分为有换向器电动机、无换向器电动机和特种电机。有换向器电动机主要指传统的直流电动机,包括串励、并励、复励、他励和永磁(PM)励磁的直流电动机。

(2)直流电动机分为绕组励磁式直流电动机和永磁式直流电动机。本书重点介绍了直流电动机的结构和工作原理。

(3)交流电动机可分为同步电动机和异步电动机两类。交流感应电动机主要由定子和转子两大部分组成。交流感应电动机控制系统的主要作用是为电机提供变压、变频电源,同时其电压和频率能够按照一定的控制策略进行调节,以使驱动系统具有良好的转矩—转速特性。

(4)永磁电动机的分类方法很多,根据输入电动机接线端波形的不同可分为永磁直流电动机和永磁交流电动机。本书分别介绍了其特点、结构和原理。

(5)开关磁阻电机驱动系统是高性能机电一体化系统,主要由开关磁阻电机、功率转换器、传感器和控制器四部分组成。开关磁阻电机具有一定的优点。

(6)轮毂电机技术又称为车轮内装式电机技术,是一种将电动机、传动系统和制动系统融为一体的轮毂装置技术,是现阶段先进电动汽车技术研究的热点之一。

思考与练习

(一)填空题

1. 电机驱动系统是电动汽车的心脏,它由________、________、________、各种检测传感器和电源(动力蓄电池)组成。

2. 直流电动机分为________式直流电动机和________直流电动机。

3. 交流电动机可分为________电动机和________电动机两类。

4. 开关磁阻电机驱动系统主要由________、功率转换器、________和控制器四部分组成。

5. 轮毂电机驱动系统通常由电机、减速机构、制动器与散热系统等组成。

(二)判断题

1. 在电动汽车所采用的直流电动机中,小功率电动机采用的是永磁式直流电动机,大功率电动机则采用绕组励磁式直流电动机。(　　)

2. 交流感应电动机控制系统的主要作用是为电动机提供变压、变频电源,同时其电压和频率能够按照一定的控制策略进行调节,以使驱动系统具有良好的转矩转速特性。(　　)

3. 现有的永磁电动机可分为永磁直流电动机、永磁同步电动机、永磁无刷直流电动机和永磁混合式电动机四类。(　　)

4. 轮毂电机的驱动方式可以分为直接驱动和减速驱动两种基本形式。(　　)

(三)简答题

1. 主电动机控制器冷却方式有哪些?

2. 永磁同步电动机的特点是什么?

3. 开关磁阻电机的优点有哪些?

单元四　电动汽车的充放电系统

课题一　电动汽车的充电

学习目标

☞ 知识目标

1. 熟悉充电的相关术语；
2. 熟悉充电装置和电动汽车蓄电池充电器的分类；
3. 熟悉电动汽车的充电模式；
4. 掌握充电接口定义。

☞ 技能目标

掌握交流充电桩充电操作。

☞ 素养目标

培养高压安全操作意识。

建议课时

6 课时。

一　充电的相关术语

(1)充电(对动力蓄电池)。从外部电源供给动力蓄电池直流电,将电能以化学能的方式储存起来的过程。

(2)涓流充电。为补充自放电,使动力蓄电池保持在近似完全充电状态的连续小电流充电。

(3)完全充电。动力蓄电池内所有可利用的活性物质都已转变成完全荷电的状态。

(4)均衡充电。为确保动力蓄电池中所有单体动力蓄电池荷电状态均匀的一种延续充电。

(5)恒流充电。以一个受控的恒定电流给动力蓄电池进行充电的方式。

(6)恒压充电。以一个受控的恒定电压给动力蓄电池进行充电的方式。

(7)脉冲充电。以脉冲电流给动力蓄电池进行充电的方式。

(8)充电器。控制和调整动力蓄电池充电的电能转换装置。

(9)车载充电器。固定地安装在车上的充电器。

(10)过充电。动力蓄电池完全充电后仍延续充电的现象。

二 充电装置的分类

电动汽车充电装置泛指将公共电网或发电装置的电能转变为车载动力蓄电池组中化学能的各种形式变流装置总称。充电机、充电桩、充电站、车载充电机,电机驱动系统中的能量回收装置,燃料电池汽车动力系统中双向 DC/DC 变换器的充电部分等都应纳入电动汽车充电装置的范畴。

电动汽车充电装置的分类有不同的方法。按电路结构划分,可以分为工频相控和高频开关电源类。按用途划分,可以分为车载充电装置和地面充电装置两类,如图4-1所示。

1 车载充电装置

车载充电装置是指安装在电动汽车上的,可采用地面交流电网电源对车载电池组进行充电的装置。

2 地面充电装置

地面充电装置主要包括专用充电机、专用充电站和公共场所通用充电机及充电站等。专用充电机、专用充电站是指专门根据特定目标的电动汽车、电池系统和车队充电需求而设计的,具有控制功能相对简单、适用范围单一、监控系统独立并且自成体系特点的充电设施。

在地面充电装置中一般都配备应急充电装置,其目的是为了电动汽车在行驶过程中由于种种原因使电池组电量不足,需要短时间内补充一定电量而设置的。其特点是充电装置输出功率大,可大电流充电,在短时间内(一般不超过30min)补充电池组 40% ~60% 的容量。

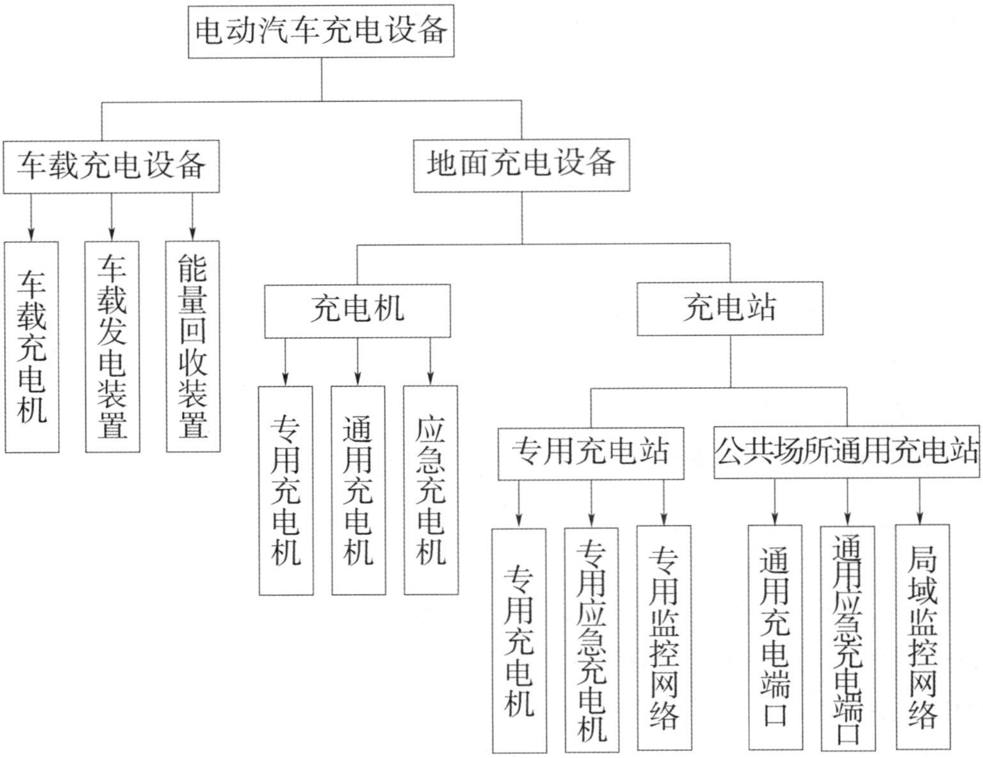

图 4-1　电动汽车充电装置的分类

三　电动汽车蓄电池充电器的分类

根据充电器是装在车内还是车外,充电器可分为车载和非车载两种。车载充电器一般设计为小充电率,它的充电时间较长(一般是 5 ~ 8h)。由于电动汽车质量和体积的限制,车载充电器要求尽可能体积小、质量小(一般小于 5kg)。因为充电器和电池管理系统(负责监控蓄电池的电压、温度和荷电状态等)都装在车上,所以它们相互之间容易利用电动汽车的内部线路网络进行通信。非车载充电器和电池管理系统在物理位置上是分开的,因而非车载充电器一般设计为大充电率,质量和体积也较大。根据电池管理系统提供的关于电池的类型、电压、温度和荷电状态的信息,非车载充电器选择一种合适的充电方式为蓄电池充电,以避免蓄电池的过充和过热。

根据给电动汽车蓄电池充电时能量转换方式的不同,充电器也可以分为接触式(Conductive,亦称耦合或传导式)和感应式(Induclive)两种系统。接触式是将带插头的动力电缆线直接插到电动汽车的插座中给电池充电;感应式是通过电磁感应耦合的方式进行能量转换而给电池充电的。接触式充电器简单、效率高，而感应式充电器使用方便，而且即使在恶劣的气候环境下进行充电也无触电的危险。

四　充电的模式

充电站给电动汽车充电一般分为普通充电、快速充电和电池组快速更换三种方式。

1 普通充电

普通充电就是所谓的常规充电或慢速充电。这种充电模式为交流充电方式，由外部电网提供220V（或380V）交流电源给电动汽车车载充电机，由车载充电机给动力蓄电池充电，充满电一般需要5～8h。

普通充电的优点：充电桩成本低、安装方便；可利用电网晚间的低谷电进行充电，降低充电成本；充电时段充电电流较小、电压相对稳定，能保证动力蓄电池组安全并能延长电池的使用寿命。

普通充电的缺点：充电时间过长，难以满足车辆紧急运行的需求。

2 快速充电

快速充电（即应急充电）的充电电流要大一些，这就需要建设快速充电站，它并不要求把电池完全充满，只满足继续行驶的需要就可以了。这种充电模式下，在20～30min的时间里，只为电池充电50%～80%即可。这种充电方式为直流充电，地面充电机直接输出直流电能给车载动力蓄电池充电，电动汽车只需提供充电及相关通信接口。

快速充电的优点：充电时间短，充电车辆流动快，节省充电站停车场面积。

快速充电的缺点：充电效率较低，充电机制造、安装和工作成本较高；充电电流大，对充电的技术和方法要求高，对电池的寿命有负面影响；易造成电池异常，存在安全隐患，且大电流充电会对公用电网产生冲击，会影响电网的供电质量和安全。

3 电池组快速更换

电池组快速更换就是通过直接更换电动汽车的电池组来达到充电的目的。由于电池组质量较大，更换电池的专业化要求较高，须配备专业人员并借助专业机械来快速完成电池的更换、充电和维护。

电池组快速更换的优点：解决了充电时间长、续驶里程短的难题；提高了车辆的使用效率，方便用户的使用；更换下来的蓄电池可以在用电低谷时段进行充电,降低了充电成本,提高了车辆运行的经济性;便于电池的维护、管理,提高了电池的使用寿命;有利于废旧电池的集中回收和再利用。

电池组快速更换的缺点:建设换电站和购买备用电池组成本较高,对于电池与电动汽车的标准化、电动汽车的设计改进、充电站的建设和管理以及电池的流通管理等都有严格的要求。

五 充电接口

充电接口

充电接口是指充电连接装置中,除电缆、缆上控制保护装置(如果有)之外的部件,包括供电接口和车辆接口。供电接口是指能将电缆接到电源或电动汽车供电设备的部件,由供电插头和供电插座组成。车辆接口(车辆耦合器)指的是能将电缆接到电动汽车的器件,由车辆插头和车辆插座组成。

就最基础的充电接口标准来说,世界上有多个成体系的标准,有国际电工委员会(IEC)提出的标准;有美国汽车工程师协会(SAE)提出的标准;有由日本电动汽车协会(JEVS)和日本电动车充电协会(CHADEMO)联合创立的标准;欧洲汽车工业协会(ACEA)也提出了标准,德国和欧盟国家电动汽车期待执行的就是这个标准。中国在2006年就发布了《电动汽车传导充电用插头、插座、车辆耦合器和车辆插孔通用要求》(GB/T 20234—2006),该标准主要借鉴了国际电工委员会(IEC)2003年提出的标准。目前,我国的电动汽车充电接口及通信协议标准在2015年批准发布实施,即《电动汽车传导充电用连接装置 第1部分:通用要求》(GB/T 20234.1—2015)、《电动汽车传导充电用连接装置 第2部分:交流充电接口》(GB/T 20234.2—2015)、《电动汽车传导充电用连接装置 第3部分:直流充电接口》(GB/T 20234.3—2015)、《电动汽车非车载传导式充电机与电池管理系统之间的通信协议》(GB/T 27930—2015)。这四项标准的发布,标志着我国充电接口实现了国家层面上的标准统一。

1 交流充电接口

电动汽车传导充电用的交流充电接口,其额定电压不超过440V(AC),频率50Hz,额定电流不超过63A(AC)。如果交流充电接口的供电接口使用了符合《家用和类似用途插头插座 通用要求》(GB 2099.1—2016)和《家用和类似用途单相插头插座 型式、基本参数和尺寸》(GB 1002—2008)的插头插座,则本部分不适于这些插头插座。

交流充电接口包含7个触头,其功能定义见表4-1。交流充电接口插头和插座的各个触头布置方式如图4-2所示。

交流充电接口触头定义 表 4-1

触头编号	触头标识	额定电压(V)	额定电流(A)	功能定义
1	L1	250	10/16/32	交流电源(单相)
		440	16/32/63	交流电源(三相)
2	L2	440	16/32/63	交流电源(三相)
3	L3	440	16/32/63	交流电源(三相)
4	N	250	10/16/32	中线(单相)
		440	16/32/63	中线(三相)
5	⏚	—	—	保护搭铁(PE),连接供电设备搭铁线和车辆电平台
6	CC	0～30	2	充电连接确认
7	CP	0～30	2	控制导引

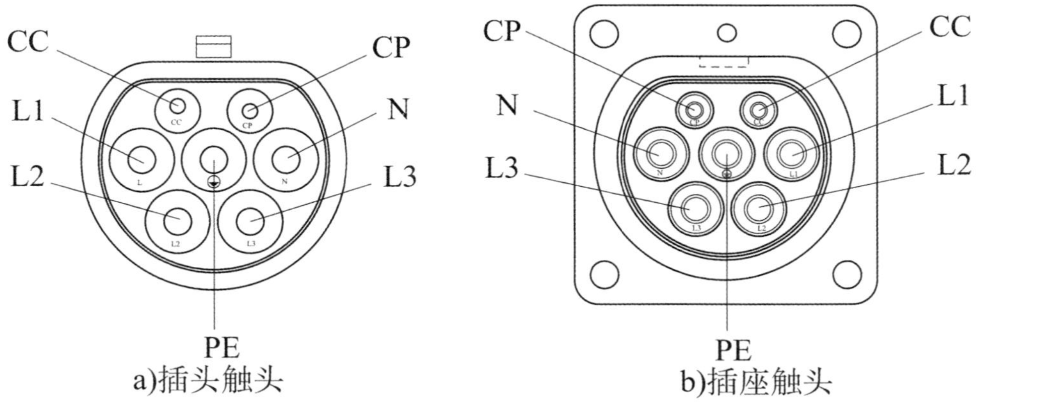

a)插头触头 b)插座触头

图 4-2 交流充电接口插头和插座的各个触头布置方式

❷ 直流充电接口

为了实现对商用车辆及乘用车辆的快速能源补给,可利用非车载充电机将交流电转换成直流电,通过直流充电接口完成充电过程。直流充电接口一般情况下承载的电流远高于交流充电,同时,在充电过程中需通过直流充电接口中的通信端子(CAN)连接车载电池管理系统(BMS)与非车载充电机的控制器,完成对充电过程的控制及其他相关信息的交互。此外,由于商用车辆在充电过程中需要外部提供低压直流电源,以供其内部电气控制及环境控制设备使用,因此,采用直流充电的车辆需要充电设施提供辅助电源。

直流充电接口包含9个触头,其功能定义见表4-2,直流充电接口插头和插座的各个触头布置方式如图4-3所示。

直流充电接口触头定义 表4-2

触头编号	触头标识	额定电压(V)	额定电流(A)	功能定义
1	DC +	750/1000	80/125/200/250	直流电源正,连接直流电源正与电池正极
2	DC −	750/1000	80/125/200/250	直流电源负,连接直流电源负与电池负极
3	⏚	—	—	保护搭铁(PE),连接供电设备搭铁线与车辆电平台
4	S +	0~30	2	充电通信CAN-H,连接非车载充电机与电动汽车的通信线
5	S −	0~30	2	充电通信CAN-L,连接非车载充电机与电动汽车的通信线
6	CC1	0~30	2	充电连接确认
7	CC2	0~30	2	充电连接确认
8	A +	0~30	20	低压辅助电源正,非车载充电机为电动汽车提供低压辅助电源正
9	A −	0~30	20	低压辅助电源负,非车载充电机为电动汽车提供低压辅助电源负

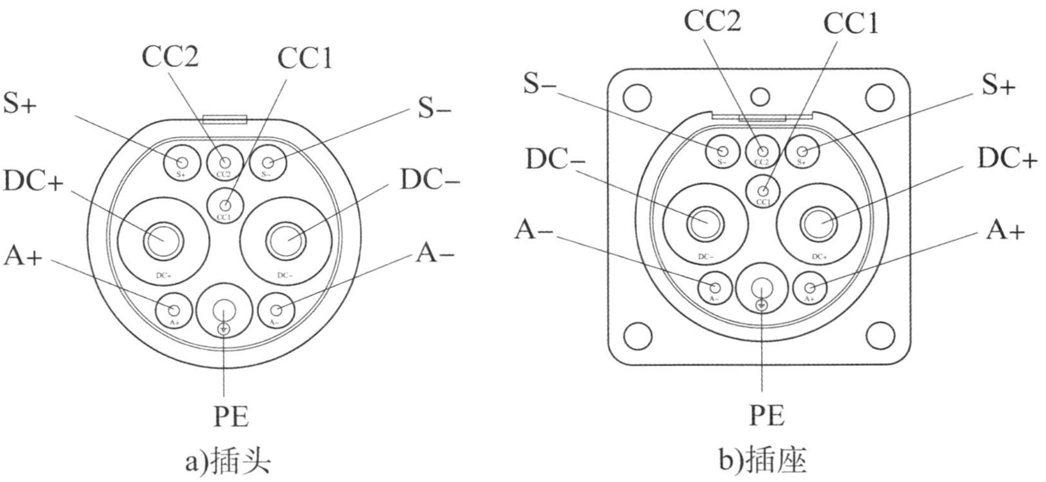

图 4-3　直流充电接口插头和插座的各个触头布置方式

六 交流充电桩充电操作

1 交流充电桩的外观

交流充电桩的外观如图 4-4 所示。

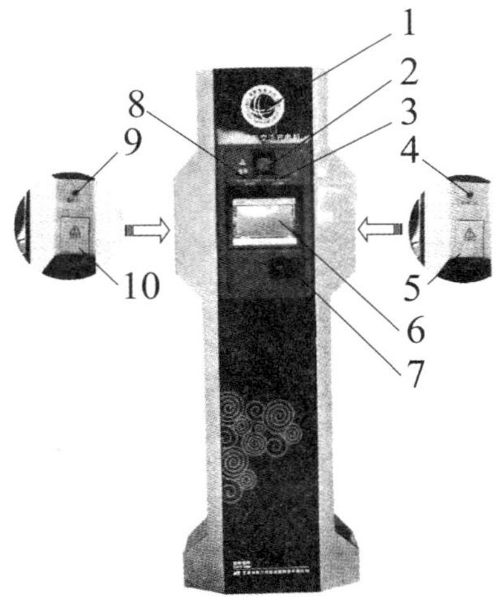

图 4-4　交流充电桩的外观

1-背光灯;2-急停按钮;3-B 口运行指示灯;4-B 口接入指示灯;5-电动汽车充电接口 B;6-人机操作界面;7-插卡口;8-A 口运行指示灯;9-A 口接入指示灯;10-电动汽车充电接口 A

❷ 交流充电桩的基本构成

交流充电桩的基本构成如图 4-5 所示。

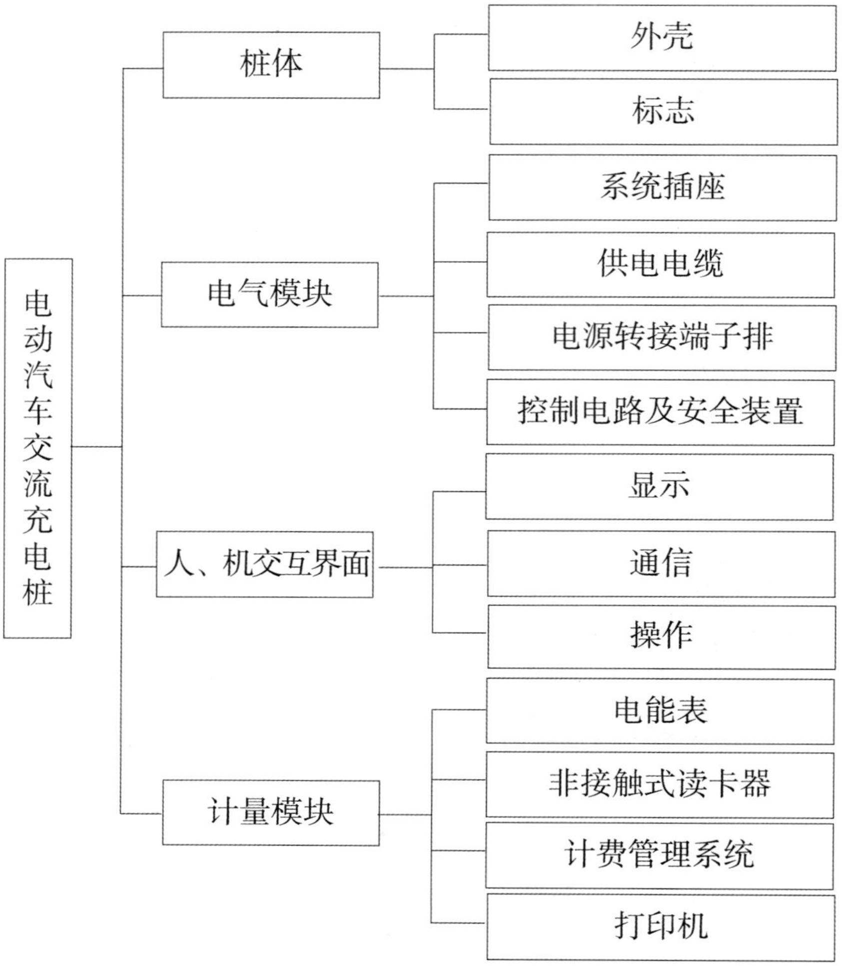

图 4-5　交流充电桩的基本构成

❸ 充电准备

将充电插头插入交流充电桩侧面的充电口 A 或充电口 B,对应充电插口的红色指示灯亮,表示车载充电机和充电桩已经连接好,可以进入触摸屏操作。

如果界面是如图 4-6 所示,应按“确认”键。

❹ 充电操作步骤

(1)如果显示屏显示为图 4-7 所示插卡界面,应按界面提示操作。

(2)插入充电卡后,显示如图 4-8 所示密码输入界面,应按要求输入充电卡的密码，如果输入密码有误，应按“删除”键进行修改，确认密码正确后应按“确认”键。

图4-6　充电准备界面

图4-7　插卡界面

(3)用户根据提示插卡成功后进入如图4-9所示卡内信息界面，该界面显示当前卡内余额等信息。

图4-8　密码输入界面

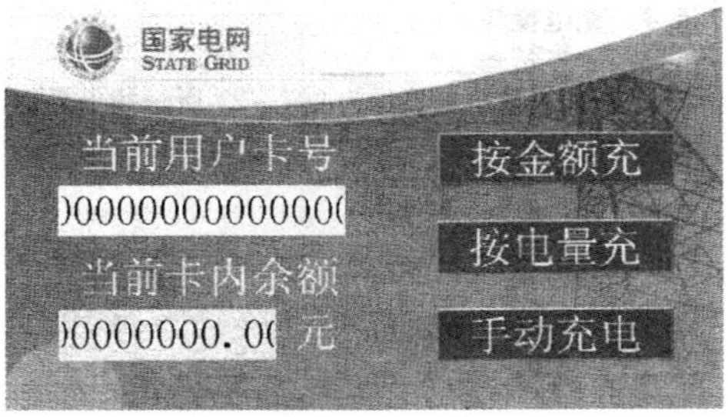

图4-9　卡内信息界面

充电方式选择：

①用户选择并按下“按金额充”时，将进入如图4-10所示按金额充电界面，应输入充电金额值，输入金额有误时应按“删除”键删除并进行修改，确认无误后应按“确认”键确认。

②用户选择并按下“按电量充”时，将进入如图4-11所示按充电量充电界面，应输入充电电量值，输入电量有误时应按“删除”键删除并进行修改，确认无误后应按“确认”键确认。

③用户选择并按下“手动充电”时，将直接进入如图4-12所示手动充电界面，应选择插入插头的对应充电口，进行充电，同时对应充电指示灯亮。

界面显示：

①如果充电口被占用，则显示如图4-13所示界面，如果有一个充电口被占用，则只显示一个充电口被占用。启动充电后，充电卡将自动弹出（如果是手动

退卡的读卡器,应按下读卡器上的金属按钮退卡)。

②在选择“按时间充”或“按金额充”电模式时,充电完成后,充电桩将自动停止相应充电口输出,用户将充电卡插入读卡器并按下对应的“插卡结算”按键进行结算,结算完毕后,充电卡将自动弹出(如果是手动退卡的读卡器,应按下读卡器上的金属按钮退卡),如图4-14所示。

图4-10　按金额充电界面

图4-11　按电量充电界面

图4-12　手动充电界面

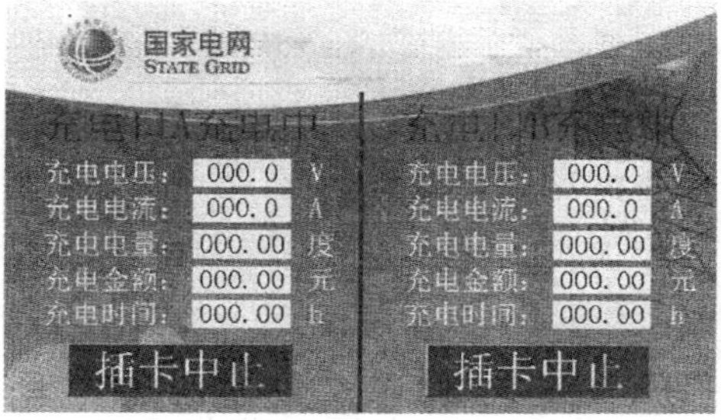

图4-13　充电口均被占用时的界面

5 充电操作注意事项

(1)如果用户输入密码错误,并按下“确认”键,将出现如图4-15所示界面,应按“返回”键重新输入。

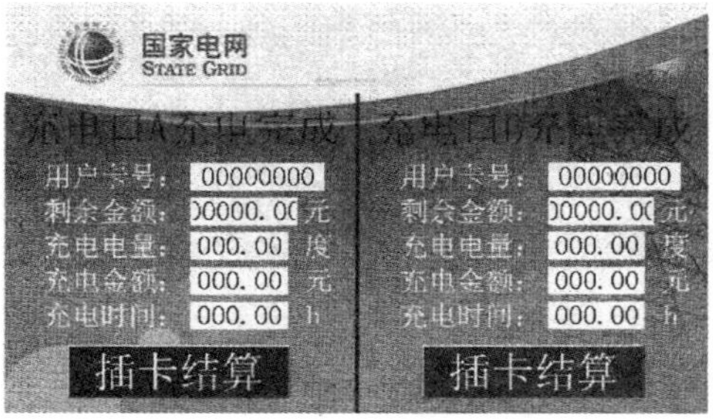

图4-14　插卡结算界面

图4-15　输入密码错误界面

(2)如果用户连续3次输入错误密码并确认,将显示如图4-16所示界面,并被锁定。

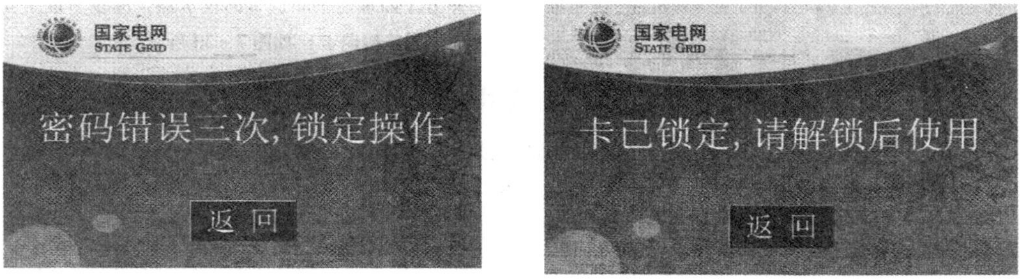

图4-16　锁定操作界面

(3)如果用户所选择充电电量大于卡内余额,将显示如图4-17所示界面。

(4)如果充电插头和充电接口连接不良,将出现如图4-18所示界面,应检查连接电缆。

图4-17　余额不足界面

图4-18　连接故障界面

6 交流充电桩操作安全警告

(1)在充电过程中如果强行拔下充电接头可能会引起充电插口处起火,造成安全事故,所以不能强行拔下充电插头。

(2)在充电过程中如果发生安全事故,如异常响声、电线短路等,应砸碎充电桩红色蘑菇头按钮玻璃挡板,并按下红色蘑菇头,切断设备电源。

(3)如果想随时终止充电,应将充电卡插入读卡器,按正常操作方法进行操作。

七 电动汽车充电操作安全

充电设备使用注意事项

1 锂离子电池安装安全操作规程

(1)锂离子电池或锂离子电池箱总成,在搬运、装配过程中应当轻拿轻放,严禁摔、碰等冲击现象发生。

(2)锂离子电池或锂离子电池箱总成的存放地点严禁火源,更不能将其丢入火中。在车上安装时应远离热源。

(3)锂离子电池在运输和存放过程中避免雨淋和浸水。

(4)锂离子电池的使用和存放环境温度应当为 -20 ~ 75℃,在过热和过冷的环境下,会缩小电池电容量和缩短电池寿命。

(5)严禁锂离子电池或锂离子电池箱总成的正负极短路。在组装锂离子电池箱做电池之间连接线和在电池箱总成之间连接线时,应当由具备电工资质的人员操作,操作人员应戴绝缘手套,使用工具的手柄均应做绝缘处理,应认真判明电池接线端的极性后再连线,要严格按图纸技术要求施工。

(6)锂离子电池装箱连线完毕后,要认真检查连线是否正确,认真检查电池与电池箱之间的一级绝缘是否符合要求,并通过检验程序后方可封箱装车。

(7)锂离子电池箱总成在装车及连线完毕后,要认真检查连线是否正确,认真检查电池箱与车体之间的二级绝缘是否符合要求,并通过检验程序后方可合闸通电。

(8)保持锂离子电池箱总成电极表面干燥、清洁。

(9)经常检查电池箱与车体的锁止机构是否可靠,防止电池箱体移位和甩脱。

2 充电过程中发生紧急情况的应急措施

电池在整车充电过程中,如个别电池箱出现高温、冒烟等紧急情况,现场工作人员需对该电池箱进行紧急处理。

(1)切断充电机和整车电源;

(2)迅速将电池箱从车体中取出放在小推车上,并立即用防火毯将电池箱罩住推到消防沙坑旁;

(3)如果已发生起火现象,应立即将电池箱投入沙坑,并用沙子填埋;

(4)如果无上述剧烈现象,由技术人员判断处理,至少要将电池箱置于沙坑旁隔离,由专人看管;

(5)防火毯和灭火器要放在明显、容易拿到的地方,手动小推车需备好,可随时使用。

课题二　再生制动能量回收系统

学习目标

☞ 知识目标

1. 熟悉制动能量回收的定义；
2. 掌握电动汽车电动机制动能量回收原理；
3. 熟悉再生制动能量回收方法和类型；
4. 掌握电动汽车的再生制动能量回收系统的结构与工作原理。

☞ 技能目标

会识别电动汽车能量回收系统的结构。

☞ 素养目标

通过制动能量回收原理的理解，树立节约和循环利用理念。

建议课时

3 课时。

一　制动能量回收的定义

制动能量回收就是把电动机无用的、不需要的或有害的惯性转动产生的动能转化为电能，并回馈蓄电池，同时产生制动力矩，使电动机快速停止无用的惯性转动，这个总过程也称为再生制动。

再生制动系统的结构与原理图

二　电动汽车电动机制动能量回收原理

电动汽车正常行驶时，电动机是一个能将电能转化为机械能的装置。而这个转化过程常见的是通过电磁场的能量变化来传递能量和转化能量的，从更直观的力学角度来讲，主要体现为磁场大小的变化。电动机接通电源，产生电流，构建了磁场。交变的电流产生了交变的磁场，当绕组在物理空间上呈一定角度布置时，将产生圆形旋转磁场。运动是相对的，等于该磁场被其空间作用范围内的导体进行了切割，于是导体两端建立了感应电动势，通过导体本身和连接部件，构成了回路，产生了电流，形成了一个载流导体，该载流导体在旋转磁场中将受到力的作用，这个力最终成为电动机输出转矩中的力。当电动汽车减速或制动时，即切除电源时，电动机惯性转动，此时通过电路切换，往转子中提供相比而言功率较小的励磁电源，产生磁场，该磁场通过转子的物理旋转，切割定子的绕组，于是定子感应出电动势，也称逆电动势，此时电动机反转，功能与发电机相同，是一个将机械能转化为电能的装置，所产生的电流通过功率变换器接入蓄电池，即为能量回馈，至此制动能量回收过程完成。与此同时转子受力减速，形成制动力，这个总过程合称再生制动。

三 再生制动能量回收方法

再生制动能量回收方法

根据储能原理不同，可以将电动汽车再生制动能量回收的方法分为飞轮储能、液压储能和电化学储能三种。

1 飞轮储能

飞轮储能是利用高速旋转的飞轮来储存和释放能量，能量回收系统原理图如图4-19所示。当汽车制动或减速时，先将汽车在制动或减速过程中的动能转换成飞轮高速旋转的动能；当汽车再次起动或加速时，高速旋转的飞轮又将存储的动能通过传动装置转化为汽车行驶的驱动力。

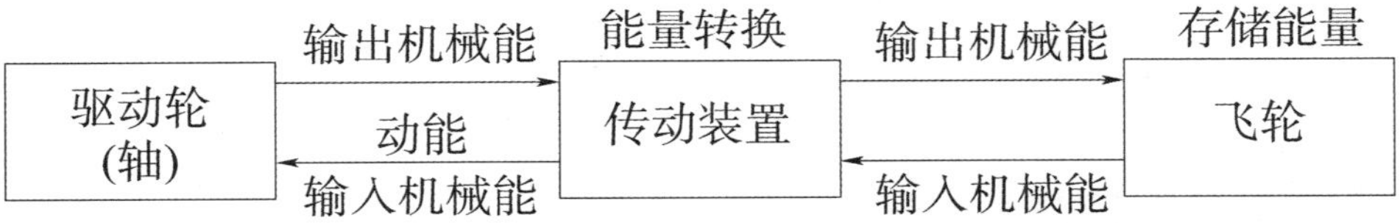

图4-19　飞轮储能式再生制动能量回收系统原理图

图4-20是一种飞轮储能式再生制动能量回收系统示意图。系统主要由发动机、高速储能飞轮、增速齿轮、离合器和驱动桥组成。发动机用来提供驱动汽车的主要动力，高速储能飞轮用来回收再生制动能量及作为负荷平衡装置，为发动机提供辅助功率以满足峰值功率的要求。

2 液压储能

液压储能式再生制动能量回收系统原理图如图4-21所示。它是先将汽车在制动或减速过程中的动能转换成液压能，并将液压能储存在液压储能器中；当汽车再次起动或加速时，储能系统又将储能器中的液压能以机械能的形式反作用于汽车，以增加汽车的驱动力。

图4-22是液压储能式再生制动能量回收系统示意图。系统由发动机、液压泵/电动机、储能器、变速器、驱动桥、离合器和液压控制系统组成。汽车起动、加速或爬坡时，液控离合器接合，液压储能器与连动变速器连接，液压储能器中的液压

能通过液压泵/电动机转化为驱动汽车的动能,用来辅助发动机满足驱动汽车所需要的峰值功率。减速时,电控元件发出信号,使系统处于储能状态,将动能转换为压力能储存在液压储能器内,这时汽车行驶阻力增大,车速降低直至停车。在紧急制动或初始车速较高时,能量回收系统不工作,不影响原车制动系统正常工作。

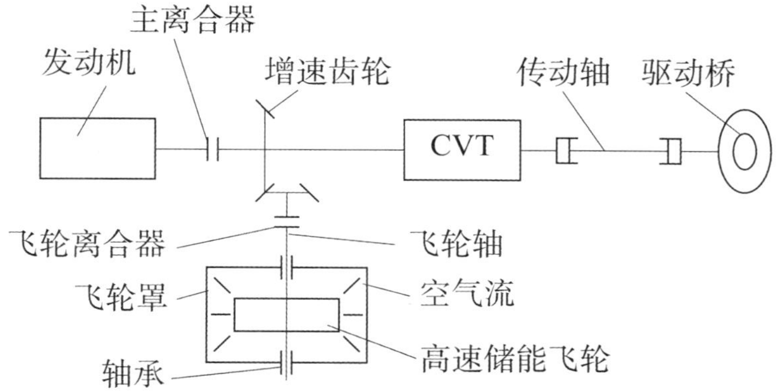

图 4-20　飞轮储能式再生制动能量回收系统示意图

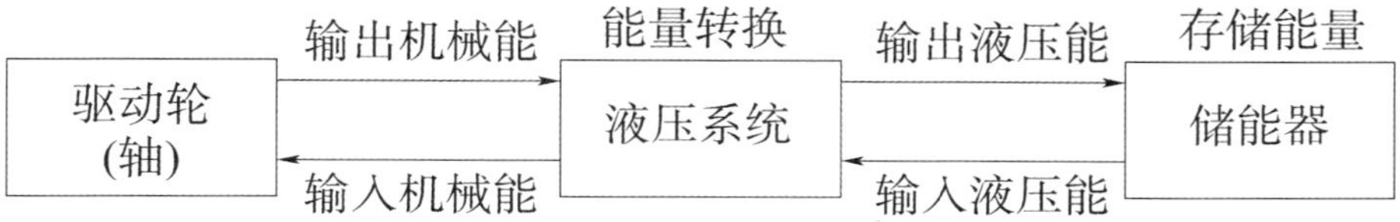

图 4-21　液压储能式再生制动能量回收系统原理图

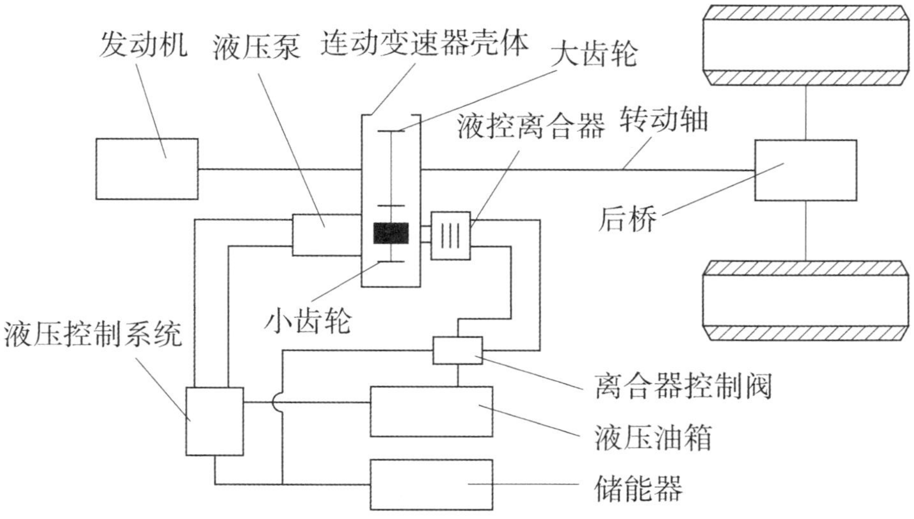

图 4-22　液压储能式再生制动能量回收系统示意图

3 电化学储能

电化学储能式再生制动能量回收系统原理图如图 4-23 所示。它是先将汽车在制动或减速过程中的动能,通过发电机转化为电能并以化学能的形式储存在储能器中;当汽车再次起动或加速时,再将储能器中的化学能通过电动机转化为汽车行驶的动能。储能器可采用蓄电池或超级电容,由发电机、电动机实现机械能和电能之间的转换。系统还包括一个控制单元,用来控制蓄电池或超级电容的充放电状态,并保证蓄电池的剩余电量在规定的范围内。

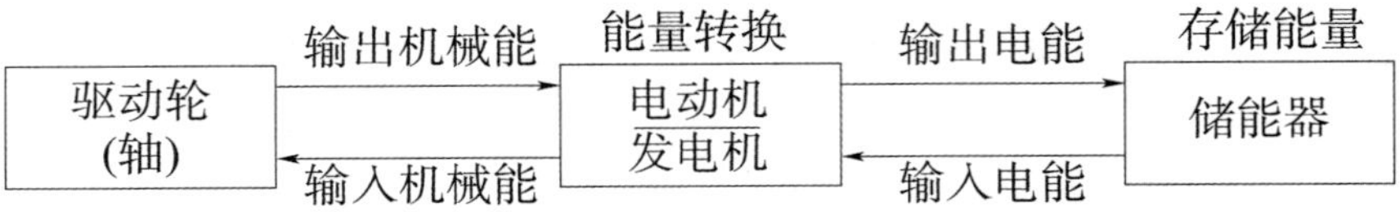

图 4-23　电化学储能式再生制动能量回收系统原理图

图 4-24 是一种用于前轮驱动汽车的电化学储能式再生制动能量回收系统示意图。当汽车以恒定速度或加速度行驶时,电磁离合器脱开。当汽车制动时,行车制动系统开始工作,汽车减速制动,电磁离合器接合,从而接通驱动轴和变速器的输出轴。这样,汽车的动能由输出轴、离合器、驱动轴、驱动轮和从动轮传到飞轮和发电机上。制动时的机械能由电动机(用作发电机)转换为电能,存入蓄电池。在发电机和飞轮回收能量的同时,产生负荷作用,作为前轮驱动的阻力。

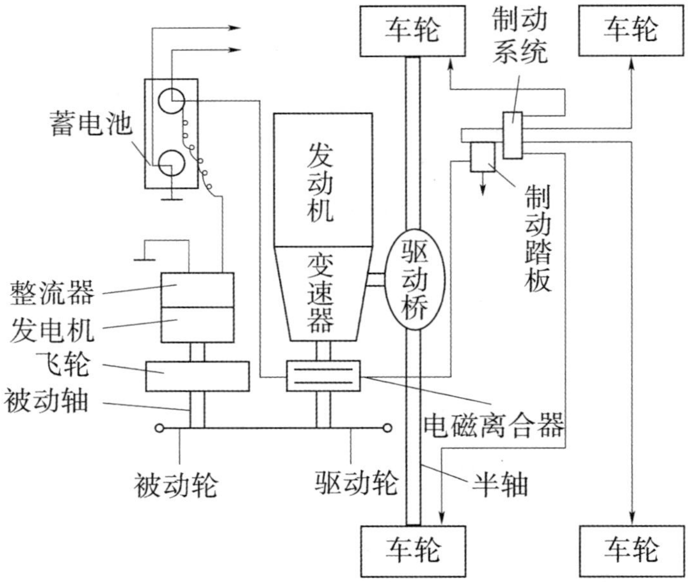

图 4-24　电化学储能式再生制动能量回收系统示意图

电动汽车一般采用这种形式实现再生制动能量回收,采用的办法是在制动或减速时将驱动电动机转化为发电机。

四　电动汽车的再生制动能量回收系统

电动汽车的再生制动能量回收系统的结构与原理如图 4-25 所示,由驱动轮、主减速器、变速器、电动机、AC/DC 转换器、DC/DC 转换器、能量储存系统及控制器组成。

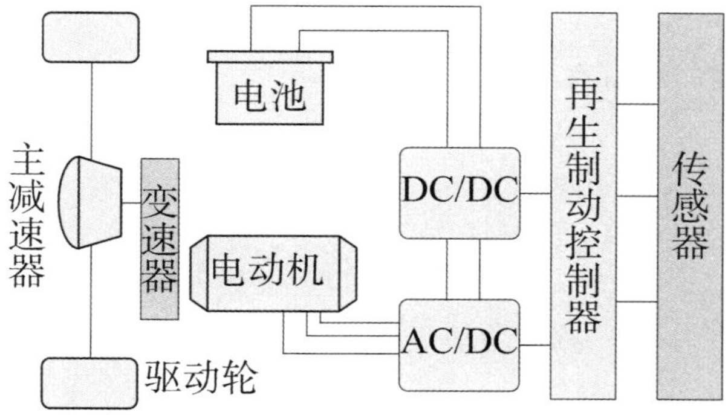

图 4-25 电动汽车的再生制动能量回收系统的结构与原理图

汽车在制动或滑行过程中,根据驾驶员的制动意图,由制动控制器计算得到汽车需要的总制动力,再根据一定的制动力分配控制策略得到电动机应该提供的电动机再生制动力,电动机控制器计算需要的电动机电枢中的制动电流,通过一定的控制方法使电动机跟踪需要的制动电流,从而较准确地提供再生制动力矩,在电动机的电枢中产生的电流经 AC/DC 整流再经 DC/DC 控制器反充到储能装置中保存起来。

在城市循环工况下,汽车的平均车速较低,负荷率起伏变化大,需要频繁地起动和制动。相关研究显示,汽车制动过程中以热能方式消散到空气中的能量占驱动总能量 50% 左右,如果可以将该部分损失的能量加以回收利用,汽车的续驶里程将会得到很大提高。有关资料显示,具有再生制动能量回收系统的电动汽车,一次充电续驶里程至少可以增加 10% ~30% 。

单元小结

(1)介绍了充电的相关术语、充电装置和电动汽车蓄电池充电器的分类。统一的充电接口结构是保证电动汽车充电安全性、互换性的基础。在电动汽车的产业化过程中,充电接口的标准化至关重要。要求掌握纯电动乘用车的充电技能。

(2)制动能量回收就是把电动机无用的、不需要的或有害的惯性转动产生的动能转化为电能,并回馈蓄电池,同时产生制动力矩,使电动机快速停止无用的惯性转动,这个总过程也称为再生制动。根据储能原理不同,可以将电动汽车再生制动能量回收的方法分为飞轮储能、液压储能和电化学储能三种。电动汽车的再生制动能量回收系统由驱动轮、主减速器、变速器、电动机、AC/DC 转换器、

DC/DC 转换器、能量储存系统及控制器组成。

思考与练习

(一) 填空题

1. 根据充电器是装在车内还是车外，充电器可分为________和________两种。

2. 充电站给电动汽车充电一般分为________、________和电池组快速更换三种方式。

3. 根据储能原理不同，可以将电动汽车再生制动能量回收的方法分为________、液压储能和________三种。

4. 电动汽车一般采用________形式实现再生制动能量回收，采用的办法是在________或________时将驱动电动机转化为发电机。

(二) 判断题

1. 电动汽车充电装置按用途进行划分，可以分为工频相控和高频开关电源类。（　　）

2. 车载充电装置是指安装在电动汽车上的，可采用地面交流电网电源对车载电池组进行充电的装置。（　　）

3. 与快速充电相比常规充电的缺点是充电效率较低，充电机制造、安装和工作成本较高。（　　）

4. 交流充电接口包含 8 个触头。（　　）

5. 再生制动能量回收系统的类型因储能方法不同而不同，主要有电能式、动能式和液压式。（　　）

(三) 简答题

1. 常规充电的优点是什么？

2. 简述电池组快速更换的优点。

3. 简述锂离子电池安装安全操作步骤。

4. 简述充电操作注意事项。

单元五　混合动力汽车构造与检修

课题一　混合动力汽车构造及控制技术

学习目标

☞ 知识目标

1. 熟悉混合动力系统布置及性能参数；
2. 掌握混合动力系统的组成；
3. 掌握混合动力汽车动力蓄电池、混合动力传动桥的结构；
4. 能知道不同工况下混合动力系统工作状况；
5. 能理解混合动力系统控制、再生制动与液压制动协调控制策略；
6. 知道 HV ECU 控制功能。

☞ 技能目标

会识别混合动力汽车系统部件。

☞ 素养目标

能关注不同品牌混合动力汽车技术，培养民族品牌意识。

建议课时

4 课时。

一　混合动力系统布置及性能参数

国产双擎卡罗拉是将燃油发动机和电机产生的驱动力同时或者分别驱动车辆，使用的是丰田第二代混合动力系统（Toyota Hybrid System-Ⅱ，THS-Ⅱ），其采用发动机节能技术以及发动机与电机驱动力耦合技术。卡罗拉混合动力系统布置如图 5-1 所示,混合动力系统性能参数见表 5-1。

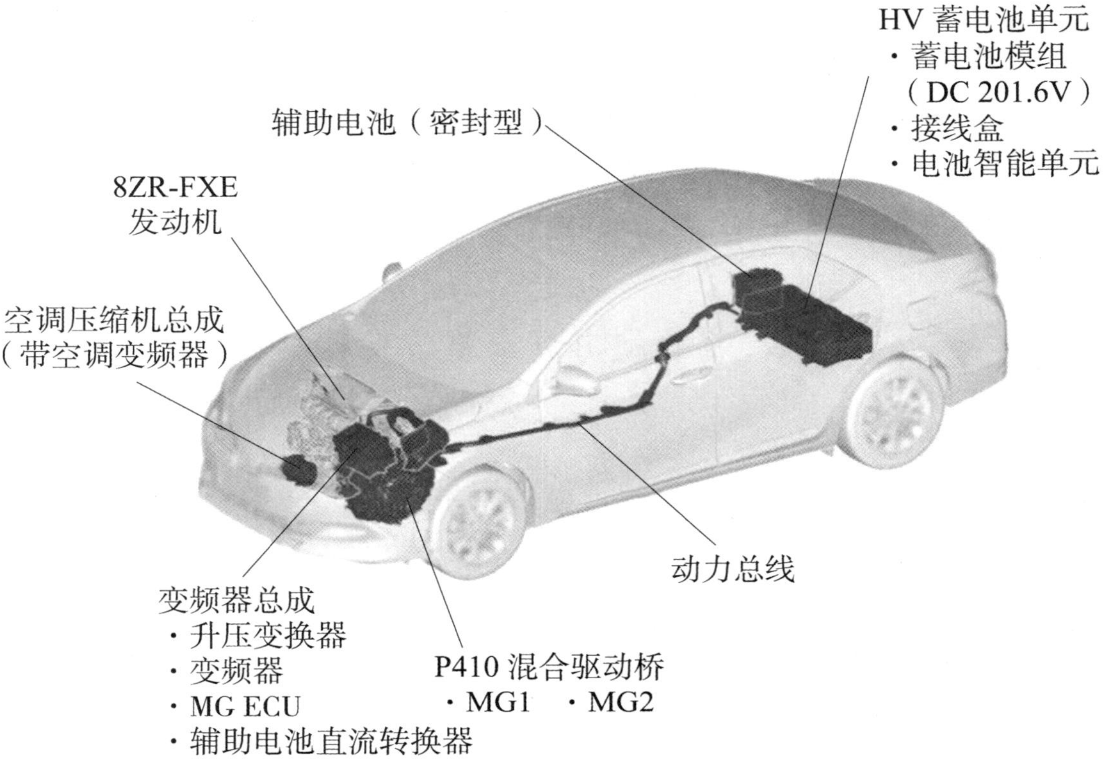

图 5-1　卡罗拉混合动力系统布置

卡罗拉混合动力系统性能参数　　表 5-1

HV 蓄电池		
项目	规格	
类型	镍氢(Ni-MH)蓄电池	
单格数量	168 个单格(6 个单格 ×28 个模块)	
公称电压(V)	201.6	
蓄电池容量(3HR)(A·h)	6.5	
电动机、发电机		
项目	规格	
	MG1	MG2
类型	永磁电机	永磁电机

续上表

<table>
<tr><td colspan="3">功能</td><td>发电机、
发动机的起动机</td><td>发电、驱动车轮</td></tr>
<tr><td colspan="3">系统最高电压(V)</td><td>直流 650</td><td>直流 650</td></tr>
<tr><td colspan="3">最大输出功率(kW)</td><td>—</td><td>53</td></tr>
<tr><td colspan="3">最大转矩(N·m)</td><td>—</td><td>207</td></tr>
<tr><td colspan="3">冷却系统</td><td>水冷型</td><td>风冷型</td></tr>
<tr><td colspan="5">带变换器的逆变器总成</td></tr>
<tr><td colspan="3">项目</td><td colspan="2">规格</td></tr>
<tr><td rowspan="2">增压变换器</td><td colspan="2">额定电压(逆变器侧)(V)</td><td colspan="2">直流 650</td></tr>
<tr><td colspan="2">额定电压(HV 蓄电池侧)(V)</td><td colspan="2">直流 201.6</td></tr>
<tr><td rowspan="2">DC-DC 变换器</td><td colspan="2">额定输出电压(V)</td><td colspan="2">直流 13.5 ~ 15.0</td></tr>
<tr><td colspan="2">最大输出电流(A)</td><td colspan="2">100</td></tr>
<tr><td colspan="3">传动桥类型</td><td colspan="2">P410</td></tr>
<tr><td colspan="3">挡位</td><td colspan="2">P/R/N/D/S</td></tr>
<tr><td rowspan="6">复合齿轮装置</td><td rowspan="3">动力分配行星齿轮机构</td><td>太阳齿轮齿数(个)</td><td colspan="2">30</td></tr>
<tr><td>小齿轮齿数(个)</td><td colspan="2">23</td></tr>
<tr><td>齿圈轮齿数(个)</td><td colspan="2">78</td></tr>
<tr><td rowspan="3">电机减速行星齿轮机构</td><td>太阳齿轮齿数(个)</td><td colspan="2">22</td></tr>
<tr><td>小齿轮齿数(个)</td><td colspan="2">18</td></tr>
<tr><td>齿圈轮齿数(个)</td><td colspan="2">58</td></tr>
<tr><td colspan="2" rowspan="2">中间轴齿轮</td><td>主动齿轮齿数(个)</td><td colspan="2">54</td></tr>
<tr><td>从动齿轮齿数(个)</td><td colspan="2">55</td></tr>
<tr><td colspan="2" rowspan="2">最终齿轮</td><td>主动齿轮齿数(个)</td><td colspan="2">24</td></tr>
<tr><td>从动齿轮齿数(个)</td><td colspan="2">77</td></tr>
</table>

续上表

项目	规格
总减速比①	3.267
油液类型	丰田原厂 ATF WS
油液容量(L)	3.4
质量(参考)②(kg)	92

注:①中间轴齿轮和减速齿轮的总减速比;

②所示质量值为加满油液时的质量。

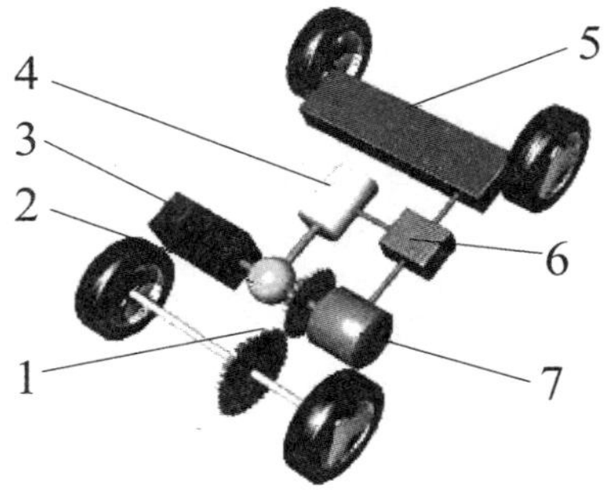

图 5-2　THS-Ⅱ组成简图

1-减速器;2-行星齿轮机构;3-发动机;4-MG1(MG1 电机);5-HV 蓄电池;6-变频器;7-MG2(MG2 电机)

二 混合动力系统的组成

丰田混合动力系统(THS)由汽油发动机和电机等组成,THS 的核心是用行星齿轮组组成的动力组合器,用于协调发动机和电机的运动和动力传递。THS 已有多种变型产品,例如在 THS 基础上改进的 THS-Ⅱ(图 5-2),在 THS 基础上增加无级变速器的 THS-C(C 代表无级变速器),在 THS-Ⅱ基础上增加电气式四轮驱动系统(E-Four)的 THS-Ⅱ + E-Four 等,其基本原理非常相似。

三 混合动力汽车蓄电池

双擎卡罗拉的混合动力系统采用了两个蓄电池,即辅助蓄电池和混合动力蓄电池(HV 蓄电池)。

1 辅助蓄电池

辅助蓄电池(直流 12V 铅酸蓄电池)向电气部件(如前照灯、音响设备以及各 ECU)供电。

2 HV 蓄电池

HV 蓄电池总成主要包括 HV 蓄电池(蓄池模块)、HV 蓄电池温度传感器、HV 蓄电池进气温度传感器、HV 蓄电池接线盒总成、HV 蓄电池冷却鼓风机总成、蓄电池智能单元(蓄电池电压传感器)和维修塞把手(维修开关),如图 5-3 所示。

HV 蓄电池的功能是存储电机 MG1 和电机 MG2 产生的电能。同时,当使用电机驱动车辆时,HV 蓄电池向 MG1 和 MG2 供电。空调工作时,通过 DC/AC 电压变换,向压缩机供电。为控制车辆正常运行,HV 蓄电池和辅助蓄电池都需要正常工作。

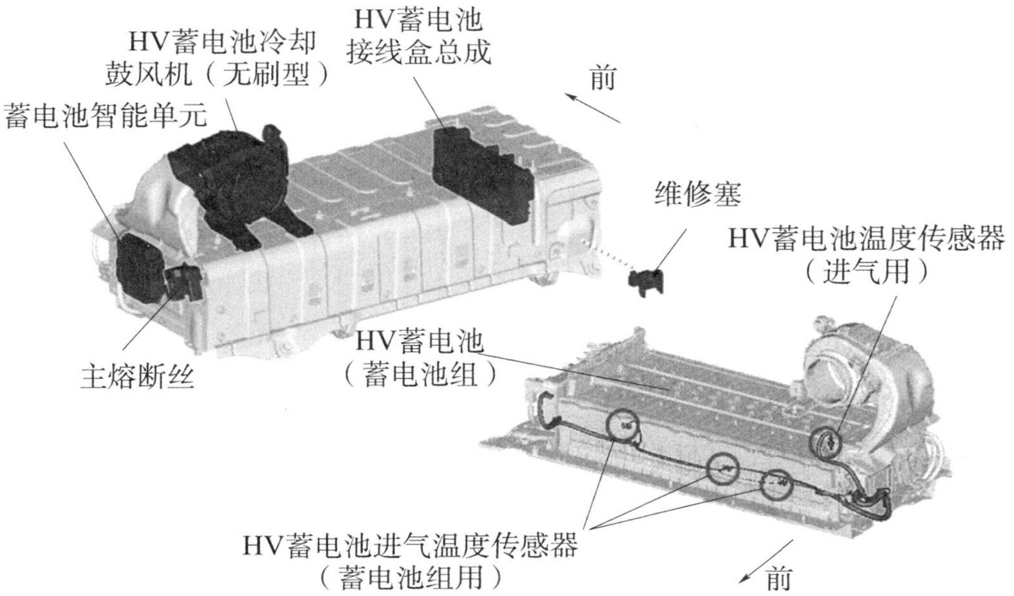

图 5-3　HV 蓄电池总成

HV 蓄电池采用塑料容器型单格。因此,其实现了卓越的大功率密度、轻量化结构和长使用寿命。

采用 HV 蓄电池冷却鼓风机总成作为专用冷却系统(图 5-4),确保了 HV 蓄电池的正常工作,从而不受其在反复充电和电循环过程中产生大量热量的影响。

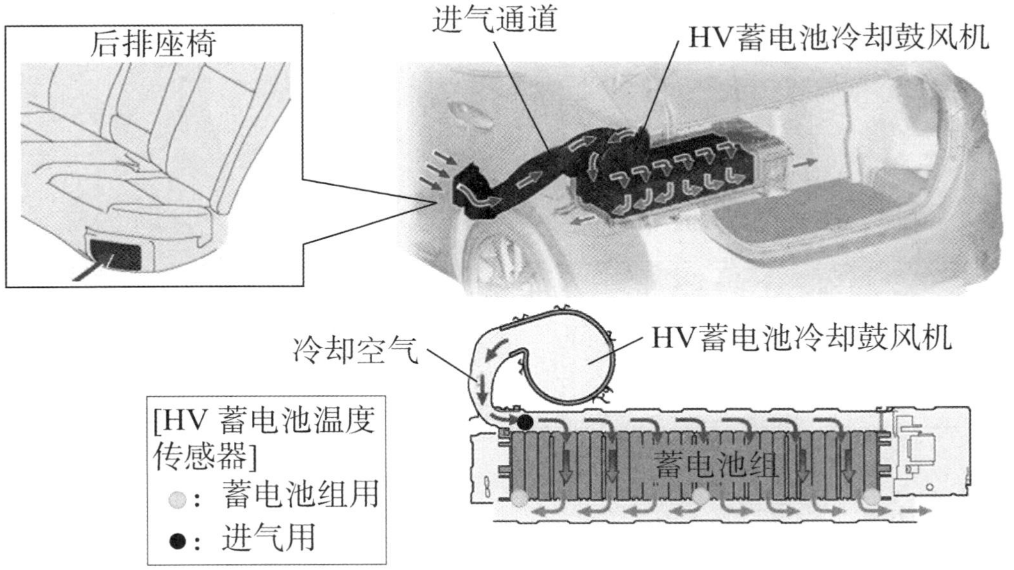

图 5-4　HV 蓄电池冷却系统

HV 蓄电池采用镍氢(Ni-MH)蓄电池,单体数量 168 个,6 个单体组成 1 个模块,共 28 个模块,如图 5-5 所示。

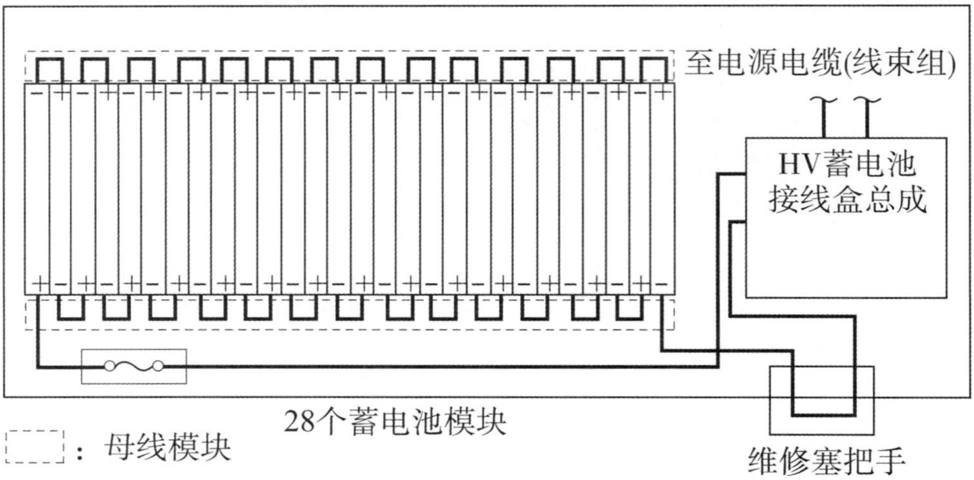

图 5-5　HV 蓄电池结构

HV 蓄电池模块电路中串联了维修塞把手,用于手动切断高压电路,这样可确保维修期间的安全性。电路中还安装了可检测维修塞把手安装状态的互锁开关。把手解锁时,互锁开关关闭,HV CPU 切断系统主继电器。因此,为确保操作安全,拆下维修塞把手前务必将电源开关置于 OFF 位置。高压电路的主熔断丝(125A)位于维修塞把手内,如图 5-6 所示。

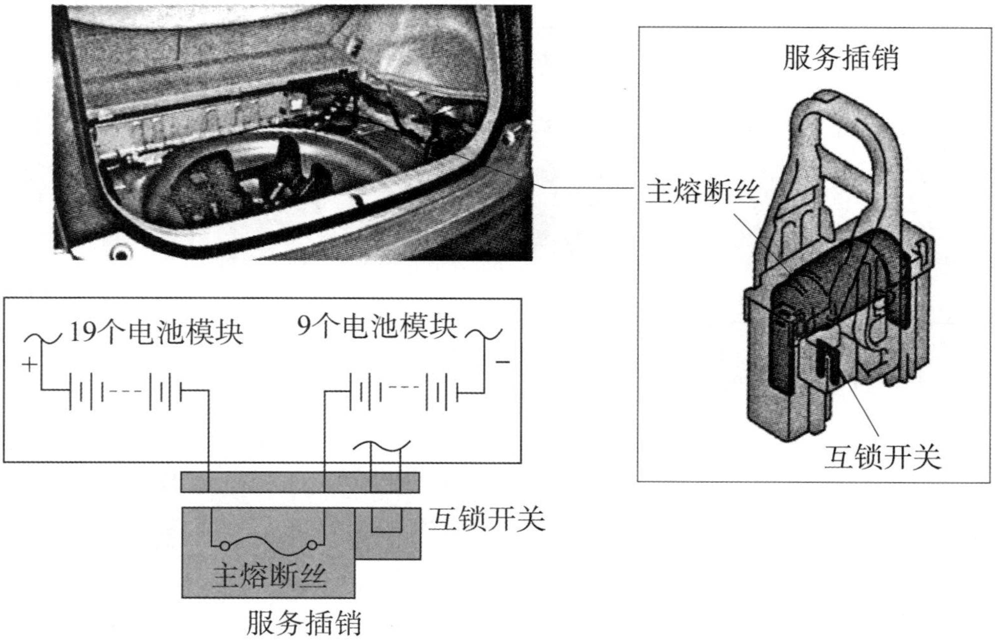

图 5-6　维修塞把手

在HV蓄电池接线盒中安装了3个继电器(SMR),分别为SMRG、SMRB、SMRP。SMR根据来自HV CPU的信号以连接和断开HV蓄电池及电源电缆的继电器,SMRB位于HV蓄电池负极侧,SMRP位于连接至预充电电阻器的蓄电池负极侧,如图5-7所示。SMR继电器工作顺序如图5-8所示。

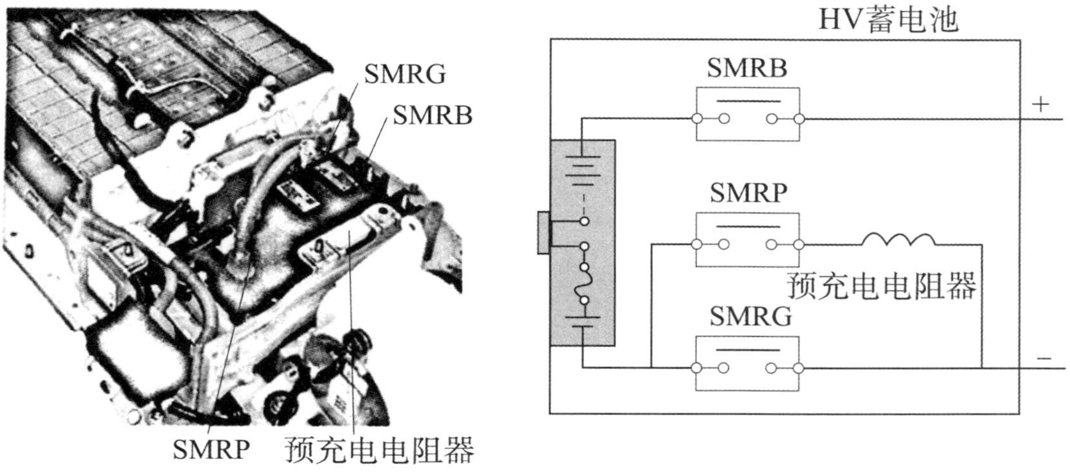

图5-7　SMR继电器

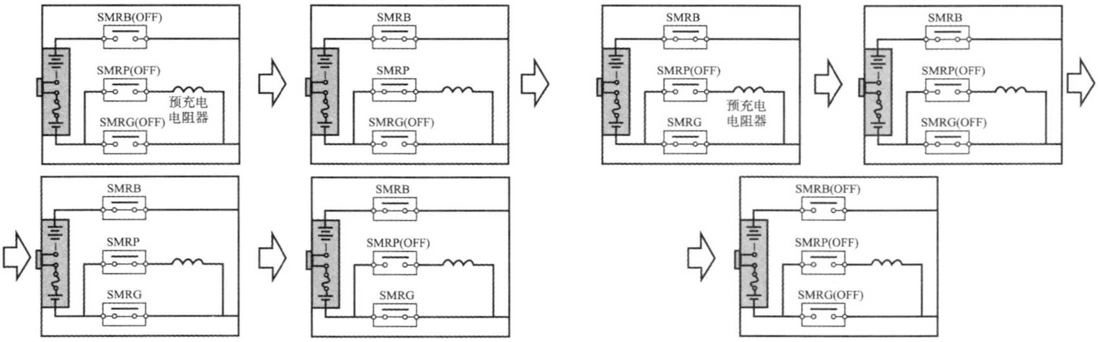

图5-8　SMR继电器工作顺序

电源开关接SMR的工作情况:首先SMRB和SMRP依次接通,可使电流流经预充电电阻器,保护电路中的触点以防涌入电流造成损坏,SMRG接通可使电流绕过预充电电阻器,然后SMRP断开。

电源开关关闭时SMR的工作情况:首先SMRG断开,然后SMRB断开。

HV蓄电池在充电和放电过程中会产生热量。如果蓄电池温度过度升高,则蓄电池性能将下降。HV蓄电池工作温度为10~40℃时,能输出较大功率密度。

依靠冷却鼓风机从车厢吸入空气传送至HV蓄电池,以使HV蓄电池保持适当的工作温度。

HV 蓄电池冷却鼓风机采用无刷电机。电机控制器根据来自 HV CPU 的信号控制鼓风机运转。HV 蓄电池冷却鼓风机控制如图 5-9 所示。

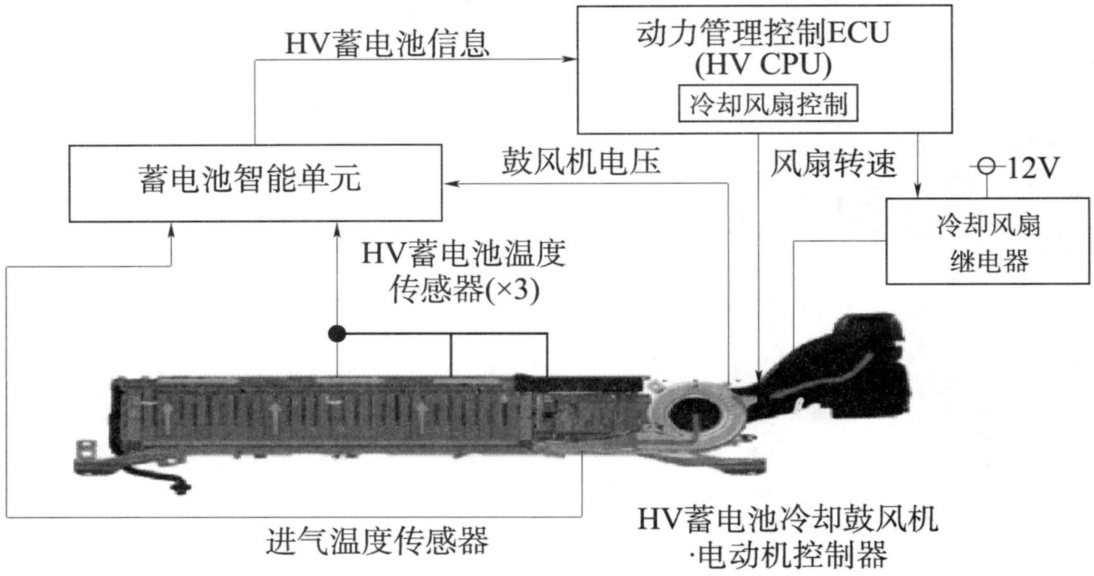

图 5-9　HV 蓄电池冷却鼓风机控制

HV 蓄电池的荷电状态(SOC)可反映蓄电池的剩余电荷量,其数值上定义为电池剩余电荷量占电池标称电荷容量的比值。HV CPU 持续进行充电/放电控制,以使 SOC 保持在 60% 目标值上下水平(能量监控器的 SOC 显示约为 6 个格)。SOC 目标控制如图 5-10 所示。

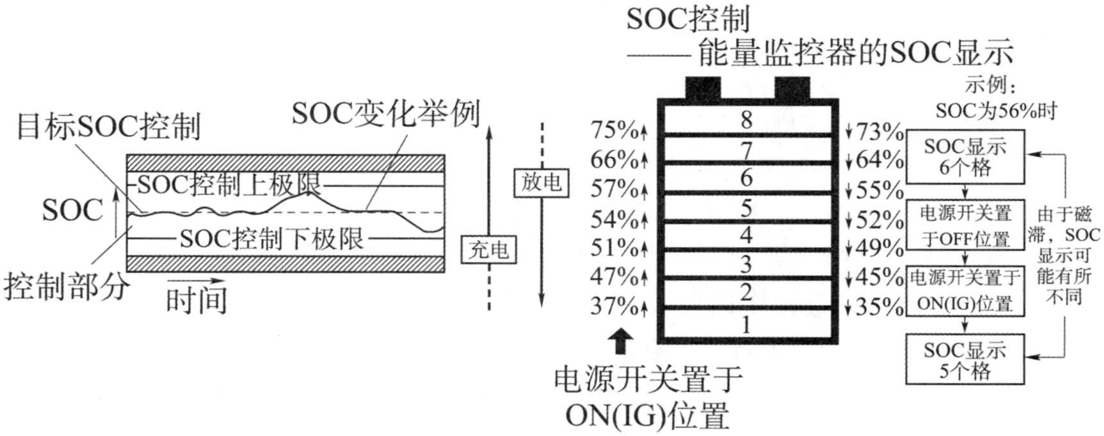

图 5-10　SOC 目标控制

蓄电池智能单元(蓄电池电压传感器)监视 HV 蓄电池的状态(如电压、电流和温度),并将该信息传输至混合动力车辆控制 ECU 总成。同时,蓄电池智能单元检测执行冷却系统控制所需的鼓风机转速反馈频率,并将其传输至混合 HV ECU 总成。蓄电池智能单元内配有泄漏检测电路,以检测 HV 蓄电池或高压电路的漏电情况。蓄电池智能单元将这些信号转化为数字信号,并通过串行通信将其传输至 HV ECU 总成。

四 混合动力传动桥结构

双擎卡罗拉采用了丰田 P410 混合动力传动桥。P410 混合动力传动桥由电机(MG1 和 MG2)、复合齿轮装置、传动桥阻尼器、中间轴从动齿轮、减速齿轮、差速器齿轮机构和油泵组成,如图 5-11 所示。该传动桥将上一代 4 轴结构改进为 3 轴结构,复合齿轮装置、传动桥阻尼器、油泵、电机(MG1 和 MG2)连接至输入轴。中间轴从动齿轮和减速主动齿轮连接至第二轴。减速从动齿轮和差速器齿轮机构连接至第三轴。传动桥使用丰田原厂 ATF WS 润滑油为润滑介质。

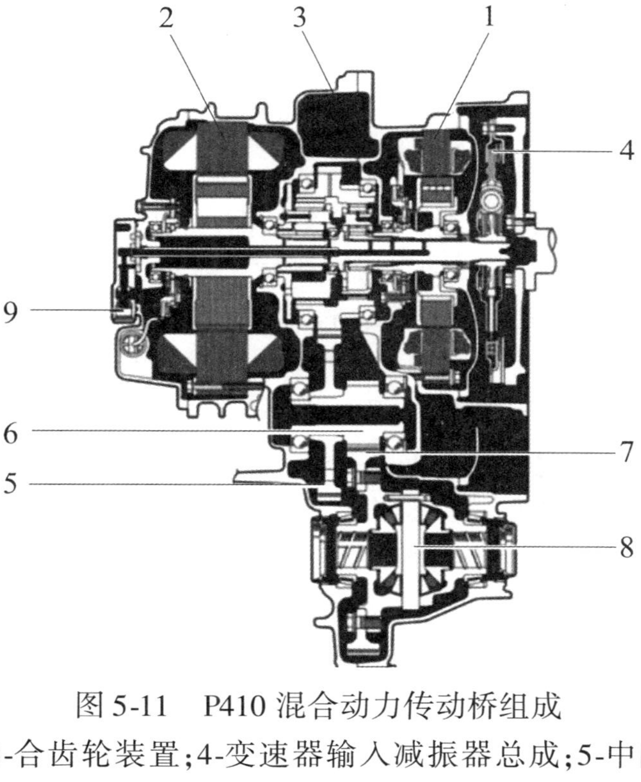

图 5-11 P410 混合动力传动桥组成

1-MG1;2-MG2;3-合齿轮装置;4-变速器输入减振器总成;5-中间轴从动齿轮;6-减速主动齿轮;7-减速从动齿轮;8-差速器齿轮机构;9-油泵

1 电机

内置于混合动力传动桥的 MG1 和 MG2 为紧凑、轻量且高效的永磁同步电机。MG1 和 MG2 由定子、定子线圈、转子、永久磁铁和解析器(转速传感器)

组成。

将永久磁铁(V 形)置于电机转子内,通过一极下由两块混合充磁的永磁体共同作用实现励磁,可有效增加气隙磁通,减少漏磁(充磁更集中),以及利用转子的凸极效应与定子绕组所产生的磁阻转矩提高电机的输出转矩,如图 5-12 所示。

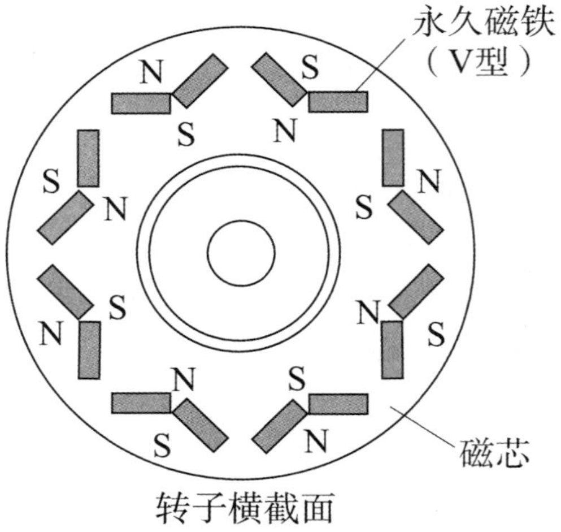

图 5-12　电机转子永久磁铁布置

MG1 主要用作发电机,为 MG2 驱动车辆提供电能并对 HV 蓄电池充电。此外,起动发动机时,MG1 用作起动机。MG1 定子采用集中绕组型线圈,使电机端部绕组较短,铜耗量显著减少,结构更加紧凑。

MG2 主要作用是利用 MG1 和 HV 蓄电池提供的电能,以电动机模式运行驱动车辆。此外,在减速过程中 MG2 用作发电机对 HV 蓄电池充电,并提供再生制动能量。MG2 采用分布绕组型线圈,能使定子绕组生产理想的正弦波磁通势,降低高次谐波,使电机运转更加平稳。

解析器(电机转速/位置传感器)如图 5-13 所示。

为了使电机能够从恒转矩到恒功率运行,采用磁场定向矢量控制方法,必须精确确定转子的磁极位置和转速,解析器承担了此项任务。解析器的结构是旋转变压器形式,由励磁线圈、检测线圈 S、检测线圈 C 和一个椭圆形的转子(与 MG 转子作为一个单元一起旋转)组成。检测线圈 S 的 +S 和 -S,当恒频交流电输入励磁线圈时,随着电机转子轴上旋转变压器的椭圆形转子的旋转,与旋转变压器定子之间的间隙发生变化,因此在检测线圈 S 和 C 中互感出恒频的感应电动势。MG ECU 利用线圈 S 和 C 的峰值差异计算转子的绝对位置,并且根据在指定时间内转子位置的变化量计算旋转速度。

检测线圈 C 的 + C 和 − C 也以同样的方式相互偏离。检测线圈 S 和 C 相互分离 45°。

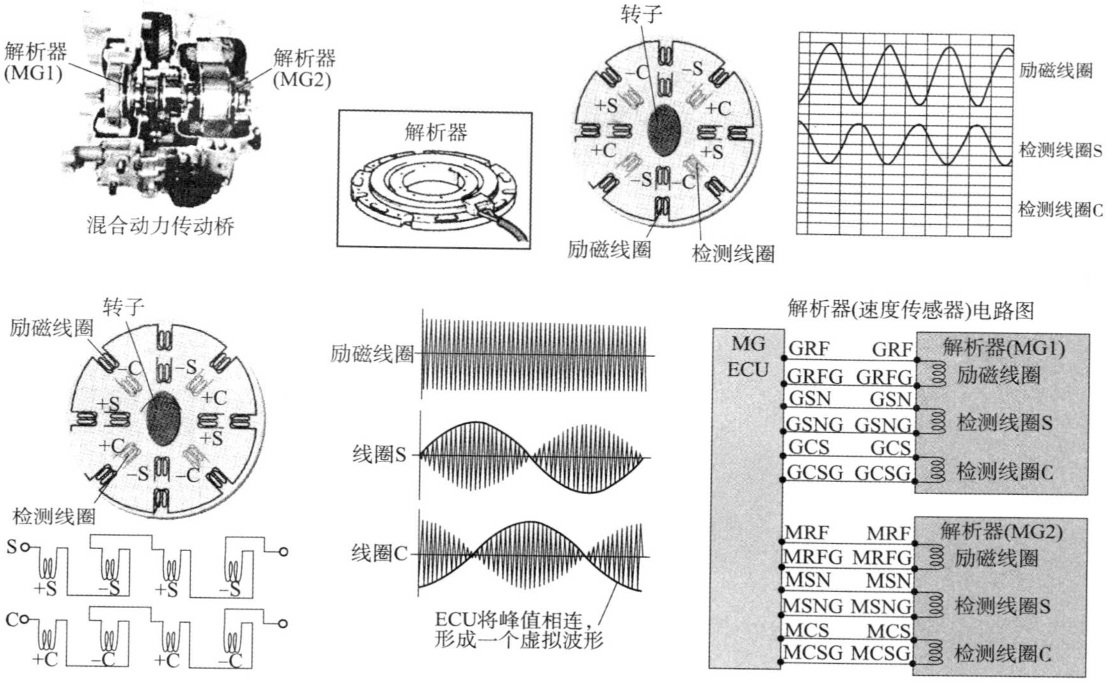

图 5-13　解析器构造及原理

❷ 复合齿轮装置

复合齿轮装置由动力分配行星齿轮机构和电机减速行星齿轮机构组成。动力分配行星齿轮机构的太阳齿轮齿数为 30 齿，齿圈齿数为 78 齿，电机减速行星齿轮机构的太阳齿轮齿数为 22 齿，齿圈齿数为 58 齿。

通过采用 2 套行星齿轮机构的齿圈和中间轴主动齿轮及驻车锁止齿轮做成一体的复合齿轮，使复合齿轮装置的结构更为紧凑和轻量化。动力分配行星齿轮机构的太阳齿轮连接至 MG1，行星齿轮支架连接至发动机，齿圈连接至复合齿轮（车轮）。电机减速行星齿轮机构的太阳齿轮连接至 MG2，齿圈连接至复合齿轮（车轮）。行星齿轮支架固定至传动桥外壳。两套行星齿轮机构的齿圈组合在一起，如图 5-14 所示。

与上一代丰田混合动力驱动电机 MG2 相比较，双擎卡罗拉驱动电机 MG2 通过电动机减速行星齿轮机构，降低了 MG2 的转速，从而使得紧凑、轻量化的电机产生较大的转矩。复合齿轮装置传动速度和转矩输出可以用行星齿轮传动列线图来表示，如图 5-15 所示。

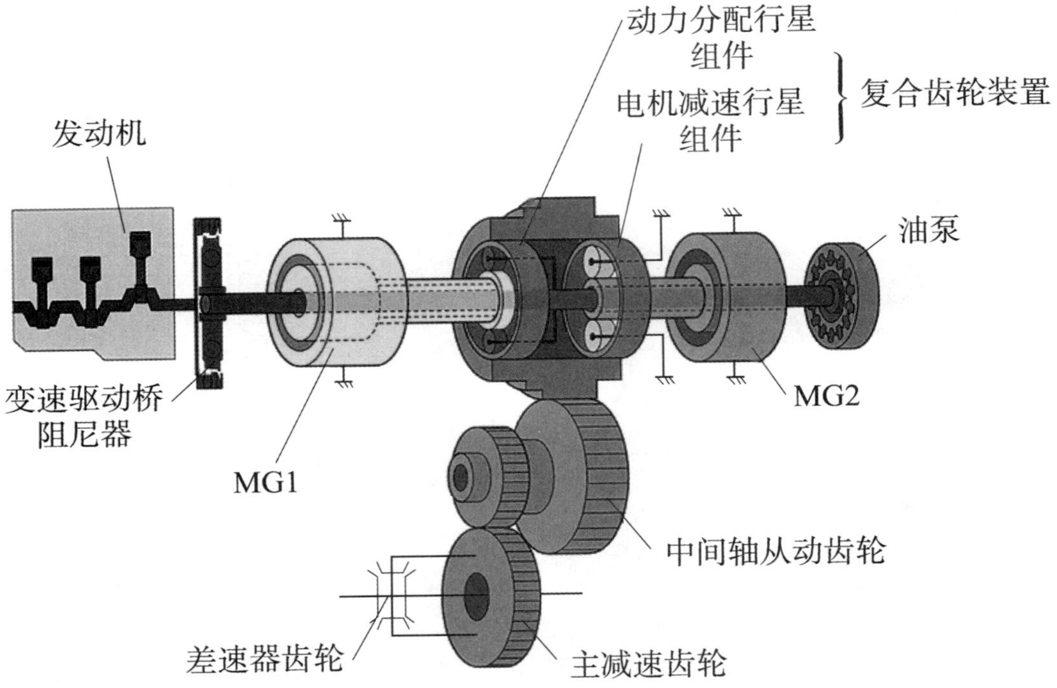

图 5-14　复合齿轮装置动力分配连接

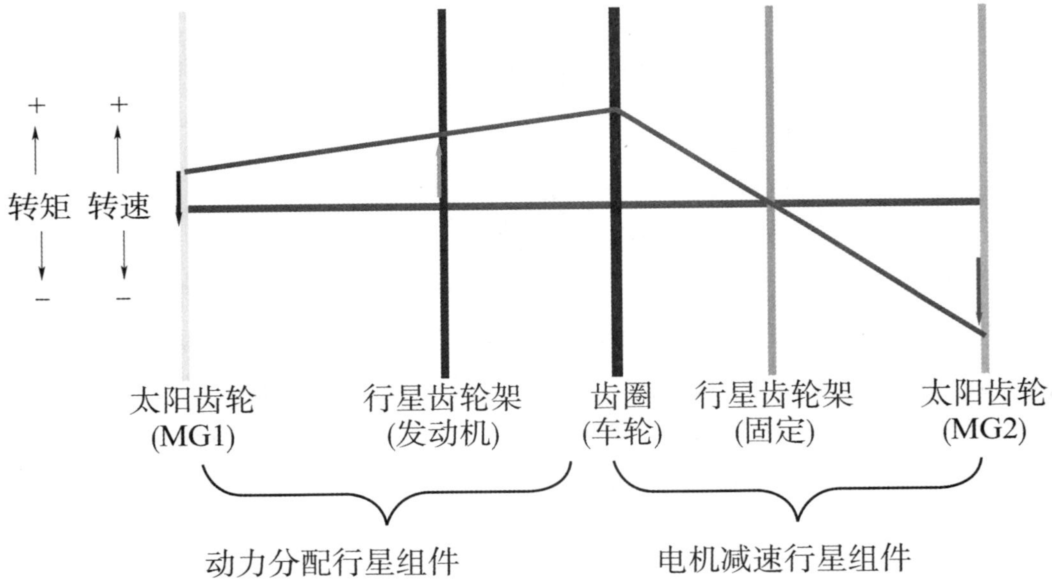

图 5-15　动力分配与电机减速行星齿轮减速机构传动比计算

❸ 传动桥阻尼器

双擎卡罗拉车辆在发动机运转停止或起动瞬间，会产生发动机扭转振动，而在传动装置结构上又取消了液力变矩器的液力减振作用，因此，在双擎卡罗拉发动机与传动桥之间安装了传动桥阻尼器,如图 5-16 所示。

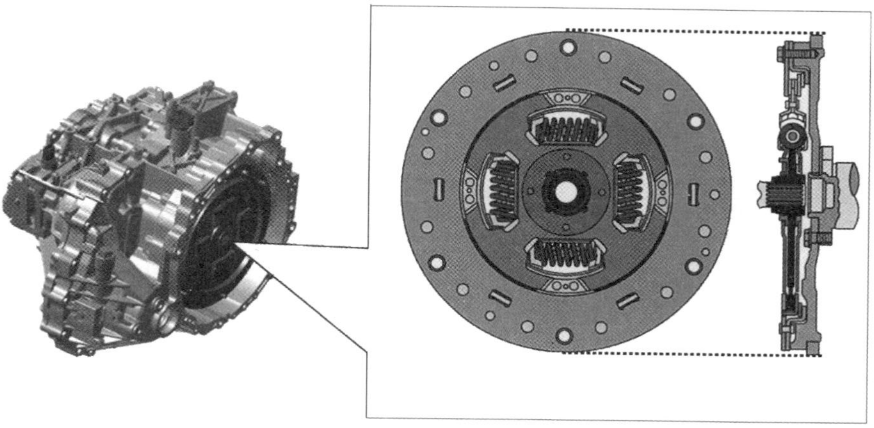

图 5-16 混合动力传动桥阻尼器安装位置

传动桥阻尼器减小了发动机传输动能时产生的扭转振动力矩。同时在车辆振动控制方面增加了发动机转矩脉冲补偿控制程序。

④ 传动桥油泵

双擎卡罗拉机械油泵采用余摆线型油泵,内置于混合动力传动桥内,发动机驱动油泵,润滑各部齿轮。另外传动桥还通过减速齿轮旋转,使集油箱内润滑油甩油以润滑齿轮,减小机械油泵运转负载。

五 不同工况下混合动力系统工作状况

双擎卡罗拉 THS-Ⅱ属于混联式输入功率分流型混合动力系统。该系统采用了丰田汽车公司拥有发明专利的双排行星齿轮机构的混合动力车辆传动桥,传动桥能实现电动无级变速功能(Electric Continuous Variable Transmission,ECVT),其构型如图 5-17 所示。

从图 5-17 中可以看出,发动机通过扭转减振阻尼器与前排行星齿轮架相连,前排太阳齿轮与电机 MG1 相连,后排太阳齿轮与电机 MG2 相连,后排行星齿轮架固定,因此,电机 MG2 将动力以固定传动比传输给后排齿圈。而前排齿圈与后排齿圈相连为复合齿圈,动力在此处实现耦合,然后一起输出给中间轴减速齿轮组至车轮。图 5-18 所示为双排行星齿轮机构模型。

这种传动桥在上一代 THS 传动桥的基础上增加了一个后排行星齿轮机构,由原来的四轴结构变为三轴结构,结构更加紧凑。MG2 输出转矩通过后排行星齿轮机构减速增矩作用,显著提高了驱动电机的转矩输出能力。

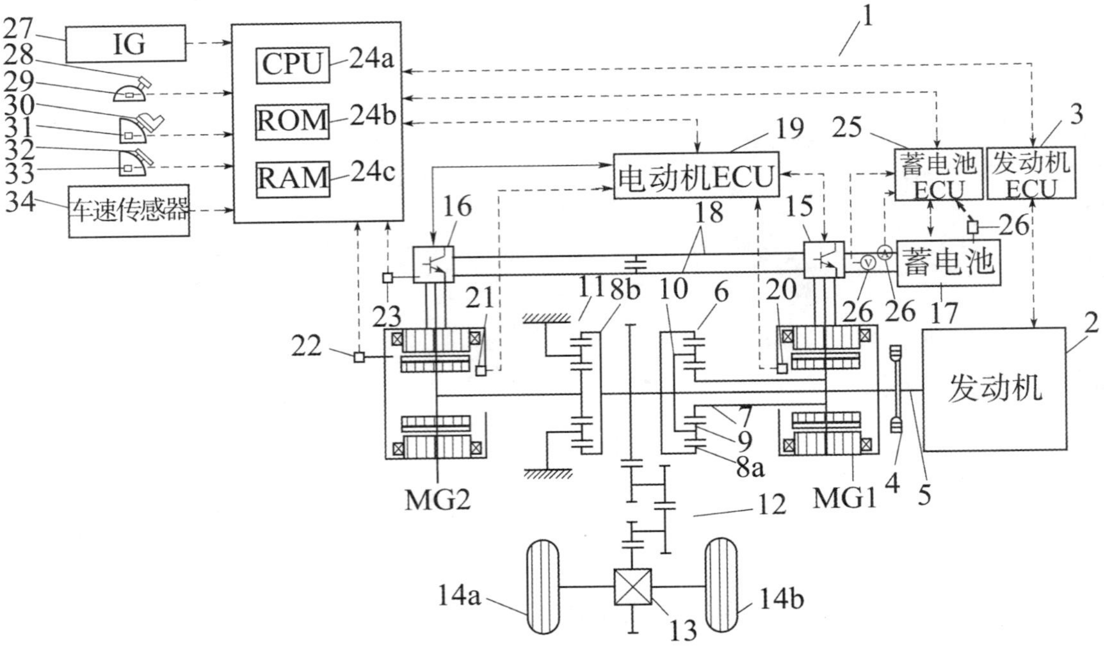

图 5-17　THS-Ⅱ双排行星齿轮传动桥构型

1-混合动力系统;2-发动机;3-发动机控制 ECU;4-混合动力传动桥阻尼器;5-发动机曲轴;6-动力分配行星齿轮排;7-太阳齿轮;8a,8b-复合齿圈;9-行星齿轮;10-行星齿轮架;11-电机 MG2 减速行星齿轮排;12-中间轴减速齿轮组;13-差速器;14a、14b-驱动轮;15、16-逆变器;17-HV 蓄电池;18-动力高压电线;19-电机控制 ECU;20,21-电机转子位置传感;22-电机转速传感器;23-电流传感器;24a、24b、24c-混合动力管理 ECU;25-HV 蓄电池控制 ECU;26-HV 蓄电池温度传感器;27-电源开关;28-传动桥变速器操纵杆;29-传动桥变速器操纵杆位置传感器;30-加速踏板;31-加速踏板位置传感器;32-制动踏板;33-制动踏板位置传感器;34-车速传感器

传动桥复合齿轮处的输出转速和转矩可以用列线图来表示,如图 5-19 所示。

列线图可直观地反映行星齿轮机构转速和转矩的矢量关系,从而可以判断电机 MG1、MG2 的工作状态(驾驶工况),并且根据故障发生时存储的 FFD(定格数据),分析处在何种驾驶工况。

列线图的纵轴表示旋转方向和转速,纵轴的间距表示传动比。箭头表示转矩方向(如果 MG1 和 MG2 的旋转方向与转矩方向相同,则系统处于放电状态,作为电动机工作;如果方向相反,则系统处于充电状态,作为发电机工作)。

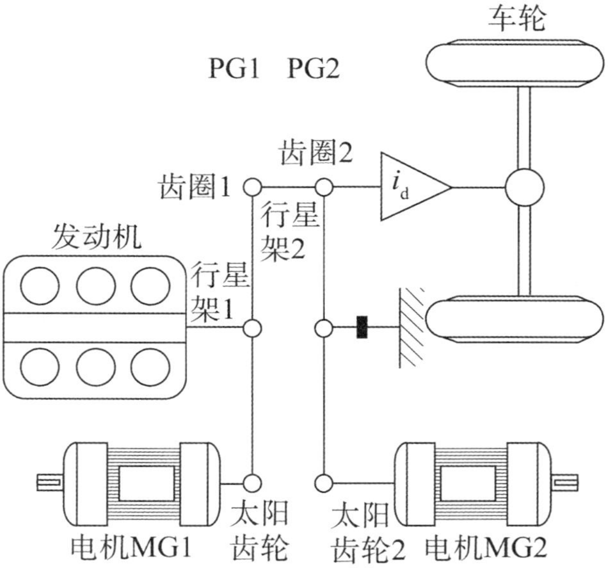

图 5-18　双排行星齿轮机构模型

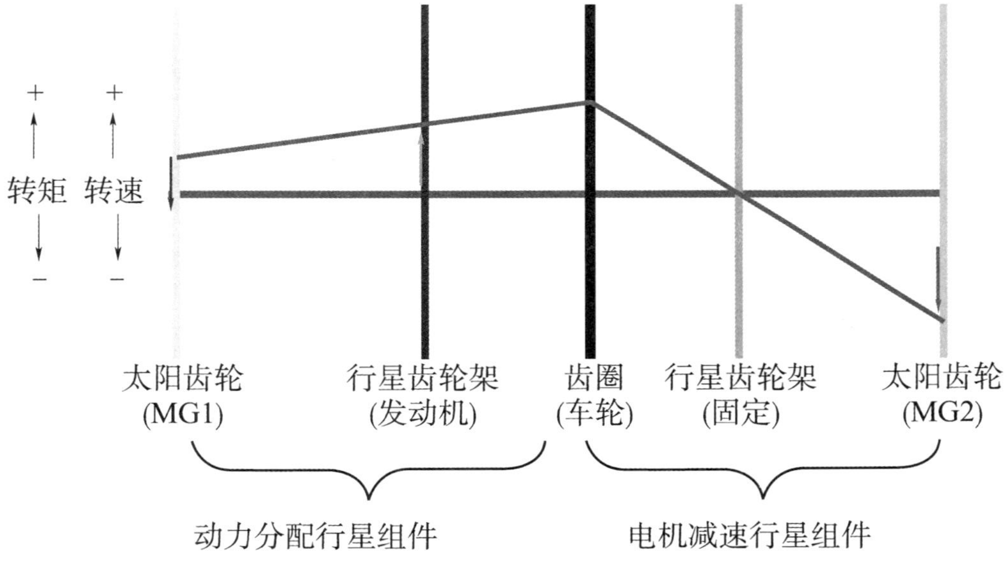

·垂直线显示了转速和旋转方向
·垂直线的间距显示了传动比
·箭头显示了转矩方向
（红色：放电/蓝色：充电）

MG1，MG2工况

转矩	MG旋转方向	
	+	−
+	放电	充电
−	充电	放电

图 5-19　行星齿轮列线图

为了便于对混合动力系统的控制策略研究分析,下面按照车辆起动、起步、加速、匀速、滑行、减速滑行/再生制动和倒车驾驶工况进行试验,获得各动力部件的工作状况数据。

1 起动

将车辆换挡杆置于P挡位,电源开关处于ON位置,仪表显示屏上绿色READY指示灯点亮,此时如果HV蓄电池SOC在目标控制值范围,则发动机处于停止状态。如果HV蓄电池放电(如使用空调等电负荷),SOC降到40%以下,MG1作为电动机拖动发动机转速到1200r/min左右,发动机开始喷油起动,发动机起动后,发动机动力用于驱动MG1运转发电,对HV蓄电池进行充电,SOC达到50%以上状态,发动机停止工作。发动机起动充电工况动力流分配如图5-20所示。

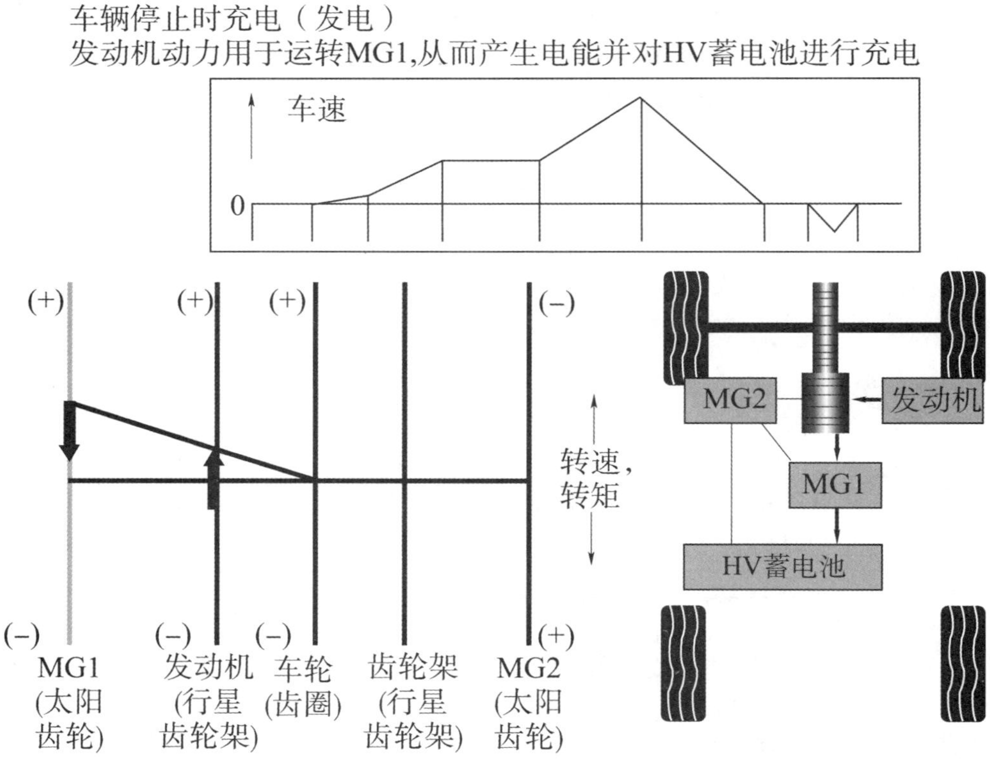

图5-20　发动机起动充电工况动力流分配

2 起步

车辆起步时,发动机停止工作,由MG2拖动车辆,MG1随动,不产生转矩。电机零转矩控制如图5-21所示。由于电机MG1处于旋转状态,会产生电压,如果电压高于电源电压,则有电流流动,为使电机MG1产生的电压偏置,逆变器将IGBT切换至ON状态,防止电流流动,电机MG1无转矩输出。

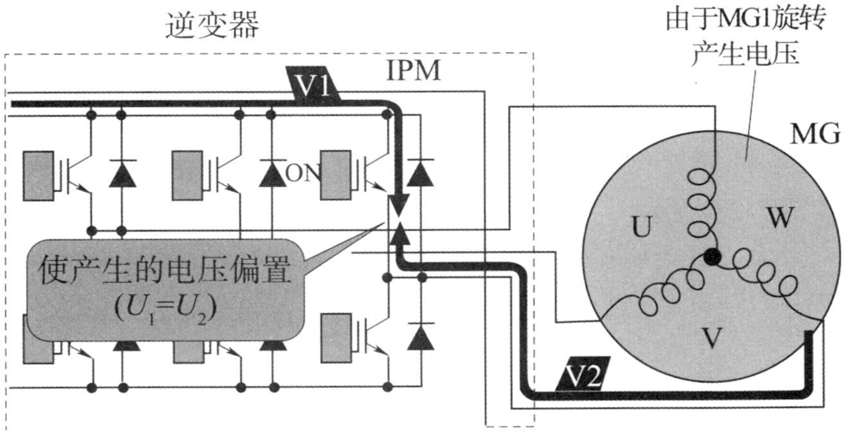

图 5-21　电机零转矩控制

当功率需求达到一定值时,MG1 立即拖动发动机起动。然后 MG1 发电供给 MG2 电能或向 HV 蓄电池充电。根据电池 SOC 的不同,发动机起动的时刻也不同。车辆起步工况,THS 处于串联模式。车辆起步纯电动行驶工况动力流分配如图 5-22 所示。

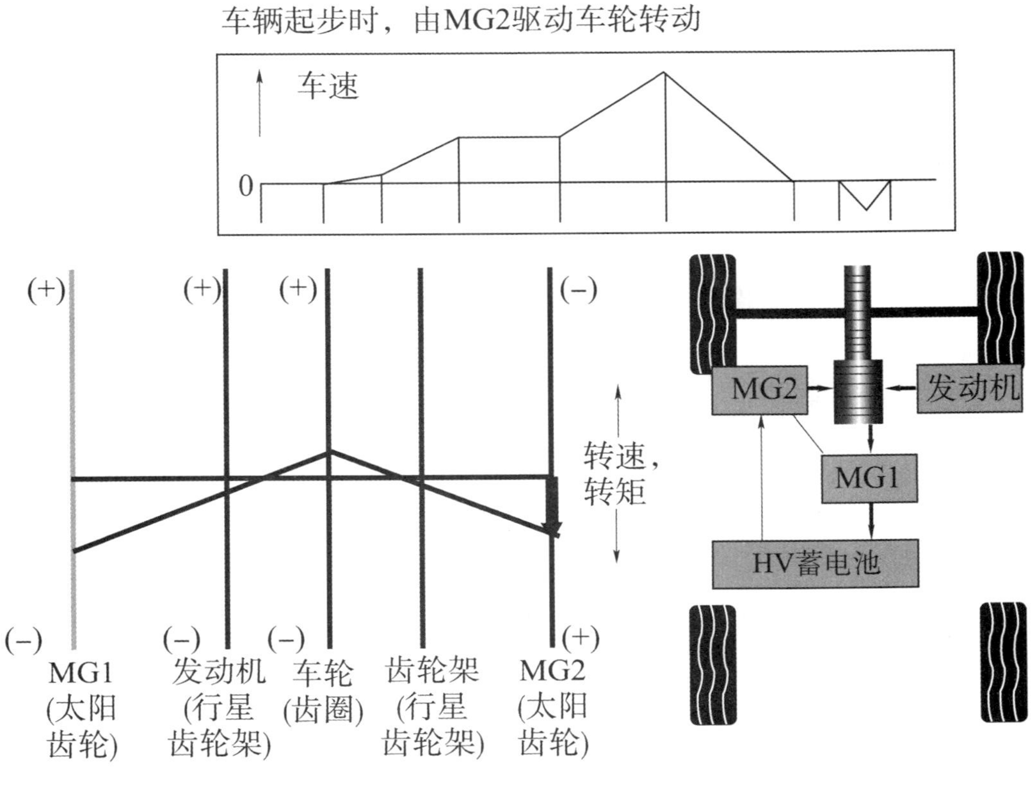

图 5-22　车辆起步纯电动行驶工况动力流分配

3 加速

随着加速踏板瞬间开度的加大,由发动机和 MG2 产生的动力共同拖动车辆加速。由于 MG2 的助力作用,发动机仍旧运行在最佳油耗线上,而 MG1 一直处于发电状态,增加 MG2 的转矩。车辆加速,THS 处于并联模式。车辆加速工况动力流分配如图 5-23 所示。

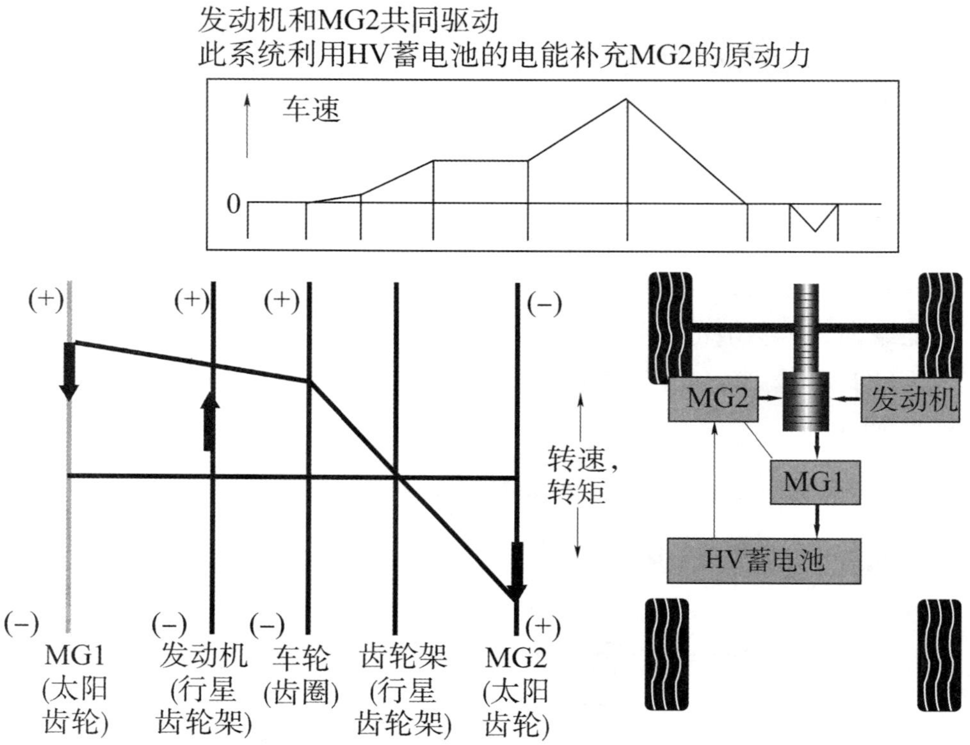

图 5-23 车辆加速工况动力流分配

4 匀速

车辆匀速行驶时,当 HV 蓄电池 SOC 为 61.56%,电池充电需求为零,因此车辆功率需求恒定。而 MG1 作为调速电机调整发动机的工况点和转矩分配,MG2 正向旋转作为发电机,产生电能,供给 MG1 运转。在车辆匀速行驶时,HV 蓄电池是否充电首先取决于 SOC,另外还与 MG2 转速和输出电压有关,这是 THS 的“特异模式”。车辆匀速工况动力流分配如图 5-24 所示。

5 减速滑行与再生制动

车辆减速滑行时,松开加速踏板,车辆开始滑行,发动机逐渐断油熄火,并在 MG1 调速下转速降到零,减少滑行过程中的摩擦损失。此时 MG2 在车轮的反拖下,作为发电机进行能量回收。车辆滑行工况动力流分配如图 5-25 所示。车辆滑行中如果进行制动,HV ECU 会根据制动转矩需求进行液压制动和电机制动的转矩分配。

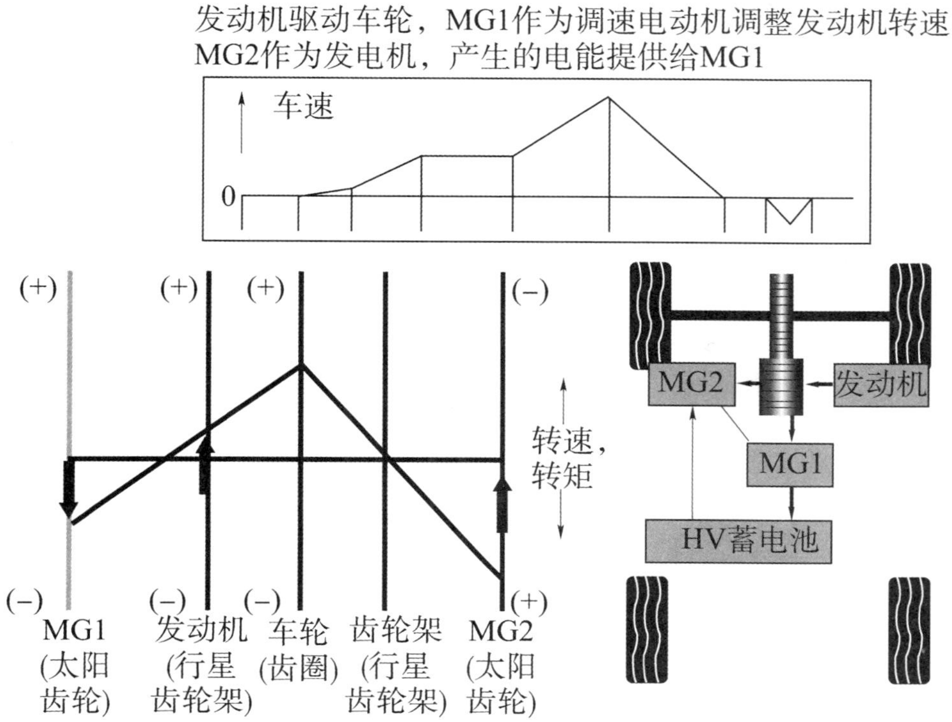

图 5-24　车辆均速工况动力流分配

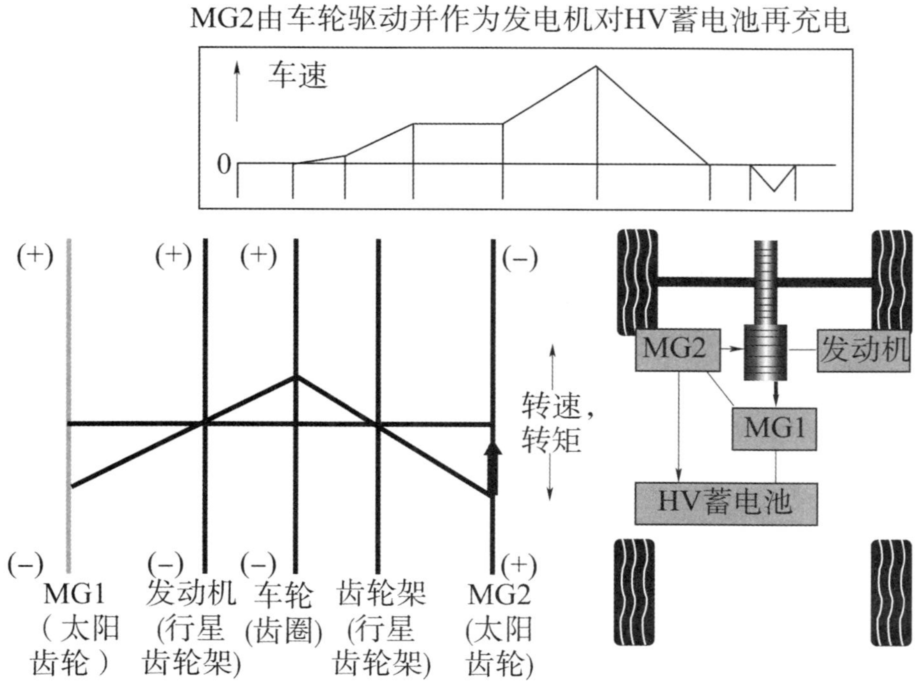

图 5-25　车辆滑行工况动力流分配

❻ 倒车

倒车工况是由 HV 蓄电池提供电能给 MG2 反向旋转,驱动车辆倒车。如果 HV 蓄电池低于 SOC 控制值,则发动机起动,将 MG1 产生的电能提供给 MG2。倒车动力流分配如图 5-26 所示。

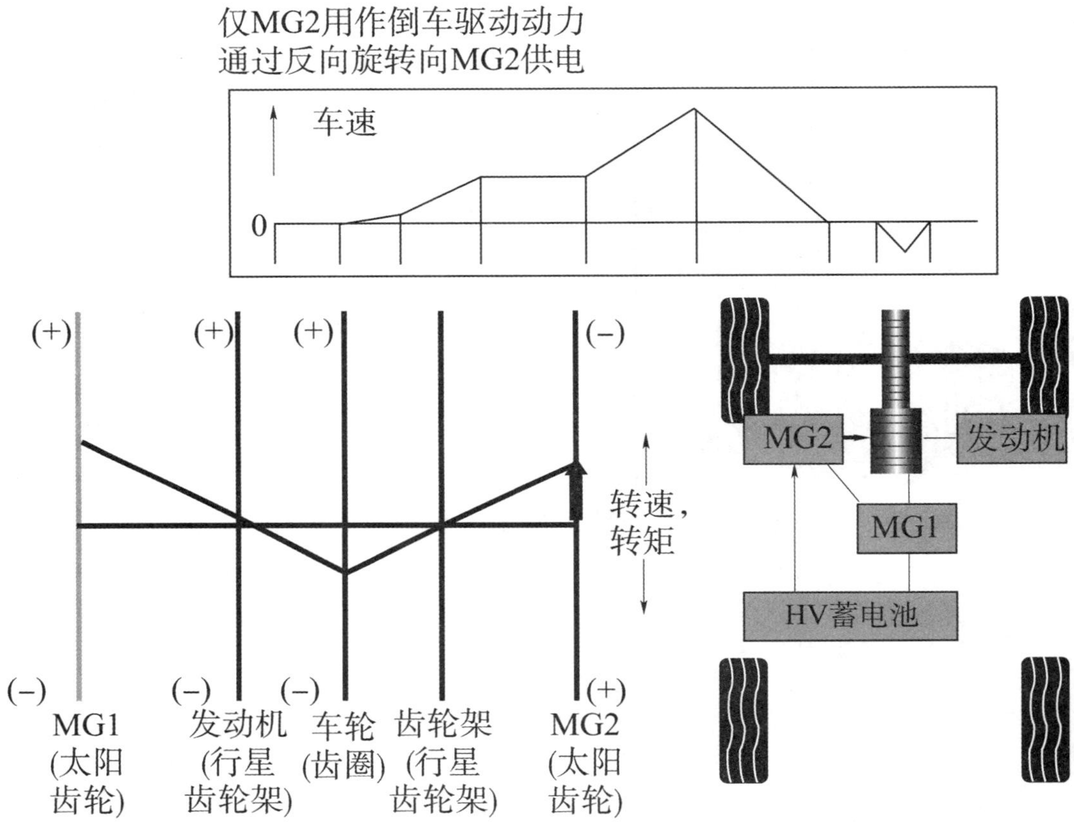

图 5-26　倒车动力流分配

六 混合动力系统控制

由于混合动力汽车具有两个动力来源,因此,最重要也是最具有挑战性的控制任务就是根据行驶状况、道路状况和天气情况,将汽车所需的来自发动机的驱动力和来自电机的驱动力进行分配耦合,以获得最佳的燃油经济性、最少的废气排放和能量存储系统的最长使用寿命。表 5-2 为卡罗拉混合动力系统 THS-Ⅱ控制范畴。

卡罗卡混合动力系统 THS-Ⅱ控制范围　　表 5-2

控制	项　目	控制描述
HV 控制	HV 输出计算	根据驾驶条件计算发动机输出以及 MG1 和 MG2 转矩
	行驶模式控制	混合动力系统操作和输出特性根据行驶模式的不同而变化
	SMR 控制	控制 SMR(系统主继电器)的切换(接通和切断)
	逆变器控制	利用操作指令信号(PWM 信号)控制逆变器的工作输出
	增压转换器控制	控制高压增压
	DC/DC 转换器控制	控制用于对辅助蓄电池进行充电的电压和电流
	电机牵引力控制	防止 MG2 过度旋转
	再生制动控制	减速时,在防滑控制 ECU 协同作用下进行再生制动控制
蓄电池控制	SOC 控制	控制 HV 蓄电池的充电状态(SOC)
	HV 蓄电池冷却鼓风机控制	操作此项目以使 HV 蓄电池温度处于适当范围
	绝缘异常检测	检测高压电路的绝缘有无任何异常
发动机控制	发动机输出装置	控制发动机输出以响应动力管理控制 ECU(HV CPU)的请求
	发动机起停控制	必要时执行发动机起停操作
空调压缩机控制		根据目标压缩机转速控制空调逆变器
电源输出限制控制		根据零部件温度限制电源输出
失效保护		在发生故障期间提供有限的原动力

首先,HV ECU 要获取车辆上的各种相关信号,如车速、发动机转速、发电机转速、电动机转速、蓄电池 SOC、电压、电流、加速踏板位置、变速器挡位、制动踏板位置、制动液压油压力、各种温度/时间等。根据这些信号或信号组合,判断车辆所处的工作状态和工作模式,然后按照相应的程序发出动作指令,实现对动力与能量流的高效控制,并且在监控到系统发生故障时,发出故障警告信息,采取限制系统运行或失效保护措施,保证系统的安全。图 5-27 所示为 THS-Ⅱ控制系统。

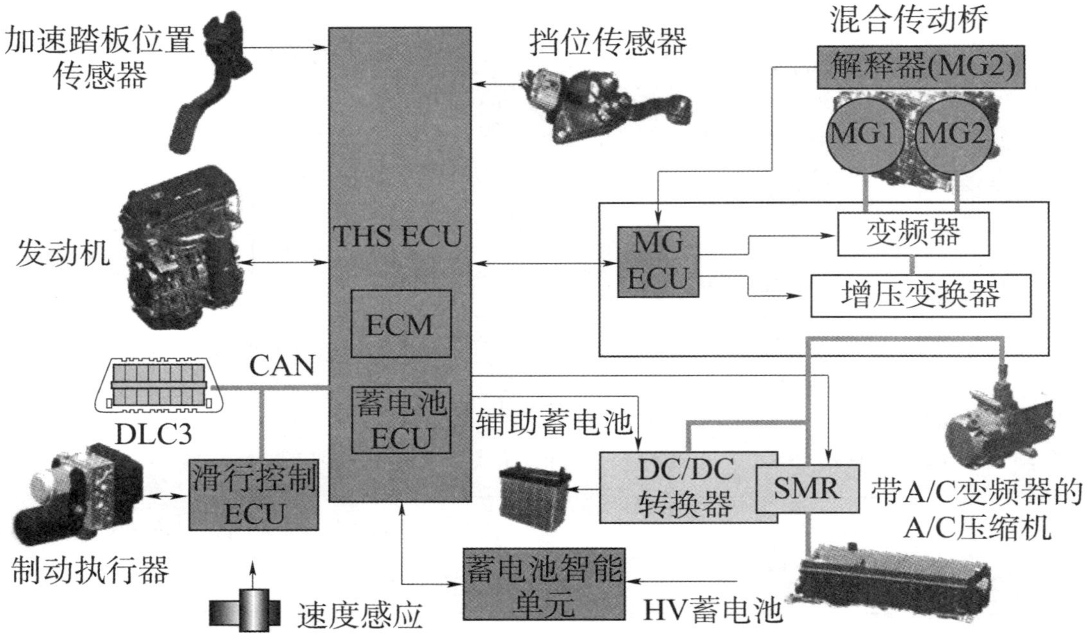

图 5-27　THS-Ⅱ控制系统

❶ 驱动力控制

图 5-28 所示为驱动力控制原理概要。驱动力控制的输入信号有加速踏板位置、车速、HV 蓄电池荷电状态(SOC)等,控制输出信号包括发动机的要求动力、发动机、MG1 及 MG2 转矩。

从驾驶员请求操作转矩计算,到发送至 MG1、MG2 和发动机的操作指令控制流程如下。

(1)驾驶员请求转矩计算。根据加速踏板位置和车速计算目标轴驱动转矩。

(2)驾驶员请求输出功率计算。根据驾驶员请求转矩和车速计算目标功率输出,与"驾驶员请求转矩计算"的计算方法类似。

(3)所需发动机输出功率计算。所需 HV 蓄电池充电功率与"驾驶员请求输出功率计算”计算所得的驾驶员请求输出功率相加，即可确定所需发动机输出功率。所需发动机输出功率 = 驾驶员请求输出功率 + 所需 HV 蓄电池充电功率。

（4）发动机起动判断。根据工作状况和所需发动机输出功率（用所需发动机输出功率计算结果），判断是否需要起动发动机。

（5）目标发动机转速计算。THS-Ⅱ发动机在高效发动机工作线工作。发动机工作线与发动机输出功率（所需发动机输出功率）的交点为目标发动机转速，如图 5-29 所示。发动机工作线与发动机输出功率（所需发动机输出功率）的交叉点为目标发动机转速。

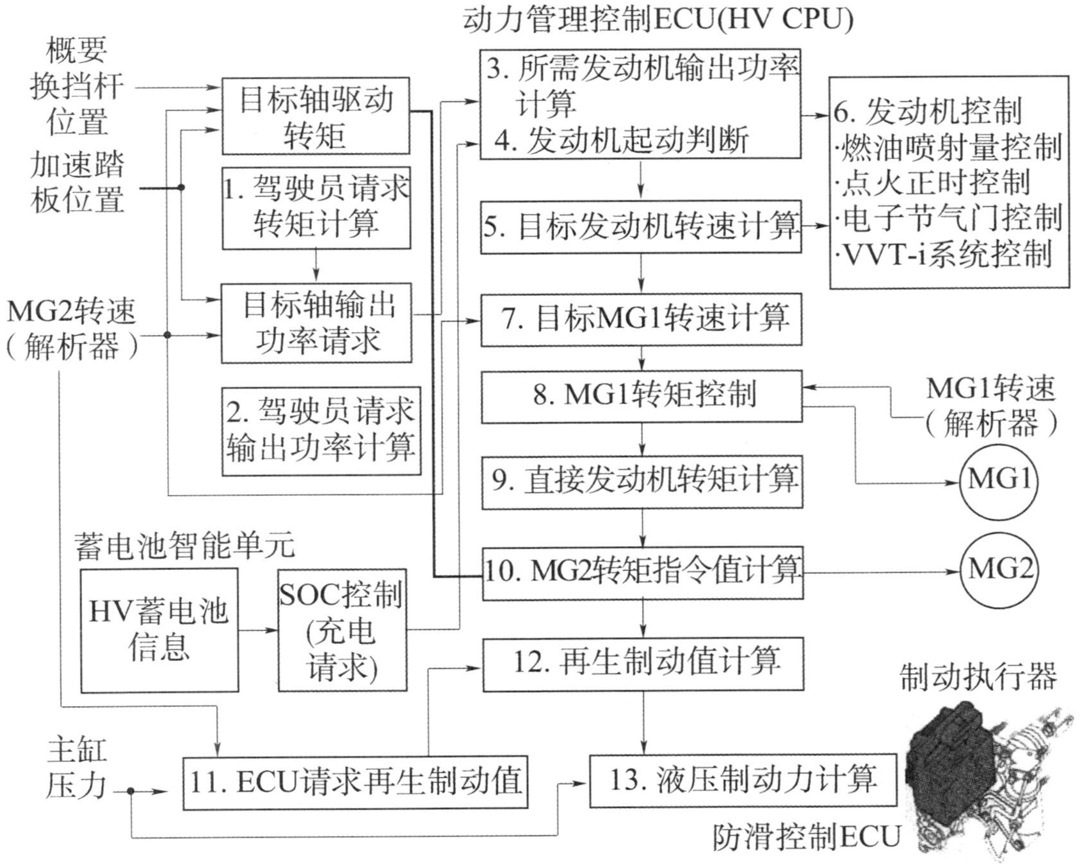

图 5-28　驱动力控制原理概要

（6）发动机控制根据所需发动机输出功率和目标发动机转速的计算结果执行发动机喷油、点火、ETCS-i（智能电子节气门控制系统）和 VVT-i（智能可变气门正时系统）控制等。

（7）目标 MG1 转速计算。根据 MG2 转速和目标发动机转速计算目标 MG1

转速。

(8)MG1 转矩控制。根据 MG1 转速传感器(解析器)信号,控制 MG1 转矩以达到 MG1 目标转速。

(9)直接发动机转矩计算。根据 MG1 转矩控制计算所得的 MG1 转矩,计算发动机输出的驱动转矩(根据列线表,基于 MG1 转矩可得知车桥处的直接发动机输出转矩)。根据如图 5-30 所示列线表,基于 MG1 转矩可得知车桥处的直接发动机转矩。直接发动机驱动转矩 = MG1 转矩 ×(0.72/0.28)。

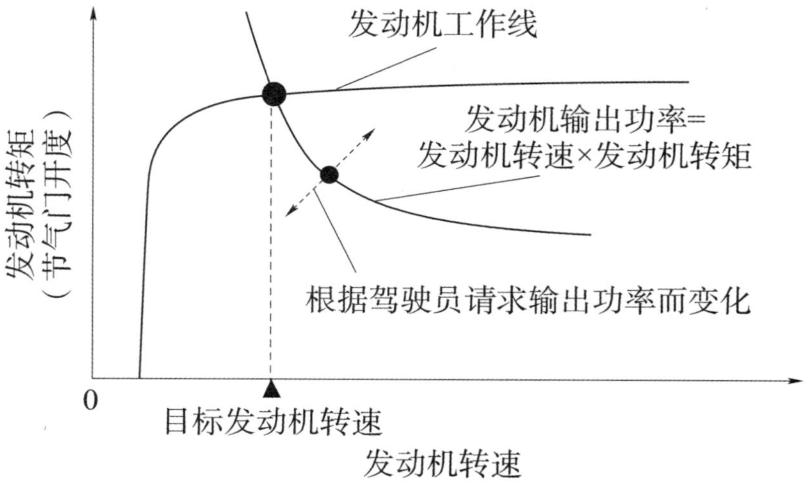

图 5-29　目标发动机转速计算

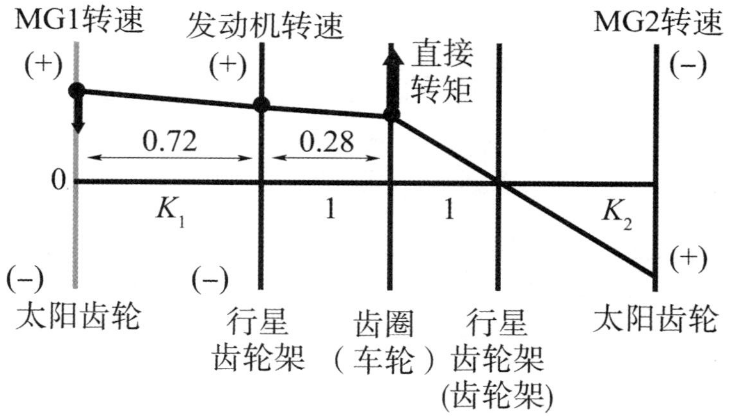

图 5-30　直接发动机驱动转矩计算

(10)MG2 转矩指令值计算。根据驾驶员请求转矩和直接发动机输出转矩计算 MG2 转矩指令值。如果电机的转矩大于车辆需要的驱动转矩,发动机就会停止工作，车辆仅靠 HV 蓄电池的能量输出完成行驶（EV 行驶模式）；如果电机转矩小于车辆需要的驱动转矩，发动机就会起动运转，独立驱动，或者在车辆需要更大转矩时，发动机与电机并行运转驱动。

MG2 转矩指令值 = 驾驶员请求转矩 − 直接发动机驱动转矩

2 发动机起停控制

卡罗拉混合动力系统对发动机进行起动/停止的切换控制，使发动机工作在最佳效率工况范围内，目的是改善燃油消耗。

但曲轴回转时，在特定的发动机转速区域内，发动机转矩脉冲与传动桥产生共振，导致车辆振动。通过下列控制措施可以减小发动机起停的振动问题。

（1）通过缩短动力重心与转动弹性轴之间的距离，增加扭转减振阻尼器等方法，改进发动机的悬置问题。

（2）采用电子控制技术、推迟点火提前角、延迟进气门关闭时间、控制燃油喷射量等措施来改善发动机的燃烧，从而降低振动和噪声。

（3）发动机转矩脉冲补偿控制。根据发动机的转矩脉冲，设计 MG1 和 HV 蓄电池有足够的输出功率，短时间迅速拖动发动机起动（发动机转速被拖到 1000 ~ 1200r/min 时开始喷油起动）。

发动机在低速转动时的转矩脉冲中，与惯性力脉冲相比，压缩膨胀空气过程的脉冲起主要作用。因此只要在发动机熄火时，通过控制 MG1 的旋转角度，把活塞停止位置控制在进气门关闭的上止点曲轴转角位置，就能较好地控制发动机起动时的振动。

（4）驱动系统扭转振动补偿。用速度传感器测得车轮转速，通过与传动桥的输出轴转速比较作差，反馈进行 MG2 转矩控制，从而抑制驱动系统的转矩振动。混合动力车辆减振控制系统的整体构成如图 5-31 所示，其与普通控制器结合使用实现减振控制。混合动力车辆在纯电动模式行驶，快速踩下加速踏板，发动机起动时，减振控制能很大程度改善驱动系统振动的效果，如图 5-32 所示。

七 再生制动与液压制动协调控制

再生制动是混合动力汽车的重要工作模式，它能在汽车减速或下坡时，根据加速踏板与制动踏板信号，在保证车辆制动性能不变的前提下，将驱动电机当作发电机运行。再生制动的作用如下。

(1)将汽车的动能和势能变成电能回收到混合动力系统的储能装置中。

(2)利用驱动电机当作发电机运行时产生的电磁阻力进行制动减速,起到减少制动摩擦片磨损和节能的效果,双擎卡罗拉可以回收大约30%的再生制动能量,车辆再生制动系统控制如图5-33所示。

当驾驶员踩制动踏板希望减速时,制动防滑控制ECU根据制动踏板位置和踏板力的大小(制动主缸油压的大小)指令液压制动执行器实时对前后车轮进行制动力的分配,使车辆减速。紧接着再生制动系统进入工作状态,输出大部分再生制动力矩。

当车辆减速到要停止时,再生制动力矩下降到接近零,此时,液压制动力又起主要作用,使车辆停止行驶。车辆液压制动和再生制动之间的制动力分配如图5-34所示。

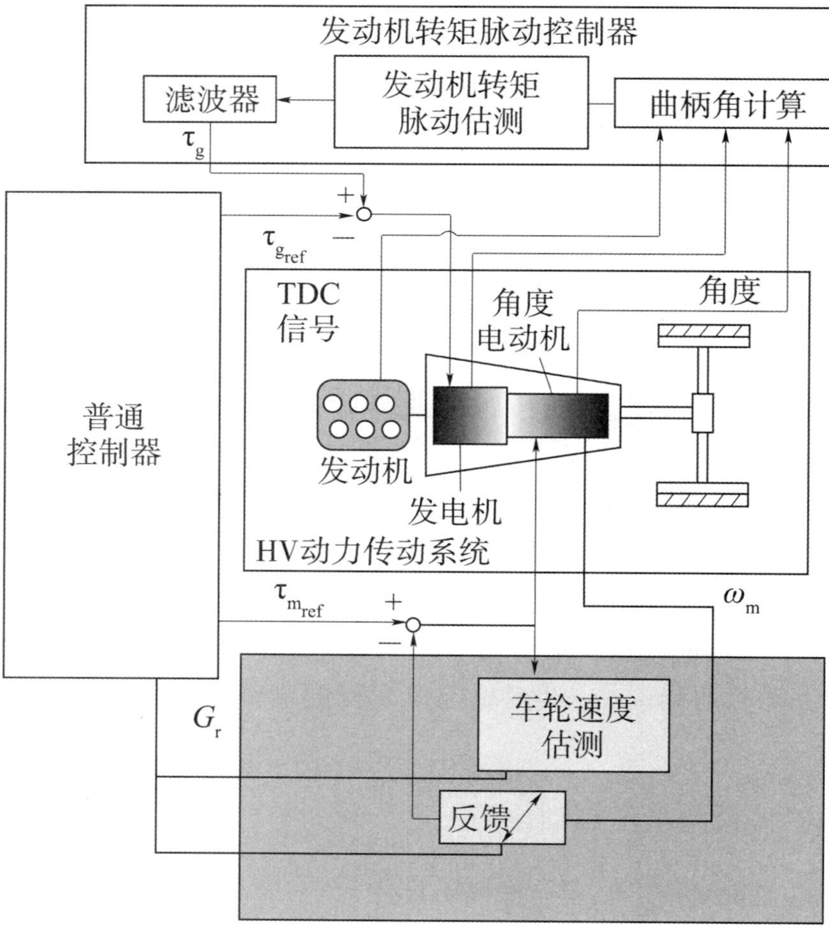

图5-31　混合动力车辆减振控制系统的整体构成

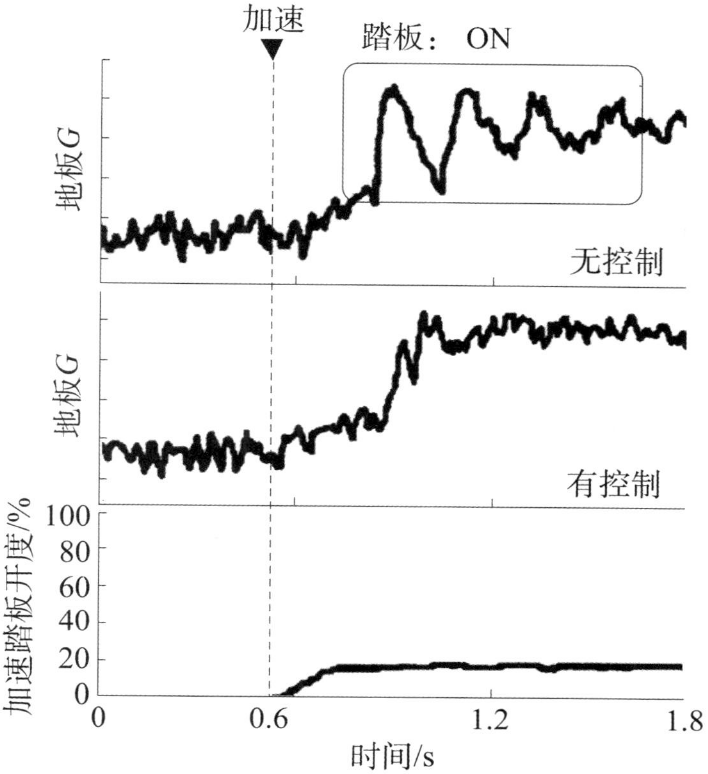

图 5-32　快速踩下加速踏板时驱动系统振动抑制效果

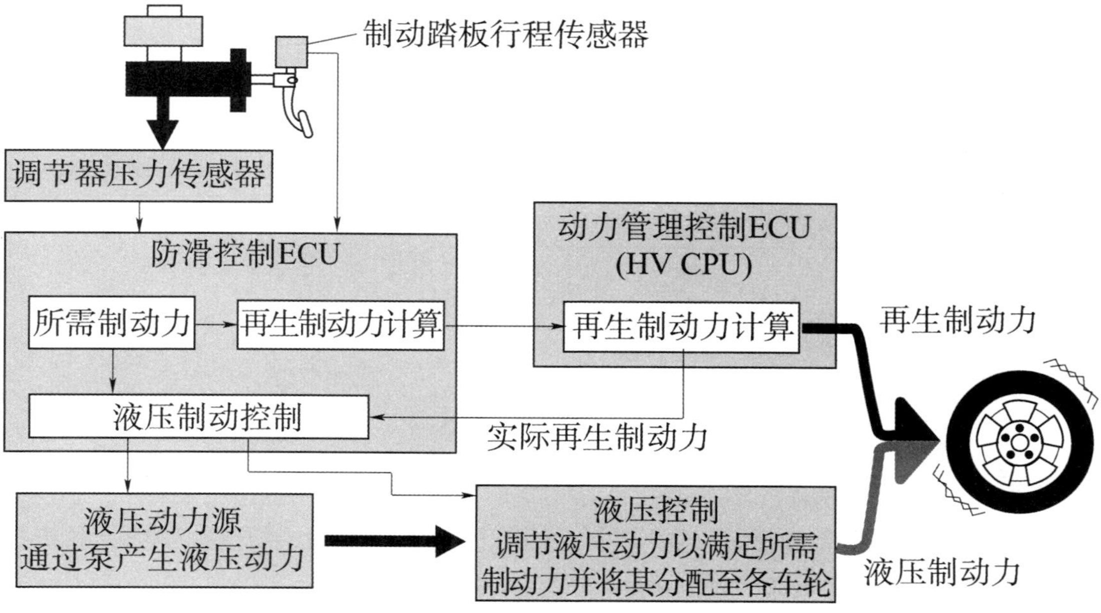

图 5-33　车辆再生制动系统控制

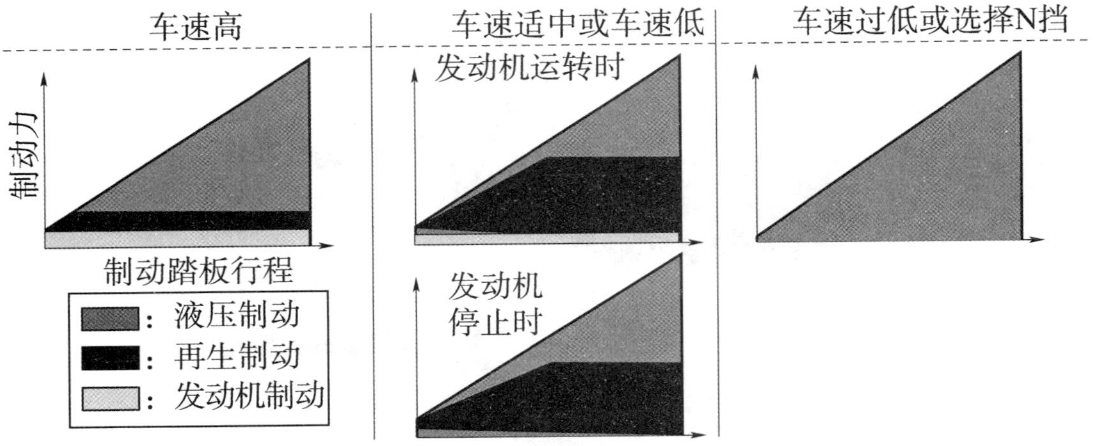

图 5-34　车辆液压制动和再生制动之间的制动力分配

八　HV ECU 控制功能

卡罗拉 HV ECU 构成如图 5-35 所示。

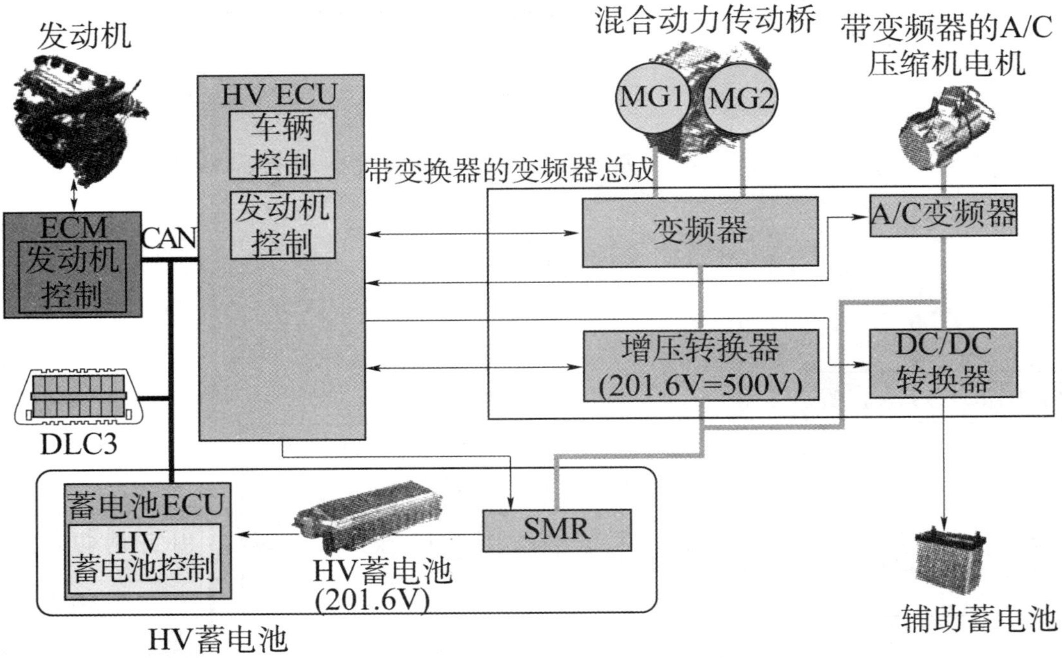

图 5-35　卡罗拉 HV ECU 构成

HV ECU 的功能包括驱动力指令、诊断、安全警示等。混合动力控制系统是一套线控(By Wire)系统。当构成的零部件发生故障时,为了防止驾驶员的意愿与车辆发生冲突,需要及时、准确地进行安全警示,具体要求如下。

(1)系统的构成要充分考虑安全警示的功能。

(2)系统有检测异常情况的功能。

(3)发生异常情况时系统限制输出或停止运行。

1 输出限制控制

HV ECU 限制输出项目见表 5-3。

HV ECU 限制输出项目　　表 5-3

项目		描述
HV 蓄电池	SOC 低	SOC 低于规定值时[逐步降低 WOUT(wattage-out,功率输出)等于放电功率]
	温度低	由于温度低而使蓄电池的活性低时,蓄电池输出至 MG1 或 MG2 的功率受到限制
	温度高	由于反复以大电流充电和放电而导致蓄电池产生大热量时
带转换器的逆变器总成	逆变器温度高	由于高负载行驶而导致逆变器的温度超过规定值时
	增压转换器温度高	由于高负载行驶而导致增压变换器温度超过规定值时
MG1 和 MG2	温度高	由于高负载行驶而导致 MG1 或 MG2 的温度超过规定值时

(1)HV 蓄电池输出受限时的行驶性能。如果 HV 蓄电池输出受限,则行驶性能明显低于正常水平。特别是在驾驶过程中完全踩下加速踏板时会感到行驶性能下降,如图 5-36 所示。

①SOC 低时,WOUT 将会降低以限制 HV 蓄电池输出。

WIN(功率输入):充电功率最大值。

WOUT(功率输出):放电功率最大值,如图 5-37 所示。

②HV 蓄电池温度低或高时,HV 蓄电池输出受到限制。高负载行驶可能会导致 HV 蓄电池温度升高,但这并不表示故障。发动机冷机时,将车辆电源开关置于 READY-ON 状态后,HV 蓄电池温度变低,其功率输出将降低。HV 蓄电池温度过高可能是由于冷却风扇故障或冷气进气口阻塞所致,如图 5-38 所示。

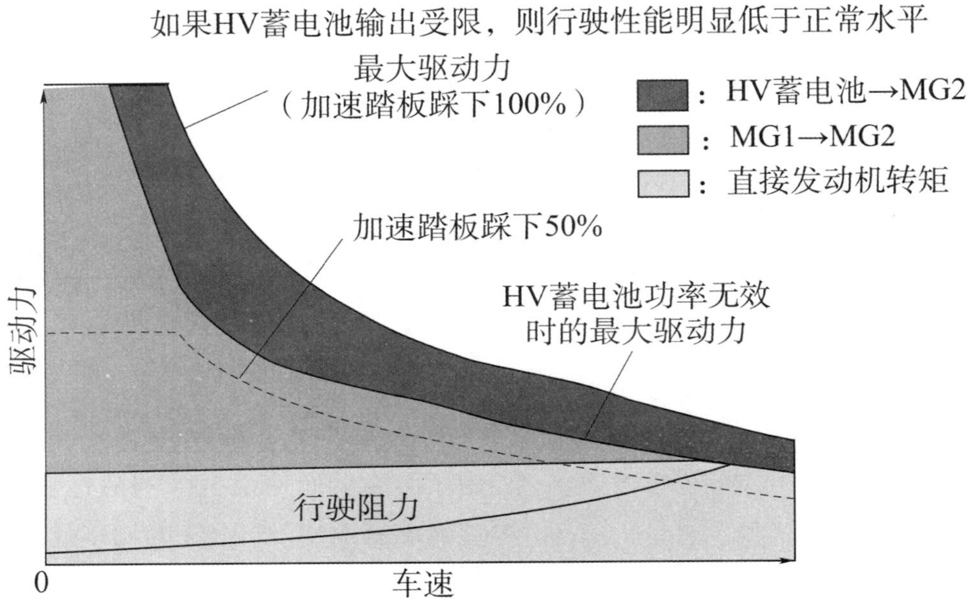

图 5-36　限制驱动力输出示意图

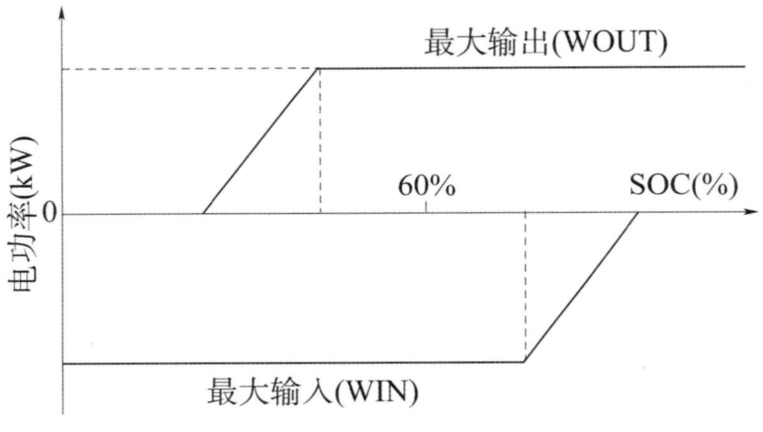

图 5-37　蓄电池 SOC 低值时限制驱动力输出示意图

(2)逆变器、增压变换器、MG1 或 MG2 温度高。逆变器、增压变换器、MG1 或 MG2 的温度超过规定值时，HV 蓄电池输出或电机输出转矩受到限制；增压变换器温度高时，HV 蓄电池输出受到限制；逆变器、MG1 或 MG2 温度高时，电机输出转矩受到限制，如图 5-39 所示。输出受限期间，多信息显示屏上显示“HYBRID SYSTEM OVERHEAT”(混合动力系统过热)以告知驾驶员由于高温而使输出受到限制。

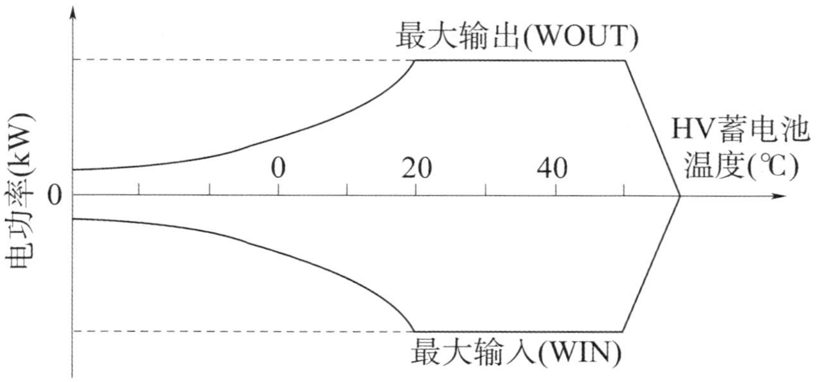

图 5-38　蓄电池温度过高或低限制驱动力输出示意图

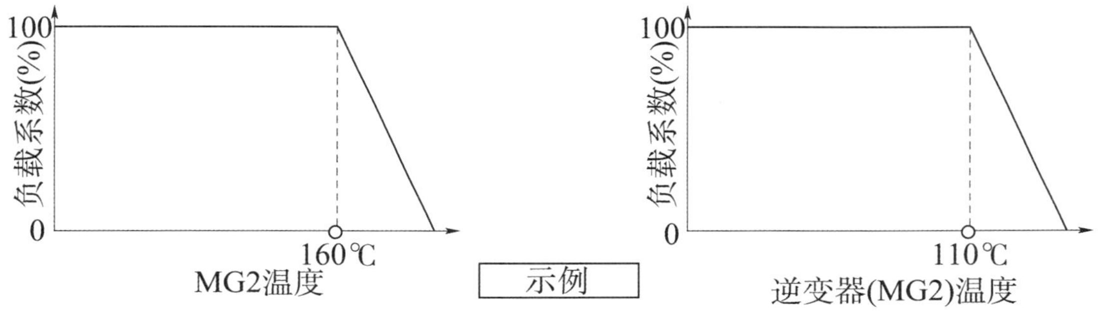

图 5-39　逆变器、增压变换器、MG1 或 MG2 温度过高限制驱动力输出示意图

导致高温的可能原因:低速爬坡或操作加速踏板以使车辆在斜坡上停止;极陡峭的上坡路或车速骤变;冷却系统故障(带电机的 HV 蓄电池水泵故障、冷却液泄漏、堵塞等)。

❷ 失效保护控制

HV ECU 根据混合动力系统发生的故障,执行以下失效保护驱动模式。

(1)MG1 故障,依靠 MG2 驱动。如果 MG1 不能工作,则发动机无法起动。在这种情况下,可通过 MG2 驱动车辆。如果发动机起动后,MG1 发生故障,则无法将来自发动机的动力传输至车轮(因为要将发动机的动力传输至车轮,需要向 MG1 施加负转矩),导致发动机不能驱动车辆,如图 5-40 所示。

(2)MG2 故障,依靠发动机驱动。MG2 无法工作时,可使用发动机驱动车辆,MG1 发电运行(施加负转矩),将来自发动机的动力传输至车轮。但是,由于 MG2 不消耗电能,因此 MG1 持续对 HV 蓄电池充电。HV 蓄电池 SOC 达到上限值后,MG1 进入零转矩控制,发动机动力不可能再驱动车辆,如图 5-41 所示。

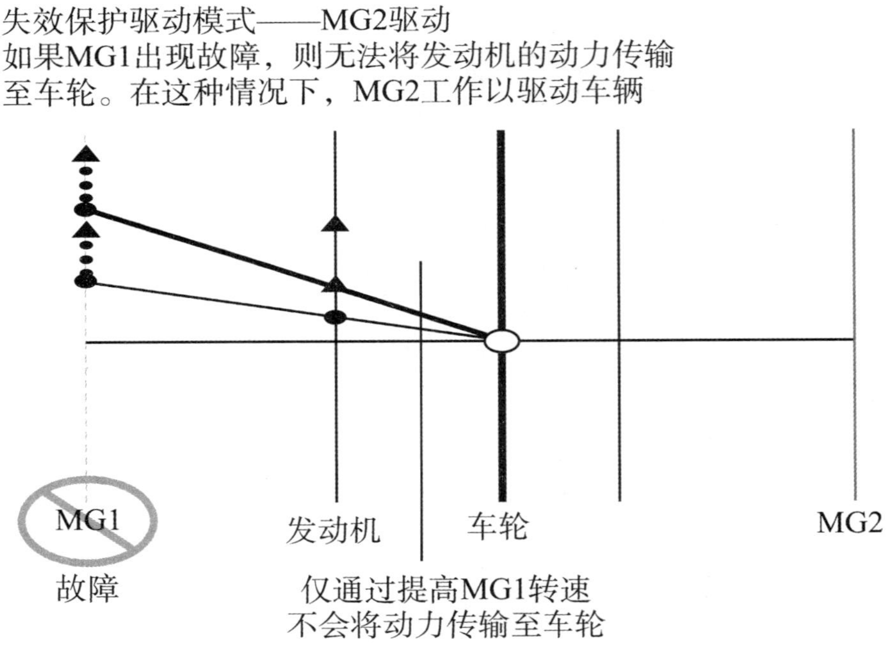

图 5-40　MG1 故障失效保护

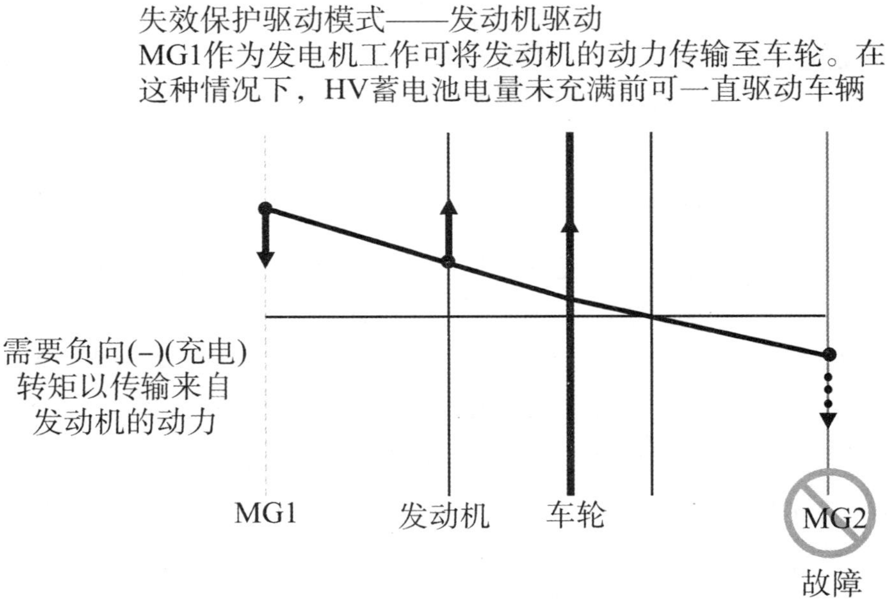

图 5-41　MG2 故障失效保护

课题二　混合动力汽车 THS-Ⅱ主要部件及工作原理

学习目标

☞ 知识目标

1. 掌握混合动力系统的主要部件功能、系统控制；
2. 理解系统部件控制、THS-Ⅱ控制工作原理；
3. 掌握带变换器的逆变器结构；
4. 熟悉逆变器水泵结构、电源电缆（线束组）、电子换挡杆；
5. 掌握 HV 蓄电池接线盒。

☞ 技能目标

会识别 THS-Ⅱ部件，并会操纵混合动力汽车的功能部件。

☞ 素养目标

培养劳动精神、奋斗精神。

建议课时

3 课时。

一　混合动力系统的主要部件功能、系统控制

混合动力系统主要部件具有的功能和系统控制见表 5-4 和表 5-5。

混合动力系统的主要部件功能　　表 5-4

零部件	功能
混合动力车辆控制 ECU 总成	对混合动力系统进行综合控制： 1. 接收来自各种传感器和 ECU[ECM、MG ECU、蓄电池智能单元（蓄电池电压传感器）和防滑控制 ECU]的信息，并据此计算所需转矩及输出功率。混合动力车辆控制 ECU 总成将计算结果传输至 ECM、MG ECU 和防滑控制 ECU； 2. 监视 HV 蓄电池的 SOC； 3. 控制 DC/DC 变换器； 4. 控制逆变器水泵总成； 5. 控制蓄电池冷却鼓风机总成

续上表

<table>
<tr><th colspan="2">零 部 件</th><th colspan="2">功 能</th></tr>
<tr><td rowspan="8">混合动力车辆传动桥总成</td><td>电机(MG1)</td><td colspan="2">由发动机驱动的 MG1 产生高压电,以驱动 MG2 并为 HV 蓄电池充电。同时,它还可作为起动机以起动发动机</td></tr>
<tr><td>电机(MG2)</td><td colspan="2">1. MG2 由 MG1 和 HV 蓄电池的电能驱动,产生驱动轮原动力;
2. 制动期间或未踩下加速踏板时,产生高压电为 HV 蓄电池再充电</td></tr>
<tr><td>电机解析器(MG1)</td><td colspan="2">检测 MG1 的转子位置、转速和旋转方向</td></tr>
<tr><td>电机解析器(MG2)</td><td colspan="2">检测 MG2 的转子位置、转速和旋转方向</td></tr>
<tr><td>电机温度传感器(MG1)</td><td colspan="2">检测 MG1 的温度</td></tr>
<tr><td>电机温度传感器(MG2)</td><td colspan="2">检测 MG2 的温度</td></tr>
<tr><td rowspan="2">复合齿轮装置</td><td>动力分配行星齿轮机构</td><td>合理分配发动机原动力以直接驱动车辆及 MG1</td></tr>
<tr><td>电机减速行星齿轮机构</td><td>根据行星齿轮的特点降低 MG2 的转速,以增大转矩</td></tr>
<tr><td>带变换器的逆变器总成</td><td>逆变器</td><td colspan="2">将增压转换器的直流转换为用于 MG1 和 MG2 的交流,反之亦然(从交流至直流)</td></tr>
</table>

续上表

零部件		功能
带变换器的逆变器总成	增压变换器	将HV蓄电池公称电压直流201.6V增至最高电压直流650V,反之亦然(将直流650V逐步降至直流201.6V)
	DC/DC变换器	将HV蓄电池公称电压直流201.6V逐步降至约直流14V,以为电气部件供电,并为辅助蓄电池再充电
	MG ECU	根据接收自混合动力车辆控制ECU总成的信号,控制逆变器和增压转换器,从而将MG1和MG2作为发电机或电动机运行
	大气压力传感器	检测大气压力
	带变换器的逆变器总成温度传感器	检测带转换器的逆变器总成零件内的温度及HV冷却液温度
	逆变器电流传感器	检测MG1和MG2的电流
HV蓄电池总成	HV蓄电池(蓄电池模块)	1.根据车辆行驶状态,向MG1和MG2供电; 2.根据SOC和车辆行驶状态,由MG1和MG2对其再充电
	HV蓄电池温度传感器	检测HV蓄电池零件内的温度
	HV蓄电池进气温度传感器	检测蓄电池冷却鼓风机总成的进气温度
HV蓄电池接线盒总成	系统主继电器	利用HV ECU总成的信号,连接和断开HV蓄电池及带变换器的逆变器总成之间的高压电路
	蓄电池电流传感器	检测HV蓄电池的输入和输出电流

续上表

<table>
<tr><th colspan="2">零　部　件</th><th>功　　能</th></tr>
<tr><td colspan="2">蓄电池智能单元(蓄电池电压传感器)</td><td>1. 监视 HV 蓄电池的状态(如电压、电流和温度),并将该信息传输至混合动力车辆控制 ECU 总成;
2. 监视高压系统的绝缘故障</td></tr>
<tr><td colspan="2">维修塞把手</td><td>拆下维修塞把手进行车辆检查或维护时,切断 HV 蓄电池的高压电路</td></tr>
<tr><td colspan="2">互锁开关(维修塞把手/蓄电池电缆连接器)</td><td>确认已安装维修塞把手和逆变器电源电缆连接器</td></tr>
<tr><td colspan="2">电源电缆(线束组)</td><td>连接 HV 蓄电池、带变换器的逆变器总成、混合动力车辆传动桥总成和带电机的压缩机总成</td></tr>
<tr><td colspan="2">逆变器水泵总成</td><td>在 HV ECU 总成的控制下运行,以冷却带转换器的逆变器总成、MG1 和 MG2</td></tr>
<tr><td colspan="2">蓄电池冷却鼓风机总成</td><td>在 HV ECU 总成的控制下运行,以冷却 HV 蓄电池</td></tr>
<tr><td colspan="2">辅助蓄电池</td><td>为电气部件供电</td></tr>
<tr><td colspan="2">辅助蓄电池温度传感器(热敏电阻总成)</td><td>检测辅助蓄电池的温度</td></tr>
<tr><td colspan="2">电源开关</td><td>启动和停止混合动力系统</td></tr>
<tr><td colspan="2">加速踏板传感器总成</td><td>将加速踏板位置转化为电信号并将其发送至 HV ECU 总成</td></tr>
<tr><td>换挡锁止控制单元总成</td><td>换挡杆位置传感器</td><td>将换挡杆位置(横向移动和纵向移动)转换为电信号,并将其发送至 HV ECU 总成</td></tr>
<tr><td colspan="2">P 位置开关(变速器换挡主开关)</td><td>驾驶员操作 P 位置开关时,将 P 位置开关信号输出至 HV ECU 总成</td></tr>
<tr><td colspan="2">制动灯开关</td><td>检测是否踩下制动踏板</td></tr>
</table>

续上表

零部件		功能
组合开关总成	EV 行驶模式开关	驾驶员操作 EV 行驶模式开关时，将 EV 行驶模式开关信号发送至 HV ECU 总成
	动力模式开关	驾驶员操作动力模式开关时，通过 ECM 将动力模式开关信号发送至 HV ECU 总成
	环保模式开关	驾驶员操作环保模式开关时，通过空调放大器总成将环保模式开关信号发送至 HV ECU 总成
ECM		1. 根据接收自 HV ECU 总成的目标发动机转速和所需发动机原动力信息，对发动机进行控制； 2. 将各种发动机工作状态信号传输至 HV ECU 总成
防滑控制 ECU（带主缸的制动助力器总成）		1. 制动期间，计算所需再生制动力并将其传输至 HV ECU 总成； 2. TRC（牵引力控制系统）或 VSC（车身稳定控制系统）运行期间，将请求信号传输至 HV ECU 总成以限制原动力
空调放大器总成		将各种空调状态信号传输至 HV ECU 总成
空气囊传感器总成		碰撞过程中，将空气囊展开信号传输至 HV ECU 总成
组合仪表总成	混合动力系统指示仪	显示混合动力系统的系统动力输出和再生充电
	READY 指示灯	告知驾驶员车辆可以行驶
	主警告灯	根据多信息显示屏上显示的信息点亮或闪烁，且蜂鸣器可能鸣响

续上表

零部件		功能
组合仪表总成	EV 行驶指示灯	EV 行驶期间点亮
	EV 模式指示灯	告知驾驶员已选择 EV 行驶模式
	动力模式指示灯	告知驾驶员已选择动力模式
	环保模式指示灯	告知驾驶员已选择环保模式
	故障指示灯(MIL)	混合动力控制系统和发动机控制系统出现故障时点亮
导航接收器总成①		混合动力控制系统和发动机控制系统出现故障时点亮
收音机和显示屏接收器总成②		

注:①带导航系统的车型;

②带屏显音响系统的车型。

混合动力系统控制 表 5-5

控制	概要
混合动力车辆控制	1. HV ECU 总成根据换挡杆位置传感器、加速踏板踩下的角度和车速计算目标原动力。通过将 MG1、MG2 和发动机进行最佳组合,执行控制以产生目标原动力; 2. HV ECU 总成根据目标原动力计算发动机原动力,而目标原动力是根据驾驶员的需要和车辆行驶状况计算的。为产生此原动力,HV ECU 总成将信号传输至 ECM; 3. HV ECU 总成监视 HV 蓄电池的 SOC 及 HV 蓄电池、MG1 和 MG2 的温度,以对这些项目进行最佳控制

续上表

控　　制	概　　要
SOC 控制	1. HV ECU 总成通过估算 HV 蓄电池的充电和放电电流计算 SOC； 2. HV ECU 总成根据计算出的 SOC 持续执行充电/放电控制，以将 SOC 保持在目标范围内
发动机控制	ECM 接收 HV ECU 总成发出的目标发动机转速和所需的发动机原动力信息，并控制 ETCS-i、燃油喷射量、点火正时、VVT-i 和 EGR（废气再循环系统）
MG1 和 MG2 主控制	1. 由发动机驱动的 MG1 产生高压电，以驱动 MG2 并为 HV 蓄电池充电，同时它还可作为起动机以启动发动机； 2. MG2 由 MG1 和 HV 蓄电池的电能驱动，产生驱动轮原动力； 3. 制动期间（再生制动协同控制）或未踩下加速踏板时（能量再生），MG2 产生高压电为 HV 蓄电池充电； 4. 选择空挡（N）时，MG1 和 MG2 基本关闭。为停止提供原动力，需要停止驱动 MG1 和 MG2，因为 MG1 和 MG2 与驱动轮是机械连接的
逆变器控制	1. 根据 HV ECU 总成通过 MG ECU 提供的信号，逆变器将 HV 蓄电池的直流电转换为用于 MG1 和 MG2 的交流电，反之亦然。此外，逆变器用于将电能从 MG1 传送至 MG2； 2. 如果通过 MG ECU 接收到来自逆变器的过热、过电流或电压异常信号，则 HV ECU 总成会切断逆变器

续上表

控　　制	概　　要
增压变换器控制	1. 根据 HV ECU 总成通过 MG ECU 提供的信号,增压变换器将 HV 蓄电池的公称电压直流 201.6V 升至最高电压直流 650V; 2. 逆变器将 MG1 或 MG2 产生的交流电转换为直流电。根据 HV ECU 总成通过 MG ECU 提供的信号,增压变换器将产生的电压从直流 650V(最高电压)逐步降至约直流 201.6V
DC/DC 变换器控制	DC/DC 变换器将 HV 蓄电池的公称电压直流 201.6V 逐步降至约直流 14V,以为电气部件供电,并为辅助蓄电池再充电
系统主继电器控制	为确保能够可靠地连接和断开高压电路,HV ECU 总成控制 3 个系统主继电器连接和断开来自 HV 蓄电池的高压电路。HV ECU 总成还利用 3 个系统主继电器的工作正时,监视继电器触点的工作情况
带变换器的逆变器总成的冷却系统控制	为了冷却带变换器的逆变器总成、MG1 和 MG2,HV ECU 总成根据来自带变换器的逆变器总成温度传感器、MG1 温度传感器和 MG2 温度传感器的信号,调节逆变器水泵总成
HV 蓄电池冷却系统控制	为了使 HV 蓄电池的温度保持在最佳水平,HV ECU 总成根据来自 HV 蓄电池温度传感器和 HV 蓄电进气温度传感器的信号,调节蓄电池冷却鼓风机总成
再生制动协同控制	制动期间,防滑控制 ECU 计算所需的再生制动力并将其传输至 HV ECU 总成。HV ECU 总成接收到此信号后,将实际再生制动控制值传输至防滑控制 ECU。根据此结果,防滑控制 ECU 计算并执行所需液压制动力

续上表

控　　制	概　　要
TRC/VSC 协同控制	TRC 或 VSC 工作时，防滑控制 ECU 将请求信号传输至 HV ECU 总成以限制原动力。HV ECU 总成根据当前行驶状态控制发动机和 MG2 以限制原动力。有关详情，请参考制动控制系统
碰撞时的控制	碰撞期间，如果 HV ECU 总成接收到来自空气囊传感器总成的空气囊展开信号，将断开系统主继电器以切断 HV 蓄电池的高压电路
巡航控制系统运行控制①	HV ECU 总成接收到巡航控制开关信号时，将发动机和 MG2 的原动力控制为最佳组合以获得驾驶员所需的目标车速。有关详情，请参考巡航控制系统
换挡控制	HV ECU 总成根据换挡杆位置传感器和 P 位置开关提供的信号，检测驾驶员所需挡位（P、R、N、D 或 S）。根据这些输入信号和车辆工作状态，HV ECU 总成控制 MG1、MG2 和发动机以符合所选挡位
EV 行驶模式控制	驾驶员操作 EV 行驶模式开关（组合开关总成）时，如果满足操作条件，则 HV ECU 总成将仅使用 MG2 来驱动车辆
动力模式控制	驾驶员操作动力模式开关（组合开关总成）时，HV ECU 总成调节加速踏板操作的响应以优化加速
环保模式控制	驾驶员操作环保模式开关（组合开关总成）时，HV ECU 总成调节加速踏板操作的响应以支持环保驾驶

续上表

控　　制	概　　要
制动优先系统	同时踩下加速踏板和制动踏板时,驱动转矩受到限制(有关激活条件和检查方法,请参阅《修理手册》)
发动机停机系统	在试图使用无效钥匙启动混合动力控制系统时,禁止燃油输送、点火和启动混合动力控制系统

注:①带巡航控制系统的车型。

二　系统部件控制

1 混合动力系统启动(READY-ON 状态)

(1)踩下制动踏板时,通过按下电源开关启动混合动力系统。此时,READY 指示灯一直闪烁,直至完成系统检查。READY 指示灯点亮时,混合动力系统启动且车辆可以行驶。

(2)即使驾驶员将电源开关置于 ON(READY)位置,HV ECU 总成有时也无法起动发动机。发动机仅在如发动机冷却液温度、SOC、HV 蓄电池温度和电气负载需要起动发动机时等条件下起动。

(3)行驶后,驾驶员停止车辆并打开 P 位置开关时,HV ECU 总成使发动机继续运转。发动机将在 SOC、HV 蓄电池温度和电气负载状态达到规定值后停止。

注意:驾驶过程中不得不停止混合动力系统时,按住电源开关约 2s 或更长时间,或连续按下电源开关 3 次或更多次,可强行停止该系统。此时,电源切换至 ON(ACC)。

2 EV 行驶模式

(1)满足所有所需条件时,可使用 EV 行驶模式。部分工作条件如下:

①混合动力系统温度不高(外界空气温度高时或车辆上坡行驶或以高速行驶后,混合动力系统温度将会比较高)。

②混合动力系统温度不低(外界空气温度低时,车辆停止运行很长时间后混合动力系统温度将会比较低)。

③发动机冷却液温度约为 0℃或更高工作条件。

④SOC 约为 50% 或更高。

⑤车速约为 30km/h 或更低(发动机冷机条件)。

⑥车速约为 45km/h 或更低(发动机暖机条件)。

⑦加速踏板踩下量为特定值或更低。

⑧除霜器关闭。

⑨巡航控制系统未工作(带巡航控制系统的车型)。

注意:EV 行驶模式期间的可连续行驶里程根据 HV 蓄电池的 SOC 和行驶条件(如路面和山坡)不同而不同,但是通常在数百米至 2km 之间。

(2)EV 行驶模式可降低车辆噪声,如进入或准备离开车库时,可减少车库内产生的废气量。驾驶员操作 EV 行驶模式开关时,如果满足操作条件,则 HV ECU 总成将仅使用 MG2 来驱动车辆。

(3)满足所有工作条件时,按下 EV 行驶模式开关可使车辆进入 EV 行驶模式,EV 行驶模式指示灯将点亮。如果未满足任一工作条件而按下 EV 行驶模式开关,EV 行驶模式指示灯闪烁 3 次且蜂鸣器鸣响,以告知驾驶员 EV 行驶模式开关操作被拒绝,无法进入 EV 行驶模式。

(4)车辆在 EV 行驶模式下行驶时,如果不再满足工作条件,EV 行驶模式指示灯将闪烁 3 次且蜂鸣器鸣响,以告知驾驶员 EV 行驶模式即将取消。

3 动力模式和环保模式

(1)在动力模式过程中,HV ECU 总成通过在加速踏板操作的初始阶段快速提高动力输出来优化加速感。

(2)在环保模式过程中,HV ECU 总成通过缓慢产生原动力(与加速踏板操作相对应)来优化燃油经济性和行驶性能,如图 5-42 所示。同时,通过优化空调性能来支持环保驾驶。

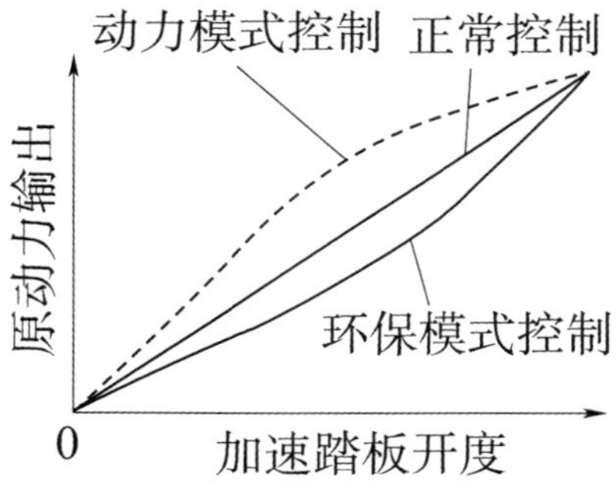

图 5-42　原动力输出特性

4 混合动力车辆控制

(1)HV ECU 总成利用来自加速踏板传感器总成的信号检测加速踏板踩下角度,并检测换挡杆位置传感器的换挡杆位置信号。HV ECU 总成通过 MG ECU 接收来自 MG1 和 MG2 解析器的转速信号。HV ECU 总成根据此信号确定车辆行驶状态,并对 MG1、MG2 和发动机的原动力进行优化控制。此外,HV ECU 总成对 MG1、MG2 和发动机的输出功率及转矩进行最佳控制,以实现更低的燃油消耗和更清洁的废气排放。

(2) HV ECU 总成根据计算的目标原动力,并结合 HV 蓄电池的 SOC 和温度来计算发动机原动力。从目标原动力中减去发动机原动力所得的值即为 MG2 原动力。

(3) ECM 根据接收自 HV ECU 总成的目标发动机转速和所需发动机原动力信息,对发动机进行控制,如图 5-43 所示。此外,HV ECU 总成合理运行 MG1 和 MG2,以提供所需的 MG1 发电力和 MG2 原动力。

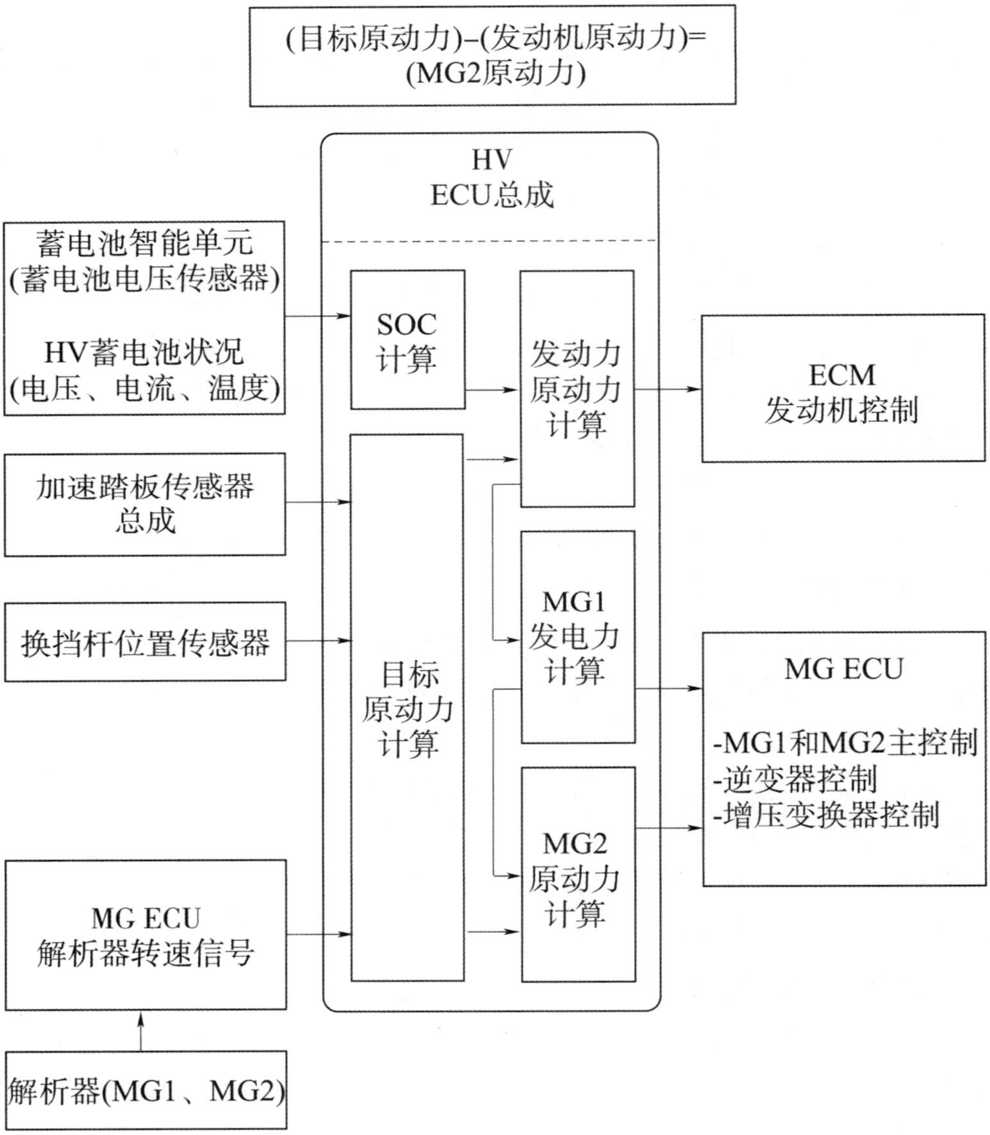

图 5-43 原动力计算流程

5 SOC 控制

(1) HV ECU 总成根据蓄电池电流传感器检测的充电/放电安培数计算 HV

蓄电池的 SOC。HV ECU 总成根据计算出的 SOC 持续执行充电/放电控制，以将 SOC 保持在目标范围内。

(2)车辆行驶过程中，HV 蓄电池将经过反复的充电/放电循环，因为其在加速过程中由 MG2 放电，在减速过程中由再生制动充电。

(3)SOC 过低时，HV ECU 总成提高发动机的输出功率来操作 MG1 以对 HV 蓄电池充电。

(4)蓄电池智能单元(蓄电池电压传感器)将 HV 蓄电池的相关信号(电压、电流和温度)转换为数字信号，并通过串行通信将其传输至 HV ECU 总成，如图 5-44 所示。HV ECU 总成通过计算确定 SOC 时需要这些信号。

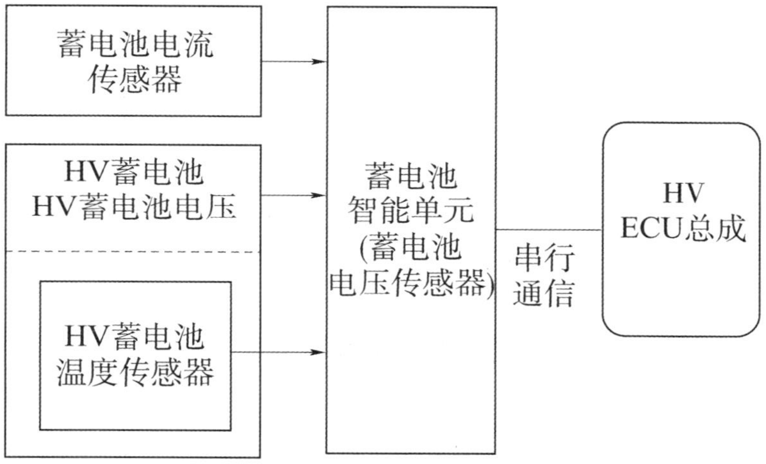

图 5-44　SOC 控制

6 发动机控制

(1)ECM 接收 HV ECU 总成发出的目标发动机转速和所需的发动机原动力信息，并控制 ETCS-i、燃油喷射量、点火正时、VVT-i 和 EGR。

(2)ECM 将发动机工作状态传输至 HV ECU 总成。

(3)接收到 HV ECU 总成根据基本混合动力车辆控制发出的发动机停止信号后，ECM 停止发动机，如图 5-45 所示。

7 MG1 和 MG2 主控制

(1)由发动机驱动的 MG1 产生高压电，以驱动 MG2 并为 HV 蓄电池充电。同时，它还可作为起动机以起动发动机。

(2)MG2 由 MG1 和 HV 蓄电池的电能驱动，产生驱动轮原动力。

(3)制动期间(再生制动协同控制)或未踩下加速踏板(能量再生)时，MG2

产生高压电为 HV 蓄电池充电。

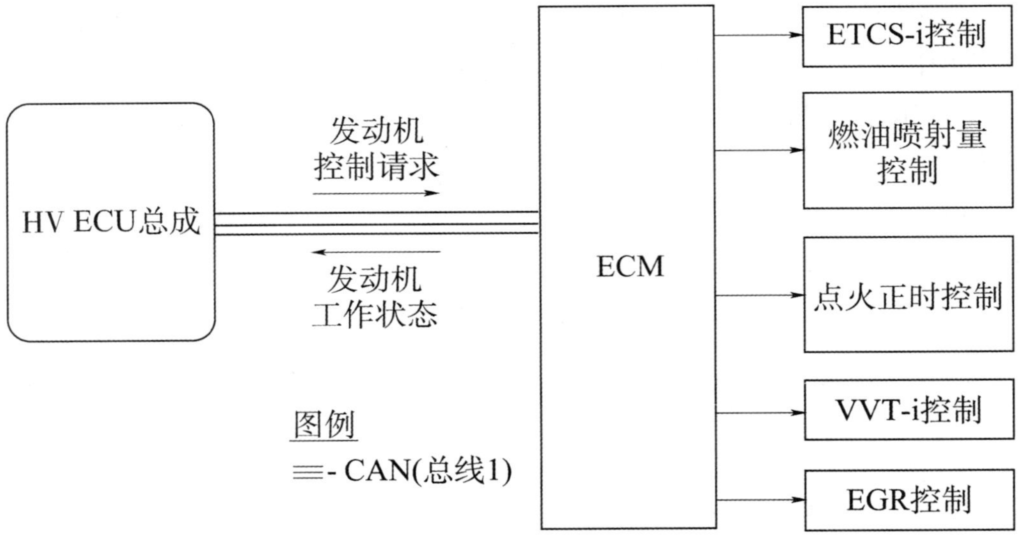

图 5-45　发动机控制

(4)选择空挡 N 时,MG1 和 MG2 基本关闭。为停止提供原动力,需要停止驱动 MG1 和 MG2,因为 MG1 和 MG2 与驱动轮是机械连接的。

(5)MG ECU 根据接收自 HV ECU 总成的信号,控制智能动力模块(IPM)内的绝缘栅双极晶体管(IGBT)。IGBT 用于切换各电动机发电机的 U、V 和 W 相。根据电机作为电动机或发电机进行的操作,6 个 IGBT 在 ON 和 OFF 间切换,控制各电机。

(6)图 5-46 描述了电机用作电动机时的基本控制。IPM 内的 IGBT 在 ON 和 OFF 间切换,为电机提供三相交流电。为了产生由 HV ECU 总成计算的所需电机原动力,MG ECU 使 IGBT 在 ON 和 OFF 间切换以控制电机的转速。

(7)图 5-47 描述了电机用作发电机时的基本控制。由车轮驱动的电机 3 个相依次产生的电流用于对 HV 蓄电池充电或驱动另一个电机。

8 逆变器控制

(1)逆变器将来自 HV 蓄电池的直流电转换为交流电提供给 MG1 和 MG2,如图 5-48 所示;反之亦然。此外,逆变器将 MG1 产生的电能提供给 MG2。然而,MG1 产生的电流在逆变器内转换为直流电后,必须再被逆变器转换回交流电供 MG2 使用,这是因为 MG1 输出的交流频率不适合控制 MG2。

(2)MG ECU 根据接收自 HV ECU 总成的信号控制 IPM,以切换 MG1 和 MG2 的三相交流电。

(3)HV ECU 总成接收到来自 MG ECU 的过热、过电流或电压故障信号时,HV ECU 总成将切断传输至 MG ECU 的控制信号以断开 IPM。

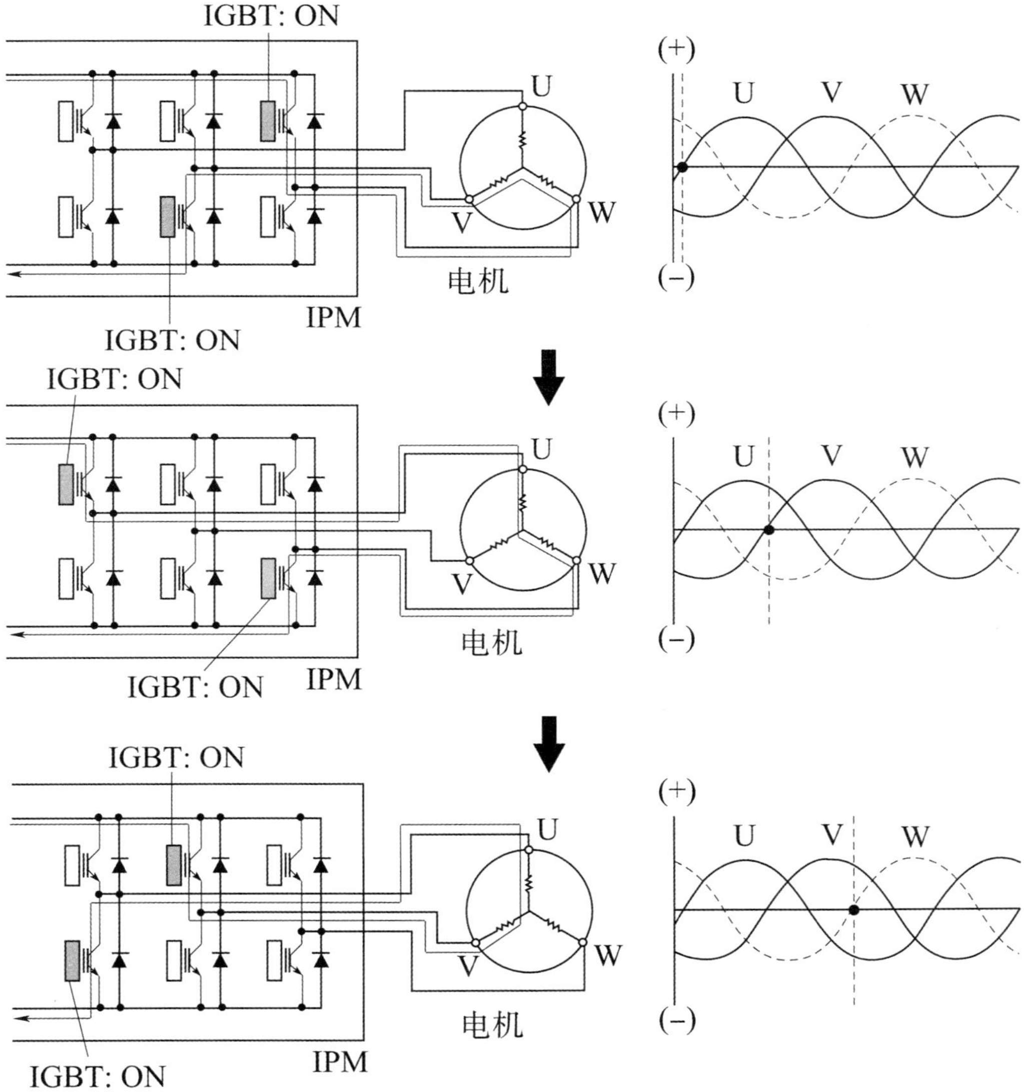

图 5-46　电机用作电动机时的基本控制

⑨ 增压转换器控制

(1)根据混合动力车辆控制 ECU 总成通过 MG ECU 提供的信号,增压变换器将 HV 蓄电池的公称电压(直流)201.6V 升至最高电压(直流)650V,如图 5-49 所示。

(2)逆变器将 MG1 或 MG2 产生的交流电转换为直流电。根据 HV ECU 总成通过 MG ECU 提供的信号,增压变换器将产生的电压从直流 650V(最高电压)逐步降至约直流 201.6V。

(3)增压变换器包括带内置 IGBT(执行切换控制)的增压 IPM、存储电能并产生电动势的电抗器和将增压的高压电进行充电和放电的电容器。

(4)增压变换器增压的流程如下。

①IGBT2 接通使 HV 蓄电池(直流 201.6V 的公称电压)为电抗器充电,从而使电抗器存储了电能。

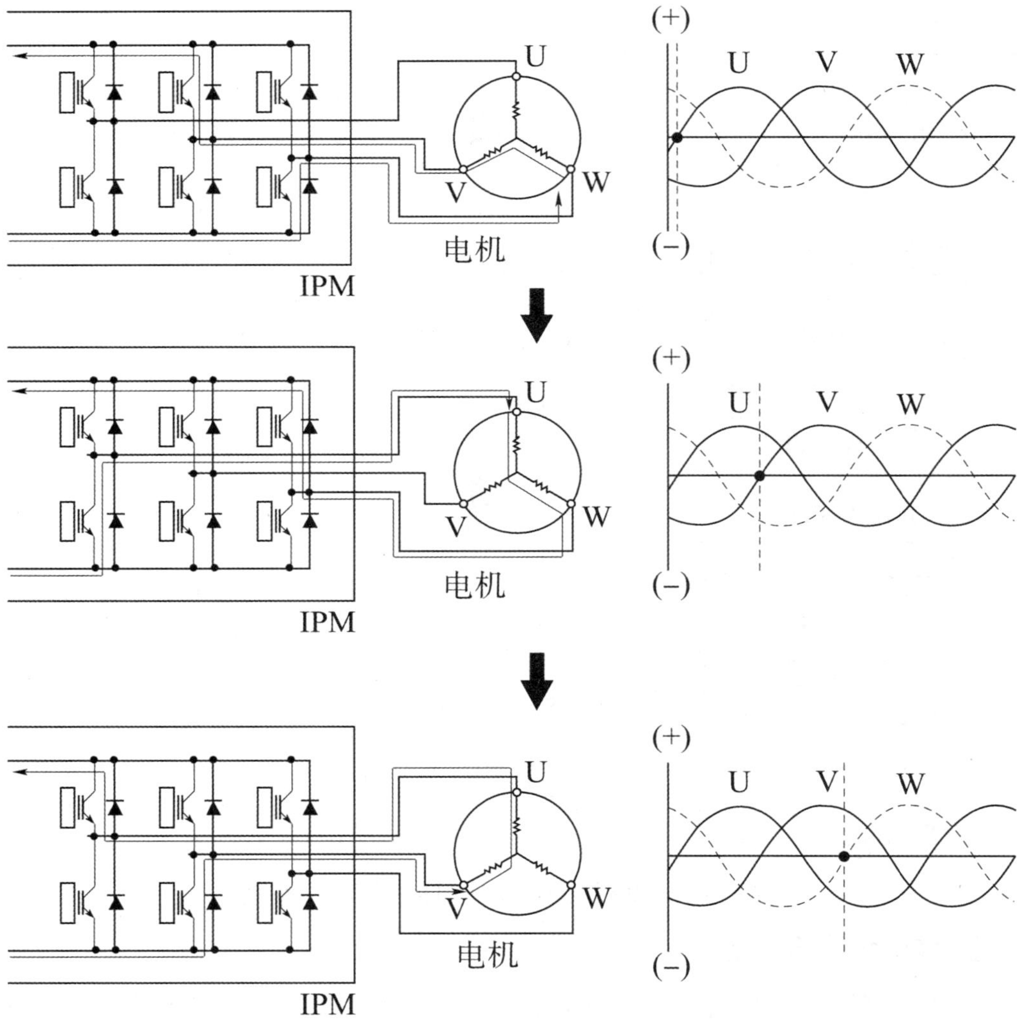

图 5-47　电机用作发电机时的基本控制

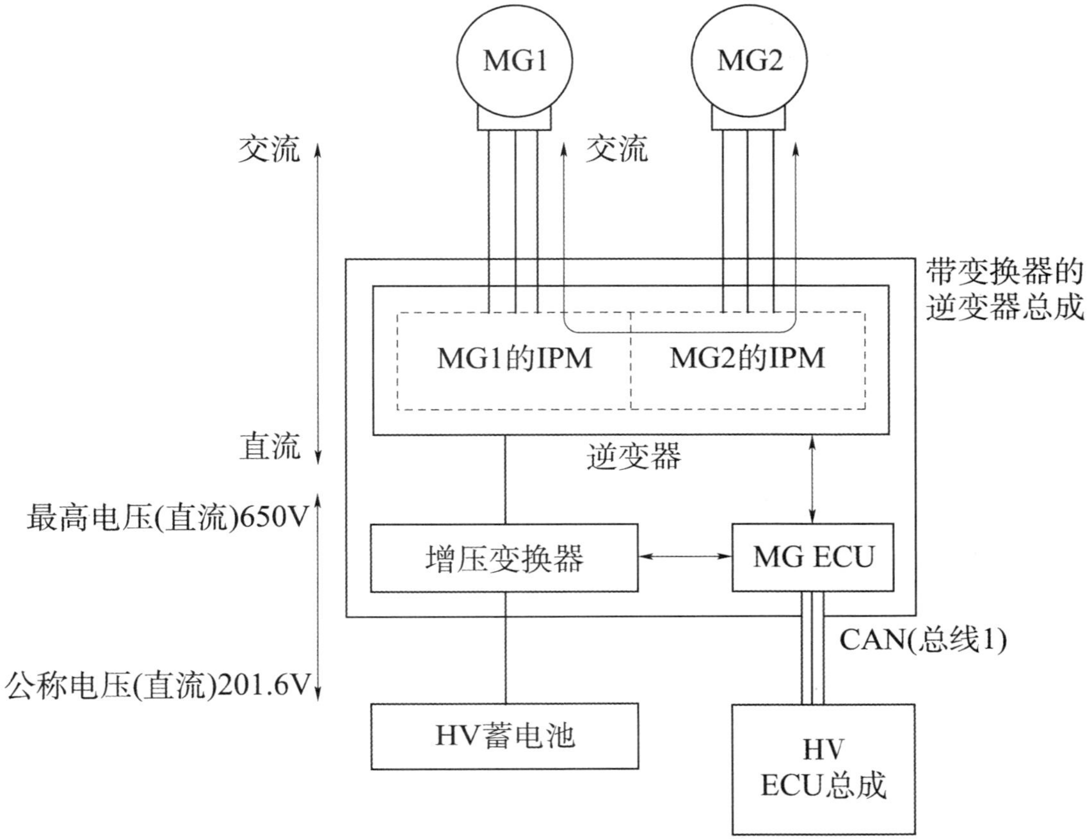

图 5-48 逆变器控制

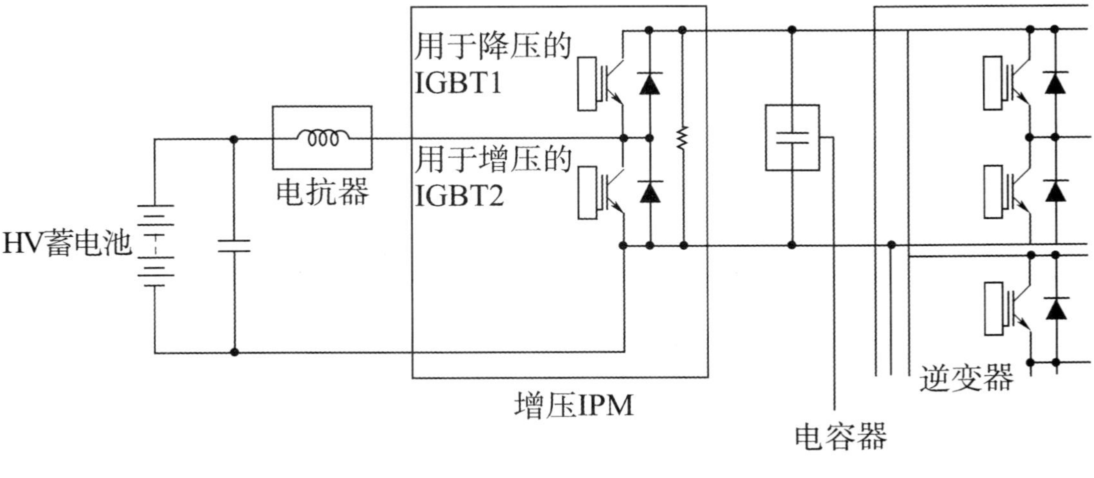

图 5-49 增压转换器控制

②IGBT2 断开使电抗器产生电动势(电流持续从电抗器流出)。该电动势使电压升至最高电压(直流)650V。在电抗器产生的电动势作用下,电抗器中流出

的电流以增压后的电压流入逆变器和电容器。

③IGBT2 再次接通,使 HV 蓄电池的电压为电抗器充电。与此同时,通过释放电容器中存储的电能(最高电压为直流 650V),继续向逆变器提供电能,如图 5-50 所示。

步骤1

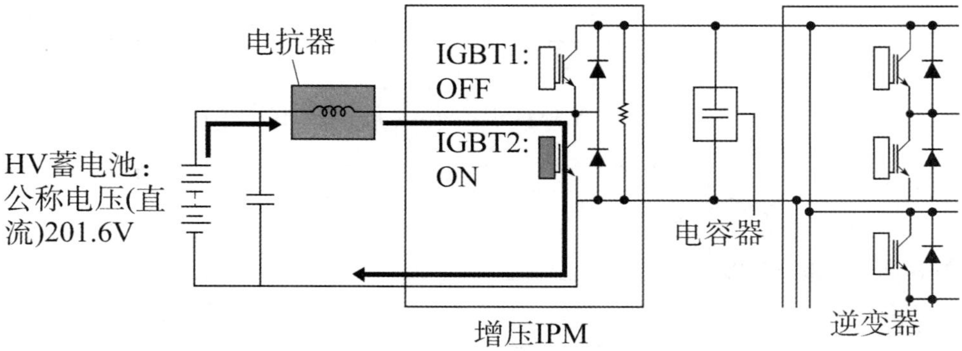

步骤2

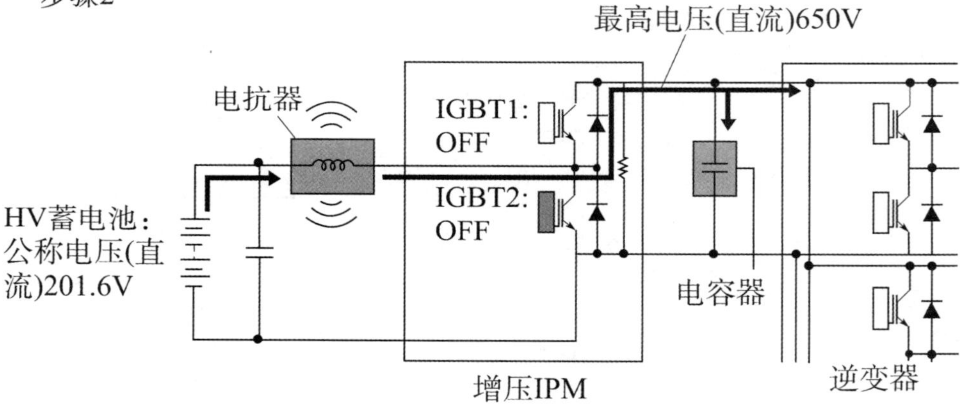

步骤3

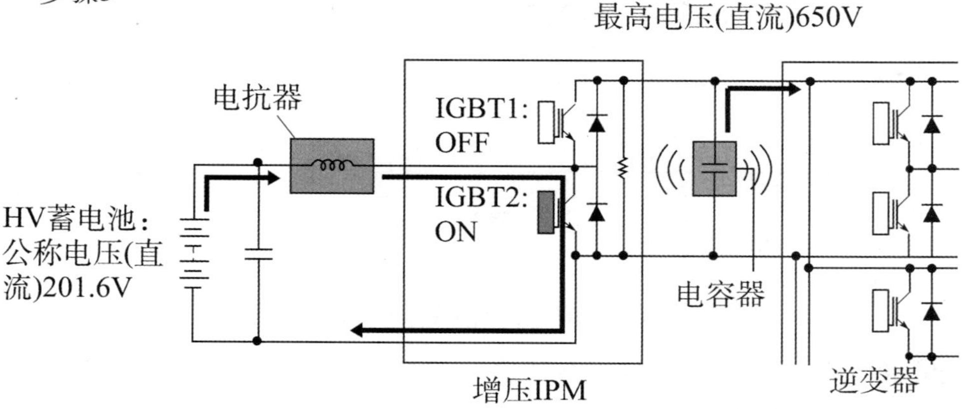

图 5-50　增压转换器增压的步骤

(5)MG1 或 MG2 产生的用于为 HV 蓄电池充电的交流电被逆变器转换为直流电(最高电压为直流 650V)。然后,使用增压转换器将电压逐步降至约直流 201.6V。这个操作是利用占空比控制使 IGBT1 在 ON 和 OFF 之间切换,间歇性地中断逆变器对电抗器的供电,如图 5-51 所示。

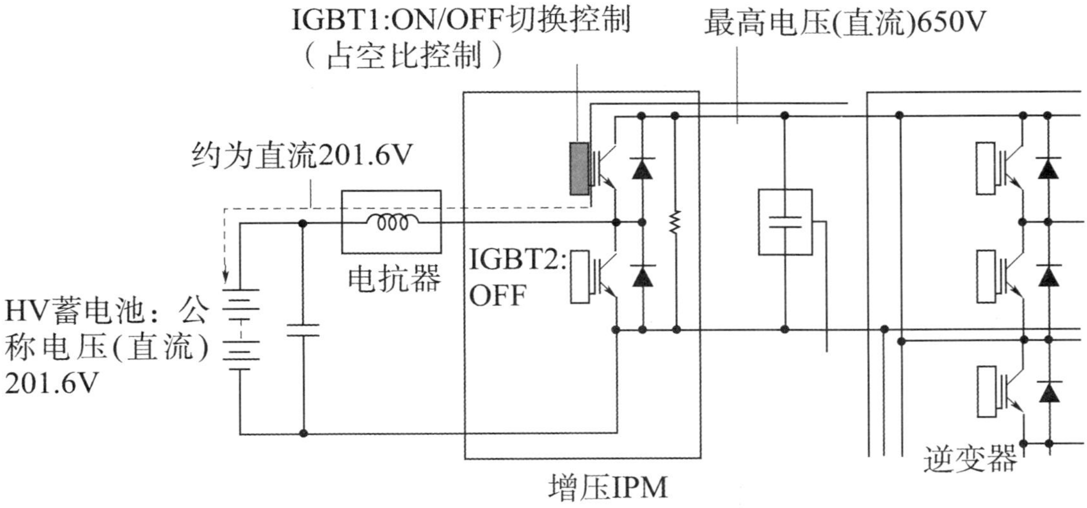

图 5-51　充电电压的转换

10 DC/DC 变换器控制

(1)DC/DC 变换器将 HV 蓄电池的公称电压直流 201.6V 逐步降至约为直流 14V,以为电气部件供电,并为辅助蓄电池再充电,如图 5-52 所示。

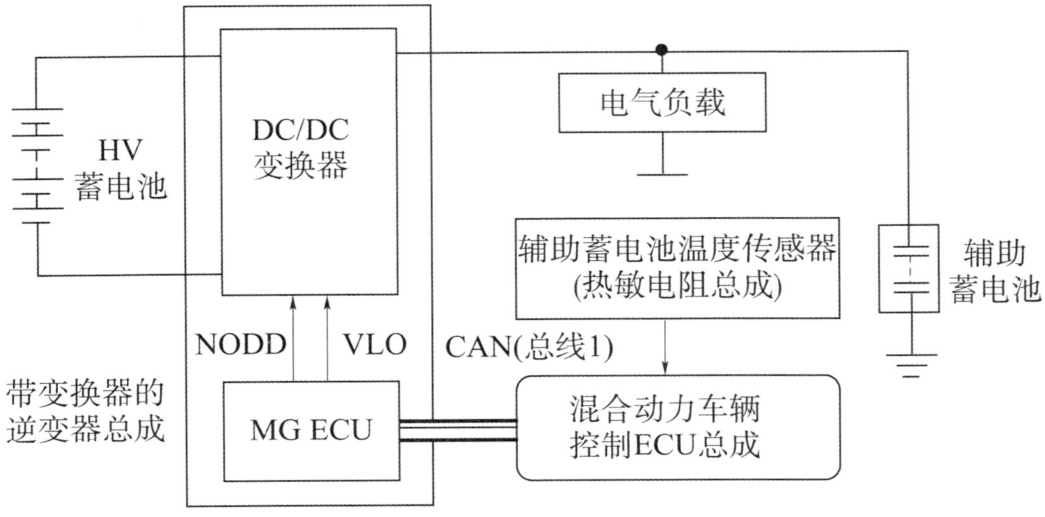

图 5-52　DC/DC 变换器控制

(2)为调节 DC/DC 变换器的输出电压,HV 控制 ECU 总成根据辅助蓄电池温度传感器信号将输出电压请求信号传输至 DC/DC 变换器。

11 系统主继电器控制

(1)混合动力车辆控制 ECU 总成控制系统主继电器以连接和断开 HV 蓄电池的高压电路。HV ECU 总成还利用系统主继电器的工作正时监视继电器触点的工作情况,如图 5-53 所示。

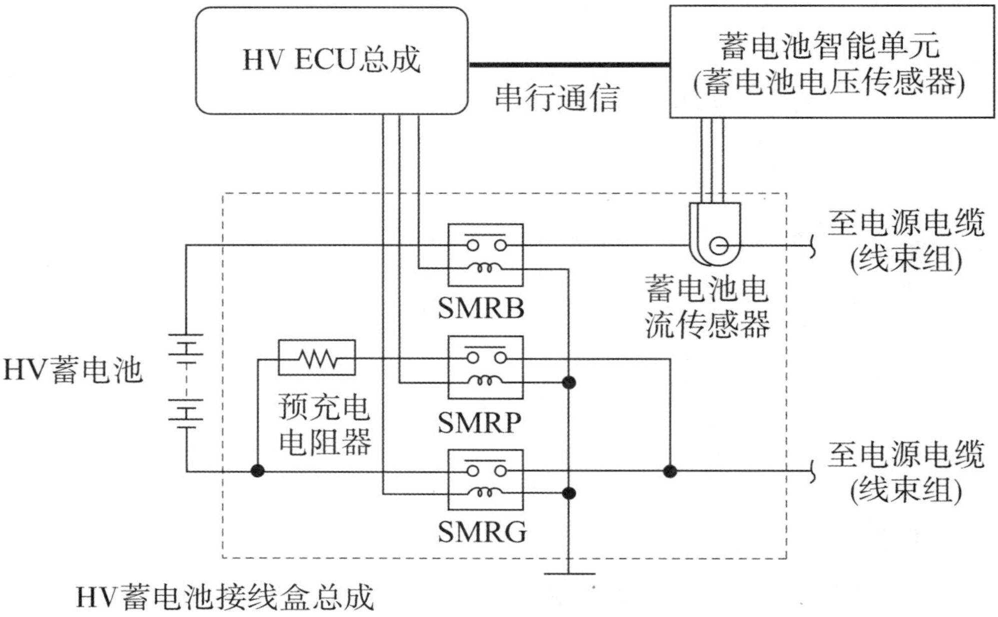

图 5-53 系统主继电器控制

(2)共采用 3 个继电器以确保正常工作,1 个用于正极侧(SMRB),2 个用于负极侧(SMRP、SMRG)。

(3)混合动力系统切换至 READY-ON 状态时,HV ECU 总成依次接通 SMRB 和 SMRP,并通过预充电电阻器施加电流。随后,接通 SMRG 并绕过预充电电阻器施加电流。然后,断开 SMRP。由于受控电流以这种方式首先经过预充电电阻器,从而保护了电路中的触点,避免其因涌流而受损,如图 5-54 所示。

(4)混合动力系统切换至 READY-ON 以外的状态时,HV ECU 总成首先断开 SMRG。接下来,在确定 SMRG 是否正常工作后,断开 SMRB。然后,在确定 SMRB 是否正常工作后,接通 SMRP,再断开。这样,HV ECU 总成便可确认相关继电器已正确断开,如图 5-55 所示。

12 带变换器的逆变器总成的冷却系统控制

(1)混合动力车辆控制 ECU 总成接收来自带变换器的逆变器总成的温度传

感器、MG1 的温度传感器和 MG2 的温度传感器信号。然后，混合动力车辆控制 ECU 总成使用占空比控制以 5 个级别驱动逆变器水泵总成，来冷却带变换器的逆变器总成、MG1 和 MG2，如图 5-56 所示。

(2) HV 冷却液温度超过特定值后，HV ECU 总成将散热器风扇驱动请求信号传输至 ECM。作为对此信号的响应，ECM 驱动散热器风扇以抑制 HV 冷却液温度升高，从而确保冷却带转换器的逆变器总成、MG1 和 MG2。

(3) MG ECU 将温度传感器信号转换成数字信号，并通过 CAN 通信将其传输至 HV ECU 总成。

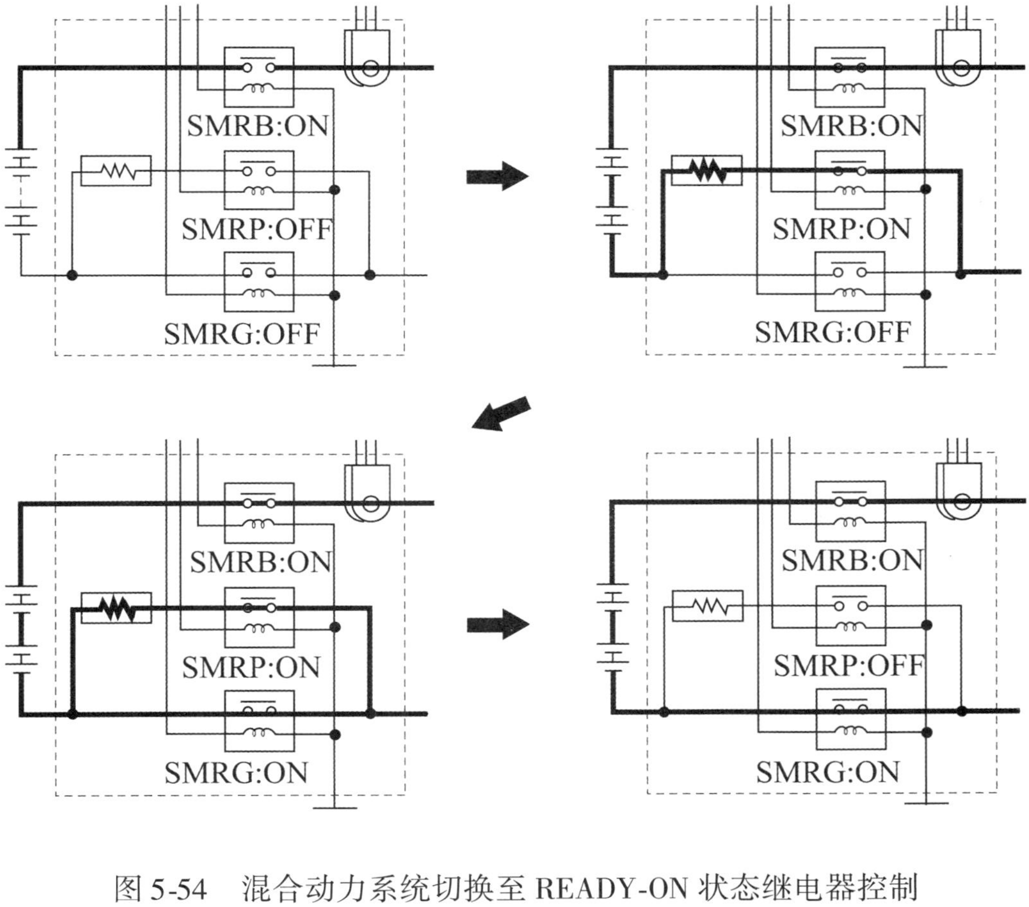

图 5-54　混合动力系统切换至 READY-ON 状态继电器控制

13 HV 蓄电池冷却系统控制

(1) HV ECU 总成接收来自 HV 蓄电池温度传感器和 HV 蓄电池进气温度传感器的信号。然后，HV ECU 总成使用占空比控制对蓄电池冷却鼓风机总成进行无级驱动，以使 HV 蓄电池的温度保持在规定范围内，如图 5-57 所示。

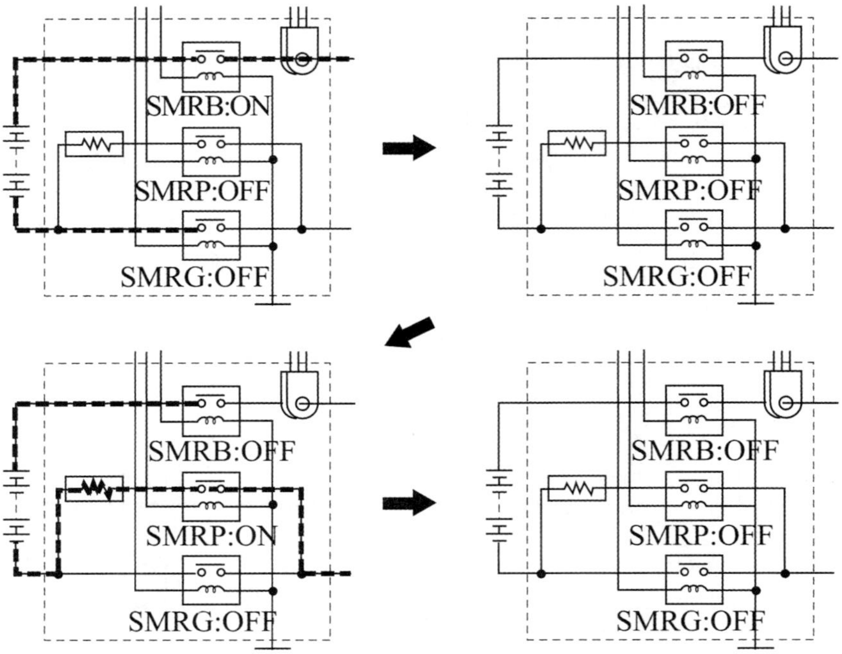

图 5-55　混合动力系统切换至 READY-ON 以外的状态继电器控制

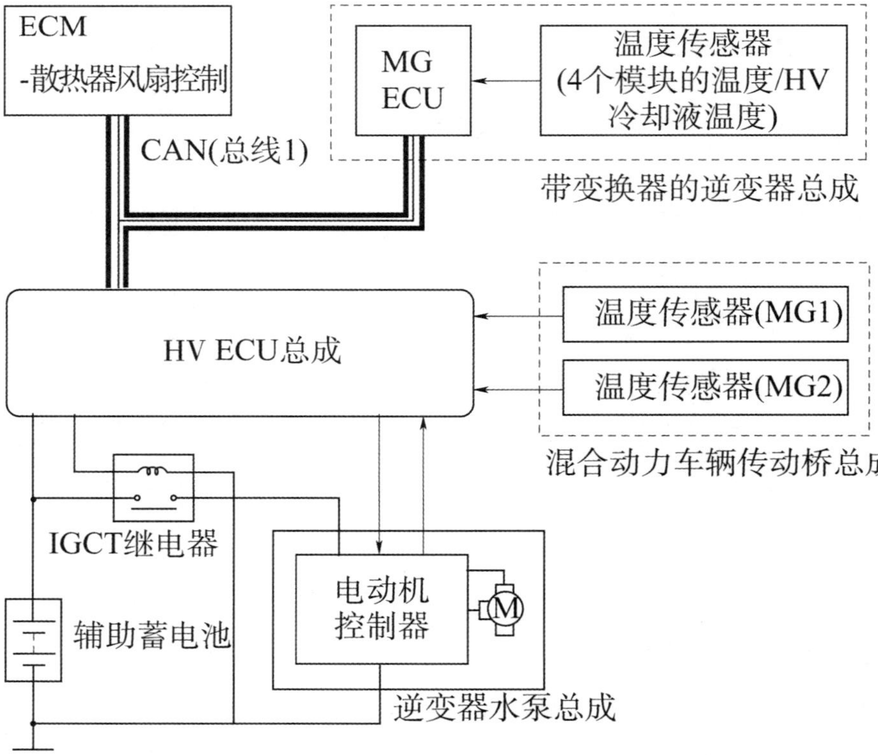

图 5-56　带变换器的逆变器总成的冷却系统控制

（2）蓄电池智能单元（蓄电池电压传感器）将 HV 蓄电池的相关信号（电压、电流和温度）转换为数字信号，并通过串行通信将其传输至 HV ECU 总成。同时，蓄电池智能单元（蓄电池电压传感器）检测执行冷却系统控制所需的鼓风机转速反馈频率，并将其传输至 HV ECU 总成。

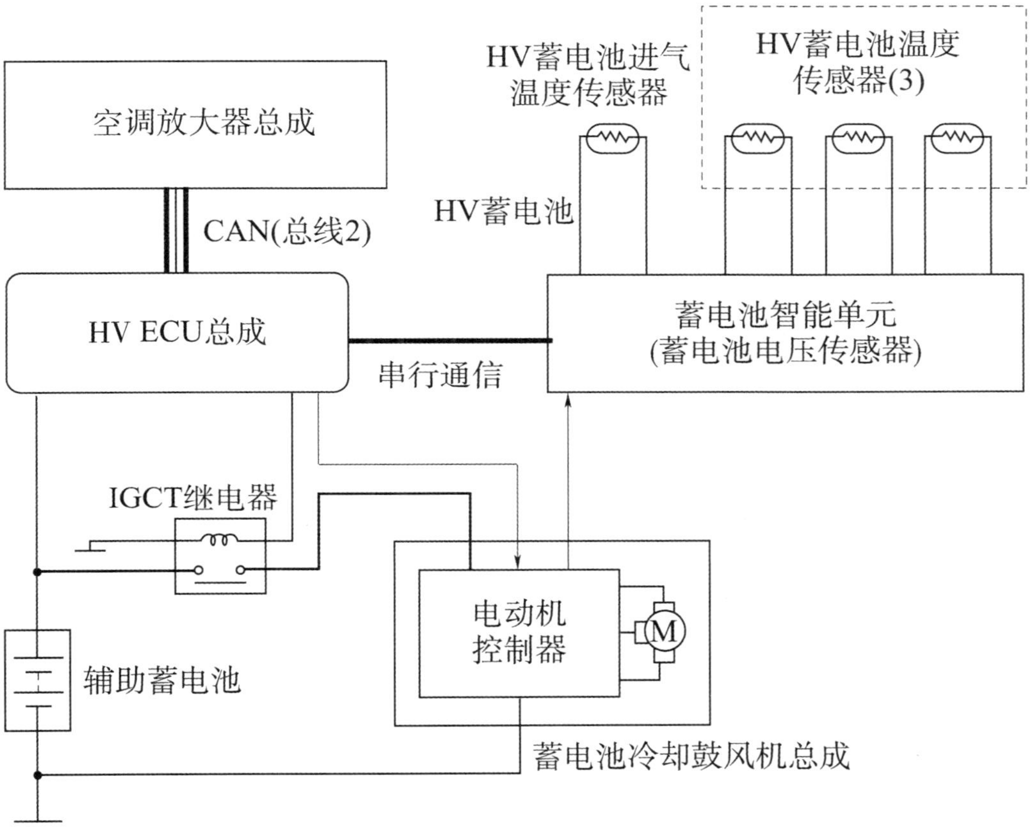

图 5-57 HV 蓄电池冷却系统控制

14 再生制动协同控制

（1）驾驶员踩下制动踏板时，防滑控制 ECU 根据制动调节器压力和制动踏板行程计算所需总制动力。计算所需总制动力后，防滑控制 ECU 将再生制动力请求发送至混合动力车辆控制 ECU 总成。HV ECU 总成回复实际再生制动量（再生制动控制值），如图 5-58 所示。

（2）HV ECU 总成使用 MG2 产生负转矩（减速力），从而执行再生制动。

（3）防滑控制 ECU 控制制动执行器电磁阀并产生轮缸压力。产生的压力是从所需总制动力中减去实际再生制动控制值后剩余的值。

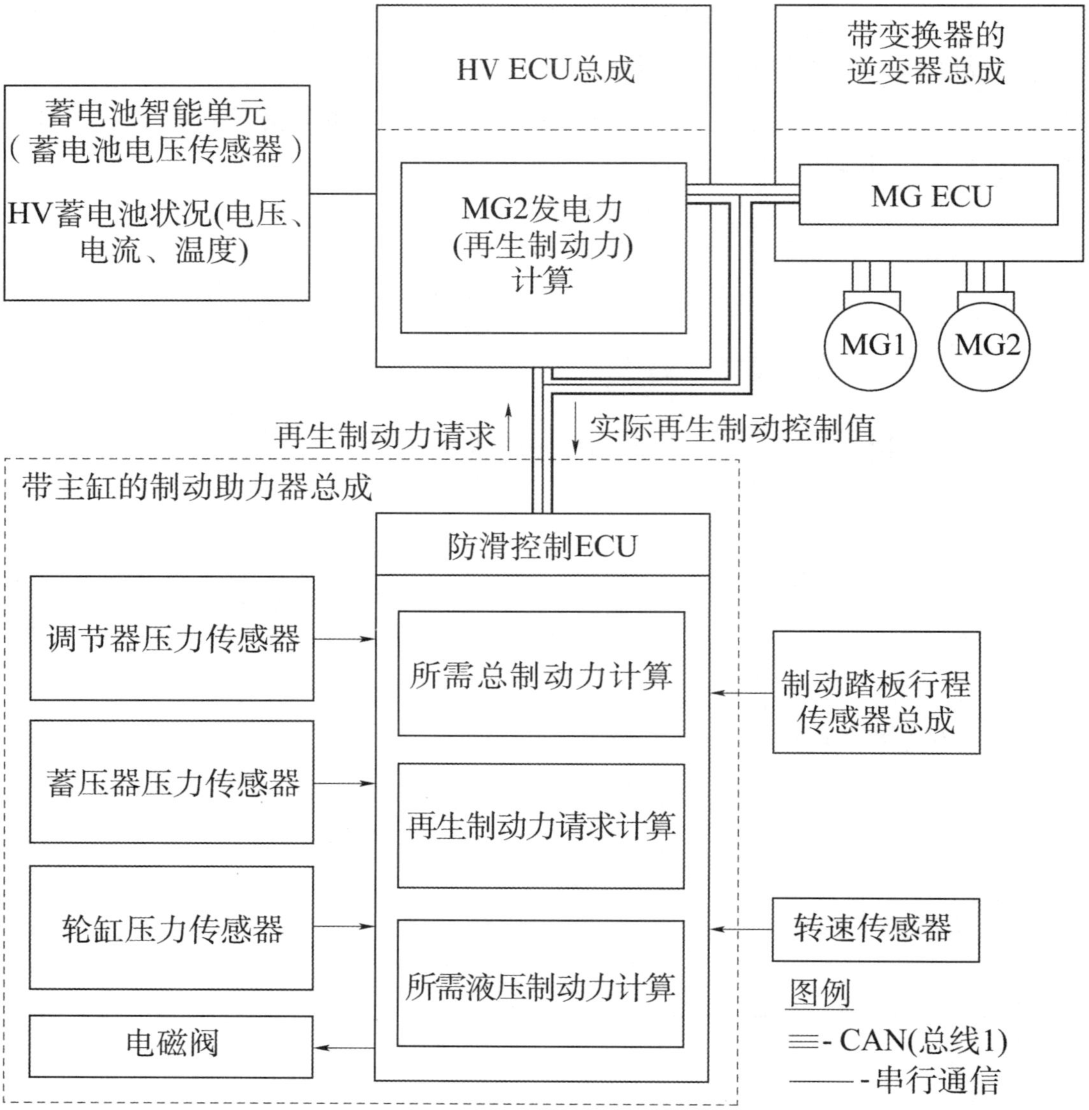

图 5-58　再生制动协同控制

三 THS-Ⅱ控制工作原理

1 混合动力车辆的工作原理

(1)混合动力系统使用发动机和 MG2 提供的原动力,并将 MG1 用作发电机。系统根据各种行驶状态对这些力进行优化组合。

(2)HV ECU 总成持续监视发动机冷却液温度、SOC、HV 蓄电池温度和电气负载情况。如果任一监视条件未满足要求,电源开关置于 ON(READY)位置且换挡杆处于 N 以外的任一位置，则 HV ECU 总成起动发动机。

(3)混合动力系统根据行驶状态对发动机、MG1 和 MG2 的运转进行优化组合，驱动车辆，如图 5-59 所示。

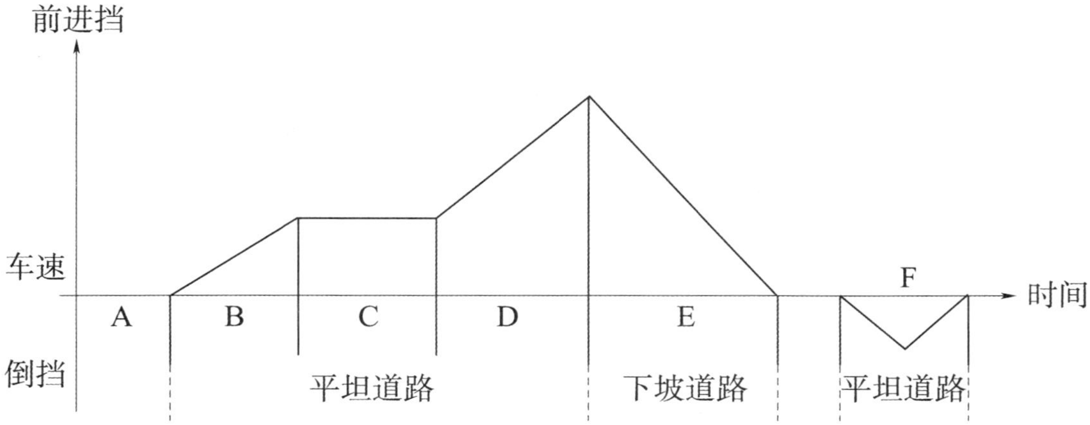

图 5-59 车辆行驶状态

A-电源开关置于 ON(READY)位置；B-起动；C-定速巡航；D-节气门全开加速期间；E-减速期间；F-倒车期间

❷ 列线图

(1)如图 5-60 所示的列线图对行星齿轮的旋转方向、转速和转矩平衡进行了直观表示。

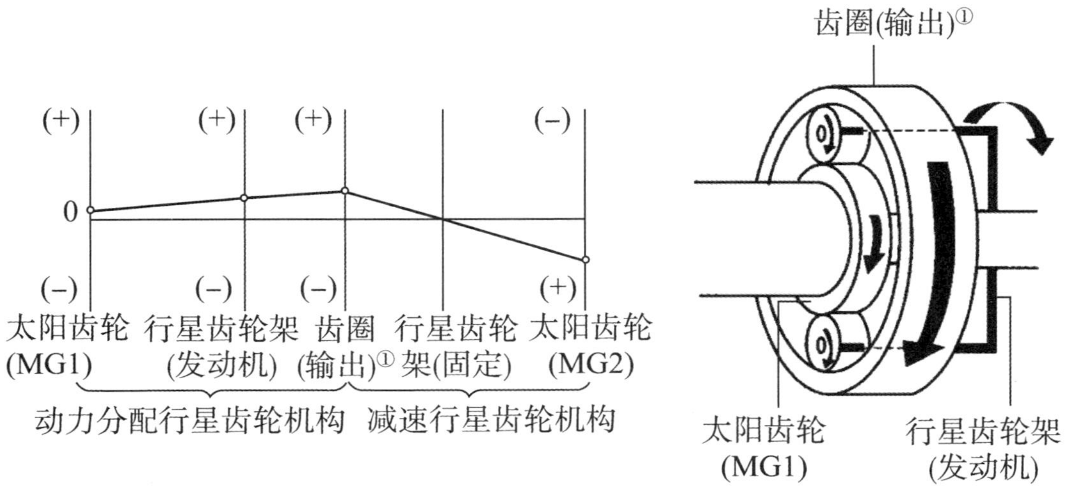

图 5-60 混合动力车辆工作列线图

注：①-MG2 通过电机减速行星齿轮机构作用于齿圈

(2)在列线图中，直线用于表示行星齿轮机构中 3 个齿轮的旋转方向和转速间的关系。各齿轮的转速由距0点的距离表示。由于行星齿轮机构的结构,3个齿轮的转速间的关系总是用一条直线表示。

(3)各车辆行驶状态的列线图和传动机构运行图仅为示例。所示的示例为“快照”,正常的系统工作是各种条件和适应这些条件的系统反应不断变化的融合。

(4)对于混合动力系统,电机根据不同情况具有不同的作用。了解旋转方向和转矩间的关系有助于理解电机的作用。

(5)表5-6表明了正转矩或负转矩和正向旋转或反向旋转进行不同组合时驱动与发电的关系。

不同组合时驱动和发电的关系　　表5-6

旋转方向	转矩状态	零部件的作用
正向(+)旋转	正转矩	驱动
	负转矩	发电
反向(-)旋转	正转矩	发电
	副转矩	驱动

(6)如果电机正向(+)旋转,并施加负转矩,则其将作为发电机(产生电能)。

(7)如果电机反向(-)旋转,并施加负转矩,则将其作为驱动源(消耗电能)。

3 行驶状态B:起步

(1)车辆起步时,由MG2为车辆提供动力,如图5-61所示。如果仅由MG2驱动运行时,所需的驱动转矩增加,则激活MG1以起动发动机。

(2)车辆在正常情况下起步时,使用MG2的原动力行驶,如图5-62所示。在此状态下行驶时,由于发动机停止,行星齿轮架(发动机)的转速为0。此外,由于MG1未产生任何转矩,因此没有转矩作用于太阳齿轮MG1。然而,太阳齿轮会沿反方向自由旋转以平衡旋转的齿圈。

4 行驶状态C:定速巡航

(1)车辆在低负载和定速巡航状态下行驶时,动力分配行星齿轮机构传输发动机原动力,如图5-63所示。其中一部分原动力直接输出,剩余的原动力则通过MG1发电。利用逆变器的电力传输路径,该电能被传输至MG2,作为MG2的原动力输出。如果 HV 蓄电池的 SOC 水平低,则由发动机驱动的 MG1 进行充电。

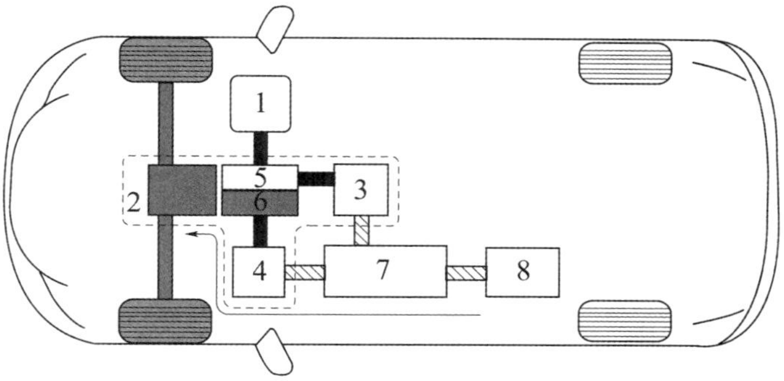

图 5-61 行驶状态

1-发动机(停止);2-混合动力车辆传动桥总成;3-MG1(自由旋转);4-MG2(主动);5-动力分配行星齿轮机构;6-电机减速行星齿轮机构;7-带变换器的逆变器总成;8-HV 蓄电池

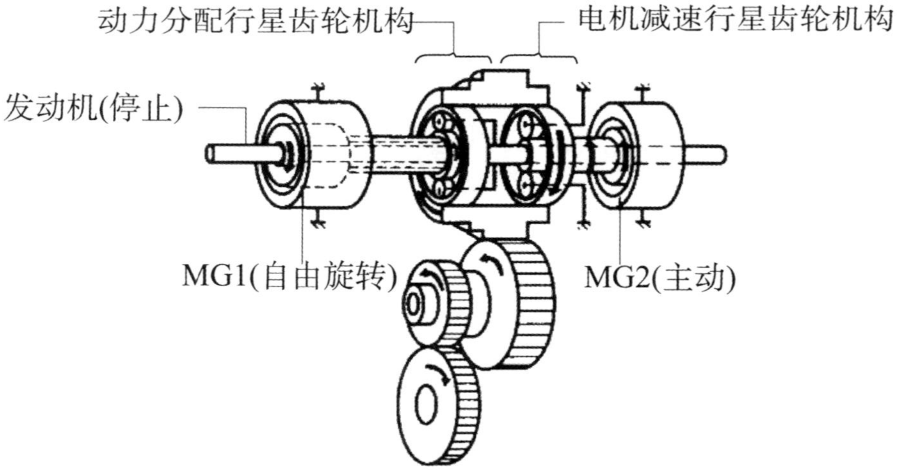

a)传动机构

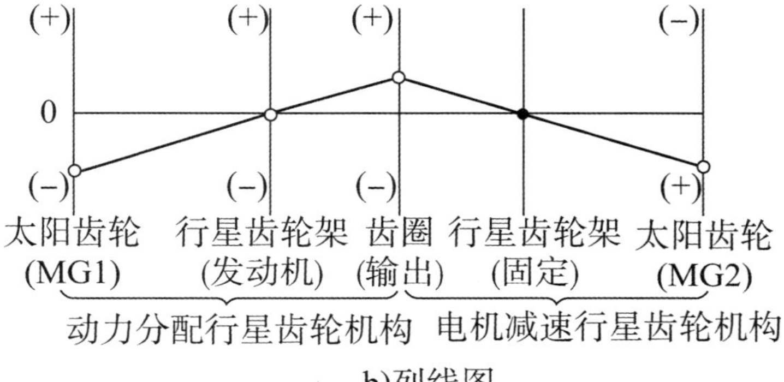

b)列线图

图 5-62 车辆在正常情况下起步时

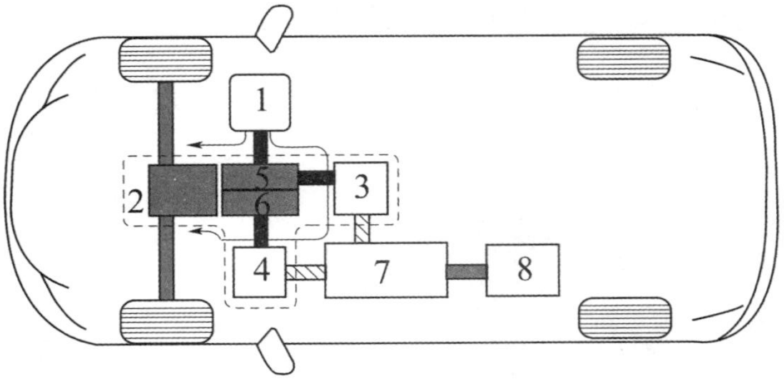

图 5-63　定速巡航

图注 1 ~8 同图 5-61

(2)发动机转矩以正方向作用于行星齿轮架,使太阳齿轮 MG1 在负转矩的反作用力下沿正方向转动。MG1 利用作用于太阳齿轮 MG1 的负转矩发电,如图 5-64所示。

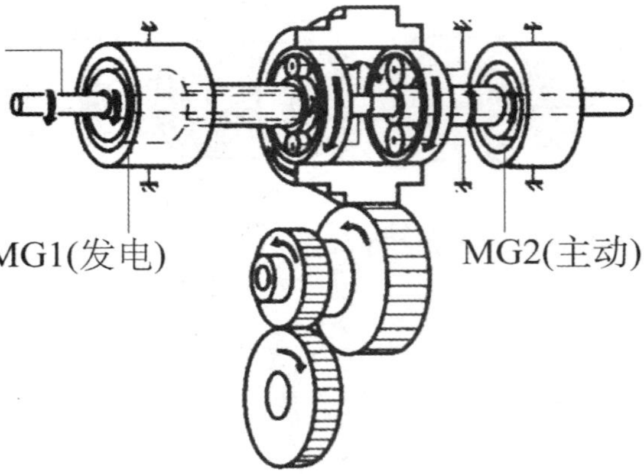

a)传动机构

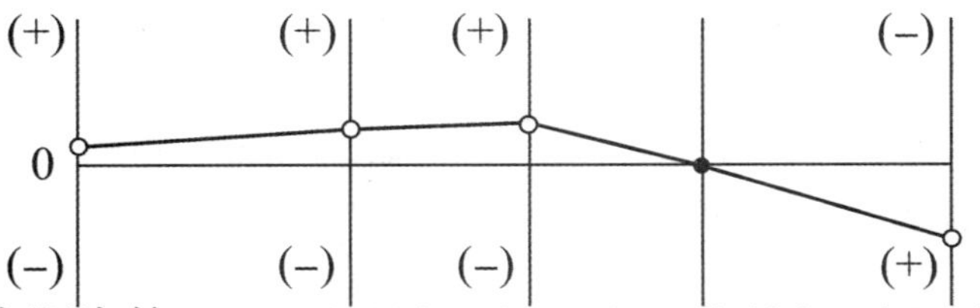

b)列线图

图 5-64　MG1 发电

❺ 行驶状态 D：节气门全开加速期间

(1)车辆行驶状态从低负载巡航变为节气门全开加速时，系统用来自 HV 蓄电池的电能为 MG2 补充原动力，如图 5-65 所示。

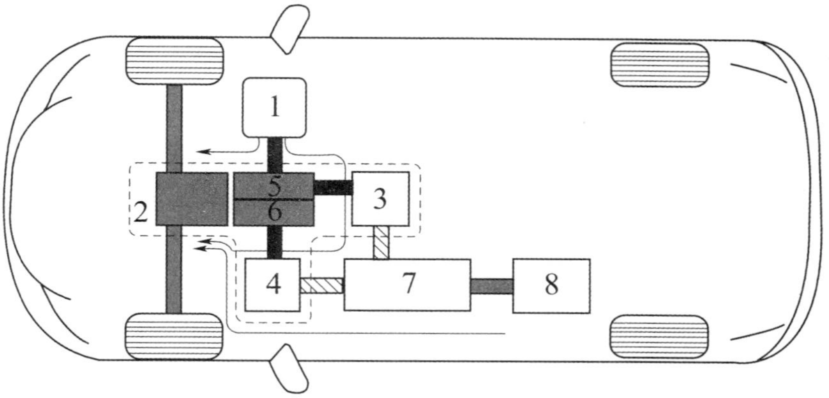

图 5-65　节气门全开加速

图注 1 ~8 同图 5-61

(2)需要更多发动机动力时，相关齿轮的转速发生如下所述改变以提高发动机转速：发动机转矩以正方向作用于行星齿轮架，使太阳齿轮 MG1 在负转矩的反作用力下沿正方向转动。MG1 利用作用于太阳齿轮 MG1 的负转矩发电，如图 5-66 所示。

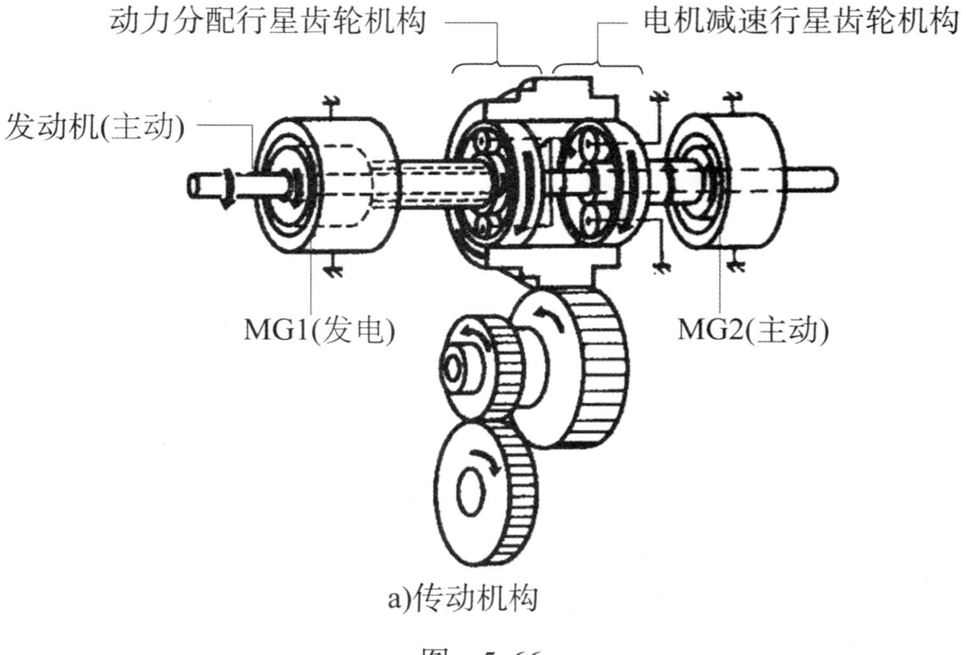

a)传动机构

图　5-66

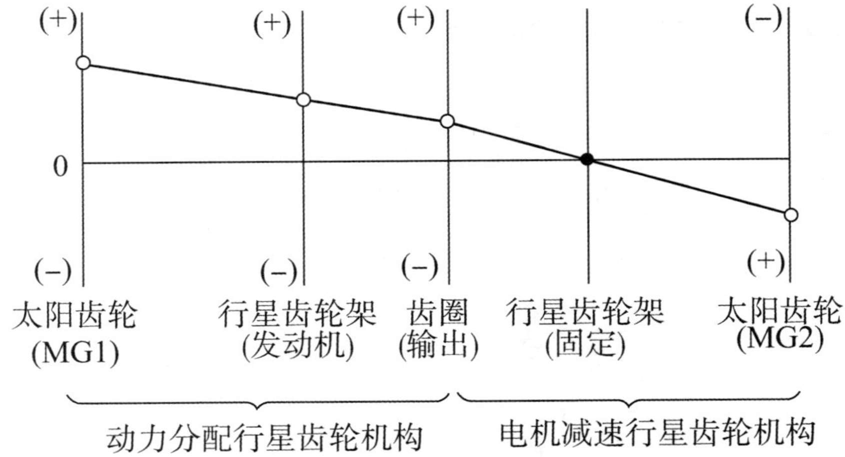

b)列线图

图 5-66　利用作用于太阳齿轮 MG1 的负转矩发电

6 行驶状态 E:减速期间

(1)选择行驶挡为 D 挡的情况下使车辆减速时,发动机关闭且原动力变为 0。此时,车轮驱动 MG2,使 MG2 作为发电机运行,从而为 HV 蓄电池充电。如果车辆从较高车速减速,发动机将保持预定转速而非停止,以保护行星齿轮,如图 5-67所示。

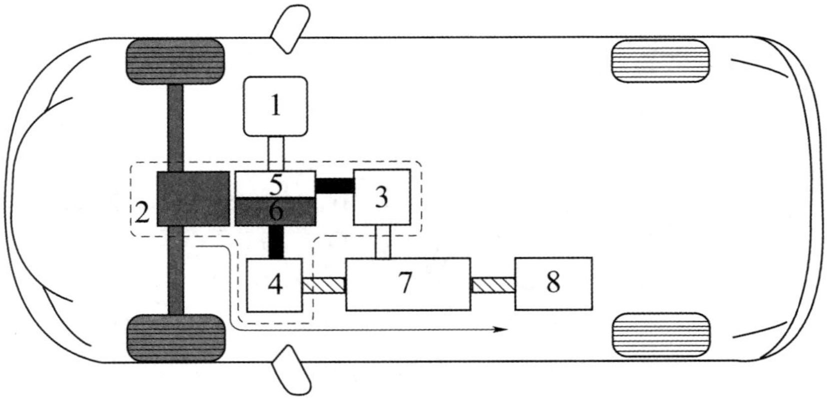

图 5-67　减速期间

图注 1 ~ 8 同图 5-61

(2)减速期间,齿圈由车轮驱动旋转。在此情况下,由于发动机停止,行星齿轮架(发动机)的转速为 0。此外,由于 MG1 未产生任何转矩,因此没有转矩作用于太阳齿轮 MG1。然而,太阳齿轮 MG1 会沿反方向自由旋转以平衡旋转的齿圈,如图 5-68 所示。

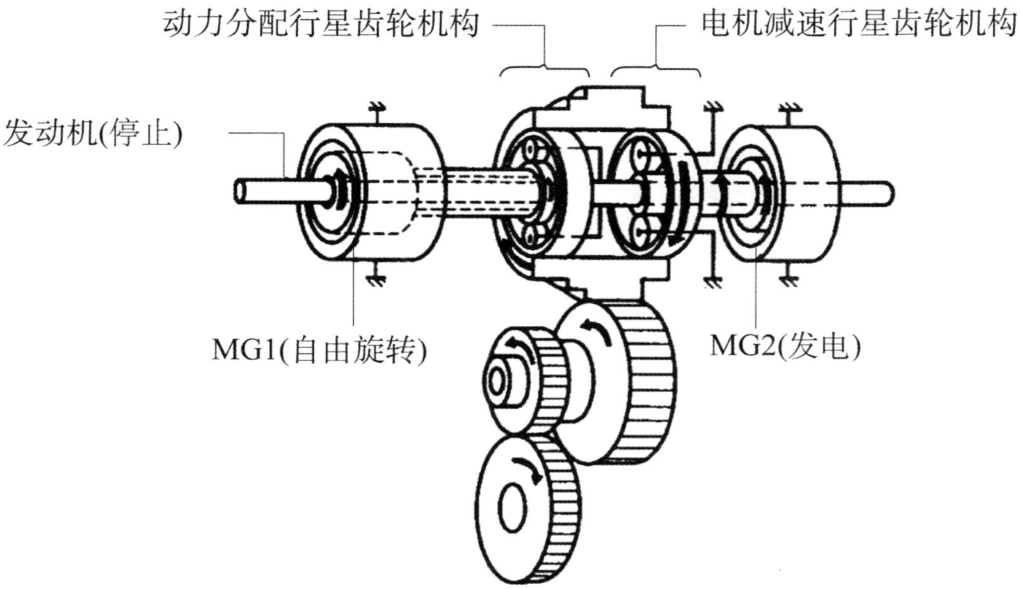

a)传动机构

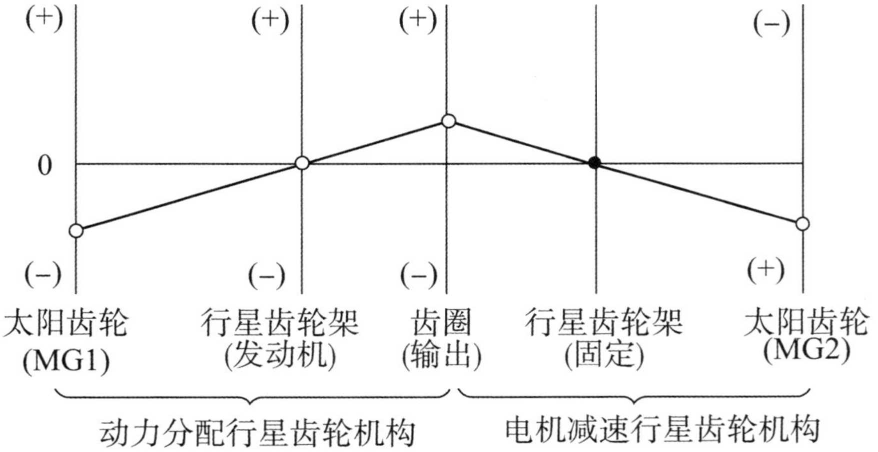

b)列线图

图 5-68　齿圈由车轮驱动旋转

7 行驶状态 F:倒车期间

(1)车辆以倒挡行驶时,所需动力由 MG2 提供。此时,MG2 反向旋转,发动机保持停止,且 MG1 沿正方向旋转而不发电,如图 5-69 所示。

(2)行星齿轮机构的状态与“起步”中描述的相反,如图 5-70 所示。由于发动机停止,行星齿轮架(发动机)的转速为 0,但太阳齿轮(MG1)沿正方向自由旋转以平衡旋转的齿圈。

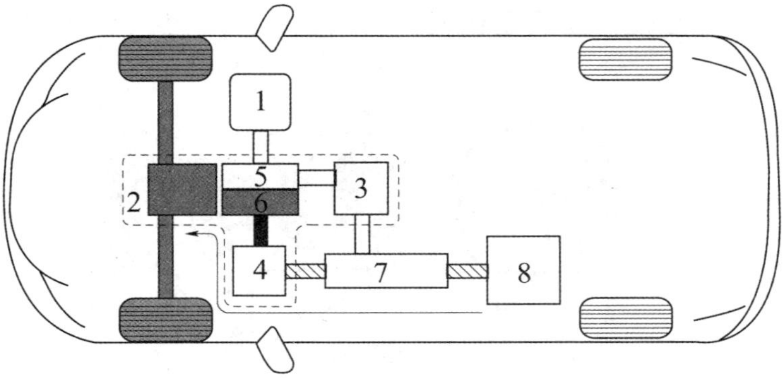

图 5-69　倒车期间

图注 1 ~8 同图 5-61

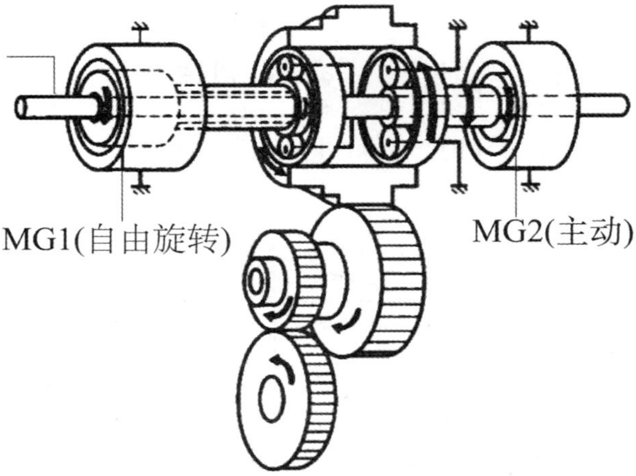

a)传动机构

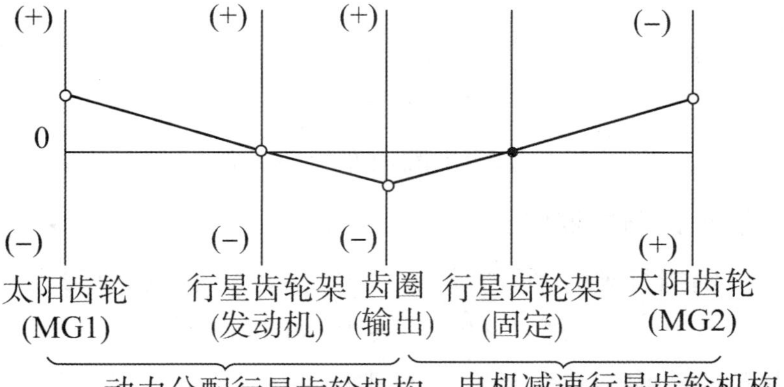

b)列线图

图 5-70　行星齿轮机构的状态与“起步”中描述的相反

四 带变换器的逆变器结构

(1)与 MG ECU、逆变器、增压变换器和 DC/DC 变换器集成于一体的,紧凑、轻量化的带变换器的逆变器总成如图 5-71 所示。逆变器和增压变换器主要由智能动力模块(IPM)、电抗器和电容器组成。IPM 为集成动力模块,包括信号处理器、保护功能处理器和绝缘栅双极晶体管(IGBT)。

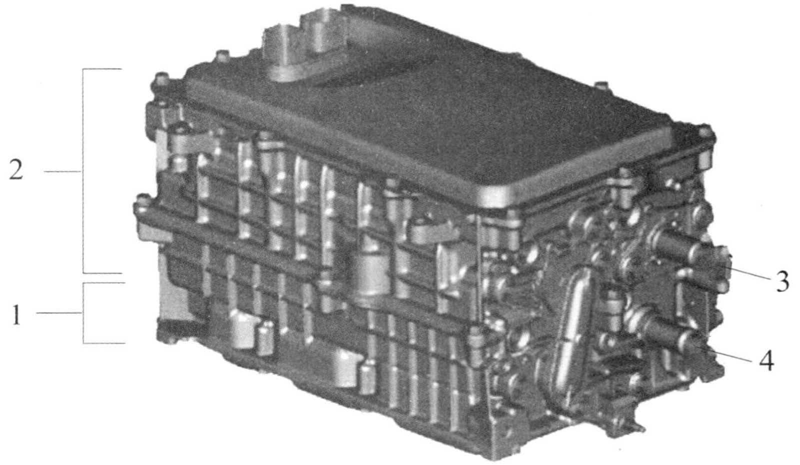

图 5-71　逆变器总成

1-DC/DC 变换器; 2-增压变换器/逆变器;3-HV 冷却液出口;4-HV 冷却液入口

(2)带变换器的逆变器总成采用了独立于发动机冷却系统的水冷型冷却系统,从而保证了散热。

(3)配备了互锁开关作为安全防护措施(由于使用高压电),在拆下逆变器端子盖或连接器盖总成,或断开 HV 蓄电池电源电缆连接器时,互锁开关通过混合动力车辆控制 ECU 总成断开系统主继电器。

(4)逆变器采用 IPM 执行切换控制。电机 MG1 和电机 MG2 的 IPM 各有一个包含 IGBT 的桥接电路,如图 5-72 所示。电机 MG1 的 IPM 采用 6 个 IGBT,每个臂使用 1 个; 电机 MG2 采用 6 对 IGBT,每个臂使用平行的 1 对。

(5)增压变换器采用执行切换控制的增压 IPM,起感应器作用的电抗器和积累、存储电量的电容器。增压 IPM 采用 IGBT2 增压,采用 IGBT1 减压。

(6)MG ECU。

①带变换器的逆变器总成内安装有 MG ECU。根据从 HV ECU 总成接收到的信号,MG ECU 控制逆变器和增压变换器以驱动电机 MG1 和电机 MG2 或使其发电。

②MG ECU 将车辆控制所需的信息(如大气压力、逆变器温度和任何故障信息)传输至 HV ECU 总成。MG ECU 接收来自 HV ECU 总成的控制电机 MG1 和电机 MG2 所需的信息(如电机 MG1 和电机 MG2 的温度及所需原动力)。

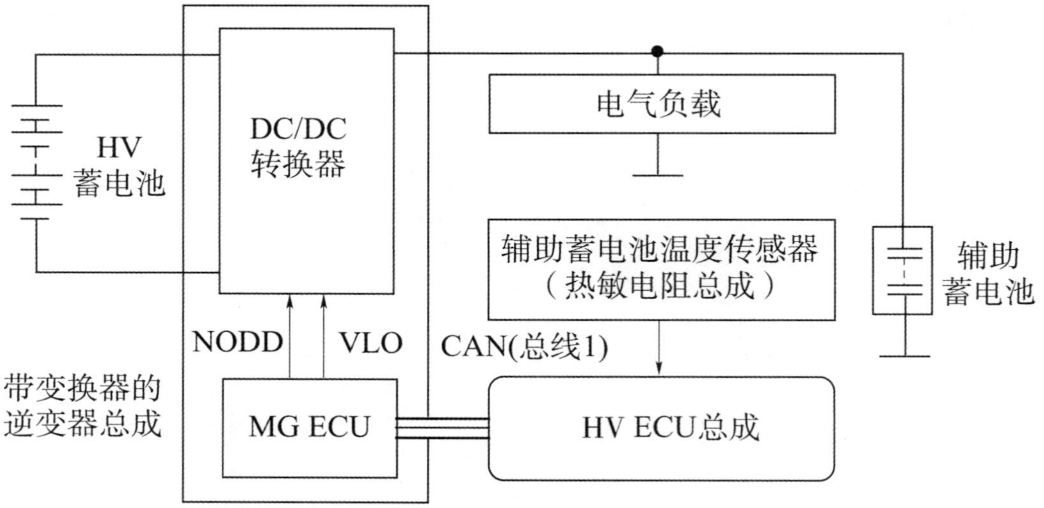

图 5-72　逆变器控制电路

(7)大气压力传感器。

①MG ECU 板上安装有大气压力传感器。

②大气压力传感器检测大气压力并将信号传输至 MG ECU,以根据使用环境进行相应的修正。

(8)带变换器的逆变器总成的温度传感器。

①带变换器的逆变器总成有 5 个不同的温度传感器:其中 2 个位于电机 MG1 和电机 MG2 的 IPM 处,还有 2 个位于增压变换器处,剩下的 1 个温度传感器位于 HV 冷却液通道,如图 5-73 所示。

②这些传感器检测带变换器的逆变器总成内部区域的温度,并通过 MG ECU 将温度信息传输至 HV ECU 总成。HV ECU 总成根据温度信息优化冷却系统,从而保持带变换器的逆变器总成的输出性能。

(9)逆变器电流传感器。

①逆变器电流传感器检测驱动电机 MG1 和电机 MG2 的三相交流电,其控制电路如图 5-74 所示。实际安培数用作 MG ECU 的反馈。

②电流传感器用于检测发送至电机 MG1 和电机 MG2 的三相绕组的电流。电流传感器位于带变换器的逆变器总成内,用于各发电机和电动机的 U、V 和 W 相,逆变器电流传感器特性如图 5-75 所示。

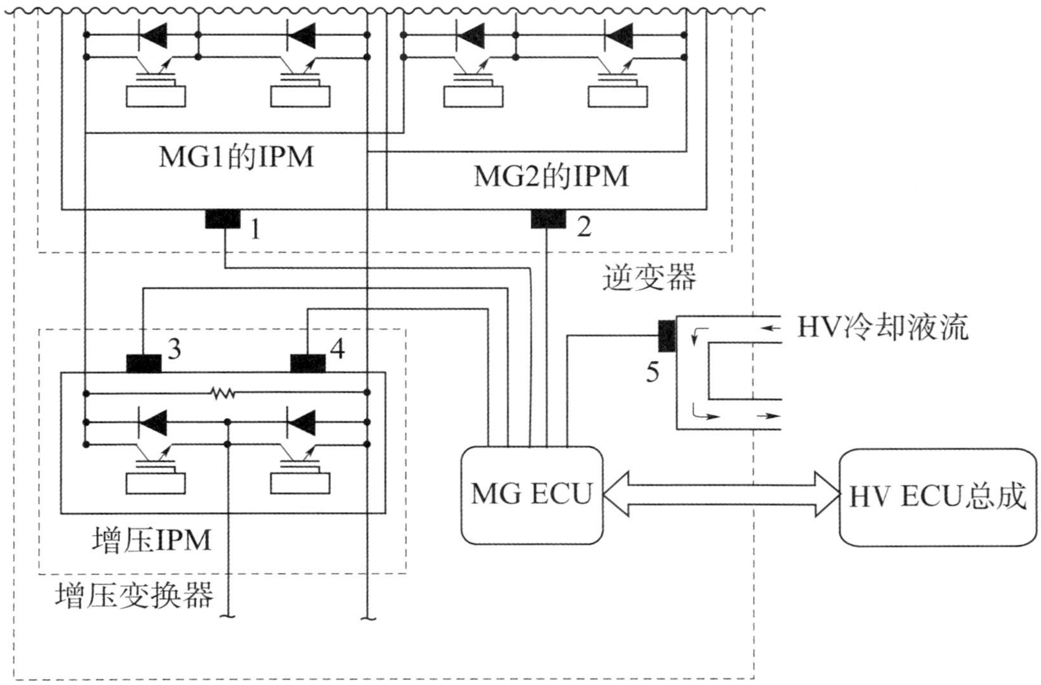

图 5-73 带变换器的逆变器总成的温度传感器控制电路图
1-MG1 的 IPM 上的温度传感器;2-MG2 的 IPM 上的温度传感器;3-增压转换器的 IPM 上的温度传感器(上部);4-增压转换器的 IPM 上的温度传感器(下部);5-HV 冷却液温度传感器

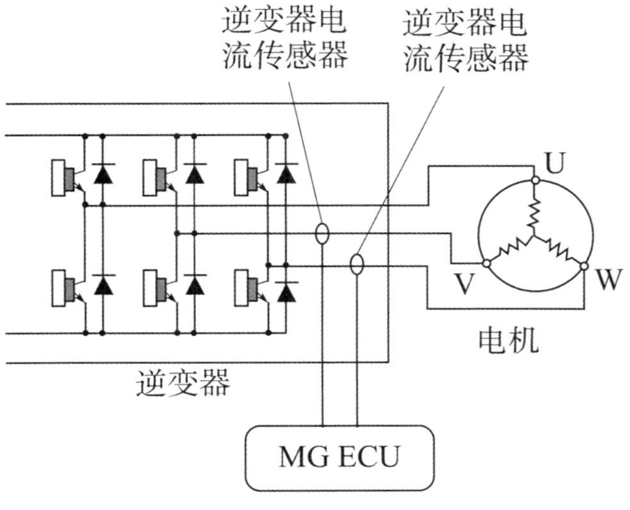

图 5-74 逆变器电流传感器电路

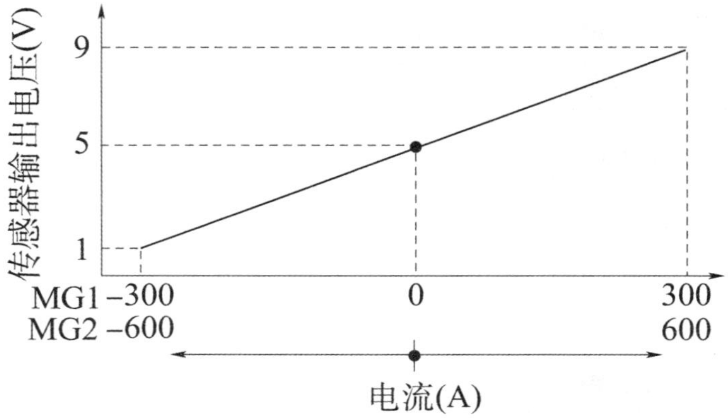

图 5-75　逆变器电流传感器特性

五　逆变器水泵结构

(1)逆变器水泵结构如图 5-76 所示。

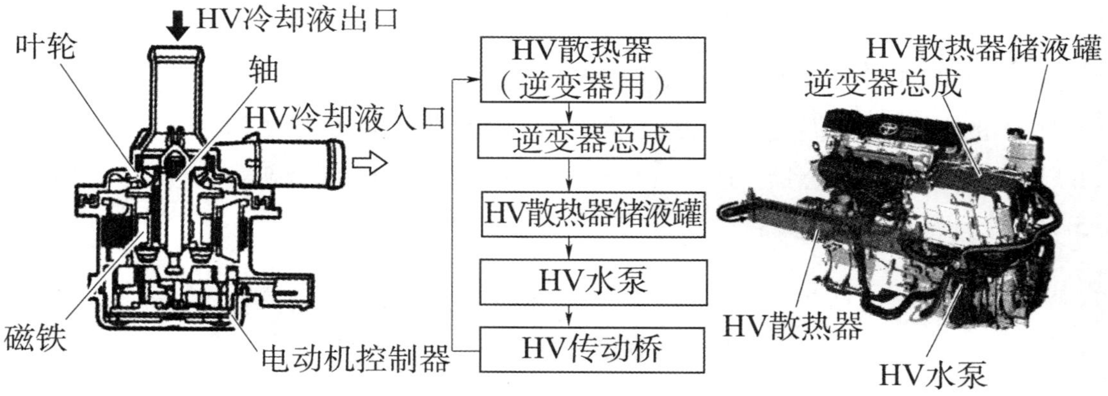

图 5-76　逆变器水泵结构

(2)水泵电动机采用大功率无刷型电动机。此外,采用支撑轴两端的轴承,抑制了噪声和振动。

(3)水泵电动机由 HV ECU 总成的占空比信号进行三级控制。

六　电源电缆(线束组)

(1)电源电缆(线束组)是一组高电压、大电流的电缆,用于连接 HV 蓄电池总成与带变换器的逆变器总成、带变换器的逆变器总成与 MG1 和 MG2,以及带变换器的逆变器总成与带电机的压缩机总成,如图 5-77 所示。

(2)电源电缆(线束组)由屏蔽电缆制成,以减少电磁干扰。

(3)为便于辨认,高压线束和连接器采用橙色标记,以将其与普通低压线束区分开来。

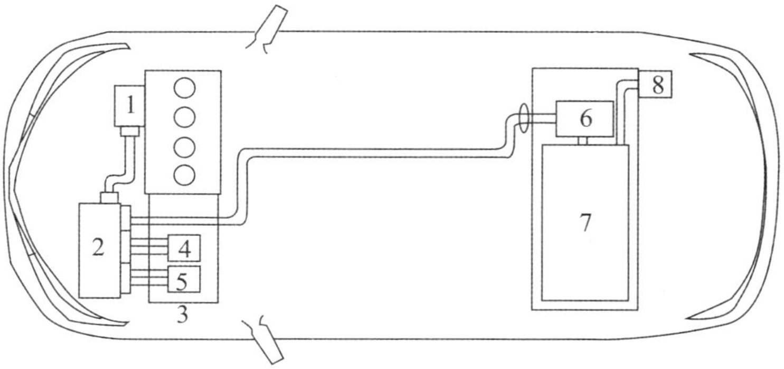

图 5-77 电源电缆(线束组)

1-带电机的压缩机总成;2-带变换器的逆变器总成;3-混合动力车辆传动桥总成;4-MG1;5-MG2;6-HV 蓄电池接线盒总成;7-HV 蓄电池总成;8-维修塞把手

七 HV 蓄电池接线盒

(1)HV 蓄电池接线盒总成包括系统主继电器(SMR)、预充电电阻器和蓄电池电流传感器。

(2)SMR 根据混合动力车辆控制 ECU 总成的信号,连接和断开 HV 蓄电池及电源电缆(线束组)的继电器。共配备有 3 个继电器,SMRB 用于蓄电池正极(+)侧,SMRG 用于蓄电池负极(-)侧,SMRP 则用于预充电,如图 5-78 所示。

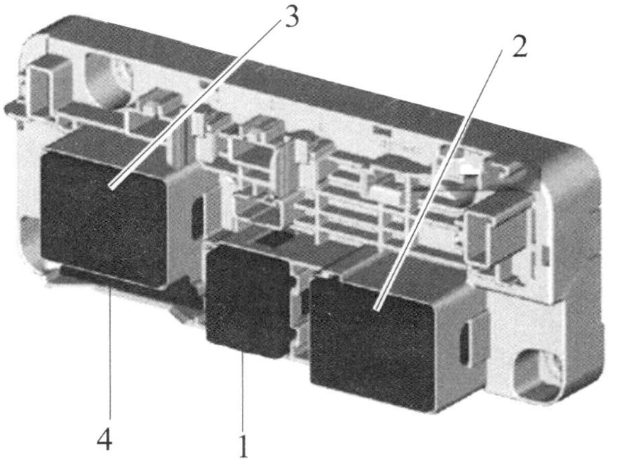

图 5-78 HV 蓄电池接线盒

1-SMRP;2-SMRB;3-SMRG;4-预充电电阻器

(3)内置于 HV 蓄电池接线盒总成的蓄电池电流传感器,用于检测 HV 蓄电池充电和放电安培数。

(4)HV ECU 总成根据通过蓄电池智能单元(蓄电池电压传感器)接收的电流信息,对混合动力系统进行优化控制,如图 5-79 所示,从而使 HV 蓄电池的 SOC 始终处于规定范围内,蓄电池电流传感器特性如图 5-80 所示。

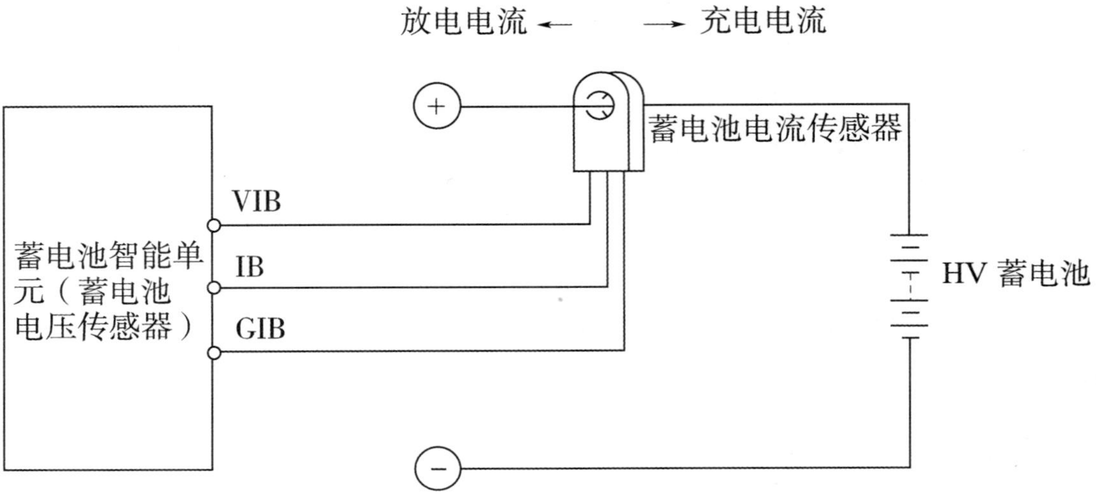

图 5-79　蓄电池电压传感器电路

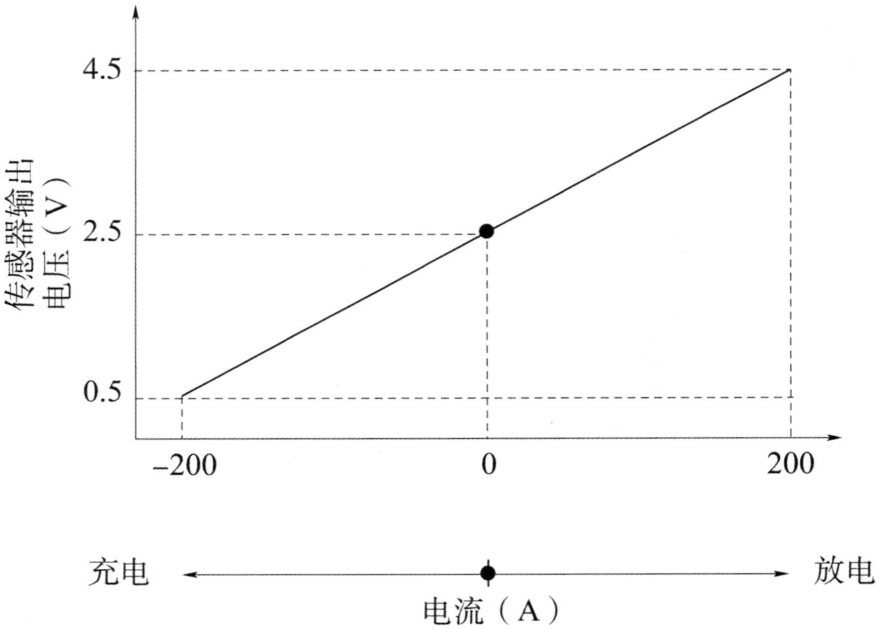

图 5-80　蓄电池电流传感器特性

八　电子换挡杆

(1)电子换挡杆系统是一个使用线控换挡技术的换挡控制系统。

(2)此系统根据各种传感器、开关和 ECU 提供的信息判断车辆状态,并根据驾驶员的变速器地板式换挡总成和 P 位置开关(变速器换挡主开关)操作,激活适当的换挡控制,如图 5-81 所示。

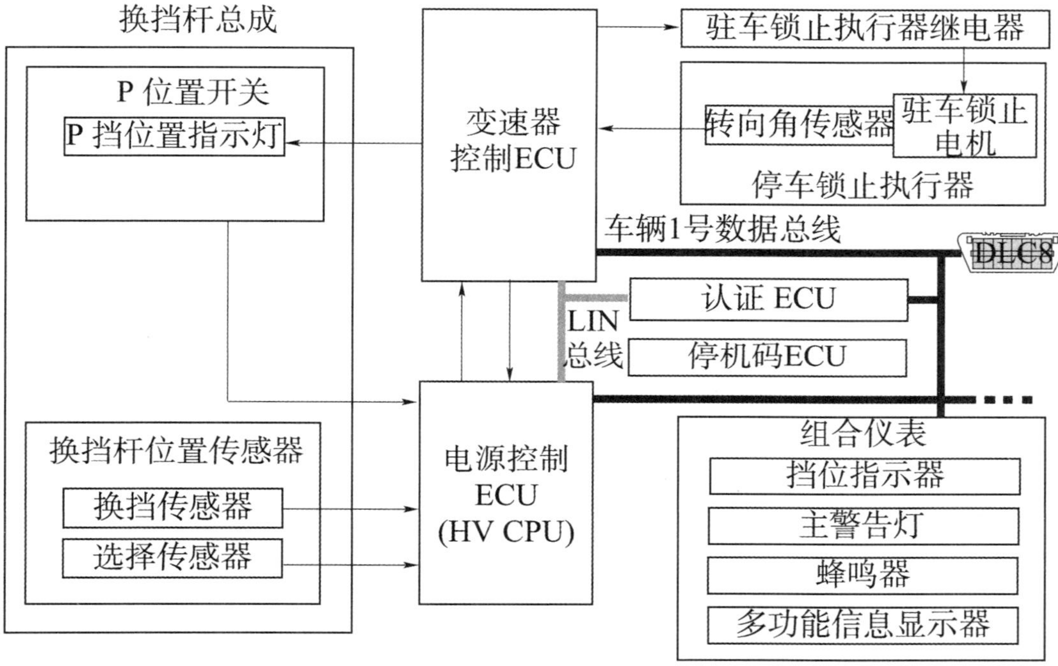

图 5-81　换挡系统框架

(3)采用了结构紧凑的变速器地板式换挡总成。此总成为瞬时换挡型,换挡后驾驶员的手松开换挡杆时,换挡杆会返回原始位置。用指尖就可以完成换挡操作,符合人体工程学的换挡模式,使操作非常方便。

注意:当换挡杆位置在 D 或者 S 挡外的其他位置时,S 挡位置指示灯熄灭。

(4)变速器地板式换挡总成中的换挡杆位置传感器检测换挡杆位置(R、N、D 或 S)并发送信号至 HV ECU 总成。HV ECU 总成控制发动机转速、电机 MG1 和电机 MG2,以产生最佳传动比。

(5)HV ECU 总成根据来自换挡杆位置传感器的信号选择挡位。

(6)使用此系统,驾驶员按下 P 位置开关(变速器换挡主开关)时,P 位置控制驱动混合动力车辆传动桥总成内的换挡控制执行器总成以机械锁止驻车挡齿轮(接合驻车锁止)。

(7)电源开关置于 ON(READY)位置且选择空挡 N 的情况下踩踏加速踏板时,蜂鸣器在组合仪表总成中鸣响,以告知驾驶员。

(8)电子换挡杆控制主要部件功能见表 5-7。

电子换挡杆控制主要部件功能　　表 5-7

零部件		功能
变速器地板式换挡总成	换挡杆位置传感器	检测换挡杆位置(R、N、D 或 S)并将其相关信息(横向移动)传输至混合动力车辆控制 ECU 总成
P 位置开关(变速器换挡主开关)		此开关打开时,检测驾驶员进行驻车锁止的意图,并将信号发送至混合动力车辆控制 ECU 总成
P 位置指示灯		驻车锁止接合时,此灯点亮;驻车锁止解除时,此灯熄灭
驻车锁止执行器(换挡控制执行器总成)		接合或解除传动桥驻车锁止机构
HV ECU 总成		1. 根据来自换挡杆位置状态、P 位置开关(变速器换挡主开关)和各种 ECU 的信号,按照换挡杆位置控制 MG1、MG2 和发动机; 2. 接收来自识别码盒(停机系统代码 ECU)的换挡控制锁止/解锁信号,并激活/解除换挡控制锁止; 3. 激活驻车锁止执行器以接合或解除传动桥的驻车锁止机构
认证 ECU(智能钥匙 ECU 总成)		识别钥匙输出的识别码
识别码盒(停机系统代码 ECU)		对比识别码

续上表

零部件		功能
组合仪表总成	换挡杆位置指示灯	根据来自 HV ECU 总成的挡位信号,点亮驾驶员选择的换挡杆位置指示灯
	蜂鸣器	拒绝功能激活时,通过鸣响提醒驾驶员
	主警告灯	根据多信息显示屏上显示的信息点亮
	多信息显示屏	根据 HV ECU 总成提供的信号显示警告信息,以提醒驾驶员

课题三　混合动力汽车检修

学习目标

☞ 知识目标

1. 能找到 HV ECU 端子、蓄电池电压传感器端子、电机控制系统 ECU 端子并知道其定义;
2. 能读懂混合动力系统电路图。

☞ 技能目标

1. 能找到混合动力汽车继电器、熔断丝的位置;
2. 掌握混合动力系统的检修技能。

☞ 素养目标

1. 培养精益求精的精神;
2. 树立高压安全操作意识。

建议课时

18 课时。

一　HV ECU 端子及定义

丰田卡罗拉 HV ECU 端子如图 5-82 所示,其端子定义见表 5-8。

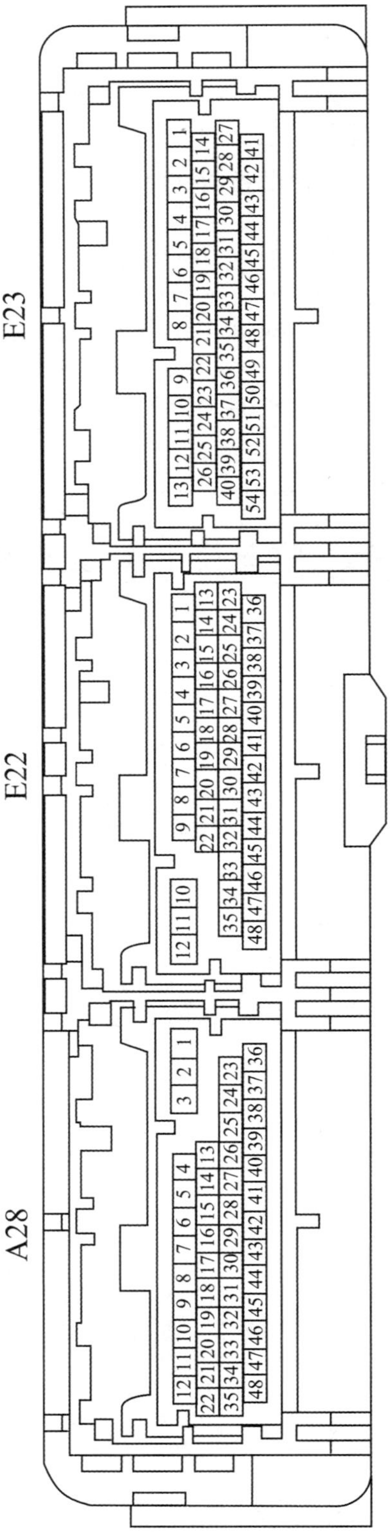

图5-82 HV ECU端子

HV ECU 端子定义 表 5-8

端子编号（符号）	配线颜色	输入/输出	端子描述	条 件	规定状态
A28-4(HMCH)和 E23-3(E1)	B-BR	输入/输出	CAN 通信信号	电源开关 ON (READY)	产生脉冲(波形 1)
A28-5(MREL)和 E23-3(E1)	B-BR	输出	主继电器	电源开关 ON (IG)	11～14V
A28-6(HSDN)和 E23-3(E1)	G-BR	输出	MG ECU 切断信号	电源开关 ON (READY)	0～1V
A28-7(STP)和 E23-3(E)	L-BR	输入	制动灯开关	踩下制动踏板	11～14V
				踩下制动踏板	0～1.5V
A28-8(LIN3)和 E23-3(E1)	B-BR	输入/输出	空调通信信号	电源开关 ON (READY)	产生脉冲
A28-11(+B1)和 E23-3(E1)	L-BR	输入	电源	电源开关 ON (IG)	11～14V
A28-14(HMCL)和 E23-3(E1)	W-BR	输入/输出	通信信号	电源开关 ON (READY)	产生脉冲(波形 1)
A28-20(BL)和 E23-3(E1)	G-BR	输出	倒车灯	电源开关置于 ON (IG)位置，换挡杆置于 R 位	11～14V
A28-24(VCPA)和 A28-37(EPA)	Y-BR	输出	加速踏板传感器总成电源(VPA)	电源开关 ON (IG)	4.5～5.5V
A28-26(VCP2)和 A28-25(EPA2)	W-B	输出	加速踏板传感器总成电源(VPA2)	电源开关 ON (IG)	4.5～5.5V

续上表

端子编号(符号)	配线颜色	输入/输出	端子描述	条　件	规定状态
A28-33(NIWP)和E23-3(E1)	P-BR	输入	逆变器水泵总成信号	电源开关ON(READY)	产生脉冲(波形2)
A28-34(IWP)和E23-3(E1)	G-BR	输出	逆变器水泵总成信号	电源开关ON(READY)	产生脉冲(波形2)
A28-36(VPA)和A28-37(EPA)	L-BR	输入	加速踏板传感器总成(加速踏板位置检测)	电源开关置于ON(IG)位置,松开加速踏板	0.4~1.4V
				电源开关置于ON(IG)位置,发动机停机,换挡杆置于P位,完全踩下加速踏板	2.6~4.5V
A28-38(VPA2)和A28-25(EPA2)	V-B	输入	加速踏板传感器总成(加速踏板位置检测)	电源开关置于ON(IG)位置,松开加速踏板	1.0~2.2V
				电源开关置于ON(IG)位置,发动机停机,换挡杆置于P位,完全踩下加速踏板	3.4~5.3V
A28-46(MMT)和A28-45(MMTG)	L-V	输入	电机温度传感器	电源开关置于ON(IG)位置,温度为25℃	3.6~4.6V
				电源开关置于ON(IG)位置,温度为60℃	2.2~3.2V

续上表

端子编号(符号)	配线颜色	输入/输出	端子描述	条　件	规定状态
A28-48(GMT)和A28-47(GMTG)	B-R	输入	电机温度传感器	电源开关置于ON(IG)位置，温度为25℃	3.6~4.6V
				电源开关置于ON(IG)位置，温度为60℃	2.2~3.2V
E22-5(ILK)和E23-(E1)	LG-BR	输入	互锁开关	电源开关置于ON(IG)位置，连接器盖总成、维修塞把手安装正确	0~1.5V
				电源开关置于ON(IG)位置，未安装维修塞把手	11~14V
E22-7(CA3P)和E23-3(E1)	P-BR	输入/输出	CAN通信信号	电源开关ON(IG)	产生脉冲(波形3)
E22-8(CA1L)和E23-3(E1)	SB-BR	输入/输出	CAN通信信号	电源开关ON(IG)	产生脉冲(波形4)
E22-13(SMRG)和E22-12(E01)	Y-W-B	输出	系统主继电器工作信号	电源开关ON(IG)→电源开关ON(READY)	产生脉冲(波形5)
E22-15(SMRP)和E22-12(E01)	W-W-B	输出	系统主继电器工作信号	电源开关ON(IG)→电源开关ON(READY)	产生脉冲(波形5)

续上表

端子编号(符号)	配线颜色	输入/输出	端子描述	条　件	规定状态
E22-16(SMRB)和E22-12(E01)	SB-W-B	输出	系统主继电器工作信号	电源开关ON(IG)→电源开关ON(READY)	产生脉冲(波形5)
E22-20(CA3N)和E23-3(E1)	W-BR	输入/输出	CAN通信信号	电源开关ON(IG)	产生脉冲(波形3)
E22-21(CA1H)和E23-3(E1)	R-BR	输入/输出	CAN通信信号	电源开关ON(IG)	产生脉冲(波形4)
E22-28(ST1-)①和E23-3(E1)	R-BR	输入	制动取消开关	电源开关置于ON(IG)位置,踩下制动踏板	0~1.5V
				电源开关置于ON(IG)位置,松开制动踏板	11~14V
E22-35(IG2)和E23-3(E1)	G-BR	输入	电源	电源开关ON(IG)	11~14V
E22-38(SI0)和E23-(E1)	Y-BR	输出	蓄电池冷却鼓风机工作信号	冷却风扇工作	产生脉冲(波形6)
				冷却风扇不工作	4.5~5.5V
E22-41(BTH+)和E23-3(E1)	R-BR	输入	从蓄电池电压传感器至混合动力车辆控制ECU的通信信号	电源开关ON(IG)	产生脉冲(波形7)

续上表

端子编号（符号）	配线颜色	输入/输出	端子描述	条　件	规定状态
E22-42（BTH-）和 E23-3（E1）	G-BR	输入	从蓄电池电压传感器至混合动力车辆控制 ECU 的通信信号	电源开关 ON（IG）	产生脉冲（波形 7）
E22-48（THB）和 E22-47（ETHB）	L-G	输入	辅助蓄电池温度	电源开关置于 ON（IG）位置，辅助蓄电池温度为 25℃	1.7～2.3V
				电源开关置于 ON（IG）位置，辅助蓄电池温度为 60℃	0.6～0.9V
E23-1（+B2）和 E23-3（E1）	L-BR	输入	电源	电源开关 ON（IG）	11～14V
E23-4（ST2）和 E23-3（E1）	R-BR	输入	起动机信号	电源开关 ON（IG）	0～1.5V
E23-11（SFTD）和 E23-3（E1）	R-BR	输入	变速器控制	操作左侧换挡拨板装置（一）	0～1.5V
				未操作左侧换挡拨板装置（一）	11～14V
E23-27（BATT）和 E23-3（E1）	W-BR	输入	稳电源	始终	10～14V
E23-29（ABFS）和 E23-3（E1）	B-BR	输入	空气囊激活信号	电源开关 ON（READY）	产生脉冲（波形 8）

续上表

端子编号(符号)	配线颜色	输入/输出	端子描述	条　　件	规定状态
E23-30(TC)和 E23-3(E1)	P-BR	输入	诊断端子	电源开关 ON(IG)	11～14V
E23-31(LIN)和 E23-3(E1)	L-BR	输入/输出	认证 ECU 通信信号	电源开关 ON(IG)	产生脉冲
E23-33(EVSW)和 E23-3(E1)	B-BR	输入	EV 驱动模式开关(组合开关总成)信号	电源开关置于 ON(IG)位置,未操作 EV 驱动模式开关(组合开关总成)	11～14V
				电源开关置于 ON(IG)位置,操作 EV 驱动模式开关(组合开关总成)	0～1.5V
E23-27(PWR)和 E23-3(E1)	G-BR	输入	动力模式开关(组合开关总成)信号	电源开关置于 ON(IG)位置,未操作动力模式开关(组合开关总成)	11～14V
				电源开关置于 ON(IG)位置,操作动力模式开关(组合开关总成)	0～1.5V
E23-46(VSI4)和 E23-49(E2X2)	LG-Y	输入	换挡传感器(VSX4)	电源开关置于 ON(IG)位置,换挡杆置于原始位置	0.68～1.62V

续上表

端子编号（符号）	配线颜色	输入/输出	端子描述	条　　件	规定状态
E23-46（VSI4）和 E23-49（E2X2）	LG-Y	输入	换挡传感器（VSX4）	电源开关置于 ON（IG）位置，换挡杆置于 D 位	4.47 ~ 4.75V
				电源开关置于 ON（IG）位置，换挡杆置于 N 位	3.53 ~ 4.47V
				电源开关置于 ON（IG）位置，换挡杆置于 R 位	2.75 ~ 3.52V
				电源开关置于 ON（IG）位置，换挡杆置于 S 位	0.40 ~ 0.67V
E23-48（VSI3）和 E23-49（E2X2）	P-Y	输入	换挡传感器（VSX3）	电源开关置于 ON（IG）位置，换挡杆置于原始位置	1.63 ~ 2.70V
				电源开关置于 ON（IG）位置，换挡杆置于 D 位	3.53 ~ 4.17V
				电源开关置于 ON（IG）位置，换挡杆置于 N 位	2.45 ~ 3.52V
				电源开关置于 ON（IG）位置，换挡杆置于 R 位	1.63 ~ 2.45V
				电源开关置于 ON（IG）位置，换挡杆置于 S 位	0.98 ~ 2.45V

续上表

端子编号（符号）	配线颜色	输入/输出	端子描述	条　件	规定状态
E23-50（VSI2）和 E23-51（E2X1）	L-W	输入	换挡传感器（VSX2）	电源开关置于 ON（IG）位置，换挡杆置于原始位置	2.45 ~ 3.52V
				电源开关置于 ON（IG）位置，换挡杆置于 D 位	2.70 ~ 3.52V
				电源开关置于 ON（IG）位置，换挡杆置于 N 位	1.63 ~ 2.70V
				电源开关置于 ON（IG）位置，换挡杆置于 R 位	0.98 ~ 1.62V
				电源开关置于 ON（IG）位置，换挡杆置于 S 位	1.63 ~ 2.45V
E23-52（VSI1）和 E23-51（E2X1）	W-W	输入	换挡传感器（VSX1）	电源开关置于 ON（IG）位置，换挡杆置于原始位置	3.53 ~ 4.47V
				电源开关置于 ON（IG）位置，换挡杆置于 D 位	1.63 ~ 2.40V
				电源开关置于 ON（IG）位置，换挡杆置于 N 位	0.68 ~ 1.62V

续上表

端子编号（符号）	配线颜色	输入/输出	端子描述	条　　件	规定状态
E23-52（VSI1）和 E23-51（E2X1）	W-W	输入	换挡传感器（VSX1）	电源开关置于 ON（IG）位置，换挡杆置于 R 位	0.40～0.67V
				电源开关置于 ON（IG）位置，换挡杆置于 S 位	2.75～3.52V
E23-53（VCX2）和 E23-49（E2X2）	GY	输出	换挡传感器电源（VCX2）	电源开关 ON（IG）	4.5～5.5V
E23-54（VCX1）和 E23-51（E2X1）	R-W	输出	换挡传感器电源（VCX1）	电源开关 ON（IG）	4.5～5.5V

注：①带巡航控制系统。

二　蓄电池电压传感器端子及端子定义

蓄电池电压传感器端子如图 5-83 所示，其端子定义见表 5-9。

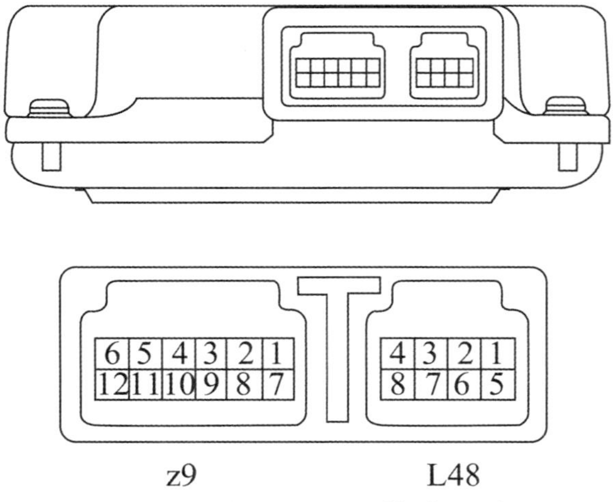

图 5-83　蓄电池电压传感器端子

蓄电池电压传感器端子定义　　表5-9

端子编号（符号）	配线颜色	输入/输出	端子描述	条　件	规定状态
z9-1(TC0)和z9-7(GC0)	G-G	输入	进气温度传感器	HV蓄电池温度:-40~90℃	4.8(-40℃)~1.0V(90℃)
z9-2(TB2)和z9-8(GB2)	R-R	输入	蓄电池温度传感器2	HV蓄电池温度:-40~90℃	4.8(-40℃)~1.0V(90℃)
z9-3(TB1)和z9-9(GB1)	W-W	输入	蓄电池温度传感器1	HV蓄电池温度:-40~90℃	4.8(-40℃)~1.0V(90℃)
z9-4(TB0)和z9-10(GB0)	L-L	输入	蓄电池温度传感器0	HV蓄电池温度:-40~90℃	4.8(-40℃)~1.0V(90℃)
z9-5(IB0)和z9-12(GIB)	Y-B	输入	电流传感器	电源开关ON(READY)	0.5~4.5V
z9-6(VIB)和Z9-12(GIB)	BR-B	输出	蓄电池电流传感器电源	电源开关ON(IG)	4.5~5.5V
L48-1(IGCT)和L48-5(GND)	L-BR	输入	控制信号	电源开关ON(READY)	11~14V
L48-2(BTH+)和L48-5(GND)	R-BR	输出	串行通信	电源开关ON(IG)	产生脉冲(波形1)
L48-3(BTH-)和L48-5(GND)	G-BR	输出	串行通信	电源开关ON(IG)	产生脉冲(波形2)

续上表

端子编号（符号）	配线颜色	输入/输出	端子描述	条　　件	规定状态
L48-5（GND）和车身搭铁	BR	—	地面	始终（导通性检查）	小于1Ω
L48-8（FPO）和L48-5（GND）	B-BR	输入	蓄电池0号冷却鼓风机监视信号	冷却鼓风机停止	0
				冷却鼓风机激活	产生脉冲（波形3）

三 电机控制系统ECU端子及端子定义

电机控制系统ECU端子如图5-84所示，其端子定义见表5-10。

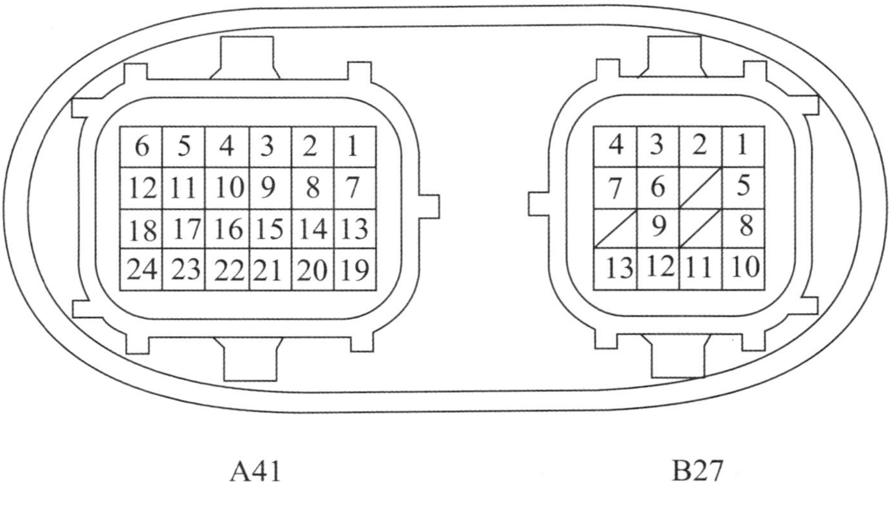

图5-84　电机控制系统ECU端子

电机控制系统ECU端子定义　　表5-10

端子编号（符号）	配线颜色	输入/输出	端子描述	条　　件	规定状态
A41-1（CANH）和A41-24（GND1）	L-W-B	输入/输出	CAN通信信号	电源开关ON（IG）	产生脉冲（波形1）

续上表

端子编号(符号)	配线颜色	输入/输出	端子描述	条　件	规定状态
A41-5(+B2)和A41-24(GND1)	G-W-B	输入	电机控制ECU(MG ECU)电源	电源开关ON(IG)	11~14V
A41-6(+B)和A41-24(GND1)	R-W-B	输入	电机控制ECU(MG ECU)电源	电源开关ON(IG)	11~14V
A41-7(CAl)和A41-24(GND1)	SB-W-B	输入/输出	CAN通信信号	电源开关ON(IG)	产生脉冲(波形1)
A41-10(GI)和A41-24(GND1)	B-W-B	输入	凸轮轴位置传感器信号	电源开关ON(READY),发动机运转	产生脉冲(波形2)
A41-12(IGCT)和A41-24(GND1)	V-W-B	输入	电机控制ECU(MG ECU)电源	电源开关ON(IG)	11~14V
A41-17(NE)和A41-24(GND1)	V-W-B	输入	曲轴位置传感器信号	电源开关ON(READY),发动机运转	产生脉冲(波形3)
A41-19(HMCL)和A41-24(GND1)	G-W-B	输入/输出	通信信号	电源开关ON(READY)	产生脉冲(波形4)

续上表

端子编号（符号）	配线颜色	输入/输出	端子描述	条　件	规定状态
A41-20（HMCH）和 A41-24（GND1）	W-W-B	输入/输出	通信信号	电源开关 ON(READY)	产生脉冲（波形 4）
A41-22（HSDN）和 A41-24（GND1）	B-W-B	输入	MG 切断信号	电源开关 ON(READY)	0～1V
B27-1（MSN）和 B27-2（MSNG）	G-W-B	输入	电机解析器信号	电机解析器运行	产生脉冲（波形 5）
B27-3（MCSG）和 B27-4（MCS）	L-R	输入	电机解析器信号	电机解析器运行	产生脉冲（波形 5）
B27-5（MRF）和 B27-6（MRFG）	Y-W	输出	电机解析器参考信号	电机解析器运行	产生脉冲（波形 5）
B27-8（GRF）和 B27-9（GRFG）	B-G	输出	发机解析器参考信号	发机解析器运行	产生脉冲（波形 6）
B27-10（GSN）和 B27-11（GSNG）	W-Y	输入	发机解析器信号	发机解析器运行	产生脉冲（波形 6）
B27-12（GCSG）和 B27-13（GCS）	B-G	输入	发机解析器信号	发机解析器运行	产生脉冲（波形 6）

四 卡罗拉混合动力系统电路图

卡罗拉混合动力系统电路图请扫描二维码查看。

卡罗拉混合动力
系统电路图

五 卡罗拉混合动力汽车继电器、熔断丝的位置

卡罗拉混合动力汽车继电器、熔断丝的位置如图 5-85 ~ 图 5-87 所示。

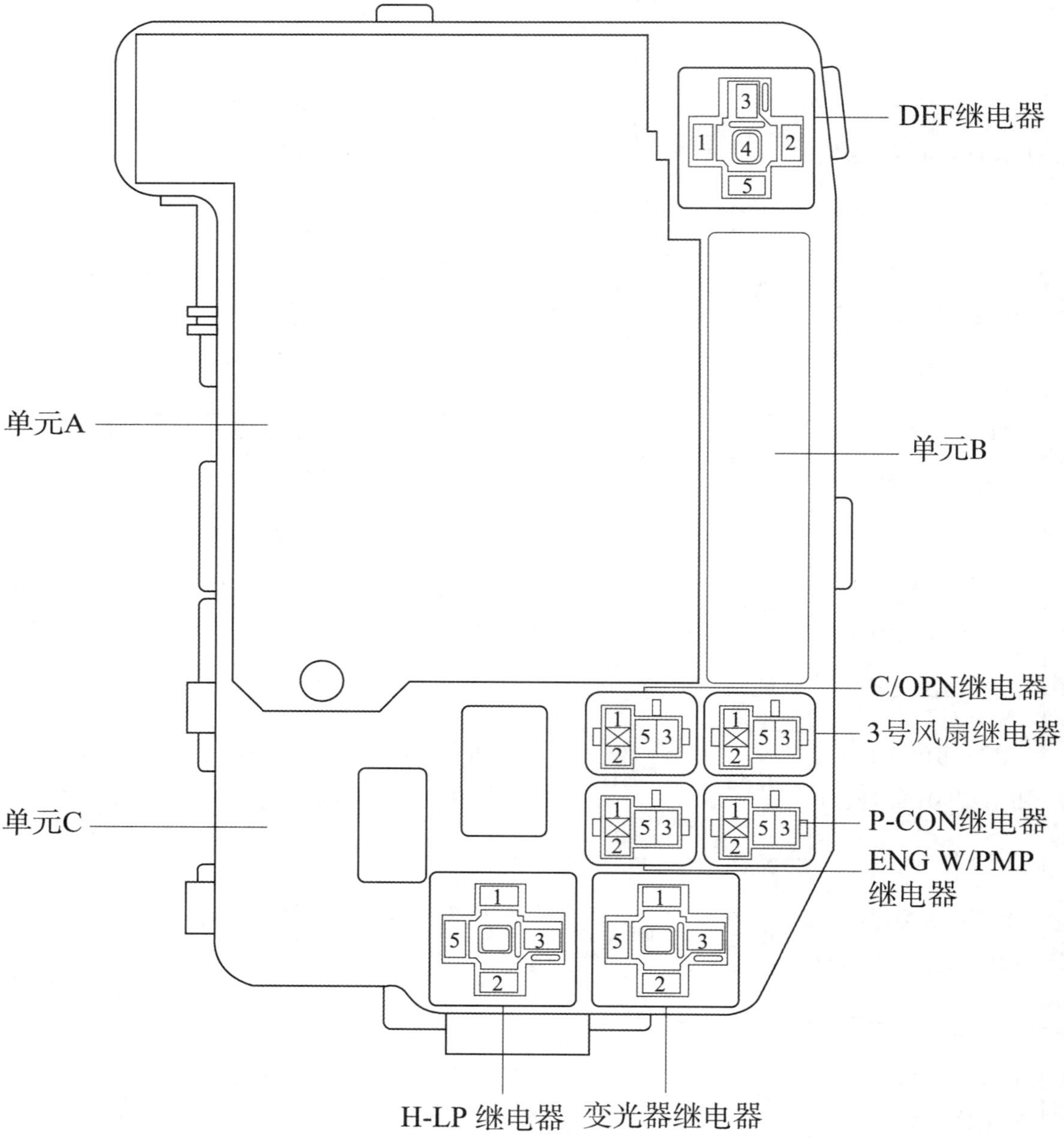

图 5-85 卡罗拉混合动力汽车继电器、熔断丝位置(一)

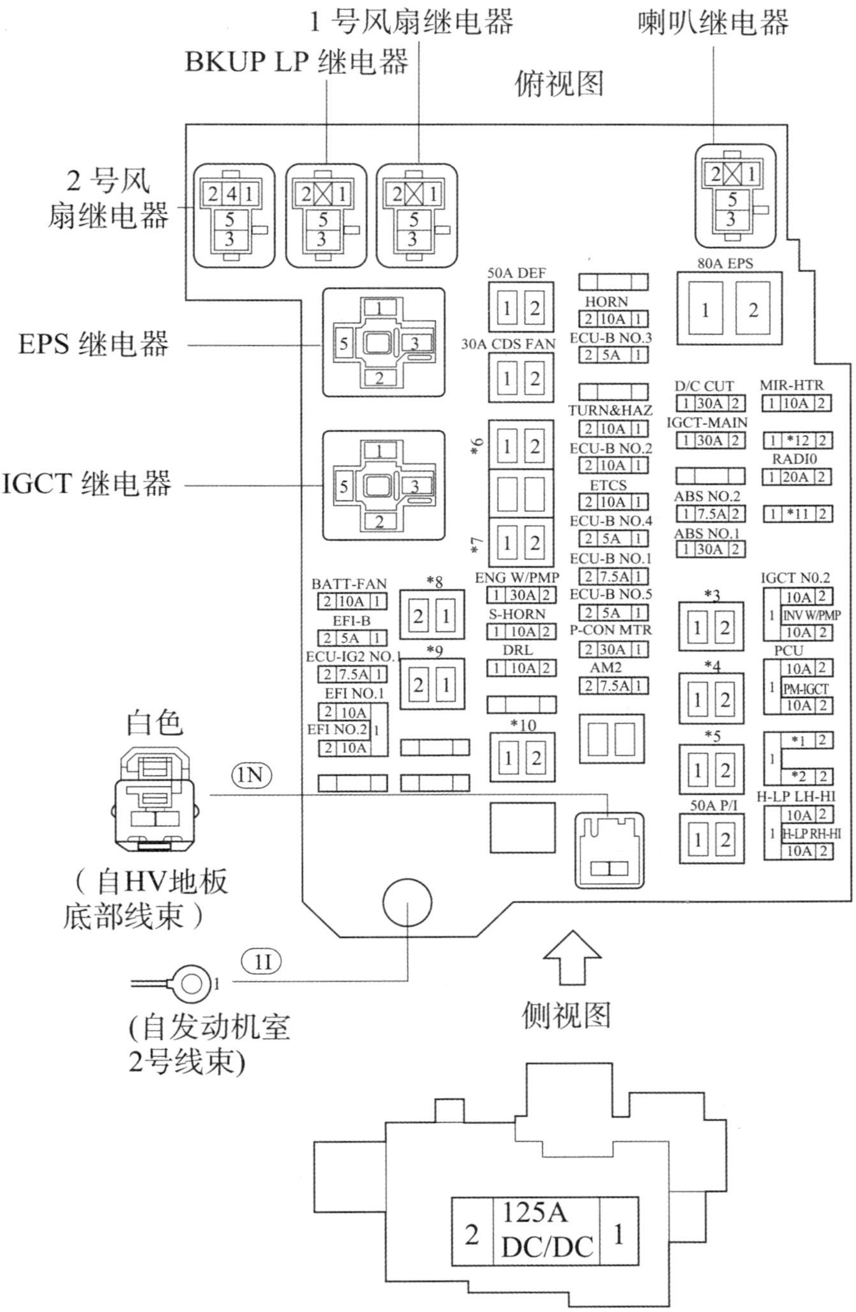

图 5-86　卡罗拉混合动力汽车继电器、熔断丝位置(二)

1-10A H-LP LH-LO；2-10A H-LP RH-LO；3-40A H-LP-MAIN；4-50A ABS-MTR NO.1；5-50A ABS-MTR NO.2；6-30A RDI；7-50A PTC HTR NO.1；8-30A PTC HTR NO.3；9-30A PTC HTR NO.2；10-50A HTR；11-5A ECU-DCC NO.1；12-10A ECU-DCC NO.2

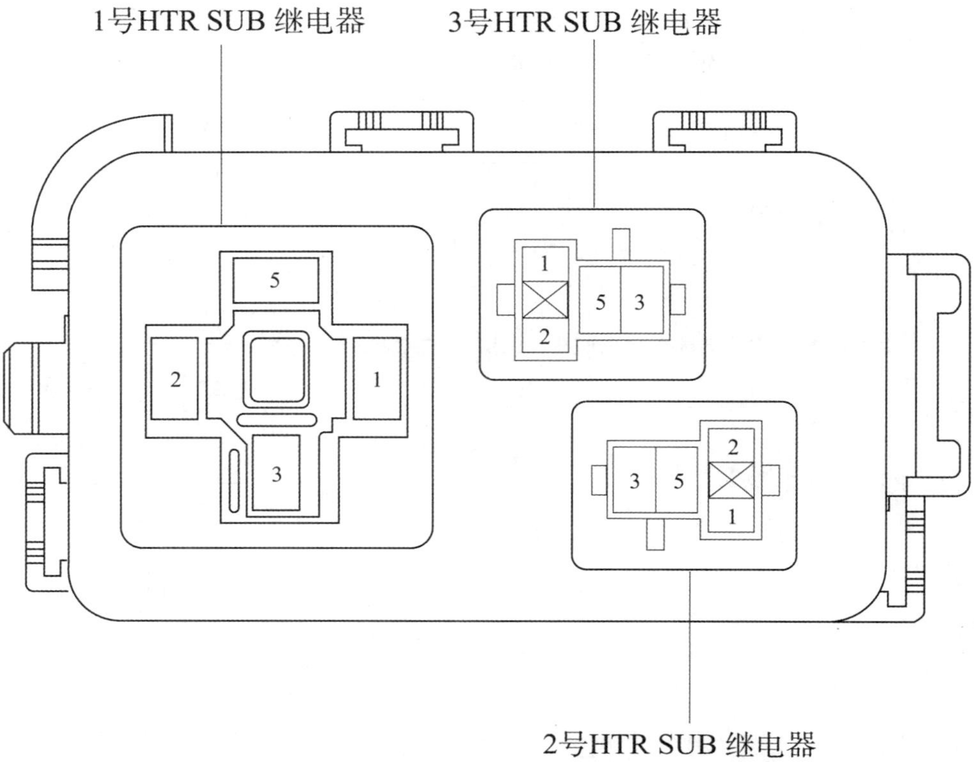

图 5-87　卡罗拉混合动力汽车继电器、熔断丝位置(三)

六　卡罗拉混合动力系统的检修

1　卡罗拉混合动力控制系统故障征兆

卡罗拉混合动力控制系统故障征兆见表 5-11。

卡罗拉混合动力控制系统故障征兆　　表 5-11

征　兆	可 疑 部 位
无法进入 EV 驱动模式	CAN 通信系统
	EV 驱动模式开关(组合开关总成)
	模式选择开关 EV 模式电路
	组合仪表总成
EV 模式指示灯不亮	组合仪表总成
	EV 驱动模式开关(组合开关总成)
	模式选择开关 EV 模式电路

续上表

征　　兆	可 疑 部 位
EV 模式指示灯不熄灭	组合仪表总成
	EV 驱动模式开关(组合开关总成)
	模式选择开关 EV 模式电路
无法进入动力模式	CAN 通信系统
	动力模式开关(组合开关总成)
	模式选择开关动力模式电路
	组合仪表总成
动力模式指示灯不亮	动力模式开关(组合开关总成)
	模式选择开关动力模式电路
	组合仪表总成
	动力模式开关(组合开关总成)
	模式选择开关动力模式电路
	组合仪表总成
动力模式指示灯不熄灭	动力模式开关(组合开关总成)
	模式选择开关动力模式电路
	组合仪表总成
无法进入环保模式	CAN 通信系统
	环保模式开关(组合开关总成)
	模式选择开关环保模式电路
	组合仪表总成
环保模式指示灯不亮	环保模式开关(组合开关总成)
	模式选择开关环保模式电路
	组合仪表总成
环保模式指示灯不熄灭	环保模式开关(组合开关总成)
	模式选择开关环保模式电路
	组合仪表总成

续上表

征　　兆	可 疑 部 位
抖动(怠速不良)	检查“Diagnosis Related Information”(诊断相关信息)
喘抖和/或加速不良	检查“Diagnosis Related Information”(诊断相关信息)
	制动优先系统
通过换至“+”或“-”无法切换换挡范围内的位置	换挡拨板装置电路
无法将电源开关置于ON(READY)位置	蓄电池电压传感器(故障总成确认)
	智能进入和启动系统(启动功能)
	ECU 电源电路
	混合动力车辆控制 ECU 总成
	ECM
混合动力车辆传动桥发出大的“咔咔”声	混合动力车辆变速器总成
	变速器输入减振器总成
	混合动力车辆传动桥总成
	发动机缺火
多信息显示屏上显示“MAIN TENANCE REQUIRED FOR HYBRID BATTERY COOLING PARTS AT YOUR DEALER”(请在经销商处进行混合动力蓄电池冷却零件所需维护)	确保 HV 蓄电池冷却系统进气口未堵塞
	确保风管连接部位之间无间隙
	清洁混合动力蓄电池 1 号进气滤清器,检查有无异物进入
	即使未存储 DTC(诊断故障代码),也要清除 DTC 以重置学习值

续上表

征 兆	可 疑 部 位
后排座椅坐垫侧盖的通风孔内发出异常噪声	确保 HV 蓄电池冷却系统进气口未堵塞
	确保风管连接部位之间无间隙
	清洁混合动力蓄电池 1 号进气滤清器，检查有无异物进入

(1)检查蓄电池电压传感器零件号。

①如果发生故障前已更换蓄电池电压传感器，则检查蓄电池电压传感器的零件号。

②使用 GTS(丰田新一代检测电脑)，检查车辆控制记录。

注意：如果显示"Battery Smart Unit Mismatch"，则表明安装了错误类型的蓄电池电压传感器。

③安装蓄电池电压传感器后，执行下列步骤以检查并确认可将电源开关置于 ON(READY)位置。

a. 将电源开关置于 ON(READY)位置。

b. 将电源开关置于 OFF 位置并等待 30s 或更长时间。

c. 再次将电源开关置于 ON(READY)位置。

注意：

a. 根据车辆型号，使用的蓄电池电压传感器的类型不同。

b. 如果安装了错误类型的蓄电池电压传感器，则无法将电源开关置于 ON(READY)位置。

(2)如果蓄电池冷却鼓风机总成存在故障，将存储故障码 DTC POA8111、POA8115 或 POA8196。如果多信息显示屏上仅显示"MAINTENANCE REQUIRED FOR HYBRID BATTERY COOLING PARTS AT YOUR DEALER"(请在经销商处进行混合动力蓄电池冷却零件所需维护)，则仅执行 HV 蓄电池冷却系统进气口、滤清器和风管的检查。

(3)如果输出"Diagnosis Related Information"(诊断相关信息)项目，则执行相应的 DTC 故障排除(P312387 为混合动力控制系统故障；P31241F、P312487 为电机控制系统故障)。

2 混合动力控制系统维修注意事项

混合动力控制系统使用高压电路，因此不正确的操作可能导致电击或漏电。

在检修过程中(例如安装拆卸零件、检查、更换零件),必须遵循下列步骤。

(1)对高压系统进行操作时断开电源。

①确保电源开关关闭。

②从辅助蓄电池上断开负极端子电缆。

③一定要戴绝缘手套。

④拆下检修塞。

注意:

a. 拆下检修塞后,不要操作电源开关,否则可能损坏混合动力车辆控制ECU。

b. 检修车辆时,应将拆下来的检修塞放到衣袋内,以防止其他人重新连接检修塞。

⑤放置车辆5min。至少需要5min对变频器内的高压电容器进行放电。

(2)使用绝缘手套的注意事项。

①戴绝缘手套之前,确保绝缘手套没有破损、破洞或裂纹等。

②不要戴湿的绝缘手套。

(3)线束和连接器的注意事项。

高压电路的线束和连接器都是橙色;HV蓄电池等的高压零件都贴有“高压”警示,小心不要触碰到这些配线。

(4)进行维修或检查时的注意事项。

①开始工作前,一定要断开电源。

②检查、维修任何高压配线和零件时,必须戴绝缘手套。

③在对高压系统进行操作时,用类似“高压工作,请勿靠近!”的警告牌警示其他人员。

④不要携带任何类似卡尺或测量卷尺等的金属物体,因为这些物体可能掉落而引起短路;拆下任何高压配线后,立刻用绝缘胶带将其绝缘。

⑤一定要按规定力矩将高压螺钉端子拧紧,力矩不足或过量都可能导致故障。

⑥完成对高压系统的操作后和重新安装检修塞前,应再次确认在工作平台周围没有遗留任何零件或工具,并确认高压端子已拧紧、连接器已连接。

3 HV蓄电池充电

(1)注意事项。

将电源开关置于OFF位置后,断开辅助蓄电池负极端子电缆前,可能需要等待一段时间。因此,继续工作前,确保已了解断开辅助蓄电池负极端子电缆的注意事项。

(2)检查辅助蓄电池电压。

测量辅助蓄电池电压。标准电压:约11V或更高。

注意:喇叭清晰鸣响。如果电压为10V或更低,则对辅助蓄电池充电(充电通常需要大约1h)或用充满电的辅助蓄电池更换。

(3)HV蓄电池充电的准备工作。

警告:混合动力系统具有高压电路。如果未以正确方式操作混合动力系统,则可能会导致电击或漏电等事故。确保遵循正确程序。

注意:拆下维修塞把手可中断高压电路,如图5-88所示。

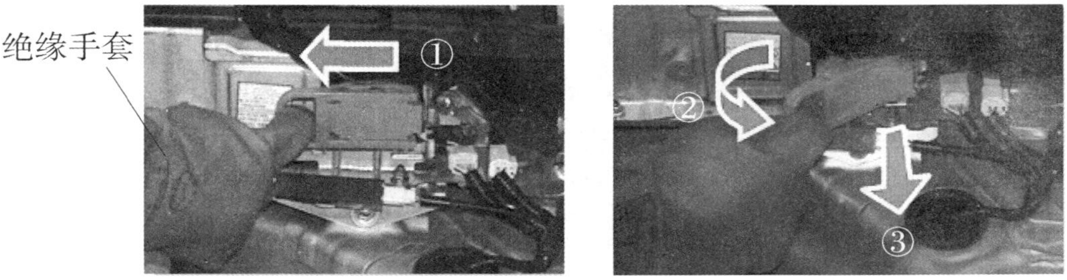

图5-88　拆下维修塞把手

①检查HV蓄电池的充电量。如果混合动力系统无法启动,且多信息显示屏上显示"Hybrid Battery Low Shift Out of N to Recharge"或"Hybrid Battery Low Hybrid System Stopped Shift to P and Restart",则HV蓄电池可能放电。

②确认发动机是否起动。如果发动机起动,则换挡杆置于P位的情况下使其怠速运转,直至发动机停止(自充电完成)。如果发动机无法起动,则对HV蓄电池进行充电。

注意:

a.执行外部充电前,务必使用GTS进行故障排除。

b.每个充电循环中使用THS充电器的充电时间为10min。使用THS充电器的充电时间较短(HV蓄电池温度为25℃时,10min就足够;HV蓄电池温度为0℃,需要3个10min充电周期),即可使发动机处于可起动状态(系统可进入READY-ON状态)。充电开始后,THS充电器自动停止10min。

③断开HV地板底部线束,如图5-89所示。注意要用绝缘胶带将断开的连接器绝缘。

④从HV蓄电池上断开屏蔽搭铁。

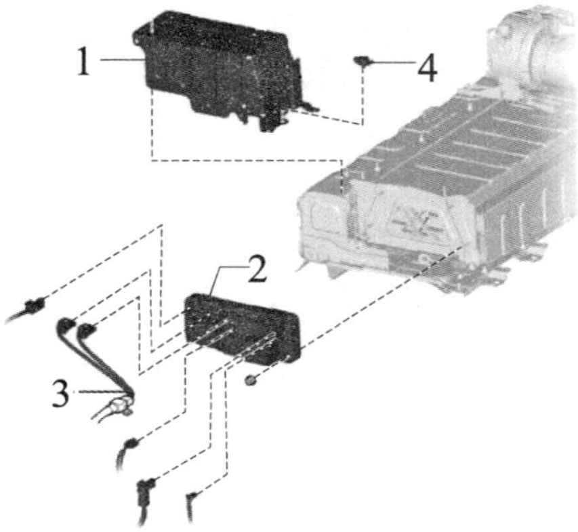

图 5-89 HV 地板底部线束
1-混合动力蓄电池右侧盖分总成;2-HV 蓄电池接线盒总成;3-HV 底板底部线束;4-蓄电池盖锁扣

⑤按以下步骤连接 THS 充电器。第 1 步:连接 EV 搭铁线;第 2 步,连接低压电缆;第 3 步,连接高压电缆;第 4 步,连接 THS 充电器电源输入插头到外部的交流电源插座。

注意:确保首先连接 EV 搭铁线以防电击,按图示顺序连接所有 THS 充电器电缆以防电击。

❹ HV 继电器总成检查

(1)检查 SMRB,如图 5-90 所示。根据表 5-12 和表 5-13 中的值测量电阻,如果结果不符合规定,则更换 HV 蓄电池接线盒总成。

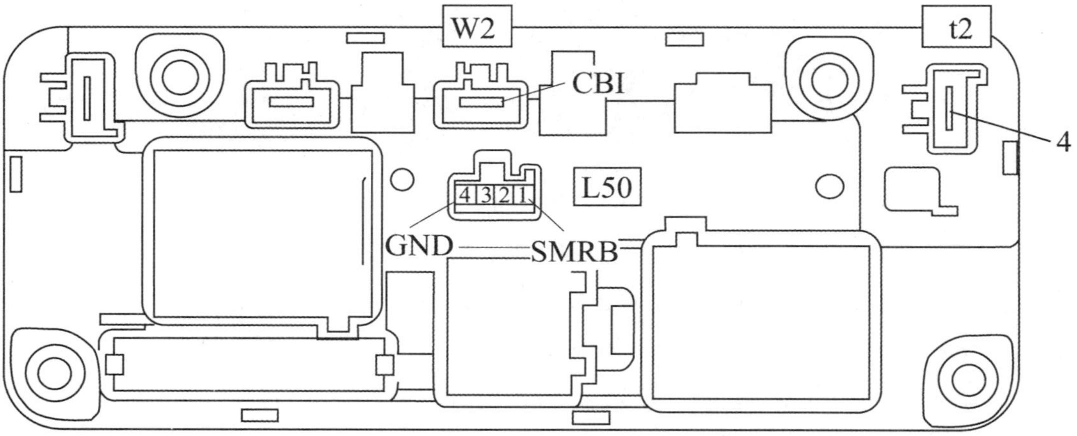

图 5-90 检查 SMRB

SMRB 施加电压时的标准电阻 表 5-12

检测仪连接	条 件	规定状态
W2-1(CBD)和 t2-1(+)	未在端子 L50-1(SMRB)和 L50-3(GND)之间施加辅助蓄电池电压	10kΩ 或更大
	在端子 L50-1(SMRB)和 L50-3(GND)之间施加辅助蓄电池电压	小于 1Ω

SMRB 标 准 电 阻　　　　表 5-13

检测仪连接	条件(℃)	规定状态(Ω)
L50-1(SMRB)和 L50-3(GND)	-40～80	20.6～40.8

(2)检查 SMRG,如图 5-91 所示。根据表 5-14 和表 5-15 所示中的值测量电阻,如果结果不符合规定,则更换 HV 蓄电池接线盒总成。

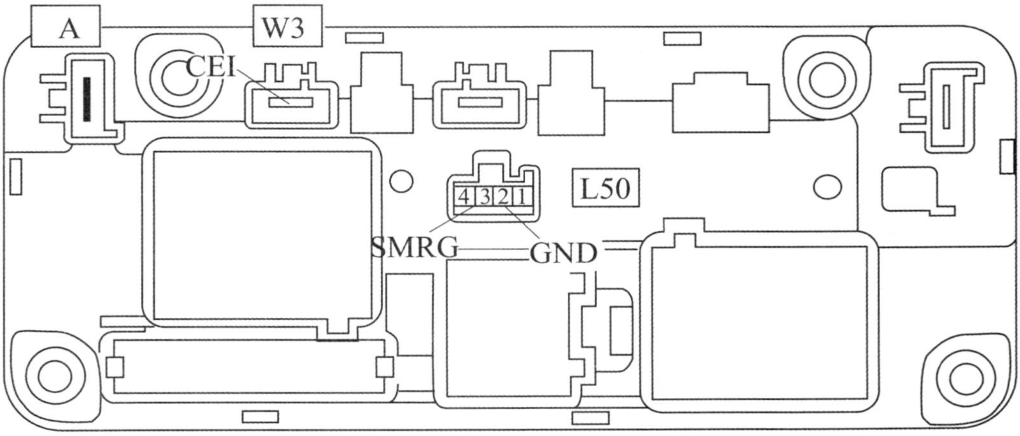

图 5-91　检查 SMRG

SMRG 施加电压时标准电阻　　　　表 5-14

检测仪连接	条　　件	规定状态
W3-1(CEI)和 A-1(-)	未在端子 L50-4(SMRG)和 L50-3(GND)之间施加辅助蓄电池电压	10kΩ 或更大
	在端子 L50-4(SMRG)和 L50-3(GND)之间施加辅助蓄电池电压	小于 1Ω

SMRG 标准电阻　　　　表 5-15

检测仪连接	条件(℃)	规定状态(Ω)
L50-4(SMRG)和 L50-3(GND)	-40～80	20.6～40.8

(3)检查 SMRP,如图 5-92 所示。根据表 5-16 和表 5-17 中的值测量电阻。

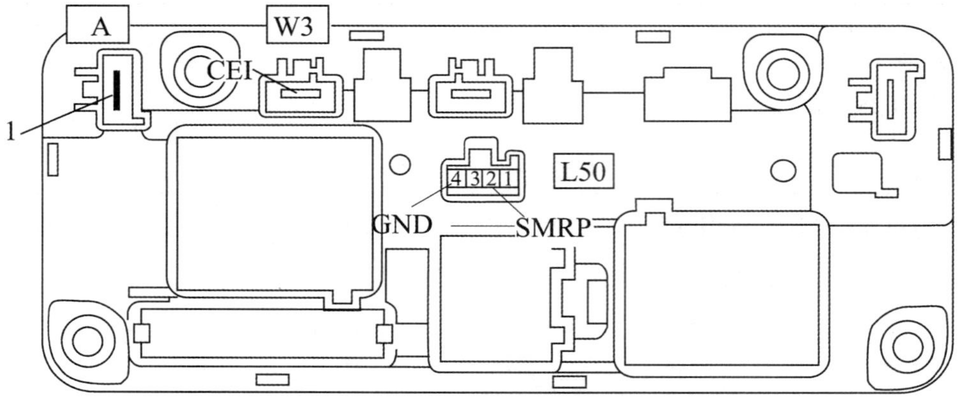

图 5-92 检查 SMRP

SMRP 施加电压标准电阻 表 5-16

检测仪连接	条　件	规定状态
W3-1(CEI)和 A-1(－)	在端子 L50-2(SMRP)和 L50-3(GND)之间施加辅助蓄电池电压	10kΩ 或更大
	在端子 L50-2(SMRP)和 L50-3(GND)之间施加辅助蓄电池电压	24.3Ω 和 29.7Ω

SMRP 标准电阻 表 5-17

检测仪连接	条件(℃)	规定状态(Ω)
L50-2(SMRP)和 L50-3(GND)	40～80	140～290

5 组合开关检查

(1)检查 EV 模式开关端子如图 5-93 所示。标准电阻见表 5-18。

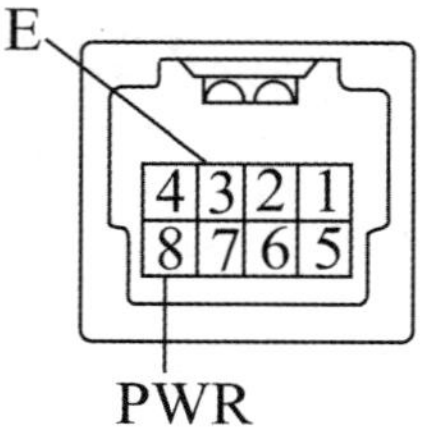

图 5-93 检查 EV 模式开关端子

EV 模式开关端子标准电阻　　表 5-18

检测仪连接	条　　件	规定状态
7(S)-3(E)	按住 EV 模式开关	小于 50Ω
	未按下 EV 模式开关	10kΩ 或更大

(2)检查环保模式开关端子如图 5-94 所示。标准电阻见表 5-19。

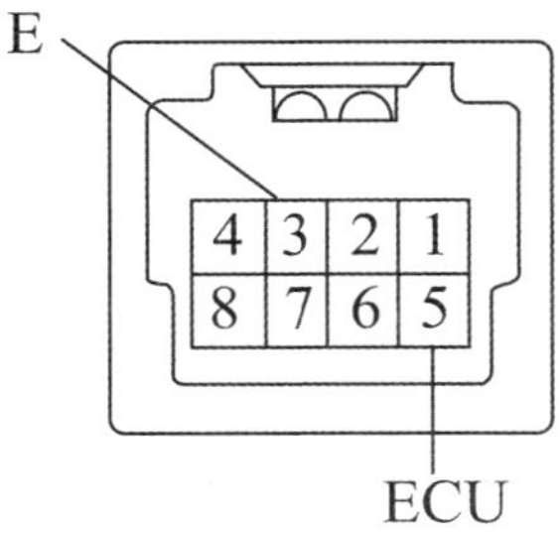

图 5-94　检查环保模式开关端子

环保模式开关端子标准电阻　　表 5-19

检测仪连接	条　　件	规定状态
5(ECU)-3(E)	按住环保模式开关	小于 50Ω
	未按下环保模式开关	10kΩ 或更大

(3)检查 PWR 模式开关端子如图 5-95 所示。标准电阻见表 5-20。

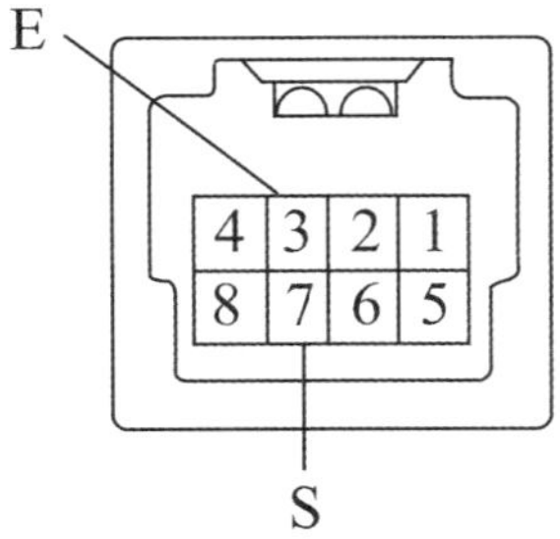

图 5-95　检查 PWR 模式开关端子

PWR 模式开关端子标准电阻　　表 5-20

检测仪连接	条　　件	规定状态
8(PWR)-3(E)	按住 PWR 模式开关	小于 50Ω
	未按下 PWR 模式开关	10kΩ 或更大

(4)检查照明情况。将辅助蓄电池电压施加到组合开关总成上,检查并确认

组合开关总成点亮,如图 5-96 所示。

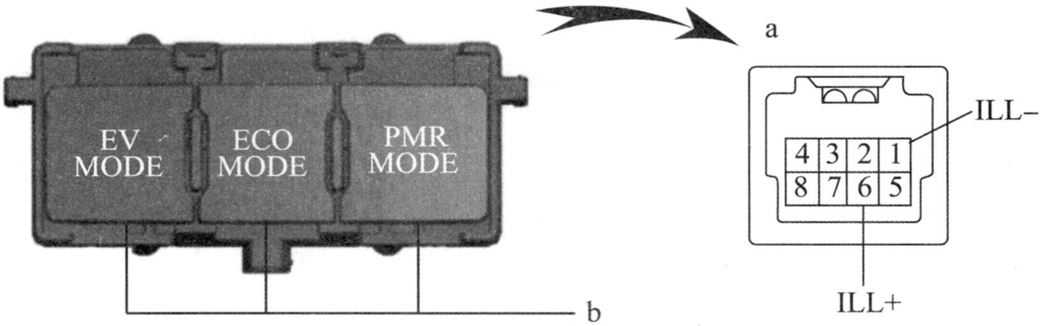

图 5-96 检查照明情况

a-未连接线束的零部件(组合开关总成);b-点亮

测量条件:辅助蓄电池正极(+)→6(ILL+)辅助蓄电池负极(−)→1(ILL−)→点亮。

❻ 检查带变换器的逆变器总成

警告:检查带转换器的逆变器总成时务必佩戴绝缘手套。

(1)检查并确认维修塞把手未安装。

注意:拆下维修塞把手后,除非修理手册规定,否则不要将电源开关置于 ON(READY)位置,因为这样可能会导致故障。

(2)从带变换器的逆变器总成上拆下逆变器盖。

(3)从带变换器的逆变器总成上断开电机电缆,如图 5-97 所示。

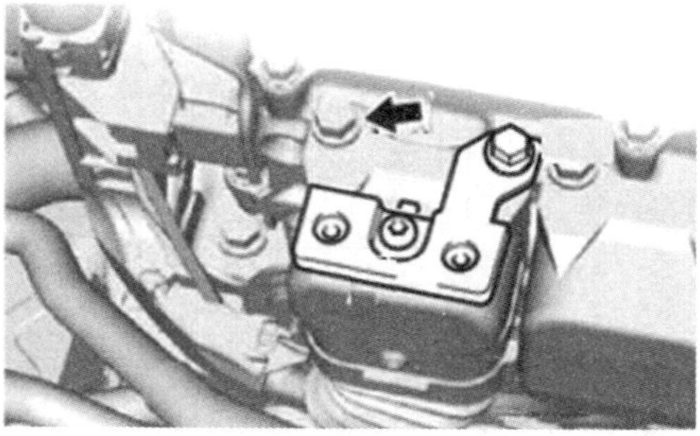

图 5-97 断开电机电缆(一)

(4)检查电机电缆端子上是否有电弧痕迹。

(5)将电机电缆连接到带变换器的逆变器总成上。

(6)安装逆变器盖。

❼ 检查混合动力车辆传动桥总成(电机 MG2)

(1)检查并确认维修塞把手未安装。

注意:拆下维修塞把手后,除非修理手册规定,否则不要将电源开关置于 ON (READY)位置,因为这样可能会导致故障。

(2)从带变换器的逆变器总成上拆下逆变器盖。

(3)从带变换器的逆变器总成上断开电机电缆,如图 5-98 所示。

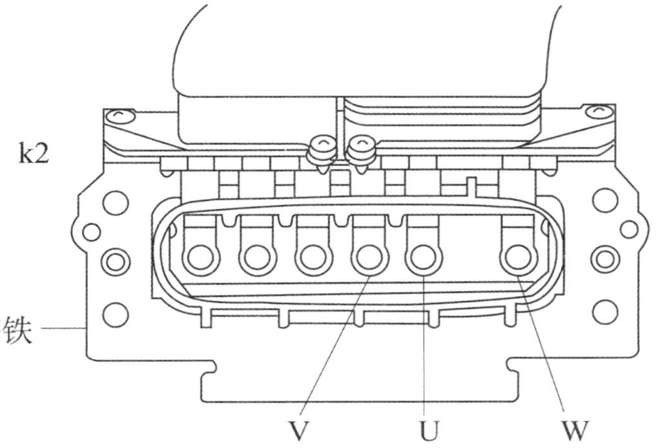

图 5-98　断开电机电缆(二)

(4)用毫欧表测量电阻端子之间的电阻,见表 5-21。

端子之间标准电阻　　表 5-21

检测仪连接	条　　件	规定状态(mΩ)
k2-1(W)和 k2-2(U)	电源开关 OFF	152.4 ~ 168.8
k2-3(V)和 k2-1(W)	电源开关 OFF	151.5 ~ 167.9
k2-2(U)和 k2-3(V)	电源开关 OFF	157.5 ~ 173.9

注意:如果电机 MG2 温度高,则电阻与规格将差异极大。因此,应在停车至少 8h 后测量电阻。

(5)使用设定为 500V 的兆欧表测量电机端子与车身之间的电阻,见表 5-22。

注意:进行此测试时,确保将兆欧表设定为 500V。使用设定高于 500V 的兆欧表检测会导致正在检测的零部件损坏。

与车身搭铁标准电阻　　表 5-22

检测仪连接	条　　件	规 定 状 态
k2-1(W)-车身搭铁和屏蔽搭铁	电源开关 OFF	100mΩ 或更大

续上表

检测仪连接	条　　件	规定状态
k2-3(V)-车身搭铁和屏蔽搭铁	电源开关 OFF	100mΩ 或更大
k2-2(U)-车身搭铁和屏蔽搭铁	电源开关 OFF	100mΩ 或更大

(6)测量电机相位电阻,见表 5-23。

注意:仅在不使用毫欧表检查电机相位间是否短路时,执行该程序。

电机相位电阻　　表 5-23

检测仪连接	条　　件	规定状态(Ω)
k2-1(W)和 k2-3(V)	电源开关 OFF	小于 1
k2-3(V)和 k2-2(U)	电源开关 OFF	小于 1

(7)重新连接电机电缆。

(8)安装逆变器盖。

8 检查混合动力车辆传动桥总成(电机电缆连接情况)

(1)检查并确认维修塞把手未安装。

注意:拆下维修塞把手后,除非修理手册规定,否则不要将电源开关置于 ON(READY)位置,因为这样可能会导致故障。

(2)检查并确认电机电缆的螺栓紧固至规定力矩,电机电缆牢固连接且无接触故障,如图 5-99 所示。

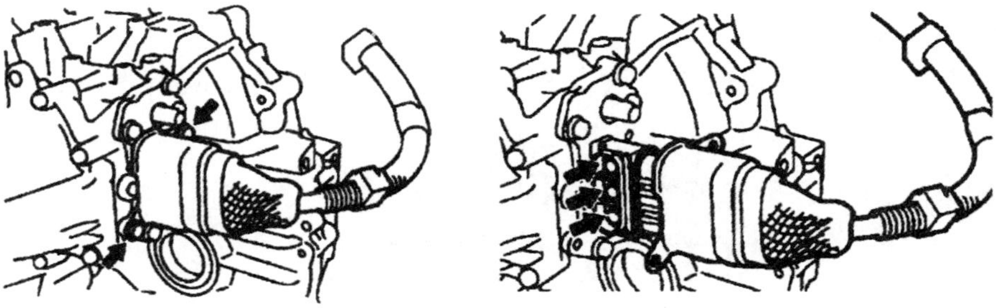

图 5-99　检查并确认电机电缆的螺栓

(3)从混合动力车辆传动桥总成上断开电机电缆。

(4)检查电机电缆端子上是否有电弧痕迹。

9 检查线束和连接器（带变换器的逆变器总成—电机解析器）

(1)检查并确认维修塞把手未安装。

注意：拆下维修塞把手后，除非修理手册规定，否则不要将电源开关置于 ON (READY)位置，因为这样可能会导致故障。

(2)断开带变换器的逆变器总成连接器 B27，如图 5-100 所示。

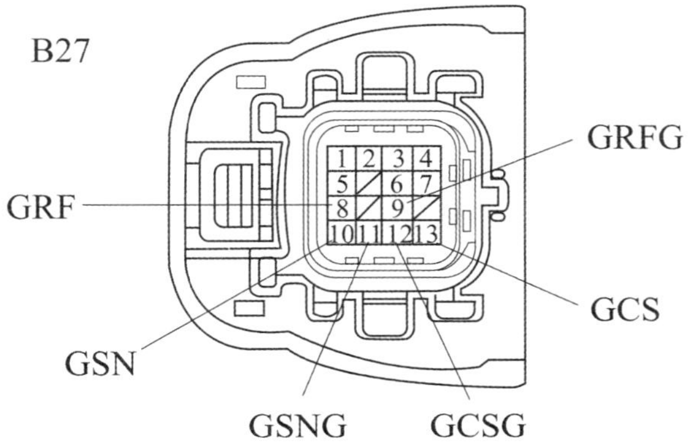

图 5-100　逆变器总成连接器 B27

(3)连接辅助蓄电池负极端子电缆。

(4)将电源开关置于 ON(IG)位置。

(5)各端子测量电压值见表 5-24。

各端子测量电压值　　表 5-24

检测仪连接	条　件	规定状态(v)
B27-8(GRF)和车身搭铁	电源开关 ON(IG)	小于 1
B27-9(GRFG)和车身搭铁	电源开关 ON(IG)	小于 1
B27-10(GSN)和车身搭铁	电源开关 ON(IG)	小于 1
B27-11(GSNG)和车身搭铁	电源开关 ON(IG)	小于 1
B27-13(GCS)和车身搭铁	电源开关 ON(IG)	小于 1
B27-12(GCSG)和车身搭铁	电源开关 ON(IG)	小于 1

注意:在带转换器的逆变器总成断开的情况下,将电源开关置于 ON(IG)位置,会导致存储其他 DTC。进行该检查后清除 DTC。

(6)电机解析器 1 断路检查见表 5-25。

电机解析器 1 标准电阻(断路检查)　　表 5-25

检测仪连接	条　件	规定状态(Ω)
B27-8(GRF)和 B27-9(GRFG)	电源开关 OFF	9.5~15.5
B27-10(GSN)和 B27-11(GSNG)	电源开关 OFF	15.0~27.0
B27-13(GCS)和 B27-12(GCSG)	电源开关 OFF	14.0~26.0

(7)电机解析器 1 短路检查,见表 5-26。

电机解析器 1 标准电阻(短路检查)　　表 5-26

检测仪连接	条　件	规定状态(mΩ)
B27-8(GRF)或 B27-9(GRFG)和车身搭铁及其他端子	电源开关 OFF	1 或更大
B27-10(GSN)或 B27-11(GSNG)和车身搭铁及其他端子	电源开关 OFF	1 或更大
B27-13(GCS)或 B27-12(GCSG)和车身搭铁及其他端子	电源开关 OFF	1 或更大

(8)断开解析器连接器 B2,如图 5-101 所示。

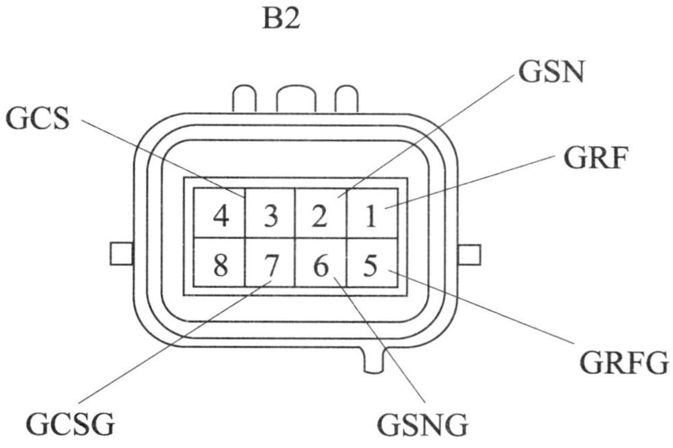

图 5-101　断开解析器连接器 B2

(9)电机解析器 2 断路检查见表 5-27。

电机解析器 2 标准电阻(断路检查)　　表 5-27

检测仪连接	条　件	规定状态(Ω)
B2-1(GRF)和 B2-5(GRFG)	电源开关 OFF	9.5～15.5
B2-2(GSN)和 B2-6(GSNG)	电源开关 OFF	15.0～27.0
B2-3(GCS)和 B2-7(GCSG)	电源开关 OFF	14.0～26.0

(10)电机解析器 2 短路检查见表 5-28。

电机解析器 2 标准电阻(短路检查)　　表 5-28

检测仪连接	条　件	规定状态(mΩ)
B2-1(GRF)和车身搭铁及其他端子[除 B2-5(GRFG)外]	电源开关 OFF	1 或更大
B2-5(GRFG)和车身搭铁及其他端子[除 B2-1(GRFG)外]	电源开关 OFF	1 或更大

续上表

检测仪连接	条　　件	规定状态(mΩ)
B2-2(GSN)和车身搭铁及其他端子[除B2-6(GSNG)外]	电源开关OFF	1或更大
B2-6(GSNG)和车身搭铁及其他端子[除B2-2(GSN)外]	电源开关OFF	1或更大
B2-3(GCS)和车身搭铁及其他端子[除B2-7(GCSG)外]	电源开关OFF	1或更大
B2-7(GCSG)和车身搭铁及其他端子[除B2-3(GCS)外]	电源开关OFF	1或更大

10 检查混合动力车辆控制ECU电压

(1)将电源开关置于ON(IG)位置。

(2)车辆控制ECU端子如图5-102所示。

(3)测量电压见表5-29。

车辆控制ECU端子标准电压　　表5-29

检测仪连接	条　　件	规定状态(V)
A28-6(HSDN)和E23-3(E1)	电源开关OFF	小于4.5

(4)将电源开关置于OFF位置。

11 检查线束和连接器(HV ECU—带变换器的逆变器总成)

(1)检查并确认维修塞把手未安装。

注意：拆下维修塞把手后，除非修理手册规定，否则不要将电源开关置于ON(READY)位置，因为这样可能会导致故障。

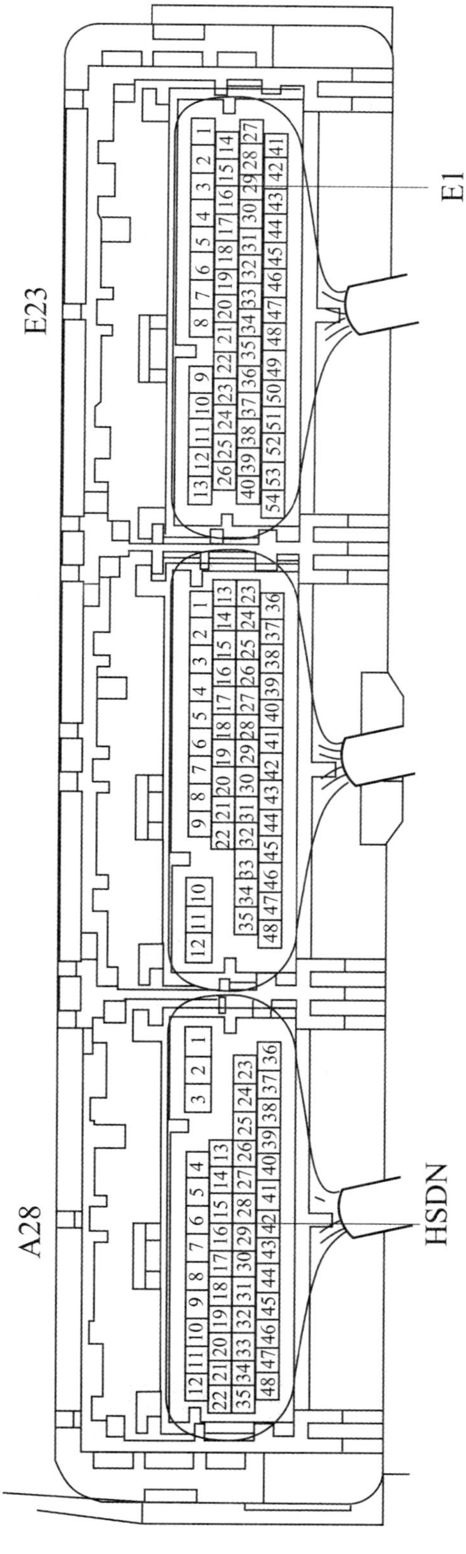

图5-102　车辆控制ECU端子

(2)断开 HV ECU 连接器 A28,断开带变换器的逆变器总成连接器 A41，如图 5-103 所示。

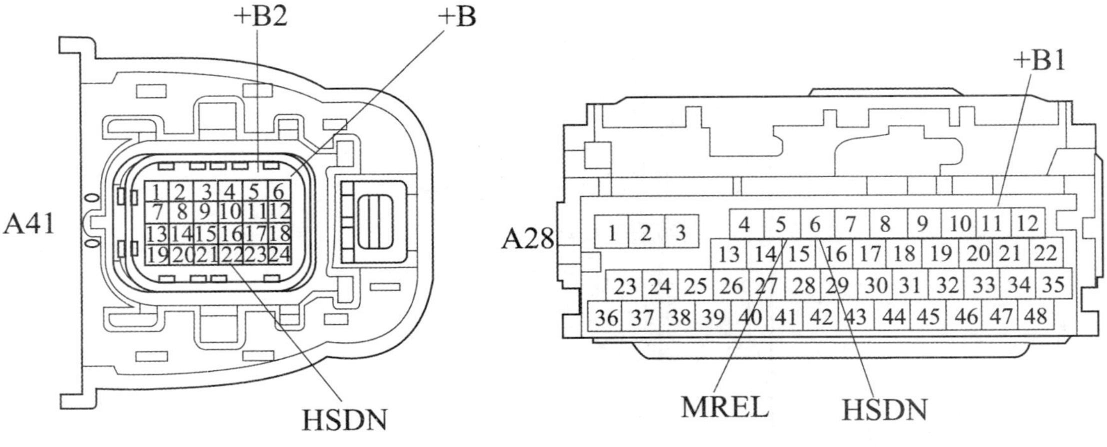

a)至带变换器的逆变器总成　　b)至HV ECU

图 5-103　车辆控制 ECU 连接器 A28 与带变换器的逆变器总成连接器 A41

(3)连接辅助蓄电池负极端子电缆。

(4)将电源开关置于 ON(IG)位置。

(5)测量 A41-22(HSDN)或 A28-6(HSDN)与车身搭铁电压,电源开关置于 ON(IG)位置,标准值小于 1V。

注意:在 HV ECU 和带变换器的逆变器总成连接器断开的情况下,将电源开关置于 ON(IG)位置,会导致存储其他 DTC。进行该检查后清除 DTC。

(6)将电源开关置于 OFF 位置。

(7)断开辅助蓄电池负极端子电缆。

(8)测量端子的电阻,见表 5-30。

测量端子的电阻于 ON(IG)位置　　表 5-30

检测仪连接	条　　件	规定状态(kΩ)
A41-22(HSDN)和 A41-6(+B)	电源开关 OFF	10 或更大
A41-22(HSDN)和 A41-(+B2)	电源开关 OFF	10 或更大

续上表

检测仪连接	条　　件	规定状态(kΩ)
A28-6(HSDN)和 A28-11(+B1)	电源开关 OFF	10 或更大
A28-6(HSDN)和 A28-5(MREL)	电源开关 OFF	10 或更大

(9)重新连接带变换器的逆变器总成连接器 A41。

(10)重新连接 HV ECU 连接器 A28。

12 检查带变换器的逆变器总成

(1)检查并确认维修塞把手未安装。

注意:拆下维修塞把手后,除非修理手册规定,否则不要将电源开关置于 ON(READY)位置,因为这样可能会导致故障。

(2)断开带变换器的逆变器总成连接器 A41,如图 5-104 所示。

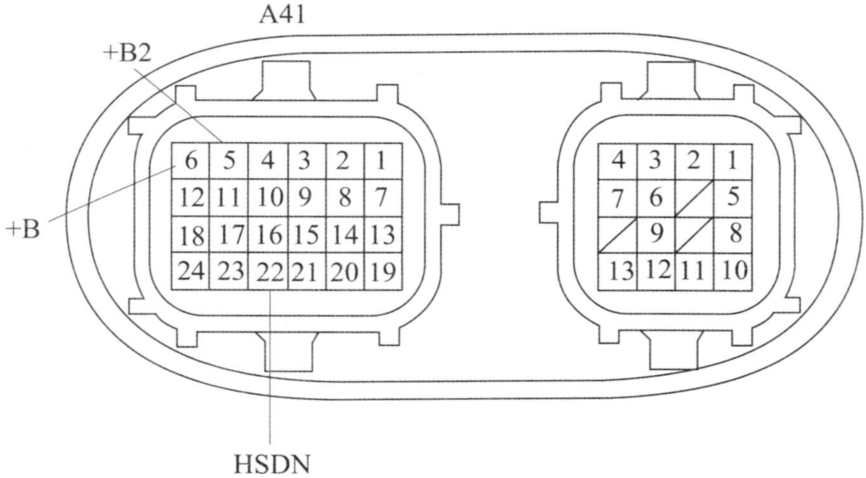

图 5-104　带变换器的逆变器总成连接器

(3)带变换器的逆变器总成连接器端子电阻测量见表 5-31。

带变换器的逆变器总成连接器端子电阻测量　　表 5-31

检测仪连接	条　　件	规定状态(Ω)
A41-22(HSDN)和 A41-6(+B)	电源开关 OFF	80 或更大
A41-22(HSDN)和 A41-5(+B2)	电源开关 OFF	80 或更大

(4)正常重新连接带变换器的逆变器总成连接器 A41。

13 检查熔断丝 PCU

(1)从发动机室 1 号继电器盒和 1 号接线盒总成上拆下 PCU 熔断丝,如图 5-105 所示。

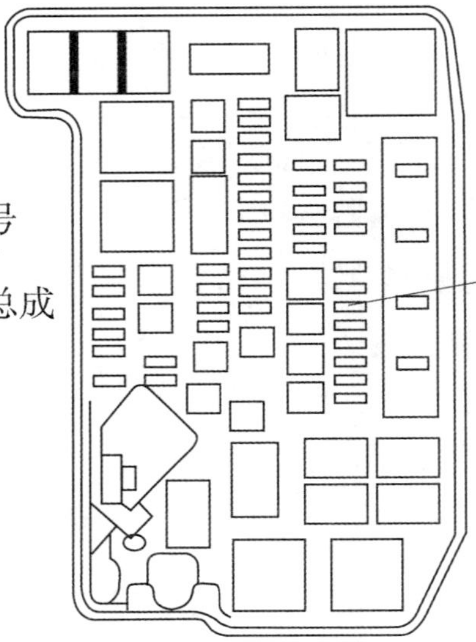

图 5-105　PCU 熔断丝位置

(2)测量 PCU 熔断丝端子始终标准电阻小于 1Ω。

14 检查 HV 地板底部线束

(1)检查并确认维修塞把手未安装。

注意:拆下维修塞把手后,除非修理手册规定,否则不要将电源开关置于 ON (READY)位置,因为这样可能会导致故障。

(2)从带变换器的逆变器总成上断开 HV 地板底部线束连接器 W1,如图 5-106所示。

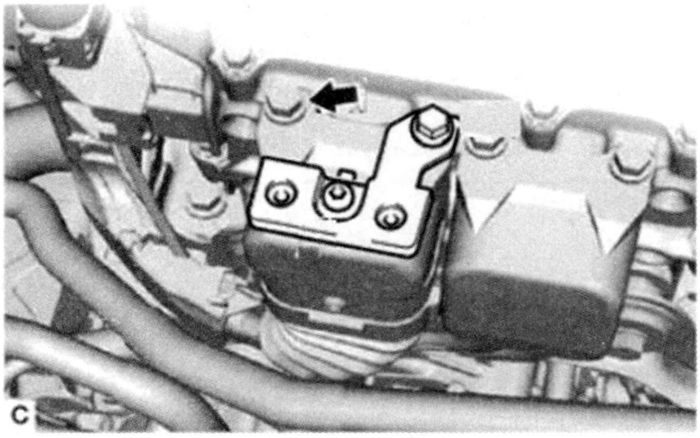

图 5-106　线束连接器 W1

(3)拆下 HV 蓄电池右侧盖分总成。

(4)从 HV 蓄电池接线盒总成上断开 HV 地板底部线束连接器 W2 和 W3。

(5)HV 地板底部线束连接器如图 5-107 所示,标准电阻见表 5-32。

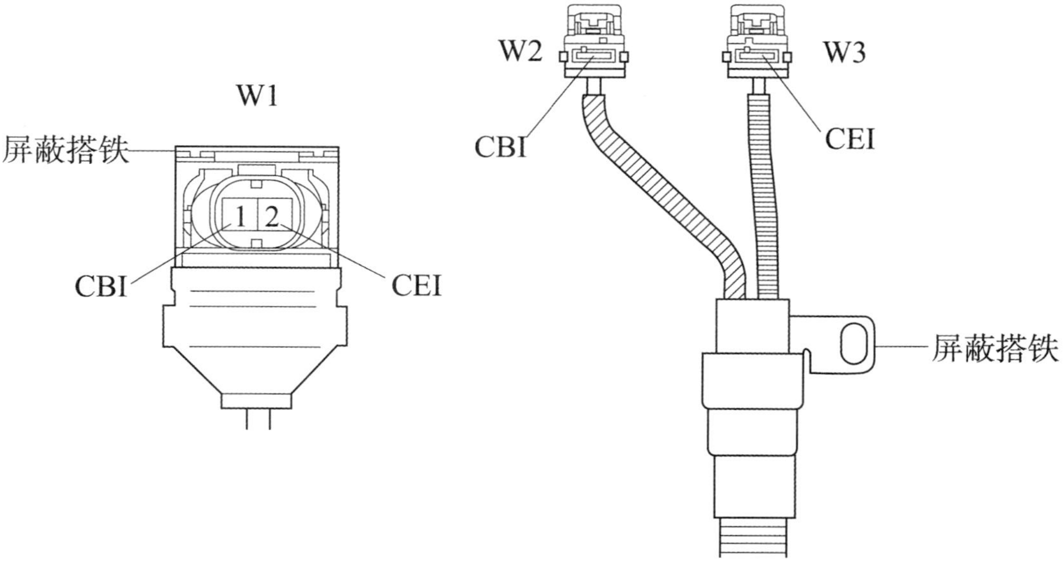

图 5-107　HV 地板底部线束连接器

HV 地板底部线束连接器端子标准电阻　　表 5-32

检测仪连接	条　　件	规定状态/Ω
W1-1(CBI)和 W2-1(CBI)	电源开关 OFF	小于 1
W1-2(CEI)和 W3-1(CEI)	电源开关 OFF	小于 1

(6)使用设定为 500V 的兆欧表,测量端子与车身之间的电阻,见表 5-33。

注意:进行此测试时,确保将兆欧表设定为 500V。使用设定高于 500V 的兆欧表检测将导致正在检测的零部件损坏。

端子与车身之间电阻　　表 5-33

检测仪连接	条　　件	规定状态(mΩ)
W1-1(CBI)或 W2-1(CBI)和车身搭铁及屏蔽搭铁	电源开关 OFF	10 或更大
W1-2(CEI)或 W3-1(CEI)和车身搭铁及屏蔽搭铁	电源开关 OFF	10 或更大

续上表

检测仪连接	条　　件	规定状态(mΩ)
W1-1(CBI)和 W1-2(CEI)	电源开关 OFF	10 或更大
W2-1(CBI)和 W3-1(CEI)	电源开关 OFF	10 或更大

(7)将 HV 地板底部线束连接器 W2 和 W3 重新连接到 HV 蓄电池接线盒总成上。

(8)安装 HV 蓄电池右侧盖分总成。

(9)将 HV 地板底部线束连接器 W1 重新连接到带变换器的逆变器总成上。

单元小结

(1)国产双擎卡罗拉是将燃油发动机和电机产生的驱动力同时或者分别驱动车辆。使用的是丰田第二代混合动力系统(Toyota Hybrid System-Ⅱ,THS-Ⅱ),其采用发动机节能技术以及发动机与电机驱动力耦合技术。HV 蓄电池总成主要包括 HV 蓄电池(蓄池模块)、HV 蓄电池温度传感器、HV 蓄电池进气温度传感器、HV 蓄电池接线盒总成、HV 蓄电池冷却鼓风机总成、蓄电池智能单元(蓄电池电压传感器)和维修塞把手(维修开关)。卡罗拉混合动力汽车采用了丰田 P410 混合动力传动桥。P410 混合动力传动桥由电机(MG1 和 MG2)、复合齿轮装置、传动桥阻尼器、中间轴从动齿轮、减速齿轮、差速器齿轮机构和油泵组成。

(2)详细介绍了卡罗拉混合动力汽车 THS-Ⅱ主要部件及工作原理。

(3)重点讲述了混合动力系统维修注意事项,要求能读懂卡罗拉混合动力系统电路图,找到混合动力车辆线路各端子,并知道其定义,能安全规范地对卡罗拉混合动力系统进行检修。

思考与练习

(一)填空题

1. 国产双擎卡罗拉是将燃油发动机和电机产生的驱动力________或者________驱动车辆。

2. 双擎卡罗拉的混合动力系统采用了两个蓄电池,即________蓄电池和________蓄电池。

3. HV 蓄电池总成主要包括________(蓄池模块)、________传感器、HV 蓄电池进气温度传感器、HV 蓄电池接线盒总成、HV 蓄电池冷却鼓风机总成、蓄电池智能单元(蓄电池电压传感器)和维修塞把手(维修开关)。

4. 在 HV 蓄电池接线盒中安装了 3 个继电器(SMR)。SMR 根据来自动力管理控制 ECU(HV CPU)的信号,以________和________ HV 蓄电池及电源电缆的继电器。

(二)判断题

1. HV 蓄电池采用镍氢(Ni-MH)蓄电池,单体数量 168 个,6 个单体组成 1 个模块,共 56 个模块。 (　　)

2. HV 蓄电池模块电路中串联了维修塞把手,用于手动切断高压电路,这样可确保维修期间的安全性。 (　　)

3. 双擎卡罗拉采用了丰田 P110 混合动力传动桥。 (　　)

(三)简答题

1. 辅助蓄电池的作用是什么?

2. HV 蓄电池的功能是什么?

3. 蓄电池智能单元的作用是什么?

4. HV ECU 总成的作用是什么?

单元六 纯电动汽车检修

课题一 动力蓄电池的检修

学习目标

☞ **知识目标**

能理解典型动力蓄电池的工作原理。

☞ **技能目标**

1. 会识别典型纯电动汽车高压系统部件；
2. 能拆装动力蓄电池。

☞ **素养目标**

1. 增强民族品牌新能源汽车自豪感，培养爱党报国、敬业奉献、服务人民的意识；
2. 能牢固树立高压安全操作意识。

建议课时

9 课时。

一 动力蓄电池的结构与工作原理

1 总体构造

吉利 EV450 动力蓄电池（图 6-1）采用三元锂电池（Lithium Ion Battery），以钴酸锂、锰酸锂或镍酸锂等化合物为正极，以可嵌入锂离子的碳材料为负极，使用有机电解质。动力蓄电池总成安装在车体下部，动力蓄电池的组成部件包括：各模组总成、CSC 采集系统、电池控制单元（BMU）、电池高压分配单元（B-BOX 或 S-BOX）等。电池管理系统（Battery Management System，BMS）能够对动力蓄电池组总电压、总电流、每个测点温度和电池单体的电压参数进行实时监控，并进行故障诊断、SOC（剩余电量比）计算、短路保护、漏电监测、报警显示、充放电模式选择等。BMS 可以将动力蓄电池相关参数上报 VCU 电动汽车整车控制器（Vehicle Control Unit，VCU），由 VCU 控制动力蓄电池的充电和放电功率。当动力蓄电池温度低于 -20℃ 时，动力蓄电池无法充电。此时需通过交流充电的方法使空调工作并对动力蓄电池进行加热，当动力蓄电池温度达到 -20～55℃之间的正常工作温度时，系统切换到正常交流充电流程。电池组额定电压346V；峰值功率150kW，持续10s；额定功率为50kW；工作电压范围266～408.5V。

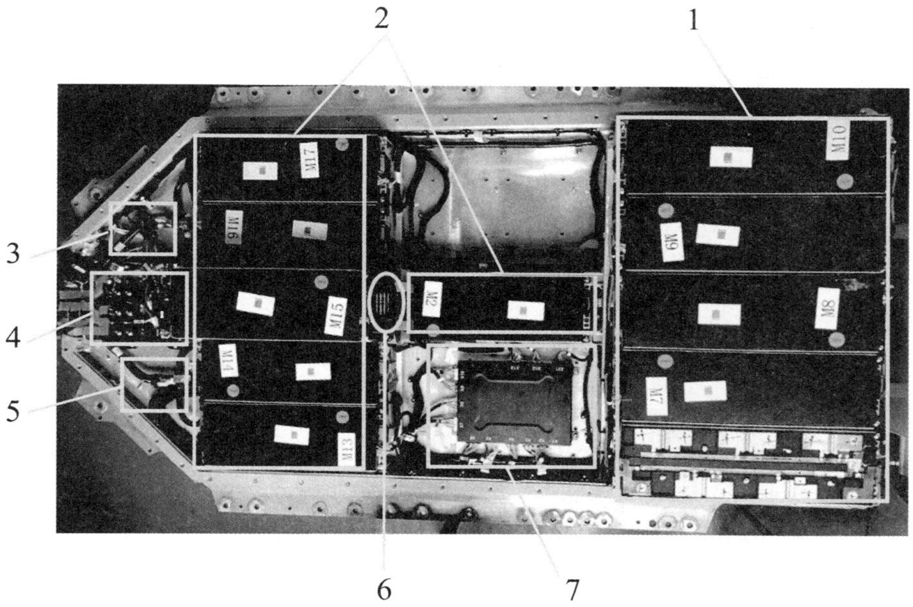

图 6-1 吉利 EV450 动力蓄电池

1-1P6S 电池模组（10 组）；2-1P5S 电池模组（7 组）；3-进水口；4-B-BOX；5-出水口；6-主熔断丝；7-BMU

❷ 电池单体

电池单体是直接将化学能转化为电能的基本单元装置，包括电极、隔膜、电解质、外壳和端子，并被设计成可充电。

❸ 电池模组

电池模组是将一个以上电池单体按照串联、并联或串并联方式组合，且只有一对正负极输出端子，并作为电源使用的组合体。吉利 EV450 共有 17 个模组（图 6-2），其中有 10 组是 1P6S（1 个并联 6 个串联）电池模组，7 组是 1P5S（1 个并联 5 个串联）电池模组。

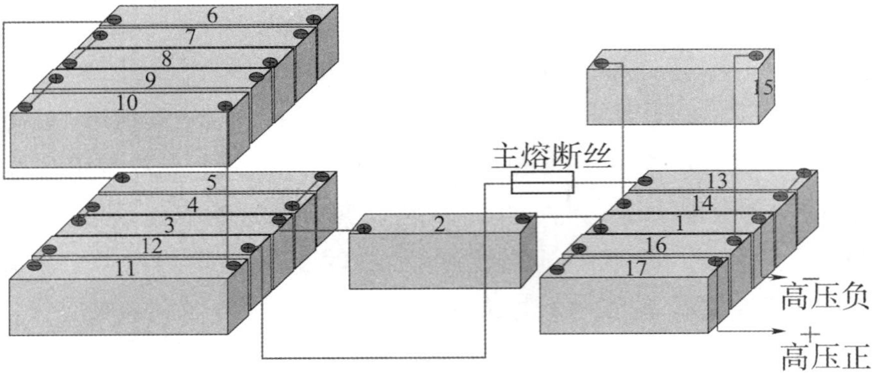

图 6-2 电池模组连接方式

4 CSC 采集系统

每一个电池单元有多个 CSC 采集系统,以监测其中每个电池单体或电池组单体电压、温度信息。温度的监测是由装在模组上的温度传感器(一般来说每个模组上装有 2~3 个温度传感器)进行的,电压传感器监测着每个单体电池的电压。CSC 采集系统将相关信息上报电池控制单元(BMU)并根据 BMU 的指令执行单体电压均衡,电池模组 CSC 采集系统如图 6-3 所示。

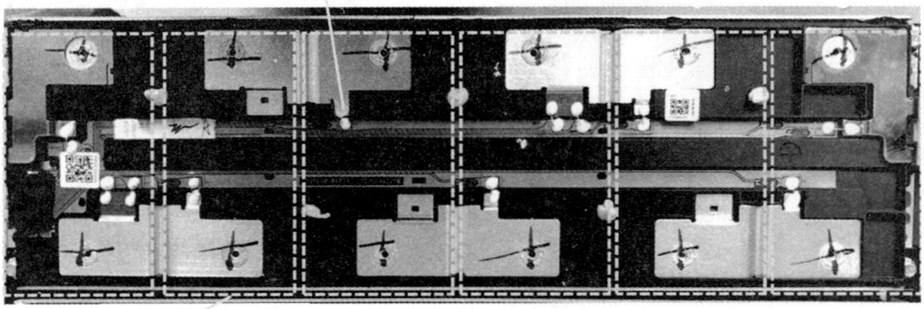

图 6-3 电池模组 CSC 采集系统

1-单体电池熔断丝;2-单体电池

5 电池控制单元(BMU)

BMU 安装于动力蓄电池总成内部,是电池管理系统核心部件。BMU 将单体电压、电流、温度及整车高压绝缘等信息上报整车控制器(VCU),并根据 VCU 的指令完成对动力蓄电池的控制。

6 电池高压分配单元

电池高压分配单元安装在动力蓄电池总成的正负极输出端,由高压正极继电器(有的把继电器称为接触器)、高压负极继电器、预充继电器、电流传感器和预充电阻等组成,如图 6-4、图 6-5 所示。

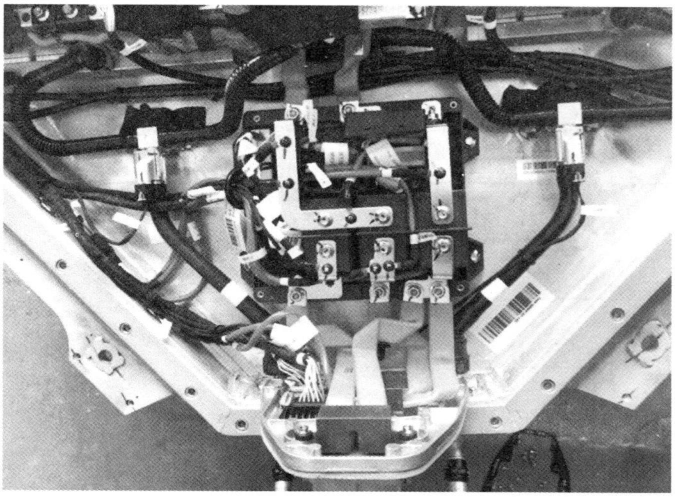

图 6-4 电池高压分配单元实物图

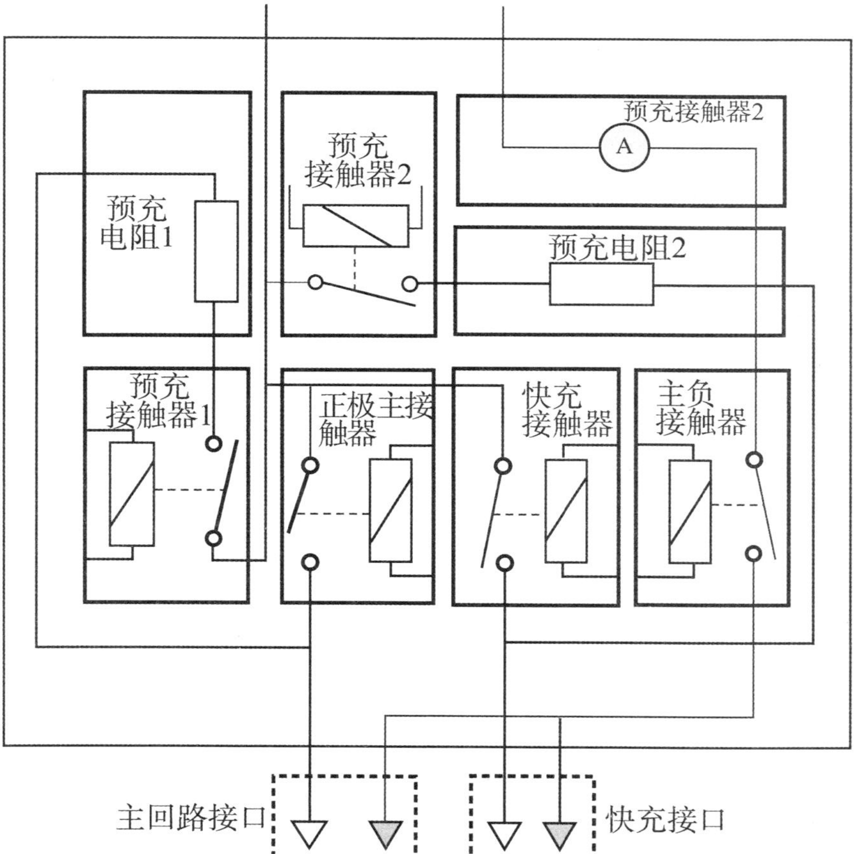

图 6-5 电池高压分配单元示意图

7 冷却系统

冷却系统(电机/电池)有两个电动水泵,电动水泵由低压电路驱动,为冷却液的循环提供压力。在电动水泵的驱动下,冷却液在管路中的流向如图 6-6 所示。

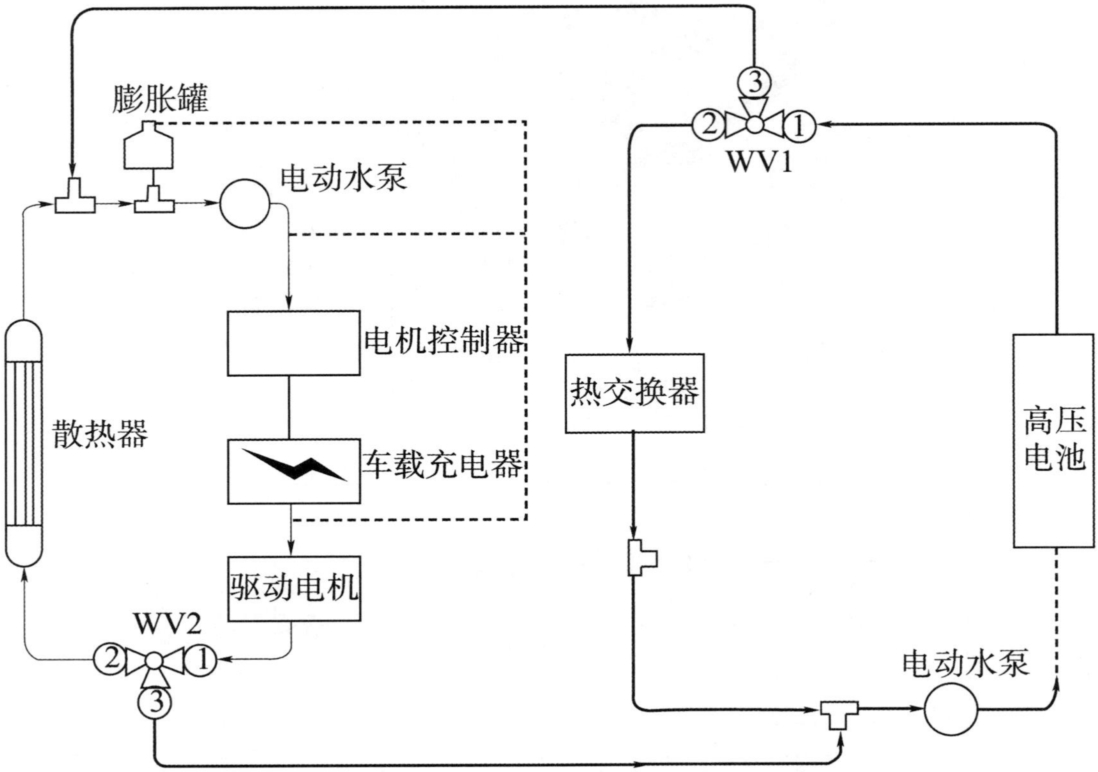

图 6-6 冷却液流向

动力蓄电池的冷却系统布置形式如图 6-7 所示。

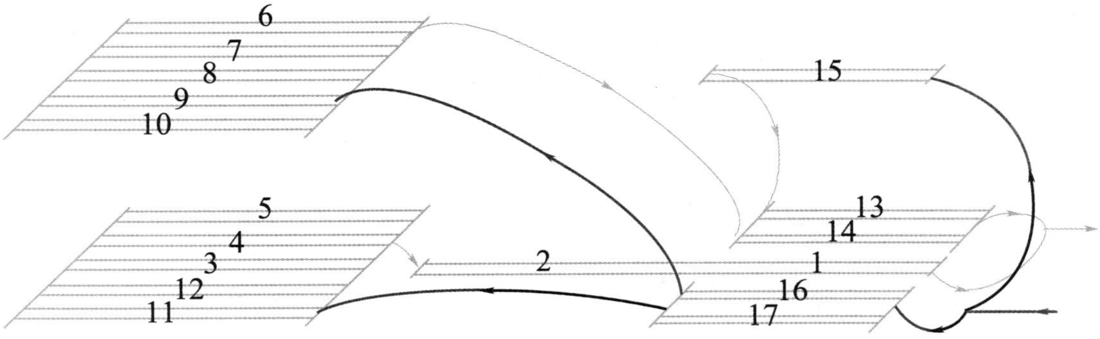

图 6-7 动力蓄电池冷却系统布置形式

8 动力蓄电池高压工作原理

动力蓄电池高压工作原理如图 6-8 所示。

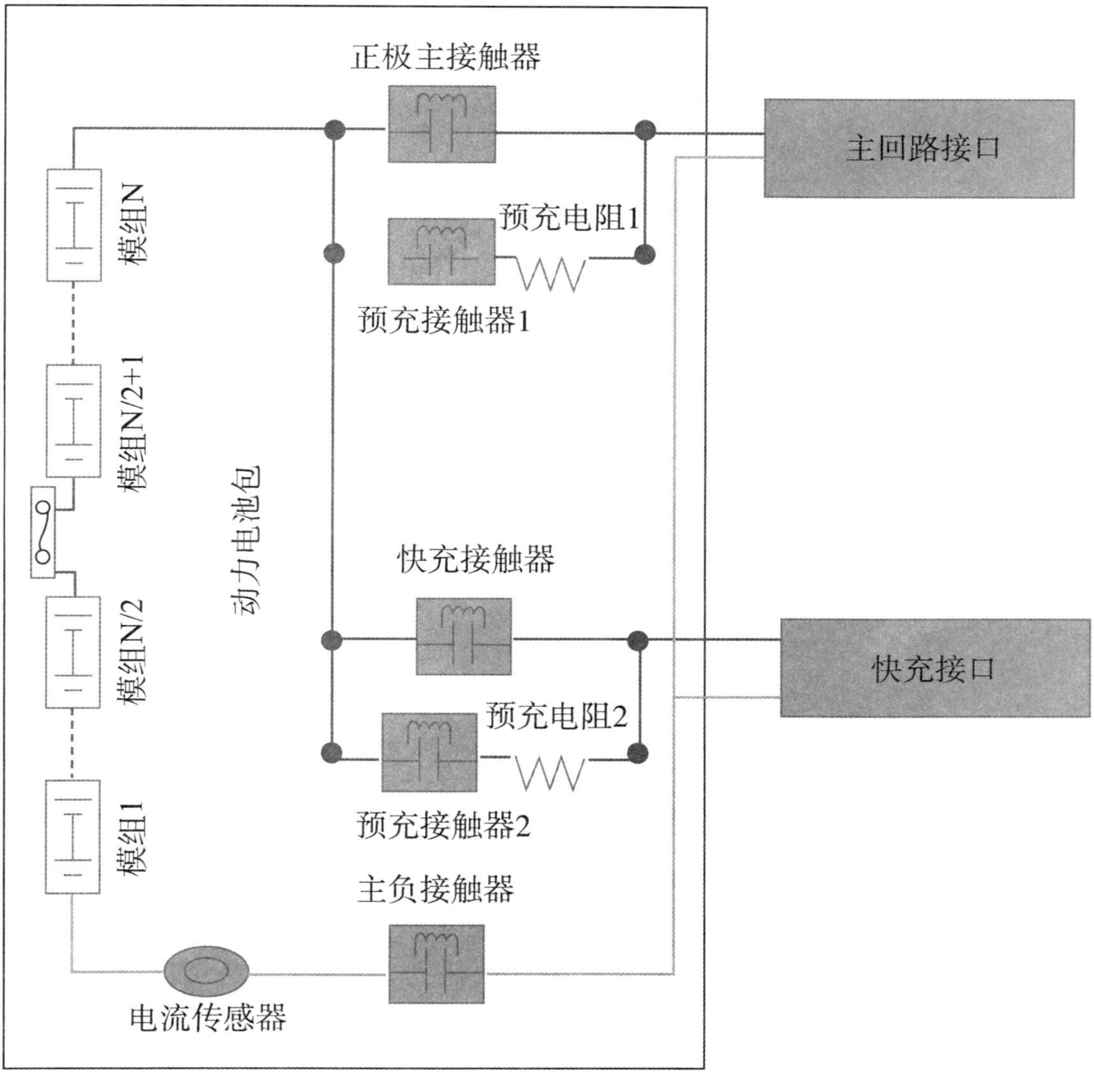

图 6-8　动力蓄电池高压工作原理

1) 动力蓄电池内部充电原理

(1) 充电初期预充电。

①慢速充电初期预充电。在充电初期，BMS 控制负极接触器和预充接触器 1 闭合，对各单体电芯进行预充电，确定单体电芯无短路后，BMS 将断开预充接触器，预充完成。

电流途经路线:主回路正极—预充电阻1—预充接触器1—电池模组—主熔断器—电池模组—主负接触器—主回路负极,构成回路,进行预充。

②快速充电初期预充电。在充电初期,BMS控制负极接触器和预充接触器2闭合,对各单体电芯进行预充电,确定单体电芯无短路后,BMS将断开预充接触器,预充完成。

电流途经路线:快充接口正极—预充电阻2—预充接触器2—电池模组—主熔断器—电池模组—主负接触器—快充接口负极,构成回路,进行预充。

(2)充电。

①慢充。慢充的预充电完成之后,BMS断开预充接触器1,闭合正极接触器,对动力蓄电池组进行充电。

电流途经路线:主回路正极—正极充接触器—电池模组—主熔断器—电池模组—主负接触器—主回路负极,构成回路,进行慢充。

②快充。快充的预充电完成之后,BMS断开预充接触器2,闭合快充接触器,对动力蓄电池组进行充电。

电流途经路线:快充接口正极—快充接触器—电池模组—主熔断器—电池模组—主负接触器—快充接口负极,构成回路,进行预充。

2)动力蓄电池内部放电原理

(1)放电初期预充。在放电模式初期,BMS先控制预充接触器1闭合,用低压、小电流向各控制器电容预充电,当电容两端电压接近动力蓄电池总电压时,断开预充接触器。

电流途经路线:动力蓄电池组正极—预充接触器1—预充电阻1—主回路—主负接触器—动力蓄电池负极,构成回路,完成预充。

(2)放电。预充完成之后,BMS断开预充接触器1,并闭合正接触器,动力蓄电池组进行放电。

电流途经路线:动力蓄电池组正极—正极接触器—主回路—主负接触器—动力蓄电池负极,构成回路,完成放电。

二 吉利EV450高压供电系统

纯电动汽车有一套高压供电系统。高压供电系统主要包括以下部件:车载充电器分线盒、直流充电接口、交流充电接口、直流母线、电机三相线,如图6-9所示。

高压供电系统由动力蓄电池为电机控制器、驱动电机、电动压缩机、PTC加热器等高压部件提供能量。此外,动力蓄电池还有一套直流快速充电系统和一套交流慢速充电系统。这些所有的高压部件都由高压供电系统连接输送电能，如图 6-10 所示。

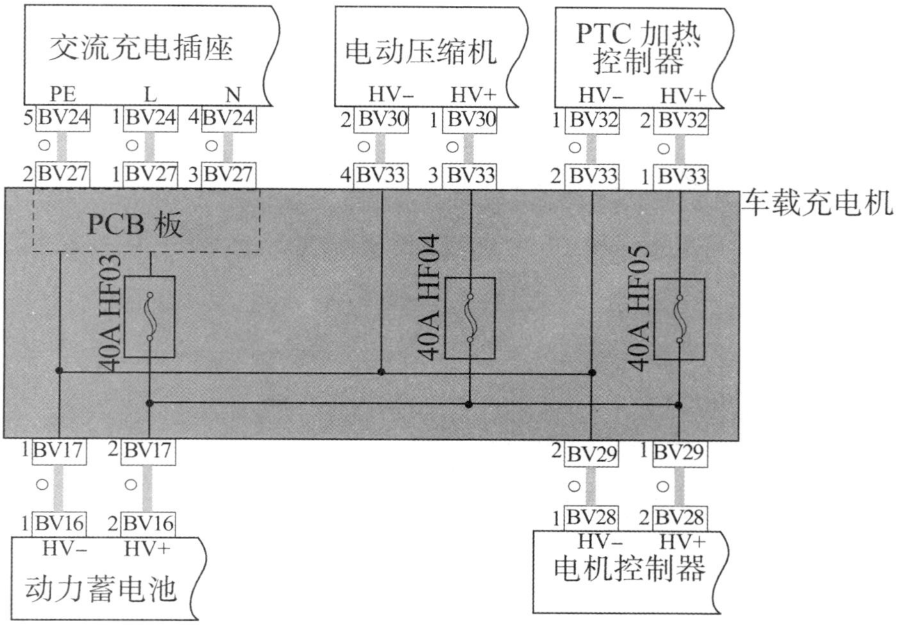

图 6-9　吉利 EV450 高压供电系统(1)

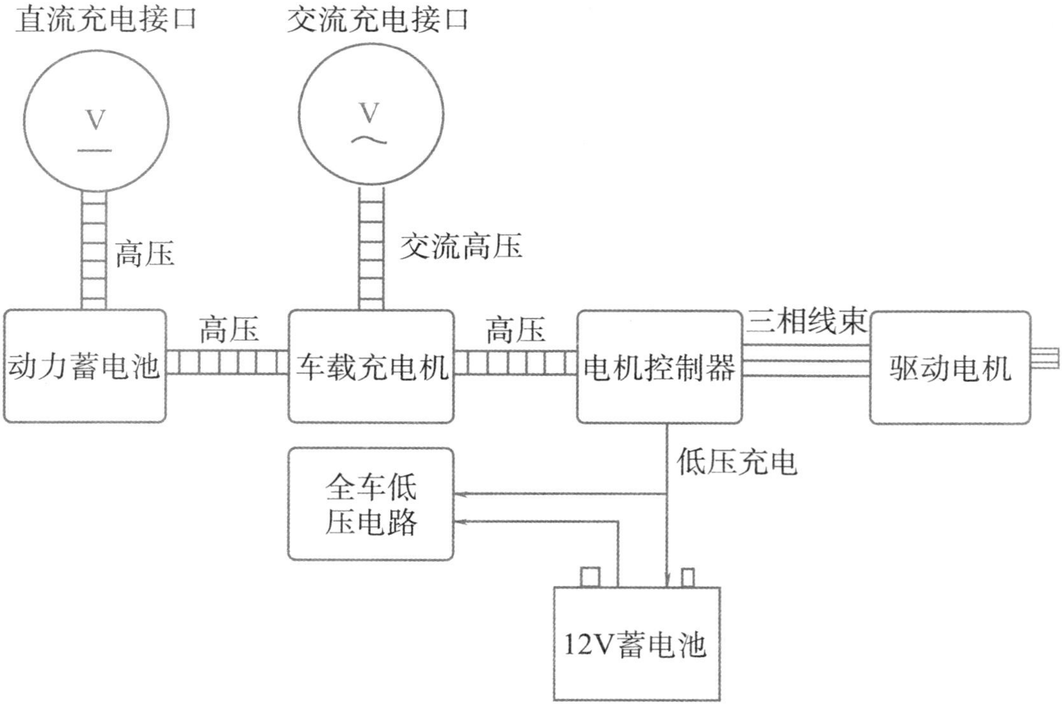

图 6-10　吉利 EV450 高压供电系统(2)

三 高压部件的分布

吉利 EV450 高压部件的分布如图 6-11 所示。

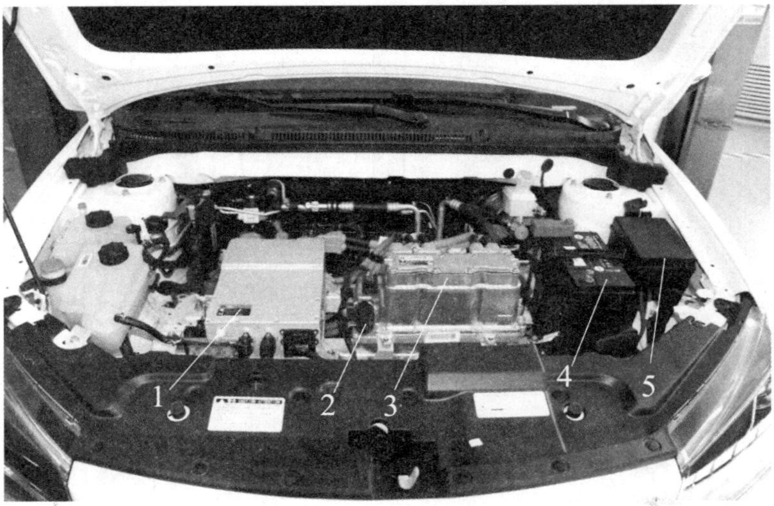

图 6-11　吉利 EV450 高压部件的分布

1-车载充电器和分线盒;2-DC/DC 接线柱;3-PEU(电机控制器);4-辅助蓄电池;5-前舱配电盒

1 车载充电器分线盒

车载充电器分线盒如图 6-12 所示。

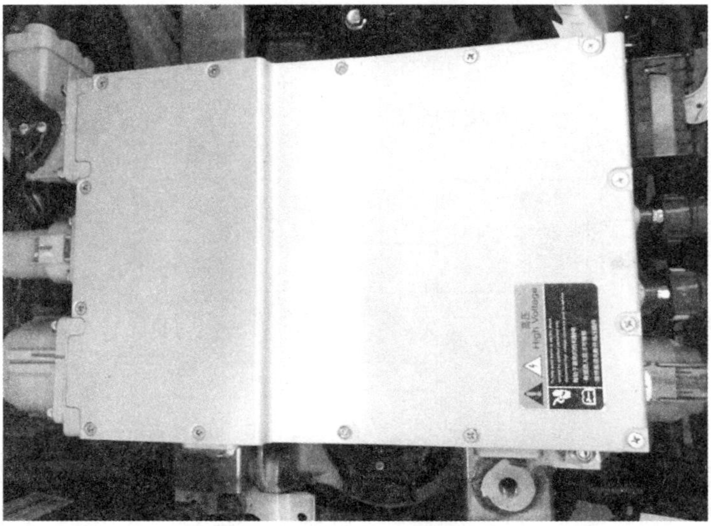

图 6-12　车载充电器分线盒

车载充电器分线盒的作用类似于低压供电系统中的熔断器,高压接线盒功能包括:高压电能的分配和高压回路的过载及短路保护。车载充电器分线盒将动力蓄电池总成输送的电能分配给电机控制器、空调压缩机和PTC加热器。此外,交流慢充时,充电电流也会经过分线盒流入动力蓄电池为其充电。车载充电器分线盒内对电动压缩机回路、PTC加热器回路、交流慢充回路各设有一个40A的熔断器。当上述回路电流超过90A时,熔断器会在15s内熔断;当回路电流超过150A时,熔断器会在1s内熔断,保护相关回路。

2 高压线束

所有高压线缆均为橙色,车辆上电时不要触碰这些线缆和部件,高压线缆接插件拔出后,要立即用绝缘胶带包裹。

3 电机控制器

电机控制器如图6-13所示。

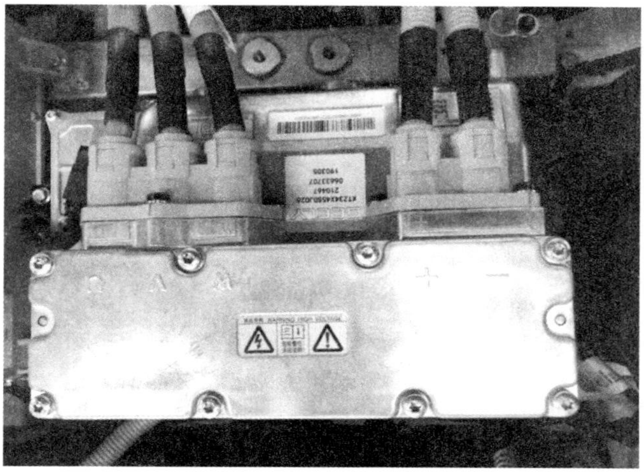

图6-13 电机控制器

电机控制器安装在前舱内,采用CAN通信控制,控制着动力蓄电池组到电机之间能量的传输,同时采集电机位置信号和三相电流检测信号,精确地控制驱动电机运行。

电机控制器是一个既能将动力蓄电池中的直流电转换为交流电以驱动电机,同时具备将车轮旋转的动能转换为电能(交流电转换为直流电)给动力蓄电池充电的设备。车辆制动或滑行阶段,电机作为发电机应用,它可以完成由车轮旋转的动能到电能的转换,给蓄电池充电。

电机控制器内部包含1个DC/AC逆变器和1个DC/DC直流转换器,逆变器由IGBT、直流母线电容、驱动和控制电路板等组成,实现直流(可变的电压、电流)与交流(可变的电压、电流、频率)之间的转变。直流转换器由高低压功率器件、变压器、电感、驱动和控制电路板等组成,实现直流高压向直流低压的能量传递。电机控制器还包含冷却器(通过冷却液)给电子功率器件散热。

4 DC/DC

DC/DC 集成在电机控制器内部,其功能是将电池的高压电转换成低压电,为整车低压系统供电。

四 电动汽车操作安全规范

维修新能源汽车高压部件时,一般情况下,不允许带电操作。特殊情况下带电作业时,操作人员必须单手操作。例如利用万用表测量电压时,保证所使用的万用表至少有一根表笔线上配备绝缘鳄鱼夹,测量时把夹子夹到电路的一个端子,另一只万用表笔接到另一个端子测量。

新能源汽车动力系统用的是高压电,其工作电压达到几百伏,当对新能源汽车高压部件进行维修时,一般需要对高压电供系统进行断电,然后再进行维修作业,而需要采取的安全防护措施和断电方法需要以下几个步骤。

1 设监护人,持证上岗

高压部件的维护和检修作业,建议设立专职监护人。由监护人监督工量具设备的检查、劳保用品等是否符合要求,也监督作业全过程,并对作业结果进行检查,指挥上电。监护人和操作人要持证上岗。一般来说要持有安全生产监督管理部门颁发的特种作业操作证——电工作业的低压电工作业证。

操作人员上岗不得佩戴金属饰物,例如:戒指、手表、项链等,工作服衣袋内不得有金属物件,例如钥匙、金属壳笔、手机、硬币等。

2 作业前检查

(1)检查现场环境,设置隔离,设立警示标识。

检查现场操作环境,周边不得有易燃物品及与工作无关的金属物品,并在维修车辆周围设置隔离,无关人员不得进入现场。与工作无关的工具不得带入工作场地,必须使用的金属工具,手持部分要做绝缘处理。在地面或车辆附近明显位置放置高压危险警示牌。

(2)检查辅助绝缘用具。

①绝缘手套。选择正确电压等级的绝缘手套(绝缘等级为 1000V/300A 以上);观察绝缘手套的表面是否平滑,应无针孔、裂纹、砂眼、杂质等各种明显的缺陷

和明显的波纹;观察绝缘手套是否出现粘连的现象;检查绝缘手套有无漏气现象。

②绝缘帽。选择正确电压等级的安全绝缘帽,观察绝缘帽表面有无破损,监督人员和操作人员戴好绝缘帽。

③绝缘鞋。选择正确电压等级的绝缘鞋。检查绝缘鞋的表面及鞋底有无破损。监督人员和操作人员穿好绝缘鞋。

④护目镜。选择正确电压等级的护目镜。观察护目镜表面有无破损、刮花。护目镜的宽窄和大小要适合使用者的脸型。监督人员和操作人员戴好护目镜。

⑤绝缘垫。检查绝缘垫表面有无裂痕、砂眼、老化等现象,放置绝缘垫并用兆欧表检绝缘性能,绝缘值大于500MΩ。

(3)检查仪器仪表。

①检查放电工装。当被测物体有电时,显示灯会亮,如图6-14所示;无电则不亮。

②检查万用表。万用表线束和表面无破损,然后进行校零。

③检查兆欧表。通常,检查绝缘的工具有绝缘测试仪(兆欧表)。兆欧表有数字式和指针式两种,现在一般使用数字式兆欧表。兆欧表线束和表面应无破损。戴好绝缘手套,然后进行放电,检查兆欧表性能。

绝缘测试只能在不通电的电路上进行。要测量绝缘电阻,按照图6-15所示设定测试仪。

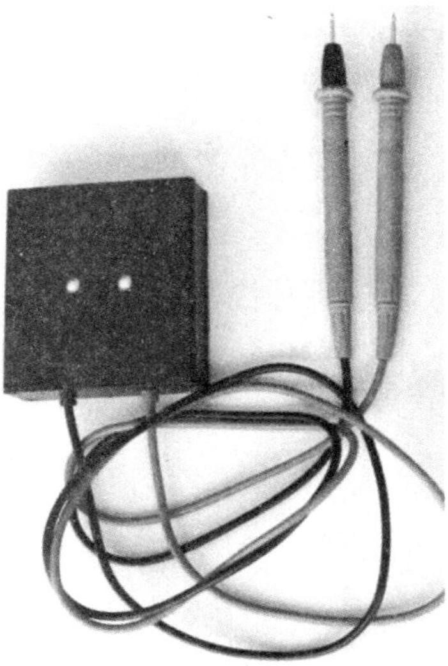

图6-14 放电工装

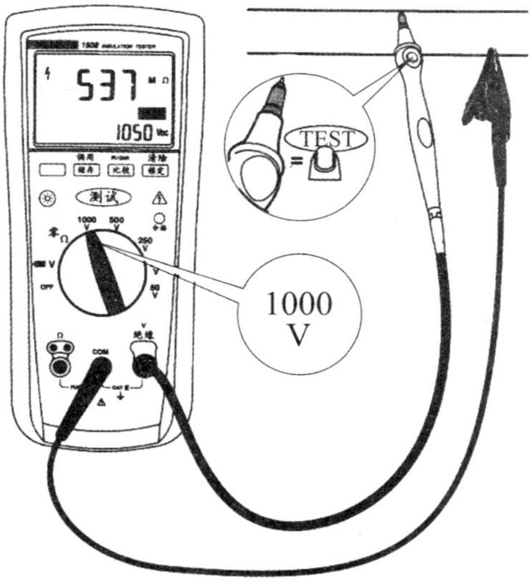

图6-15 测量绝缘电阻

3 关闭电源开关

关闭电源开关,将钥匙放于安全处。

④ 断开低压蓄电池负极线

断开低压蓄电池负极线,负极电缆接头用绝缘胶布包好。蓄电池负极桩头用盖子盖好或用绝缘胶布包好。

⑤ 断开维修开关,并妥善保管

断开维修开关,并妥善保管。放置车辆5~10min,对新能源汽车的高压电容器进行放电。

一般来说,新能源汽车设置有维修开关,断开维修开关才可对新能源汽车进行维修。断开维修开关时需要穿戴好绝缘防护品,并用盖子将接口封好或用绝缘胶布将维修开关接口封好。放置车辆5~10min(不同厂家有不同要求),以对新能源汽车的高压电容器进行放电。

⑥ 断开动力蓄电池高低压线束

穿戴好绝缘防护用具,先断开动力蓄电池低压线束,再断开高压线束(母线)。

⑦ 验电、放电

断开动力蓄电池母线后,需要对动力蓄电池的母线进行验电,如果母线有残余电荷,需用放电设备进行放电,确保动力蓄电池母线无电。

在维修新能源汽车之前一定要采取正确的安全防护措施。一般来说当完成了以上几个步骤,才可以对新能源汽车高压系统进行维修。

当高压系统在维护或检修完成后,需由监护人检查确定能否上电。监护人要仔细检查电路是否符合要求,并且检查现场人员是否在安全距离,然后在专用检查单上签字确认,指挥上电。

如果发生异常事故和火灾,现场操作人员应立即断开高压回路,其他人员立即使用干粉灭火器或黄沙扑救。注意,应严禁使用水基灭火器。

知识链接

防护等级(Ingress Protection,IP),是由国际电工委员会起草,将电器依其防尘防湿气之特性加以分级。

IP防护等级由两个数字构成,第一个是指固态防护等级,范围是0~6;第二个是液态防护等级,范围是0~8,数值越大,说明防护等级越高,越安全。例如电动汽车IP67的防护等级是指表面外界任何灰尘都无法进入整个动力蓄电池箱体,在常温常压下,如果电动汽车涉水深度<1m,涉水时间<30min,也不会对车辆造成影响。

五　动力蓄电池的拆装

1 准备工作

(1)设置隔离栏。设置隔离栏,在明显位置放置警示牌。

(2)检查灭火器。检查灭火器的类型和压力。指针指在绿色区域表明压力正常,灭火器的销子要完好。

(3)检查绝缘手套。绝缘手套的电压等级要符合要求,绝缘手套表面应无破损、裂纹、砂眼和杂质,检查绝缘手套的密封性。

(4)检查防电池电解液酸碱性手套。检查防电池电解液酸碱性手套,手套应无破损、脏污。

(5)检查护目镜。护目镜应无刮花、破损,佩戴要合适。

(6)检查安全帽。安全帽应无破损,佩戴要合适。

(7)检查绝缘鞋。提前穿好绝缘鞋,绝缘鞋的表面和鞋底应无破损,绝缘鞋的电压等级要符合要求。

(8)检查万用表。万用表的线束和表面应无破损。然后,将万用表挡位调到欧姆挡,进行校零。

(9)检查接地电阻仪。接地电阻仪的线束和表面应无破损;检查接地电阻仪"TEST"键功能是否正常;进行接地电阻仪开路检测,电阻应为无穷大;进行接地电阻仪短路检测,电阻应为0Ω。

(10)检测绝缘测试仪。绝缘测试仪的线束和表面应无破损;佩戴好绝缘手套,检查绝缘测试仪"TEST"键功能是否正常;进行绝缘测试仪开路检测,绝缘电阻应为无穷大;进行绝缘测试仪短路检测,绝缘电阻应为0Ω。

(11)检查绝缘垫。佩戴好绝缘手套和护目镜,检测绝缘垫的绝缘性。

2 动力蓄电池的拆卸

(1)检查车身状况。车身表面应无划痕、破损等。

(2)检查车辆位置。车辆处于举升机中间位置,放好车轮挡块。

(3)安装车内防护三件套。打开左前车门,车钥匙放口袋内。安装脚垫、座椅套和转向盘套。

(4)安装车外防护三件套。解锁前舱盖锁,打开前舱盖。安装翼子板三件套。

(5)降下驾驶员侧车窗玻璃。进入车内,车内请求上电,经同意后,启动电源开关,完全落下驾驶员侧车窗玻璃。

注意:维护作业全过程要佩戴护目镜,在车底作业的时候要戴好安全帽。对高压部件作业时一定要在监护人监护的情况下进行作业。

(6)检查确认电子驻车制动系统和挡位。检查确认电子驻车制动系统和挡位完成后,关闭电源开关。

(7)检查故障码。电压开关置OFF挡,连接好诊断仪,再将电源开关置于ON挡,使用诊断仪检查全车系统故障码。然后退出系统,关闭电源开关。

(8)电源开关置于OFF挡。

(9)断开辅助蓄电池负极,并用绝缘胶布将负极线束及负极桩头包好。

(10)举升车辆。检查举升机,按照标准流程,正确举升车辆,撤掉车辆挡块。

注意:举升时确保举升机的支撑点不要支撑在动力蓄电池上。

(11)断开线束。佩戴好个人防护套装,请求监护人监护。断开动力蓄电池低压线束插接器(CA69、CA70)、动力蓄电池直流充电线束插接器(BV23)和动力蓄电池母线插接器(BV16)。

(12)静置车辆5min。

注意:静置5min的时候,可以对非高压部件进行操作。

(13)动力蓄电池侧验电。静置5min之后,需要验电,确保母线侧和动力蓄电池侧无残余电荷,才可对高压部件进行操作。

步骤:佩戴好个人防护套装,请求监护人监护。要进行单手作业。将万用表调到直流电压挡500V或者1000V。用万用表一根表笔线上配备的绝缘鳄鱼夹,夹住动力蓄电池侧BV16其中一个端子,然后用另一只表笔接到动力蓄电池侧BV16另一个端子,测量读数。每次测量时只能用一只手握住表笔由于BV16的两个端子距离较近,严禁万用表针头短接和触碰任何非测量目标的金属部件。

标准电压:≤5V。

(14)动力蓄电池母线侧验电。佩戴好个人防护套装,请求监护人监护。要进行单手作业。将万用表调到直流电压挡500V或者1000V。用万用表一根表笔线上配备的绝缘鳄鱼夹,夹住动力电池直流母线侧的BV16其中一个端子,然后用另一只表笔接到动力蓄电池直流母线侧的BV16另一个端子,测量读数。每次测量时只能用一只手握住表笔。由于BV16的两个端子距离较近,严禁万用表针头短接和触碰任何非测量目标的金属部件。

标准电压:≤5V。

(15)密封高压部件接口。用束口袋或绝缘胶布分别封住动力蓄电池侧BV16和动力蓄电池母线侧BV16。

(16)断开动力蓄电池出水管与水泵(电池)的连接。断开动力蓄电池出水管与水泵(电池)的连接,如图 6-16 所示。用容器接住冷却液,直到冷却液不再流出,然后用堵头堵住两个接口。

注意:冷却液不要滴洒或泄漏。

(17)断开动力蓄电池进水管与电池膨胀壶间的连接。用容器接住冷却液,直到冷却液不再流出,然后用堵头堵住两个接口。

注意:冷却液不要滴洒或泄漏。

(18)置入动力蓄电池举升车。将动力蓄电池举升车放入车辆下部合适位置。

(19)使用动力蓄电池举升车支撑动力蓄电池总成。缓慢举升动力蓄电池举升车,并缓慢调整动力蓄电池举升车的位置,使平台支撑动力蓄电池总成,支撑的位置要居中。然后锁止动力蓄电池举升车。

图 6-16 断开动力蓄电池进、出进水管连接

(20)拆卸动力蓄电池搭铁线固定螺栓。拆卸动力电池搭铁线固定螺栓,如图 6-17 所示。

(21)拆卸动力蓄电池防撞梁 4 个固定螺栓。拆卸动力电池防撞梁 4 个固定螺栓,如图 6-18 所示。

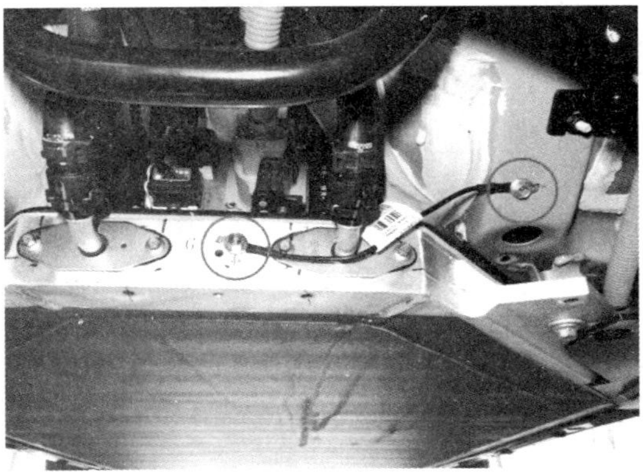

图 6-17 动力蓄电池搭铁线固定螺栓

图 6-18 电池防撞梁 4 个固定螺栓

(22)拆卸动力蓄电池总成后部 3 个固定螺栓。拆卸动力蓄电池总成后部 3 个固定螺栓,如图 6-19 所示。

(23)拆卸动力蓄电池总成前部 2 个固定螺栓。拆卸动力蓄电池总成前部 2 个固定螺栓,如图 6-20 所示。

(24)拆卸动力蓄电池总成左右各 7 个固定螺栓。拆卸动力电池总成左右各 7 个固定螺栓,如图 6-21 所示。

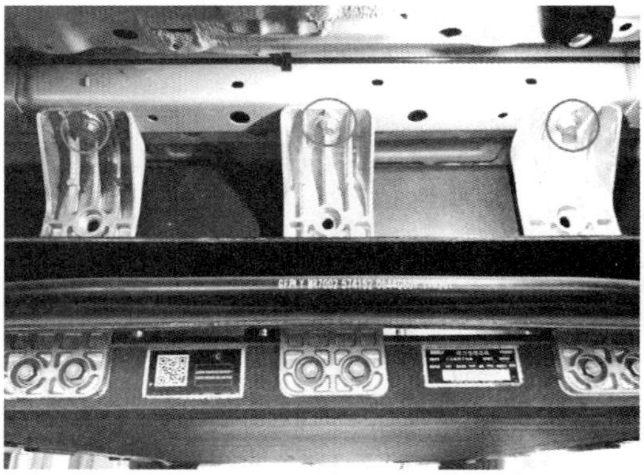

图 6-19　动力蓄电池总成后部 3 个固定螺栓

图 6-20　动力蓄电池前部 2 个固定螺栓

(25)缓慢下降动力蓄电池举升车到合适位置。

(26)拆卸动力蓄电池总成后部吊架上的 6 个固定螺栓。拆卸动力蓄电池总成后部吊架上的 6 个固定螺栓,如图 6-22 所示。拆下吊架。

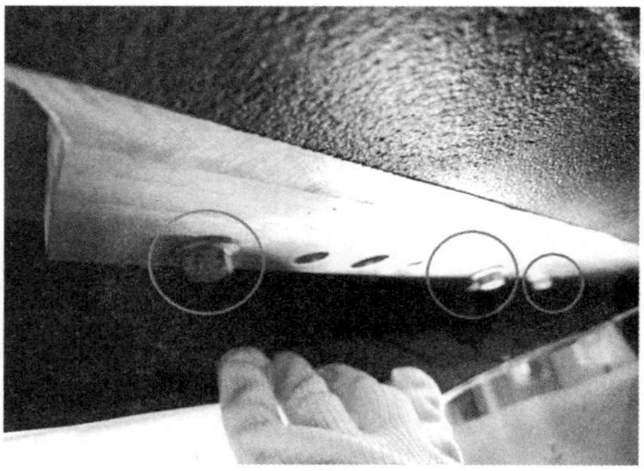

图 6-21　动力蓄电池左右固定螺栓(左右各 7 个)

图 6-22　动力蓄电池总成后部吊架 6 个固定螺栓

(27)缓慢下降动力蓄电池举升车并取出动力蓄电池总成。

注意:动力蓄电池下降过程中动力蓄电池举升车缓慢向前移动,可以避免动力蓄电池与后悬架的干涉。

3 动力蓄电池的外观检查

检查动力蓄电池外观是否有破损,磕碰。检查动力电池固定螺栓是否锈蚀、损坏。

4 动力蓄电池的安装

(1)缓慢举升动力蓄电池举升车。缓慢举升动力蓄电池举升车,调整动力蓄电池举升车到合适位置。

(2)安装动力蓄电池总成后部吊架上的6个固定螺栓。安装动力蓄电池总成后部吊架上的6个固定螺栓。力矩:78N·m。

(3)缓慢举升动力蓄电池举升车。缓慢举升动力蓄电池举升车,调整动力蓄电池举升车位置,使动力蓄电池总成上的安装孔与车身对齐。

(4)安装并紧固动力蓄电池总成后部3个固定螺栓。安装并紧固动力蓄电池总成后部3个固定螺栓。力矩:78N·m。

(5)安装并紧固动力蓄电池总成前部2个固定螺栓。安装并紧固动力蓄电池总成前部2个固定螺栓。力矩:78N·m。

(6)安装并紧固动力蓄电池总成左右各7个固定螺栓。安装并紧固动力蓄电池总成左右各7个固定螺栓。力矩:78N·m。

(7)安装动力蓄电池搭铁线固定螺栓。安装动力蓄电池搭铁线固定螺栓。力矩:9N·m。

(8)连接线束。取下密封胶带或束口袋,分别连接动力蓄电池低压线束插接器(CA69、CA70)、动力蓄电池直流充电线束插接器(BV23)和动力蓄电池母线插接器(BV16)。

注意:高压线束插接时注意"一插、二响、三确认"。取下堵头,连接动力蓄电池出水管与水泵(电池)。

(9)连接动力蓄电池进水管与电池膨胀壶。取下堵头,连接动力蓄电池进水管与电池膨胀壶。

(10)落下举升机。按照标准流程,落下举升机。

(11)安装车轮挡块。

(12)连接蓄电池负极电缆。取下辅助蓄电池附近的绝缘胶布,连接蓄电池负极电缆。

(13)加注电机(电池)冷却液至合适液位并排气。检查并确认前舱线束及零部件安装正常。

静态加注:将车辆起动按钮置ON挡且非充电状态,连接诊断仪,选择FE-3ZA车型—手工选择系统—空调控制器(AC)—特殊功能,选择加注初始化,车辆处于加注初始化状态。

缓慢加注冷却液,直至膨胀罐内冷却液量达到80%左右,且液位不再下降。

系统排气:控制诊断仪,使车辆处于排气状态,如果液位下降及时补充冷却液,排气过程时长不小于10min。

观察膨胀罐内冷却液下降,及时补充冷却液,保持冷却液液位处于MAX线和 MIN 线之间。

加注完成:拧紧膨胀罐盖,控制诊断仪,使车辆恢复默认模式。

注意:排气过程中,如果液位下降及时补充冷却液,排气过程时长不小于 10min;直至加注冷却液至合适位置(MAX 线和 MIN)。

(14)举升车辆。按照标准流程,正确举升车辆,撤掉车辆挡块。

(15)检查冷却液管路有无泄漏。

(16)落下举升机,安装车轮挡块。按照标准流程,落下举升机,安装车轮挡块。

(17)竣工检验。一位同学进入车内,一位同学在车外进行监护。车内请求上电,经同意之后,起动车辆。然后检查仪表板 READY 指示灯,此时 READY 指示灯应点亮,系统故障指示灯应不亮。

使用诊断仪读取全车系统故障码。之后退出诊断仪,升好车窗玻璃,关闭电源开关。

(18)拆卸车外三件套。拆卸翼子板布和前格栅布。

(19)拆卸车内三件套。拆卸座椅套、地板垫、转向盘套并扔到垃圾桶。

(20)关闭前舱盖。

(21)复位工位。将吸油纸等垃圾扔到垃圾桶。清洁车身。将车钥匙放到指定位置。清洁整理工量具、设备、场地。清洁并收好警示牌。

课题二 驱动电机系统的检修

学习目标

☞ **知识目标**

1. 熟悉典型车型驱动电机安装位置、紧固件规格;
2. 掌握典型纯电动汽车电机控制系统的作用;
3. 能理解典型纯电动汽车电机控制系统电气原理;
4. 会叙述典型纯电动汽车驱动电机控制器的组成。

☞ **技能目标**

能根据电路图正确检测驱动电机系统电路。

☞ **素养目标**

1. 培养精益求精精神和质量强国意识;
2. 培养 5S 意识。

建议课时

6课时。

一 驱动电机

1 驱动电机紧固件规格

吉利EV450驱动电机紧固件规格见表6-1。

吉利EV450驱动电机紧固件规格 表6-1

应 用	规格(mm)	力矩范围(N·m)
固定左隔振垫总成与车身托架	M12×90	75~85
	M12×55	75~85
固定左隔振垫总成与左悬置支架	M12×T13	85~95
固定左悬置支架与变速器总成	M10×55	50~60
固定右隔振垫总成与车身托架	M12×90	75~85
	M12×55	75~85
固定右隔振垫总成与右悬置支架	M12×T13	85~95
固定右悬置支架与电机总成	M10×55	50~60
固定后悬置支架与变速器总成	M12×55	75~85
固定后悬置支架与后悬置软垫总成	M12×80	85~95
	M12×T13	85~95
固定后悬置软垫与副车架总成	M14×80	115~125
动力总成托架固定螺母	M12×T13	75~85
动力总成托架固定螺栓	M10×65	75~85
减速器与驱动电机固定螺栓	M8×35	21~25

2 驱动电机规格

吉利EV450驱动电机规格见表6-2。

吉利 EV450 驱动电机规格　　表 6-2

项　目	参　数	单　位
额定功率	42	kW
峰值功率	120	kW
额定转矩	105	N·m
峰值转矩	250	N·m
额定转速	4200 或 3820	r/min
峰值转速	12000	r/min
电机旋转方向	从轴伸端看电机逆时针旋转	—
温度传感器类型	NTC	—
温度传感器型号	SEMITEC 13－C31	—
冷却液类型	乙二醇型防冻液,冰点≤40℃	—
冷却液流量要求	8	L/min

3 驱动电机的作用

驱动电机旋转磁场和定子线圈共同作用产生转矩。

4 驱动电机的组成

吉利 EV450 驱动电机主要由前端盖、后端盖、定子壳体总成、转子总成、轴承、低压接插件等部件组成。

5 驱动电机工作原理

吉利 EV450 驱动电机工作原理如图 6-23 所示。当三相交流电被接入定子线圈中,即产生了旋转的磁场,这个旋转的磁场牵引转子内部的永磁体,产生和旋转磁场同步的旋转转矩。使用旋转变压器检测转子的位置和电流传感器检测线圈的电流,从而控制驱动电机的转矩输出。

旋变信号的作用是反应驱动电机转子当前的旋转相位,电机控制器再通过旋变信号计算当前的驱动电机转速。吉利 EV450 旋转变压器采用磁阻式旋转变压器,结构如图 6-24 所示,旋变转子与驱动电机转子同轴连接,随电机转轴旋转。旋变定子内侧有感应线圈,安装在驱动电机定子上。驱动电机旋转时,带动旋变转子旋转。旋转变压器与电机控制器中间通过 6 根低压线束连接,2

根是从电机控制器输出激励信号,另外4根分别是旋转变压器输出的正弦信号和余弦信号。6根线当中任何一根线路出现故障都会导致驱动电机无法正常工作。

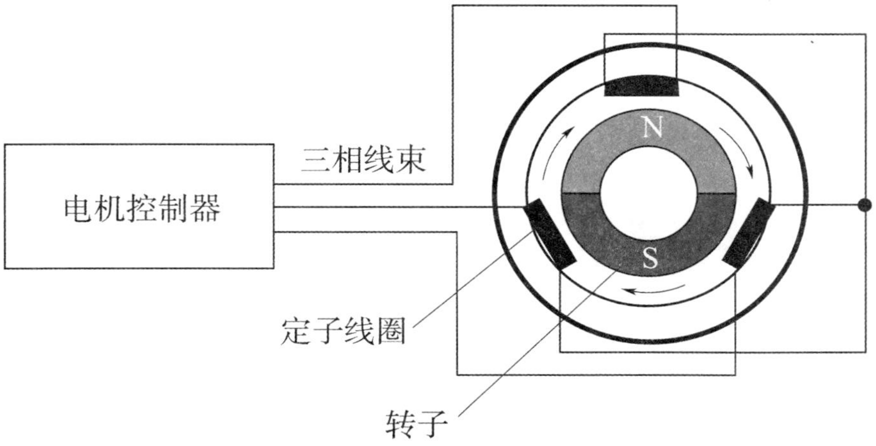

图6-23　吉利EV450驱动电机工作原理

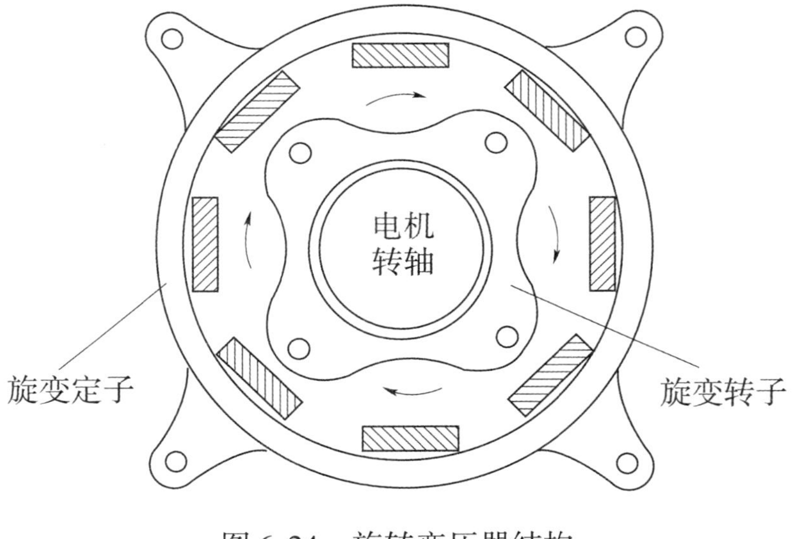

图6-24　旋转变压器结构

二　电机控制系统的作用

1 电机控制器

电机控制器安装在前舱内,采用CAN通信控制,控制着动力蓄电池组到电机之间的能量传输,同时采集电机位置信号和三相电流检测信号,精确地控制驱动电机运行。

电机控制器是一个既能将动力蓄电池中的直流电转换为交流电以驱动电机,同时具备将车轮旋转的动能转换为电能(交流电转换为直流电)给动力蓄电池充电的设备。

车辆制动或滑行阶段,电机作为发电机应用。它可以完成将车轮旋转的动能转换为电能,给动力蓄电池充电。

DC/DC 集成在电机控制器内部,其功能是将电池的高压电转换成低压电,为整车低压系统供电。

2 加速踏板位置传感器

作为系统的安全性保障之一,加速踏板位置传感器设计成双输出传感器。两个传感器的输出电压信号都随加速踏板的位置增加而增加。加速踏板位置传感器参数见表 6-3。

加速踏板位置传感器参数 表 6-3

项　目	参　数	单　位
电源电压	5V ±0.5	V
负载电阻	>300	kΩ
操作力	5 ~ 44	N
踏板臂角度	≤18	°

3 制动踏板开关

当驾驶员踩下制动踏板,表现制动或减速意图时,该开关将制动踏板位置信号转换成电压信号,通过硬线传递给 VCU。制动踏板开关内部有两组开关,一组为常闭开关,一组为常开开关。VCU 通过两组开关输出电压的变化判断驾驶员的制动或减速意图。制动踏板开关信号传递路线如图 6-25 所示。

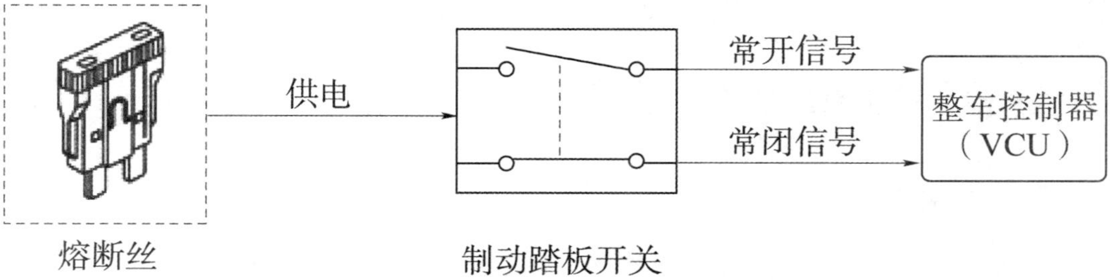

图 6-25　制动踏板开关信号传递路线

三 电机控制系统电气原理

吉利 EV450 电机控制系统电气原理如图 6-26 所示。

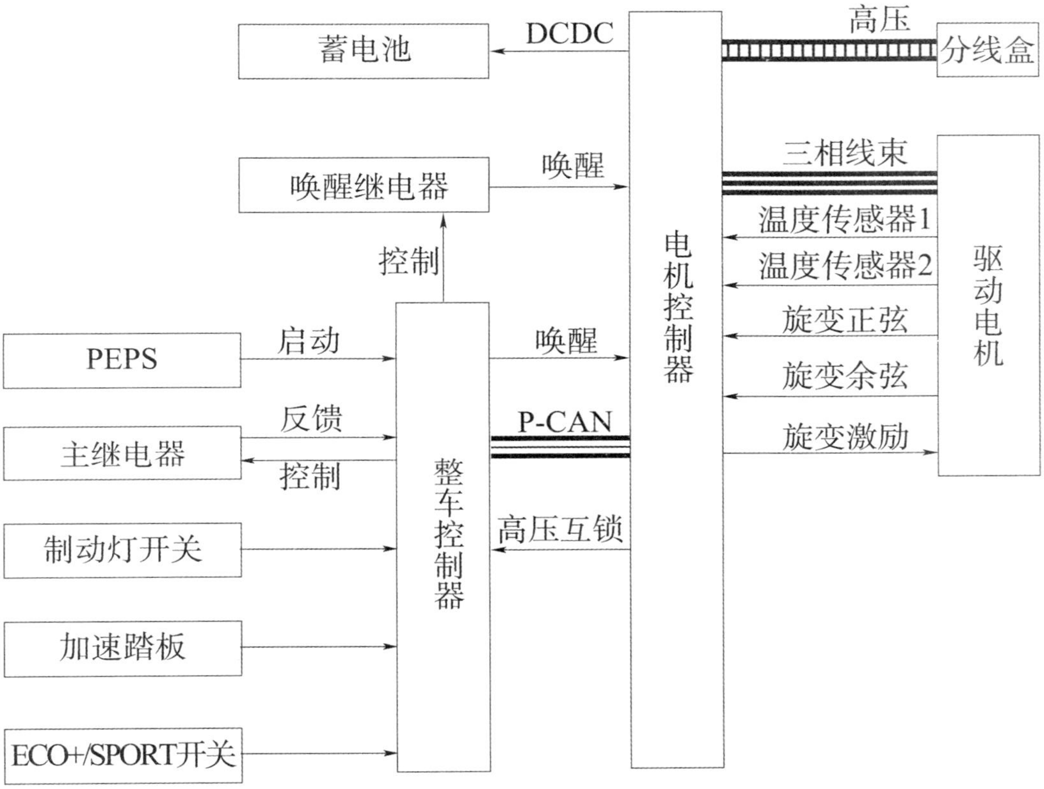

图 6-26 吉利 EV450 驱动电机控制系统电气原理图

四 驱动电机控制器

吉利 EV450 驱动电机控制器（PEU）接口如图 6-27 所示。

吉利 EV450 驱动电机控制器的原理如图 6-28 所示。

（1）电机控制器结构组成。电机控制器内部包含 1 个 DC/AC 逆变器和 1 个 DC/DC 直流转换器，逆变器由 IGBT、直流母线电容、驱动和控制电路板等组成，可实现直流（可变的电压、电流）与交流（可变的电压、电流、频率）之间的转变。直流转换器由高低压功率器件、变压器、电感、驱动和控制电路板等组成，可实现直流高压向直流低压的能量传递。电机控制器还包含冷却器（通过冷却液）给电子功率器件散热。

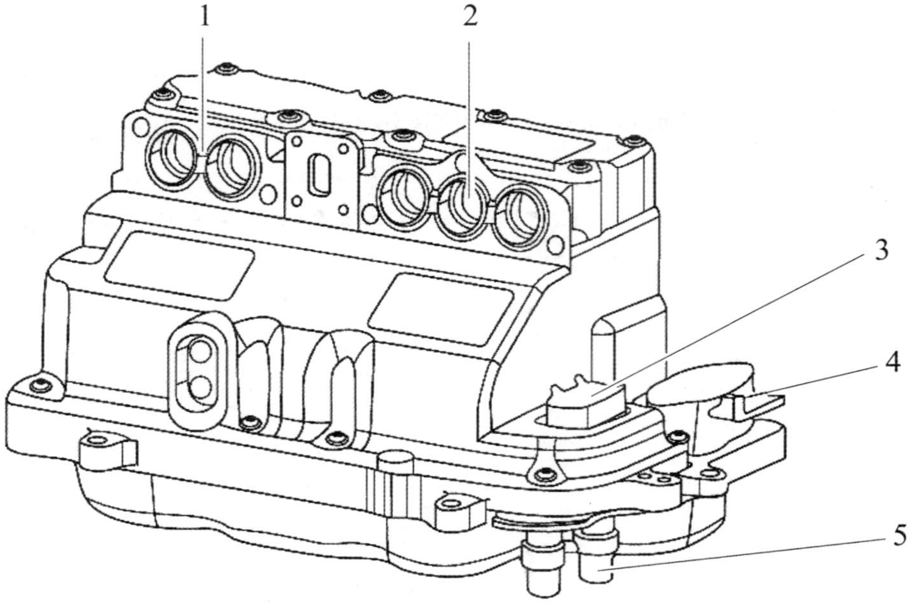

图 6-27　吉利 EV450 驱动电机控制器接口

1-高压线上接口;2-驱动电机三相线束接口;3-低压信号接口;4-低压(DC/DC)充电接口;5-冷却管口

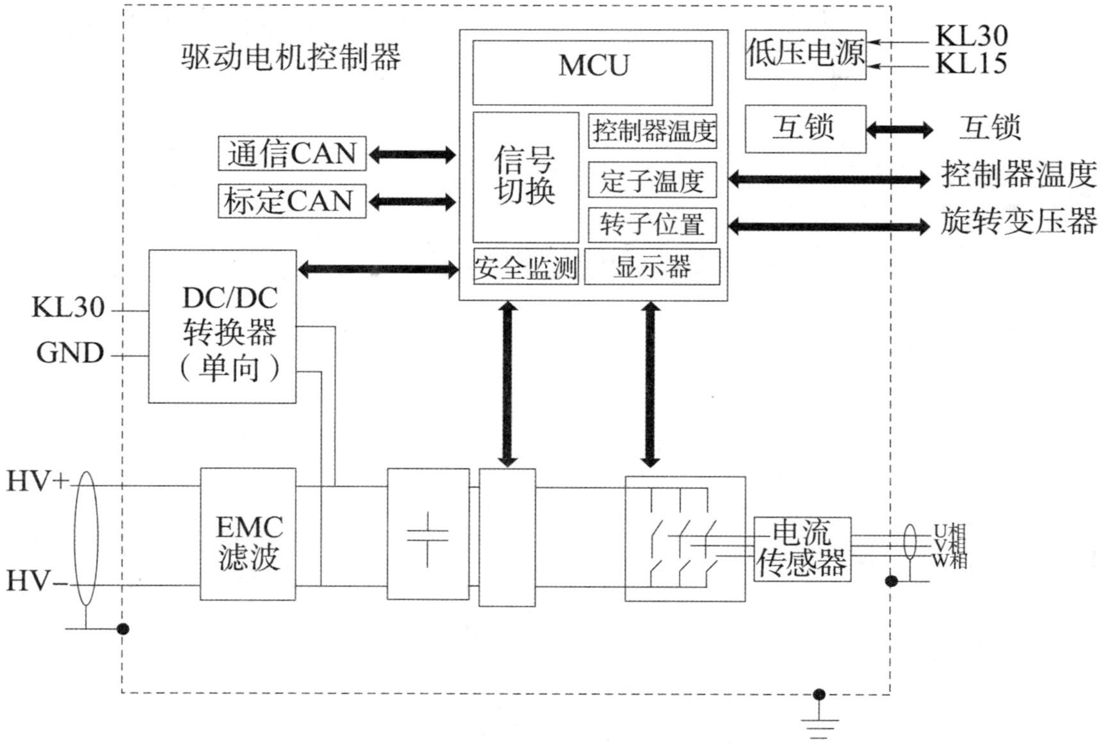

图 6-28　吉利 EV450 驱动电机控制器的原理框图

(2)转矩控制模式。电机控制系统控制电机轴向四象限的转矩。由于没有转矩传感器,转矩指令(由整车控制器发送)被转换成为电流指令,并进行闭环控制。转矩控制模式只有在获得正确的初始偏移角度时才能进行。

(3)静态模式。静态模式在电机控制器处于被动状态(待机状态)或故障状态时被激活。

(4)主动放电模式。主动放电用于高压直流端电容的快速放电。主动放电指令来自整车控制器的指令或由电机控制器内部故障触发。

(5)DC/DC 直流转换。电机控制器中的 DC/DC 转换器将高压直流端的高压转换成指定的直流低压(12V 低压系统),低压设定值来自整车控制器指令。

(6)系统诊断功能。当故障发生时,软件根据故障级别使电机控制器进入安全状态或限制状态。安全状态包括主动短路或 FreeWheel 模式,限制状态包括四个级别的功率/转矩输出限制。电机控制器软件中提供基于 ISO 14229 标准的诊断通信功能,见表 6-4。

诊断通信功能　　表 6-4

诊断项目	诊断内容
传感器诊断	电流传感器、电压传感器、温度传感器、位置传感器等传感器故障诊断
电机诊断	电流调节故障、电机性能检查、主动短路或空转条件不满足、转子偏移角诊断等
CAN 通信诊断	包括 CAN 内存检测、总线超时、报文长度、Checksum 校验、收发计数器的诊断
硬件安全诊断	相电流过流诊断、直流母线电压过压诊断、高/低压供电故障诊断、处理器监控等
DC/DC 诊断	DC/DC 传感器以及工作状态诊断

五　电机控制器低压信号接口端子定义

吉利 EV450 电机控制器低压信号接口如图 6-29 所示,端子定义见表 6-5。

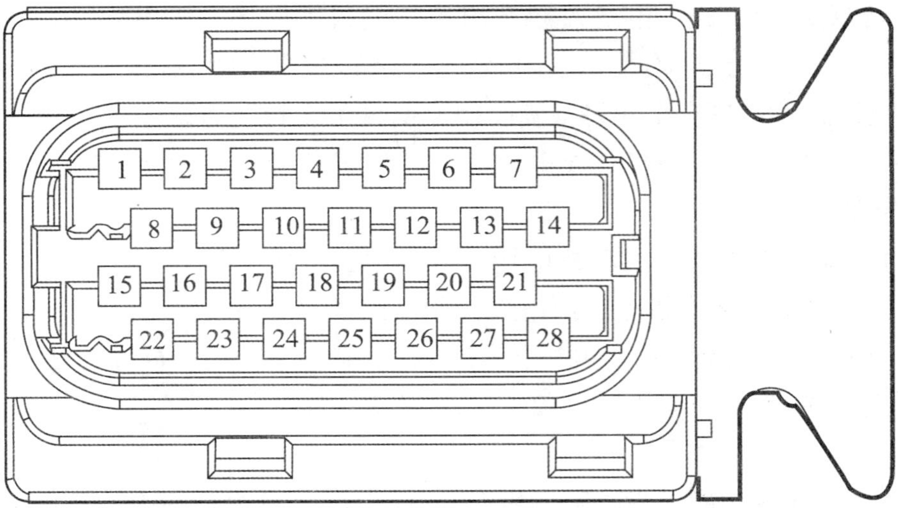

图 6-29　吉利 EV450 电机控制器低压信号接口

吉利 EV450 电机控制器低压信号接口端子定义　　表 6-5

端子号	端子定义	颜色	端子号	端子定义	颜色
1	高压互锁输入	棕	15	励磁绕组搭铁	绿
2	—	—	16	余弦绕组低	粉
3	—	—	17	正弦绕组低	白
4	高压互锁输出	白	18	—	—
5	温度传感器输入	棕白	19	—	—
6	温度传感器搭铁	红	20	CAN-H	蓝红
7	温度传感器输入	蓝红	21	CAN-L	灰橙
8	—	—	22	励磁绕组正极	橙
9	—	—	23	余弦绕组高	蓝
10	屏蔽线搭铁	黑	24	正弦绕组高	黄
11	搭铁	黑	25	ON 挡电	红黑
12	—	—	26	常电	红黄
13	温度传感器搭铁	白绿	27	调试 CAN－H	粉白
14	唤醒输入	蓝白	28	调试 CAN－L	黑白

吉利 EV450 电机低压线束接口如图 6-30 所示，端子定义见表 6-6。

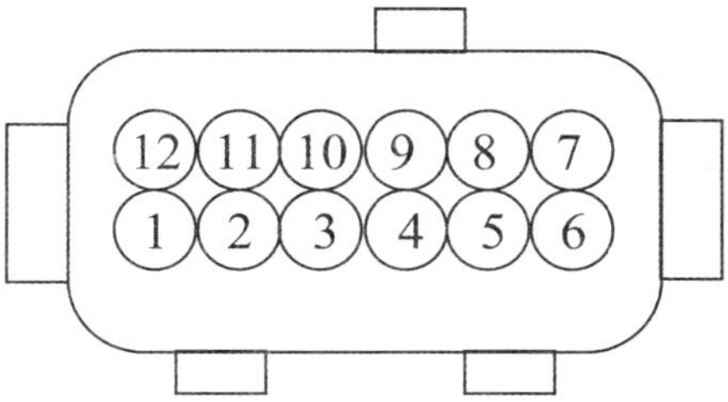

图 6-30　吉利 EV450 电机低压线束接口

吉利 EV450 驱动电机低压线束接口端子定义　　表 6-6

端子号	端子定义	线径(mm^2)颜色	端子状态	规定条件(电压、电流、波形)
1	R1 +	0.5 蓝/红	NTC 温度传感器 1	—
2	R1 -	0.5 红		—
3	R2 +	0.5 棕/白	NTC 温度传感器 2	—
4	R2 -	0.5 白/绿		—
5	GND	0.5 黑	屏蔽	负极
6	GND	0.5 黑		负极
7	COSL	0.5 粉	旋变余弦	—
8	COS	0.5 蓝		—
9	SINL	0.5 白	旋变正切	—
10	SIN	0.5 黄		—
11	REFL	0.5 橙	旋变励磁	—
12	REF	0.5 绿		—

六　驱动电机系统电路图

吉利 EV450 驱动电机系统电路图请扫描二维码查看。

吉利 EV450 驱动电机系统电路图

七　驱动电机系统电路的检测

1 旋转变压器的检测

(1)断开蓄电池的负极。

(2)断开线束连接器 BV13。

(3)用万用表分别检测旋转变压器的正弦、余弦和励磁电阻值。正常的电阻值如下：

余弦电阻值为14.5 ±1.5Ω。

正弦电阻值为13.5 ±1.5Ω。

励磁电阻值为9.5 ±1.5Ω。

2 电机温度传感器的检测

(1)断开蓄电池的负极。

(2)断开线束连接器BV13。

(3)用万用表分别检测两个温度传感器的电阻值。电阻值随温度升高而降低,随温度降低而升高,正常的电阻值如下：

-40℃时,正常电阻值为241 ±20Ω。

20℃时,正常电阻值为13.6 ±0.8Ω。

85℃时。正常电阻值为1.6 ±0.1Ω。

八 驱动电机的更换

1 准备工作

吉利EV450新能源汽车、龙门式举升机工位、安全防护套装、绝缘测试仪、万用表、诊断仪、绝缘胶布、大的量杯(盛放冷却液)、绝缘工具、车内三件套、车外三件套、抹布。

2 吉利EV450驱动电机的拆卸

(1)在工作区域设置隔离,铺好绝缘垫,并在明显位置放置警示牌。

(2)打开前机舱盖。

(3)开关置于OFF挡,断开蓄电池负极电缆,并用绝缘胶布包好。

(4)做好安全防护措施,按照维修手册标准作业流程进行高压断电,断开车载充电器处直流母线。

(5)操作空调制冷剂的回收程序。

(6)拆卸左、右前轮车轮。

(7)拆卸舱底部护板总成。

(8)拆卸车载充电机。

①断开车载充电机与加热器高压线束连接器1,断开车载充电机与驱动电机控制器高压线束连接器2,断开车载充电机线束与交流充电插座总成连接器3,断

开车载充电机与驱动电机总成连接水管4,注意不要使冷却液滴洒。断开车载充电机与驱动电机控制器连接水管5,断开车载充电机与低压线束连接器6,如图6-31所示。

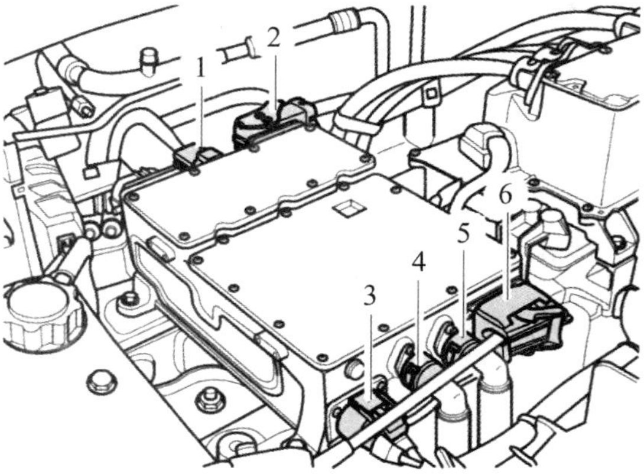

图6-31　车载充电机的拆卸

②拆卸分线盒电机控制器高压线束连接器4个固定螺栓,如图6-32所示。

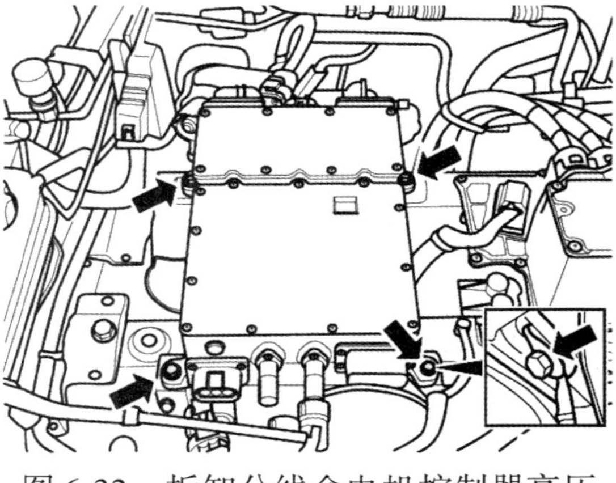

图6-32　拆卸分线盒电机控制器高压线束连接器4个固定螺栓

③拆卸车载充电机搭铁线。

④取出车载充电机。

(9)拆卸电机控制器。

(10)拆卸制冷空调管。

(11)拆卸驱动轴。

(12)拆卸压缩机。

(13)拆卸电动真空泵。

(14)拆卸冷却水泵。

(15)拆卸驱动电机。

①断开自动变速器控制器插头1,断开减速器电机插头2,拆卸线束卡扣3,如图6-33所示。

②断开驱动电机线束插头1,拆卸线束卡扣2,如图6-34所示。

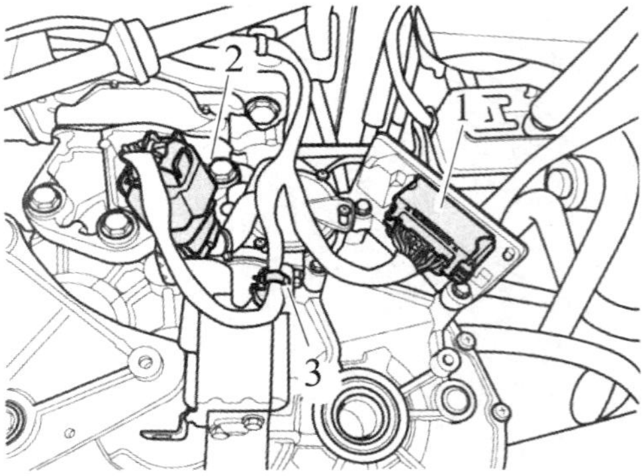

图6-33 自动变速器控制器插头1、减速器电机插头2、线束卡扣3

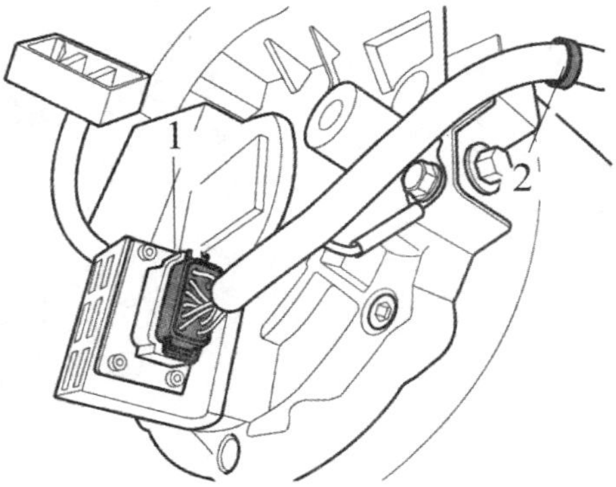

图6-34 驱动电机线束插头1、线束卡扣2

③拆卸线束搭铁线,如图6-35所示。

④拆卸电机进、出水管环箍,脱开电机冷却水管,如图6-36所示。

注意:水管脱开前请在车辆底部放置容器,接住防冻液,以免污染地面。拆卸或安装水管环箍时都应使用专用的环箍钳。

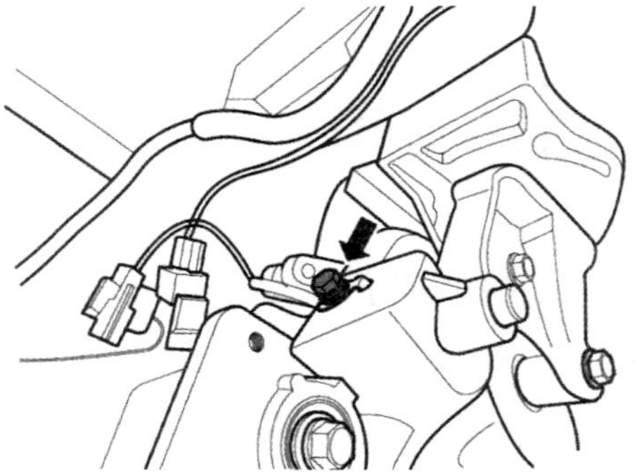

图6-35 线束搭铁线

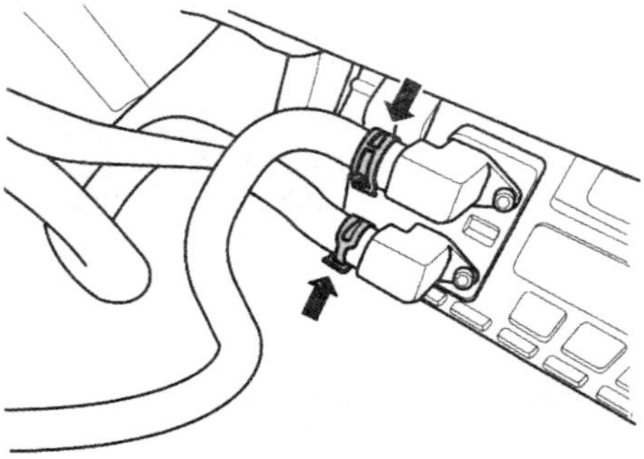

图6-36 电机进、出水管环箍

⑤拆卸后悬置。

⑥放置举升平台车,如图6-37所示。

⑦拆卸动力总成2个固定螺母,如图6-38所示。

⑧缓慢下降举升平台车,如图6-39所示。

⑨拆卸驱动电机隔声罩,如图6-40所示。

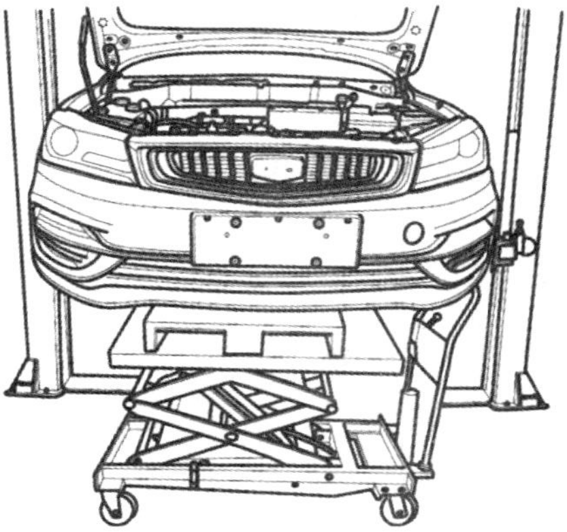

图 6-37　放置举升平台车

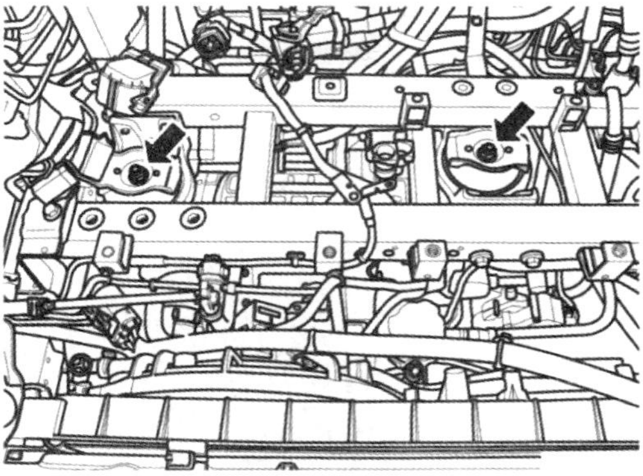

图 6-38　动力总成 2 个固定螺母

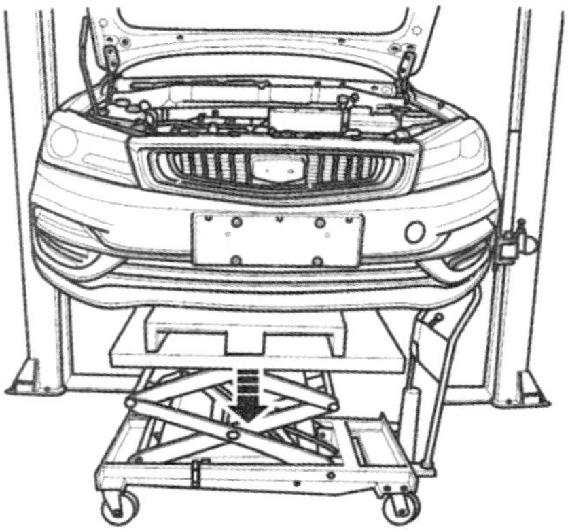

图 6-39　缓慢下降举升平台车

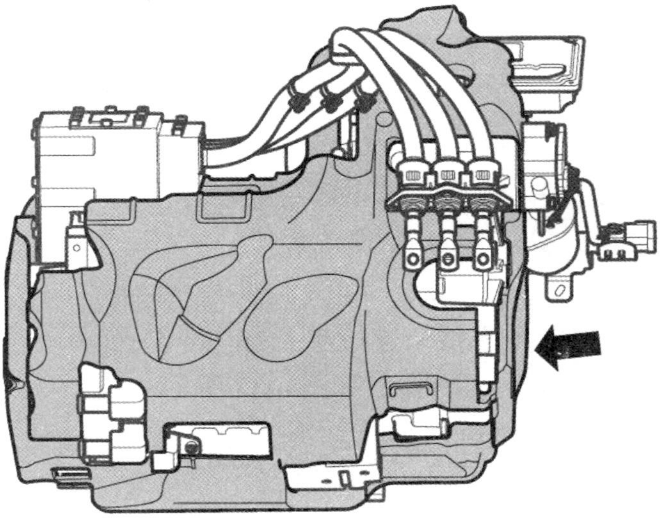

图 6-40　驱动电机隔声罩

⑩拆卸驱动电机及减速器总成之间的连接螺栓,如图 6-41 所示。将驱动电机和减速器分离。

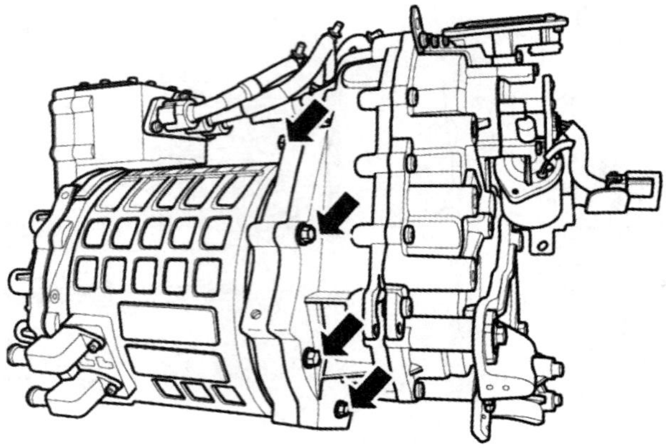

图 6-41　驱动电机及减速器总成之间的连接螺栓

3 安装

(1)安装驱动电机。

①将驱动电机和减速器组装一起,紧固驱动电机及减速器连接螺栓,如图 6-41 所示。紧固力矩为 23N·m。

②安装驱动电机隔声罩,如图 6-40 所示。

③将动力总成放置在举升平台工具上。

④缓慢下降举升平台车,如图 6-39 所示。

⑤紧固动力总成 2 个固定螺母,如图 6-38 所示。紧固力矩为 90N·m。

⑥连接驱动电机进、出水管,安装电机进、出水管环箍,如图 6-36 所示。

注意:环箍装配位置应该与管路标示线对齐。

⑦安装线束搭铁线,如图 6-35 所示。紧固力矩为 9N·m。

⑧连接驱动电机线束连接器 1,如图 6-34 所示。

⑨安装线束卡扣 2,如图 6-34 所示。

注意:插接时注意“一插、二响、三确认”。

⑩连接自动变速器控制器线束连接器 1,如图 6-33 所示。

⑪连接减速器电机线束连接器 2,如图 6-33 所示。

⑫安装线束卡扣 3,如图 6-33 所示。

注意:插接时注意“一插、二响、三确认”。

(2)安装后悬置。

(3)安装压缩机。

(4)安装冷却水泵。
(5)安装制动真空泵。
(6)安装制冷空调管。
(7)安装电机控制器。
(8)加注减速器油。
(9)安装机舱底部护板。
(10)安装左、右前轮轮胎。
(11)连接车载充电器处直流母线。
(12)按照标准程序进行加注冷却液和排气。
(13)连接蓄电池负极电缆。
(14)操作空调制冷剂的加注程序。
(15)关闭前机舱盖。

课题三　整车控制系统的检修

学习目标

☞ 知识目标

1. 能理解控制系统的基本概念;
2. 能说出整车控制器(VCU)的功能;
3. 能识读典型纯电动汽车 CAN 总线;
4. 能理解典型纯电动汽车整车上下电控制策略;
5. 熟悉高压互锁的定义和工作原理。

☞ 技能目标

能正确对典型纯电动汽车的整车控制系统进行检修。

☞ 素养目标

1. 培养热爱劳动意识;
2. 培养 5S 意识。

建议课时

6 课时。

一 控制系统的基本概念

控制系统一般包括传感器、控制器和执行元件。传感器采集信息并转换成电信号发送给控制器,控制器根据传感器的信息进行运算、处理和决策,并向执行元件发送控制指令以完成某项控制功能,如图6-42所示。

图6-42 控制系统的组成

当系统中有两个控制系统且两个控制系统需要相互通信时,可以通过CAN总线将两个控制系统连接起来,如图6-43所示。

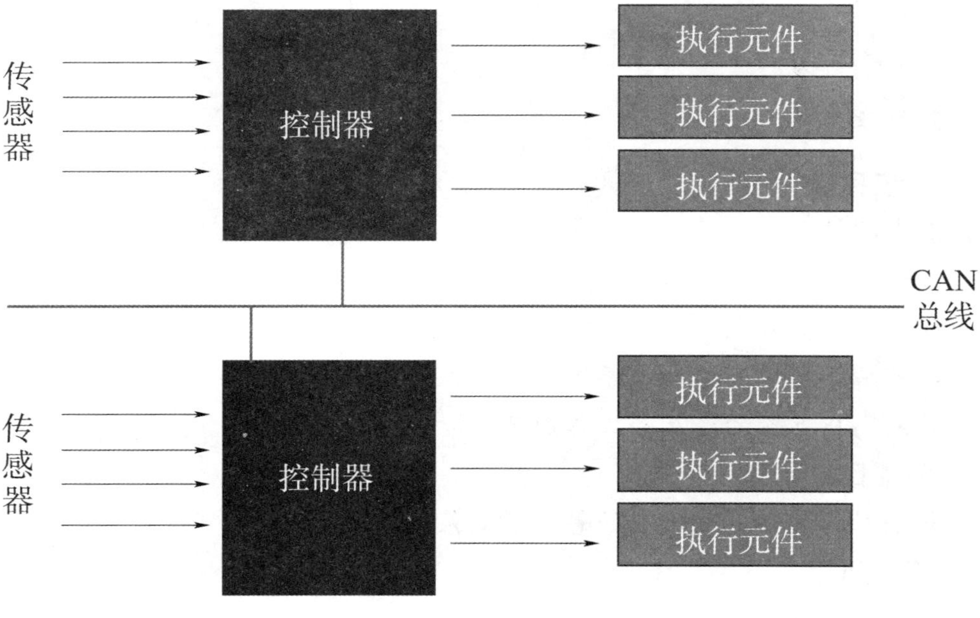

图6-43 基于CAN总线的控制系统(1)

当系统中有多个控制系统且控制系统之间有通信需求时,多个控制系统可以连接在CAN总线上实现控制系统之间的信息通信,如图6-44所示。在传统汽车控制系统中,这些控制系统是对等的、没有主次之分的。在新能源汽车控制系统中,一般会有一个控制器,如整车控制器除了完成自身一些控制功能外,还担负着整个控制系统的管理和协调功能。

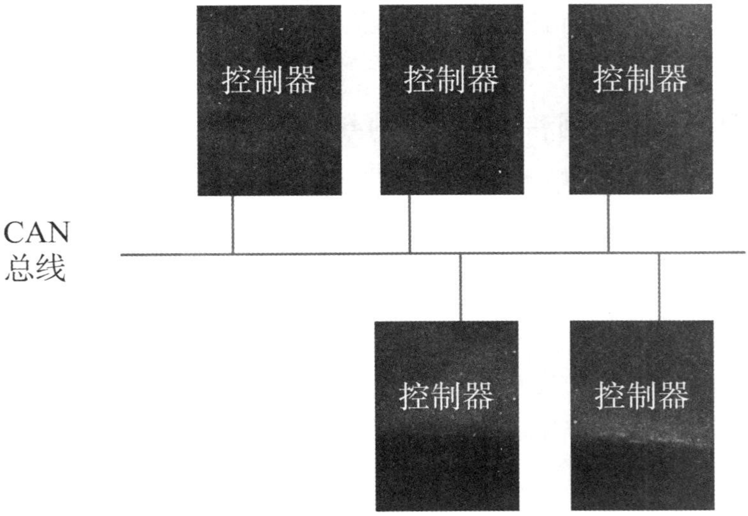

图 6-44 基于 CAN 总线的控制系统(2)

整车控制采用分层控制方式:整车控制器作为第一层,其他各控制器为第二层,各控制器之间通过 CAN 网络进行信息交互,共同实现汽车的功能控制,如图 6-45 所示。

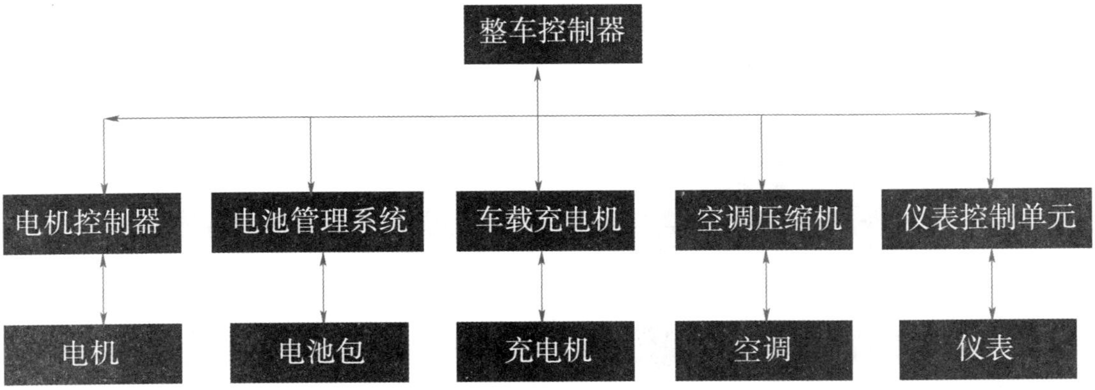

图 6-45 分层控制方式

二 整车控制器的功能

整车控制器的总体功能是判断操纵者意愿,根据车辆行驶状态、动力蓄电池和驱动电机系统的状态合理分配动力,使车辆运行在最佳状态。

1 整车状态的获取功能

(1)整车状态的获取。通过车速传感器、挡位信号传感器等,在采用不同的采样周期时,检测整车的运行状态。

(2)通过 CAN 总线获得原车功能模块、动力蓄电池系统、驱动电机系统等状态信息。

2 驾驶员的意愿识别和控制模式的判断

(1)通过各种状态信息(加速/制动踏板位置、当前车速和整车是否有故障等信息)来判断出当前需要的整车工作模式(如起步、加速、减速、匀速行驶)。

(2)根据判断出的整车工作模式、动力蓄电池系统和驱动电机系统状态计算出当前车辆需要的转矩。

(3)根据当前的参数和状态及前一段时间的参数及状态,算出当前车辆的转矩能力,根据当前车辆需要的转矩,最终计算出合理的最终需要实现的转矩。

3 整车故障的判别及处理

(1)判断整车各个传感器、执行机构的状态。

(2)指出相应的错误标志,协调在错误情况下各个模块的计算、执行。

(3)将错误状态记录、输出、消除。

4 外围相连驱动模块的管理

根据各个功能模块的最终计算结果,通过总线控制各个外围功能模块(例如空调模块等)。

5 电动汽车辅助系统的控制

(1)驾驶安全辅助设备,如助力转向等的控制。

(2)电器附件,如 DC/DC、水泵、空调、暖风等的控制。

(3)休闲娱乐辅助设备,如 DVD 等的控制。

三 纯电动汽车 CAN 总线

1 V-CAN

吉利 EV450 CAN 网络的连通是进行整车故障诊断的基础。CAN 网络分为 V-CAN 和 P-CAN 两路 CAN 总线,均可通过 OBD 对两路 CAN 进行监控。P-CAN 总线负责高压模块,分别包括 BMS、OBC(车载充电器)、GSM(全球移动通信系统)、PEU 等。其中 BMS 与 PEU 各分布 120Ω 终端电阻。V-CAN 总线负责低压模块,分别包括:EPB(电子驻车制动)、ESC(电子稳定控制系统)、BCM(车身控制器）等，其中 ESC 与 BCM 各分布 120Ω 终端电阻（图 6-46、图 6-47）。

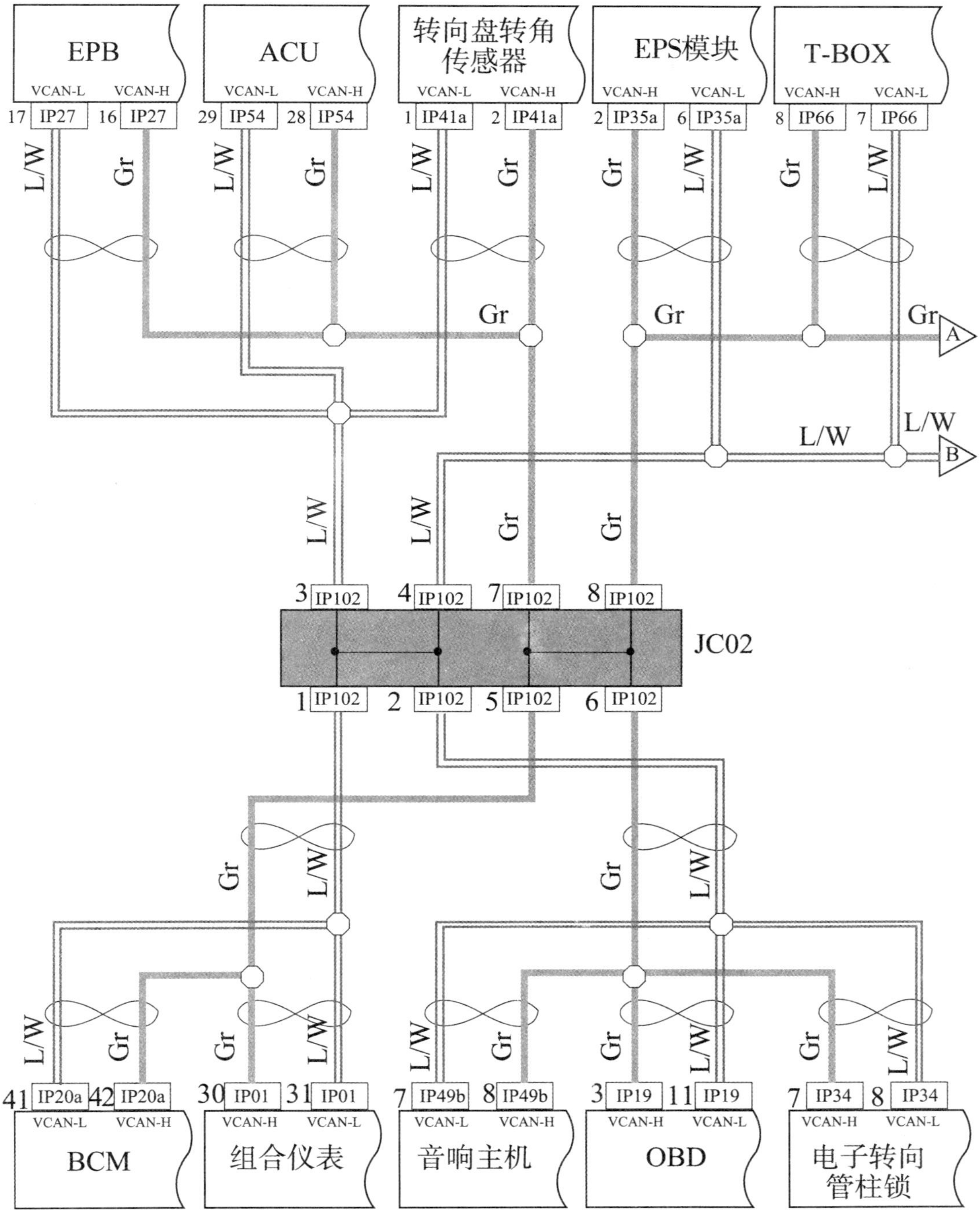

图 6-46　V-CAN(1)

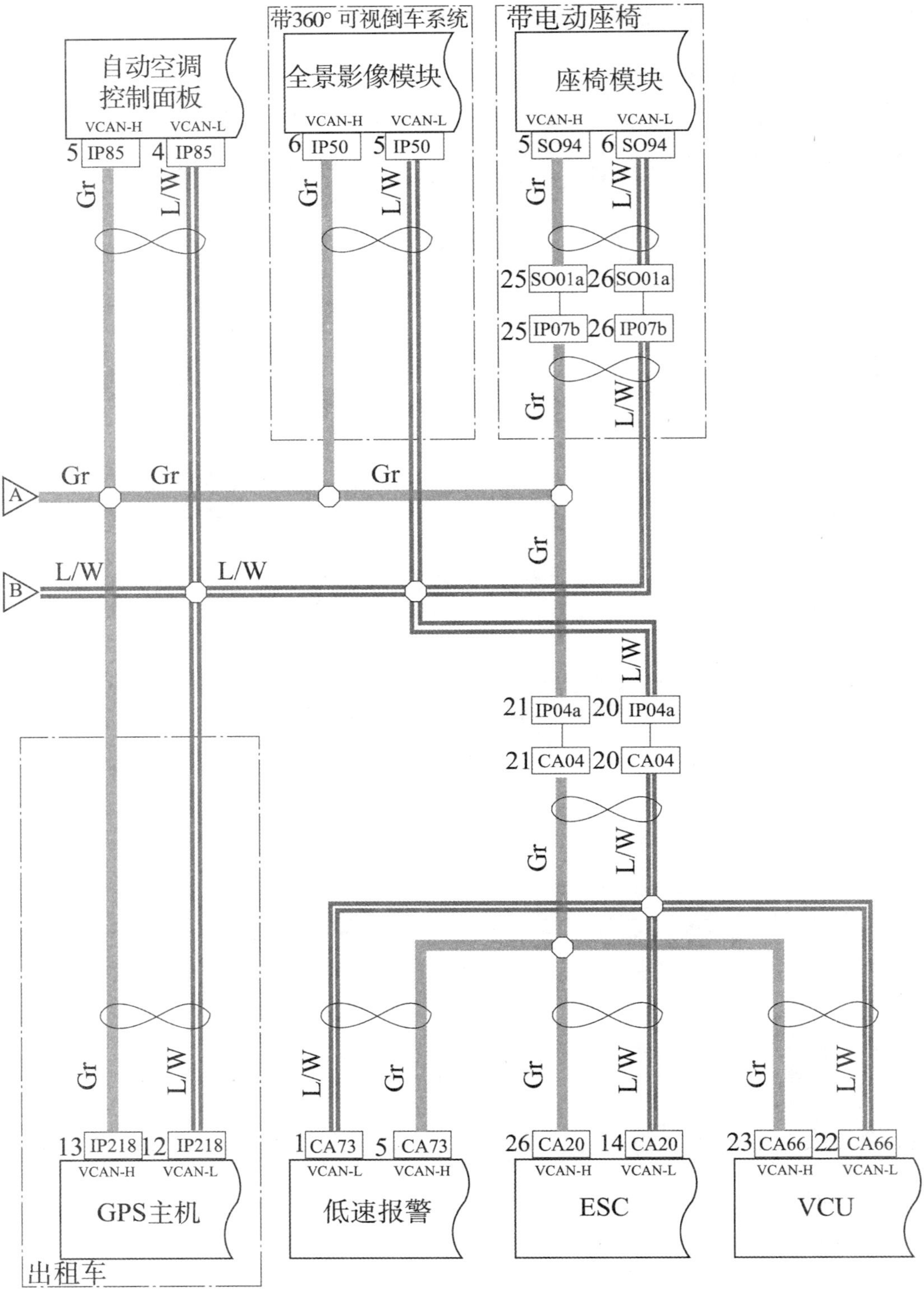
带360° 可视倒车系统
带电动座椅
自动空调控制面板
VCAN-H
VCAN-L
5 IP85
4 IP85
全景影像模块
VCAN-H
VCAN-L
6 IP50
5 IP50
座椅模块
VCAN-H
VCAN-L
5 SO94
6 SO94
25 SO01a
26 SO01a
25 IP07b
26 IP07b
Gr
L/W
A
B
21 IP04a
20 IP04a
21 CA04
20 CA04
13 IP218
12 IP218
VCAN-H
VCAN-L
GPS主机
出租车
1 CA73
5 CA73
VCAN-L
VCAN-H
低速报警
26 CA20
14 CA20
VCAN-H
VCAN-L
ESC
23 CA66
22 CA66
VCAN-H
VCAN-L
VCU

图 6-47　V-CAN(2)

❷ P-CAN

P-CAN 的电路如图 6-48 所示。

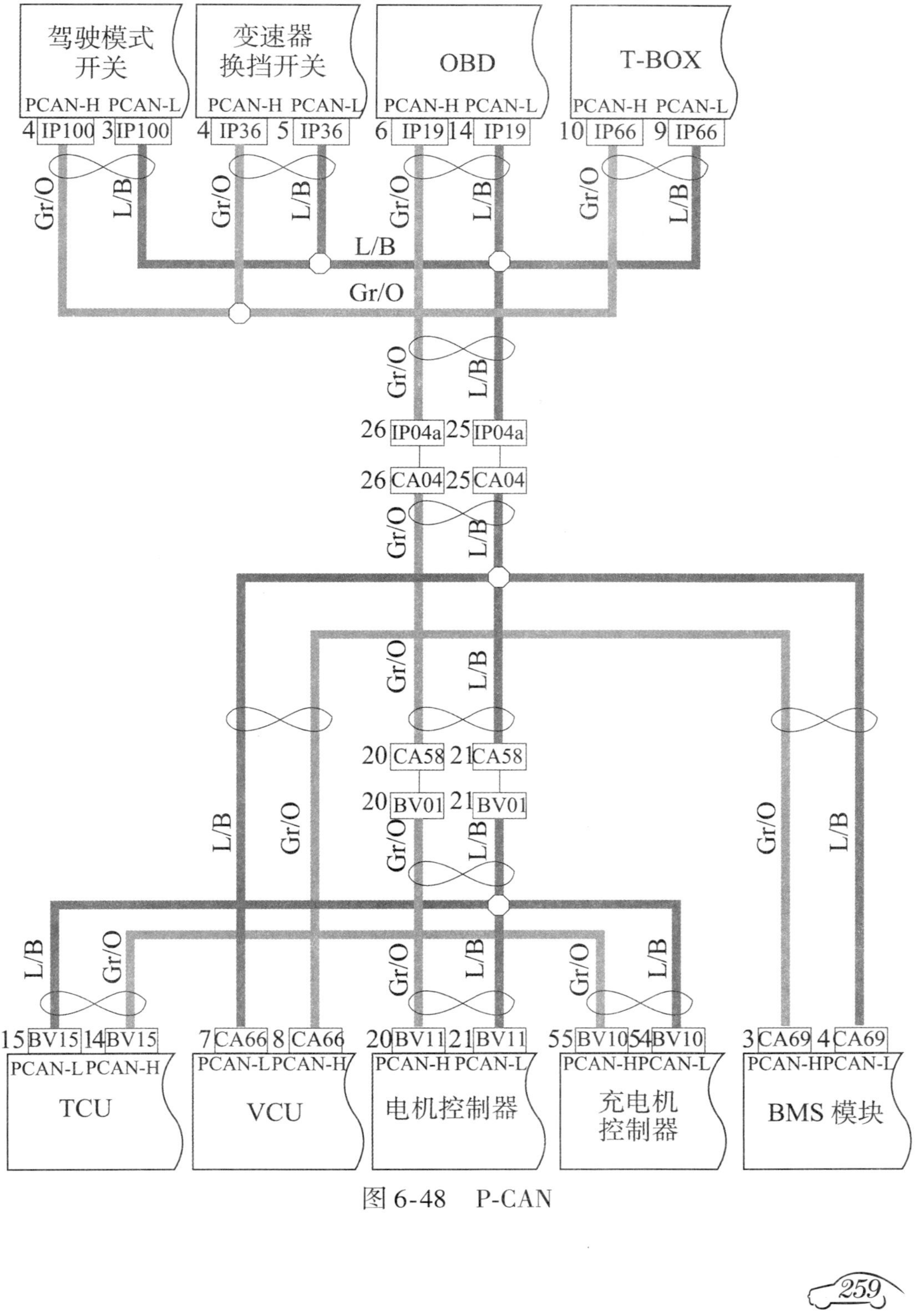

图 6-48　P-CAN

四 纯电动汽车整车上下电控制策略

1 吉利 EV450 整车上下电概念

(1)启动功能。它是指车辆从其他电源挡位(OFF 挡、ACC 挡、ON 挡)至 READY 挡,点亮仪表指示灯的过程,也可称上高压电。

(2)上电功能。它是车辆从 OFF 挡至 ON 挡的过程,该挡位车辆各模块处于上高压电准备阶段。

(3)退电功能。它是指整车从 READY 挡退电至其他挡位。

(4)下电功能。它是指整车从 ON 挡退电至 OFF 挡的过程。

2 上电控制策略

上电控制策略如图 6-49 所示。

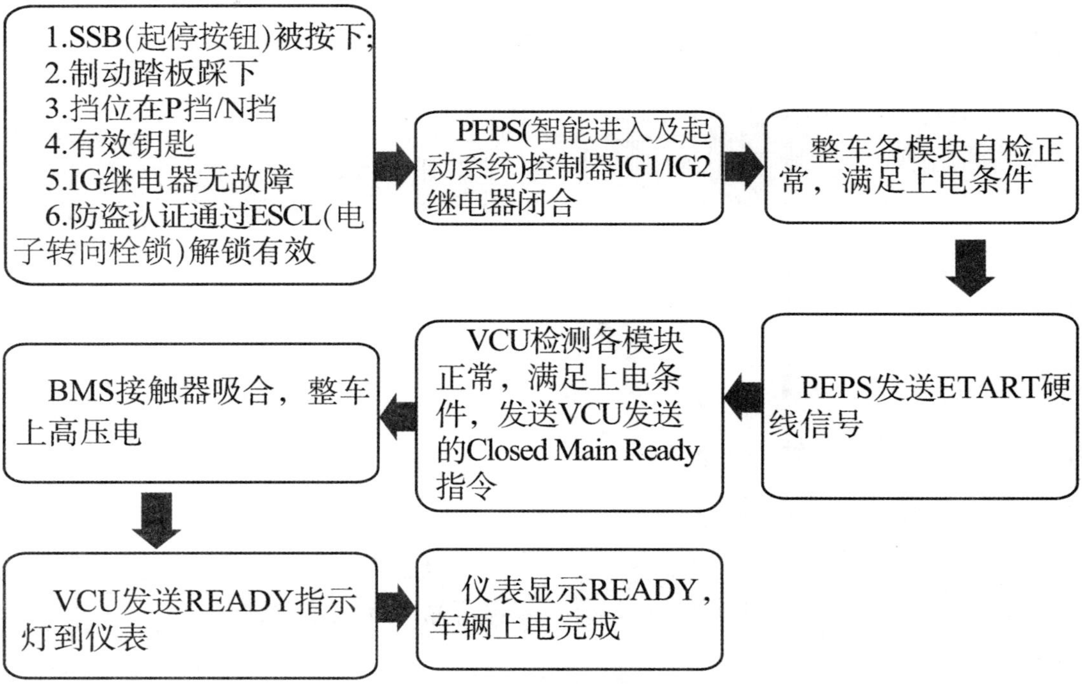

图 6-49 上电控制策略

3 下电控制策略

下电控制策略如图 6-50 所示。

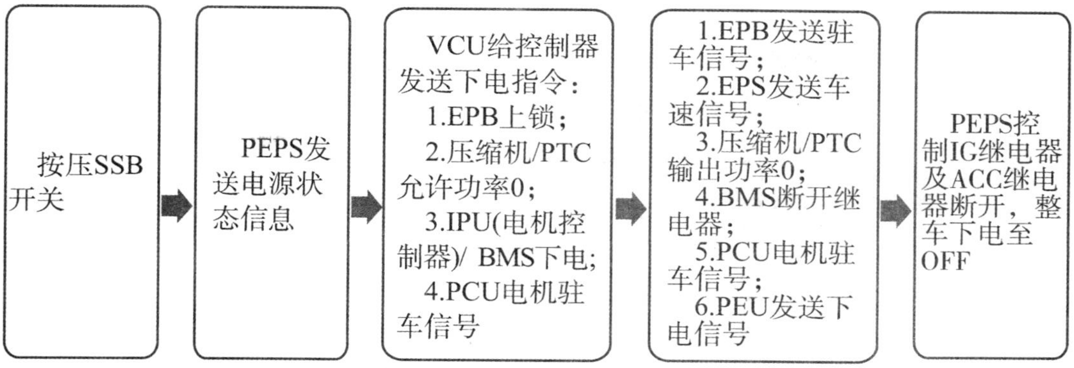

图 6-50　下电控制策略

五 VCU 系统电路图

吉利 EV450 VCU 系统电路图如图 6-51 ~ 图 6-53 所示。

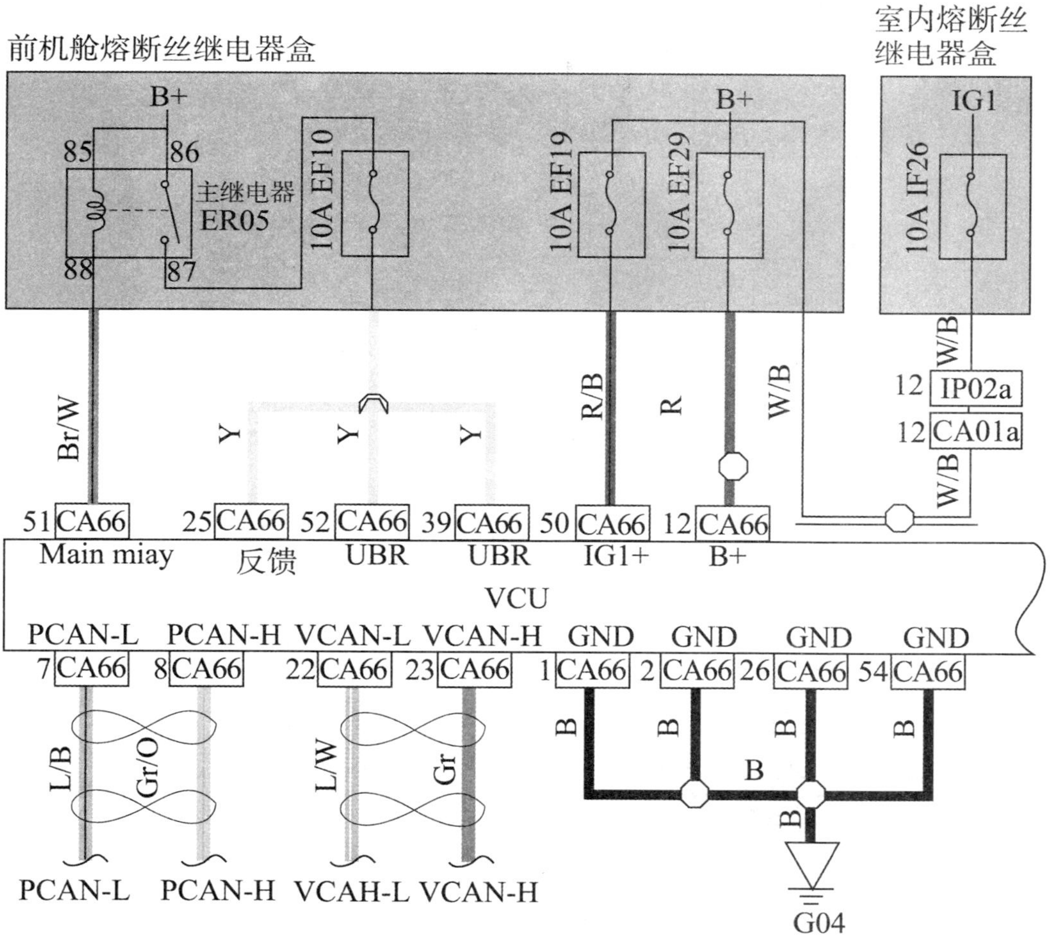

图 6-51　VCU 电源、搭铁线、数据线(1)

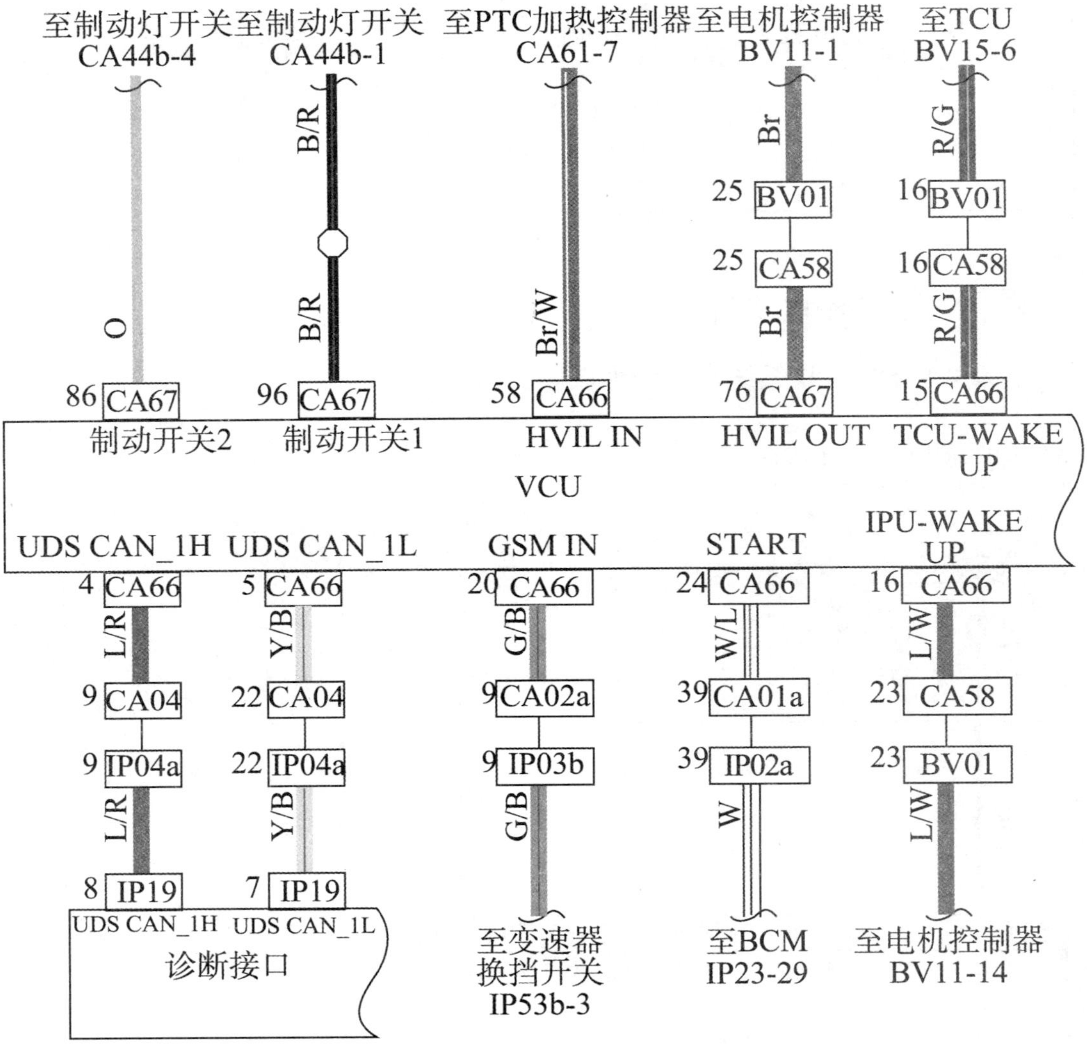

图 6-52　VCU 电源、搭铁线、数据线(2)

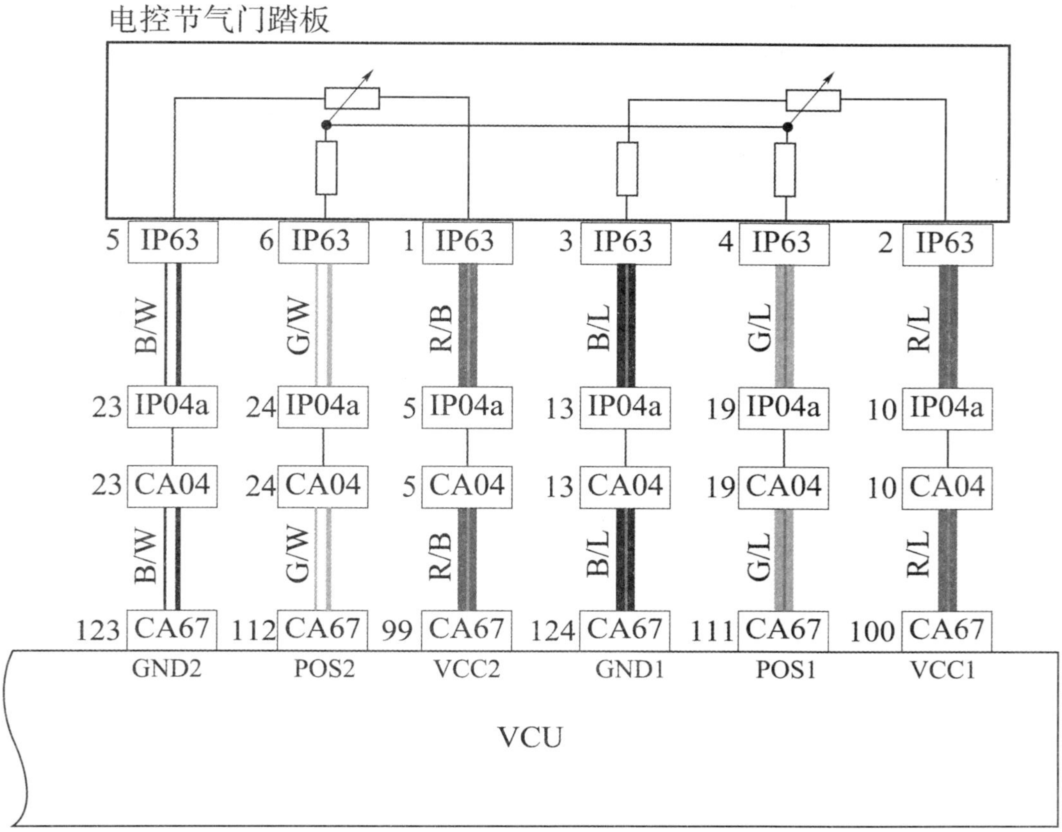

图 6-53　VCU 加速控制

六 高压互锁

1 高压互锁回路的定义

高压互锁英文全称为 Hazardous Voltage Interlock，简称 HVIL。

在 ISO 国际标准《电动汽车安全技术规范 第 3 部分：人员电气伤害防护》（ISO 6469—3:2001）中，规定车上的高压部件应具有高压互锁装置。高压互锁指通过使用电气小信号，来检查整个高压产品、导线、连接器及护盖的电气完整性（连续性），识别到回路异常断开时，及时断开高压电。具体作用如下：

（1）整车在高压上电前确保整个高压系统的完整性，使高压系统处于一个封闭的环境下工作，提高安全性。

（2）当整车在运行过程中高压系统回路断开或者完整性受到破坏的时候，需要启动安全防护。

（3）防止带电插拔高压连接器给高压端子造成拉弧损坏，甚至造成人身伤害。

2 高压互锁的组成及工作原理

(1)为了监测高压供电回路插接件连接的完整性、可靠性,采用低压导线作为信号线与高压电源线并排在高压线束护套管内,并分别与高压连接器确认插脚连接,将所有的高压部件串接起来组成回路。高压互锁插头连接结构及工作原理如图6-54所示。从图中可以看出,由于高压插头(高压连接器)中高压电源的正负极端子和中间互锁端子的物理长度不一样,当要断开高压插头时,高压插头的互锁端子先于高压插头中的电源正负极端子脱开;当要连接高压插头时,高压插头的电源正负极端子先于互锁端子连接好。这样的设计也避免了拉弧的产生。

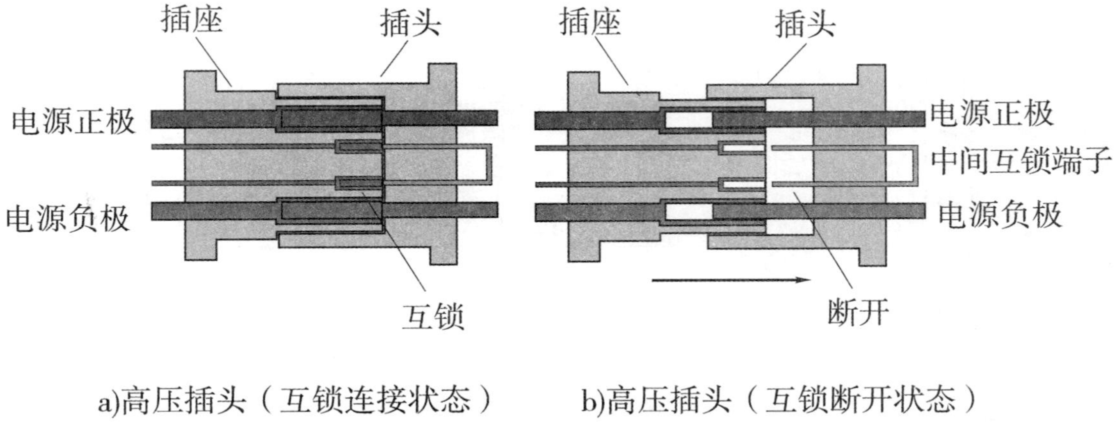

图6-54 高压互锁插头连接结构及工作原理

(2)高压互锁回路内还包括用于监测高压部件盖板是否可靠关闭的行程开关(开盖保护开关)。信号线将所有高压器件上的监测点全部串联起来,组成一条监测信号回路,即互锁信号回路。高压回路内某一个部位没有连接好,互锁信号送入整车控制器内,整车控制器就不使动力蓄电池对外供电。

(3)高压互锁回路中还可以包括车辆碰撞和翻转信号。当整车发生碰撞(侧翻转)时,安全气囊碰撞(侧翻)传感器发出信号,触发断电信号,整车控制器使高压电源会在毫秒级时间内断开,并利用高压系统余电放电电路将汽车高压部件电容端的电压在很短时间内放掉,避免火灾或漏电事故引起的人员触电事故的发生,以保障用户的安全。

3 整车高压互锁系统故障控制方法

当高压互锁系统检测到危险时,控制器会根据行驶状态和危险程度的故障等级,使用合理的安全控制方法。

(1)切断高压电源。当高压互锁系统发现危险后,控制器控制动力蓄电池的正极接触器和负极接触器，从而切断高压电源的输出（动力蓄电池），避免高压危险，确保人身和财产安全。

（2）故障报警。当互锁回路检测到危险时，控制器让电动汽车进行声光报警，提醒驾驶员，让驾驶员注意到发生的异常情况并及时处理，以避免事故发生。

（3）减功率工作。在高速行驶的过程中高压互锁系统检测到危险情况后，高压互锁系统不会立即切断高压电源，但是电动汽车会发出声光警示，提示驾驶员有危险，同时降低车辆的速度，使车辆缓行，驾驶员也可以将车辆停到安全的地方，等待救援，从而降低发生高压危险的概率。

4 吉利 EV450 高压互锁回路

吉利 EV450 高压互锁回路如图 6-55 所示。

七 整车控制系统的检修

1 VCU 电源、搭铁线、数据线的检修

（1）主继电器的检测。拔下主继电器 ER05，用万用表检测 ER05/85 和 ER05/86 之间线圈的电阻值，电阻值应在 75Ω 左右，然后将 ER05/85 和 ER05/86 端子连接蓄电池正负极，此时测量 ER05/30 和 ER05/87 之间电阻值，应小于 1Ω。

（2）ER05/86 – CA66/51 线路的检测。拔下 ER05，用万用表测量 ER05/86 与 CA66/51 之间电阻，电阻值应小于 1Ω。

（3）VCU 供电熔断丝的检测。分别拔下熔断丝 EF10、EF19、EF29、IF26，观察熔断丝是否破损、熔断，用万用表测量熔断丝两端电阻，电阻应接近 0Ω。

（4）VCU 供电线路的检测。断开蓄电池的负极，然后断开 CA66，连接好蓄电池负极，用万用表测量 CA66/12 对地电压，电压应为 12V 左右。如果为 0V 或有明显压降，断开蓄电池负极，拔下 EF29，测量 EF29 座下端与 CA66/12 之间电阻，电阻值应小于 1Ω。然后测量 EF29 座下端与车身之间电阻，电阻值应为无穷大。

断开蓄电池负极，拔下 EF19 和 IF26，断开 CA66，然后用万用表测量 IF26 座下端与 EF19 座上端之间的电阻，电阻值应小于 1Ω；测量 EF19 座下端与 CA66/50 之间电阻，电阻值应小于 1Ω；然后测量 IF26 座下端与车身之间电阻，电阻值应为无穷大；测量 EF19 座下端与车身之间电阻，电阻值应为无穷大。

断开蓄电池负极，拔下 EF10，断开 CA66，用万用表分别测量 EF10 下端座与 CA66/25、CA66/52、CA66/39 之间的电阻值，电阻值应小于 1Ω；然后测量 EF10 下端座与车身之间电阻值，电阻值应为无穷大。

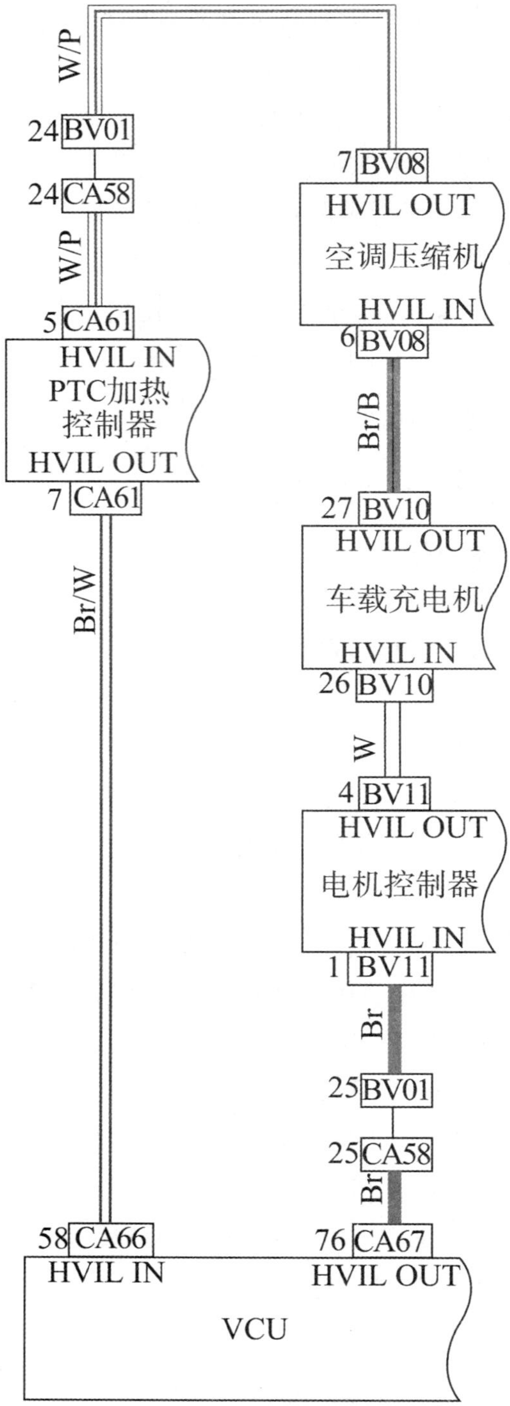

图 6-55　吉利 EV450 高压互锁回路

(5) VCU 搭铁线的检测。断开蓄电池的负极，然后断开 CA66。分别测量 CA66/1、CA66/2、CA66/26、CA66/54 与地之间电阻，电阻值应小于 1Ω。

(6) VCU P-CAN 的检测。

①检测 VCU P-CAN 是否对地或电源短路。测量 CA66/7 与车身之间电压，电压小于 2.5V，测量 CA66/8 与车身之间电压，电压应大于 2.5V。

②断开蓄电池的负极，断开 VCU 的 CA66，测量 CA66/7 与 CA66/8 之间电阻，电阻值应为 60Ω；如果电阻值为无穷大，转步骤③和④，如果为接近 0Ω，说明 P-CAN 存在互短，需转步骤⑤。

③测量 CA66/7 与 IP19/14 之间电阻，电阻应为 0Ω，如果为无穷大，则说明 CA66/7 与 IP19/14 之间存在断路，需进一步测量，缩小断路的故障范围。

④测量 CA66/8 与 IP19/6 之间电阻，电阻应为 0Ω，如果为无穷大，则说明 CA66/8 与 IP19/6 之间存在断路，需进一步测量，缩小断路的故障范围。

⑤断开 BV01 与 CA58 之间连接器，断开 IP04a 与 CA04 之间连接器，测量 CA66/7 与 CA66/8 之间电阻、IP19/6 与 IP19/14 之间电阻、BV01/20 与 BV01/21 之间电阻，根据所测的电阻值，可以将互短的故障缩小在最小的范围内。

(7) VCU V-CAN 的检测。VCU V-CAN 的检测方法与 VCU P-CAN 的检测方法类似。

2 VCU 加速踏板位置传感器的检修

(1) 检查加速踏板位置传感器与 VCU 之间的线束。

①操作启动开关，至 OFF 状态。

②断开蓄电池负极电缆，并等待 90s 以上。

③断开 VCU 线束连接器 CA67 和加速踏板线束连接器 IP63。

④测量 CA67 端子 99 与 IP63 端子 1 之间的电阻值。

⑤测量 CA67 端子 123 与 IP63 端子 5 之间的电阻值。

⑥测量 CA67 端子 112 与 IP63 端子 6 之间的电阻值。

⑦测量 CA67 端子 100 与 IP63 端子 2 之间的电阻值。

⑧测量 CA67 端子 124 与 IP63 端子 3 之间的电阻值。

⑨测量 CA67 端子 111 与 IP63 端子 4 之间的电阻值。

⑩以上电阻标准值应小于 1Ω，确认电阻值是否符合标准值。如果不符合，则更换或维修线束或连接器。

(2) 检测线束连接器对地是否短路。

①操作启动开关，至 OFF 状态。

②断开蓄电池负极电缆，并等待 90s 以上。

③断开 VCU 线束连接器 CA67 和加速踏板线束连接器 IP63。

④测量线束连接器 IP63 端子 1 与车身搭铁之间的电阻值。

⑤测量线束连接器 IP63 端子 2 与车身搭铁之间的电阻值。

⑥测量线束连接器 IP63 端子 3 与车身搭铁之间的电阻值。

⑦测量线束连接器 IP63 端子 4 与车身搭铁之间的电阻值。

⑧测量线束连接器 IP63 端子 5 与车身搭铁之间的电阻值。

⑨测量线束连接器 IP63 端子 6 与车身搭铁之间的电阻值。

⑩以上电阻标准值应为 10kΩ 或更高,确认电阻值是否符合标准值。如果不符合,则更换或维修线束或连接器。

(3)检测加速踏板线束连接器对电源是否短路。

①连接蓄电池负极电缆。

②操作启动开关,至 ON 状态。

③测量线束连接器 IP63 端子 1 与车身搭铁之间的电压值。

④测量线束连接器 IP63 端子 2 与车身搭铁之间的电压值。

⑤测量线束连接器 IP63 端子 3 与车身搭铁之间的电压值。

⑥测量线束连接器 IP63 端子 4 与车身搭铁之间的电压值。

⑦测量线束连接器 IP63 端子 5 与车身搭铁之间的电压值。

⑧测量线束连接器 IP63 端子 6 与车身搭铁之间的电压值。

⑨以上电压标准值应为 0V,确认电压值是否符合标准值。如果不符合,则更换或维修线束或连接器。

3 高压互锁的检修

吉利 EV450 高压互锁回路由 VCU 发送 5V 的 PWM(脉冲宽度调制)信号。当互锁回路断开的时候,VCU 发送 12V 的电压信号。检测的方法可以使用电阻法,逐段检测,判断出故障部位。

4 VCU 的更换

(1)打开前机舱盖。

(2)断开蓄电池负极电缆。

(3)拆卸整车控制器。

①断开整车控制器线束连接器。

②拆卸整车控制器固定螺母,取出整车控制器。

(4)安装整车控制器。

①安装整车控制器,紧固固定螺母。紧固力矩为 8N · m。

②连接整车控制器线束连接器。插接时应注意“一插、二响、三确认”。

(5)连接蓄电池负极电缆。

(6)关闭前机舱盖。

5 VCU 的编程和设置

检查蓄电池电压,应在 9 ~ 16V,车辆所有的功能都应该能正常工作。更换 VCU 后若未完成 VIN、ESK 写入工作,则车辆无法起动,此时仪表无报警,车辆不报警但整车会记录故障码,故障码为:VCU 未写入 ESK 码。

(1)将本车遥控钥匙放入可以被认证的区域内。

(2)将诊断仪连接至 OBD 诊断接口。

(3)按下启动开关使电源模式至“ON”位置。

(4)开启诊断仪,选择“帝豪 EV350/450”。

(5)选择“写数据功能”,进入“写数据功能”界面。

①选择“写车辆识别码(VIN 码)”,进入“写车辆识别码(VIN 码)”界面。

②弹出“输入数据”界面,输入 17 位车辆识别码(VIN 码),点击确认,写入完毕。

(6)点出“退出”,进入“整车控制器(VCU)”系统。

(7)选择“写入 ESK”,弹出“写入 ESK 码”选择。

(8)选择“是”,弹出“写入数据”界面,写入 ESK 码,点击确认,ESK 码写入成功。

(9)退出诊断仪,车辆可以正常行驶。

课题四　充电系统的检修

学习目标

☞ 知识目标

1. 熟悉充电模式和连接方式;
2. 能理解交流充电控制导引电路与控制原理;
3. 能理解直流充电控制导引电路与控制原理。

☞ 技能目标

能正确对交流充电系统进行检修。

☞ 素养目标

1. 培养精益求精的精神;
2. 牢固树立高压安全操作意识。

建议课时

9 课时。

一 充电模式

充电指的是将交流电网或直流电网(电源)调整为标准化的电压/电流,为电动汽车动力蓄电池提供电能,也可额外地为车载电气设备供电。充电模式指的是连接电动汽车到电网(电源),电网(电源)给电动汽车供电的方法。

1 模式 1(mode1)

将电动汽车连接到交流电网(电源)时,在电源侧使用了符合 GB 2099.1 和 GB 1002 要求的插头插座,在电源侧使用了相线、中性线和搭铁保护的导体。需要指出的是,国家标准规定不应使用模式 1 对电动汽车进行充电。

2 模式 2(mode2)

将电动汽车连接到交流电网(电源)时,在电源侧使用了符合 GB 2099.1 和 GB1002 要求的插头插座,在电源侧使用了相线、中性线和搭铁保护的导体,并且在充电连接时使用了缆上控制与保护装置(IC – CPD)。

3 模式 3(mode3)

将电动汽车连接到交流电网(电源)时,使用了专用供电设备,将电动汽车与交流电网直接连接,并且在专用供电设备上安装了控制导引装置。

4 模式 4(mode4)

将电动汽车连接到交流电网或直流电网时,使用了带控制导引功能的直流供电设备。

注意:模式 2、模式 3、模式 4 应具备控制导引功能。

二 连接方式

连接方式指的是使用电缆和连接器将电动汽车接入电网(电源)的方法。

1 连接方式 A(case A connection)

将电动汽车和交流电网连接时,使用和电动汽车永久连接在一起的充电电缆和供电插头,如图 6-56 所示。

2 连接方式 B(case B connection)

将电动汽车和交流电网连接时,使用带有车辆插头和供电插头的独立活动电缆组件，如图 6-57 所示。

❸ 连接方式 C(case C connection)

将电动汽车和交流电网连接时，使用了和供电设备永久连接在一起的充电电缆和车辆插头，如图 6-58 所示。

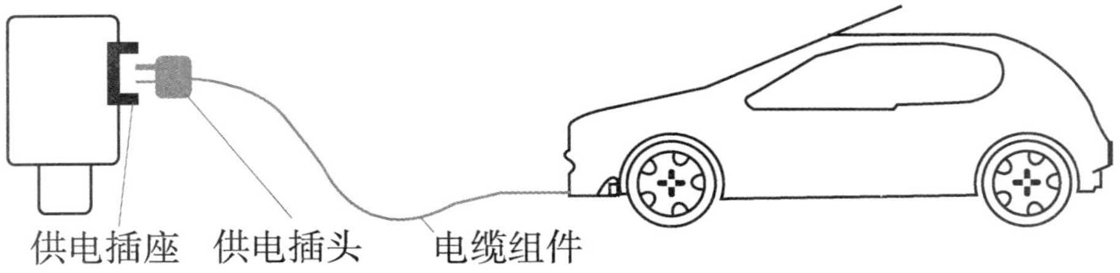

图 6-56　连接方式 A

注：电缆组件是车辆的一部分。

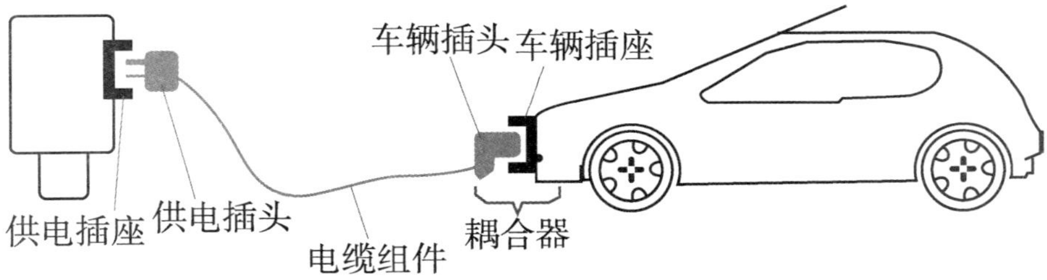

图 6-57　连接方式 B

注：可拆卸电缆组件不是车辆或者充电设备的一部分。

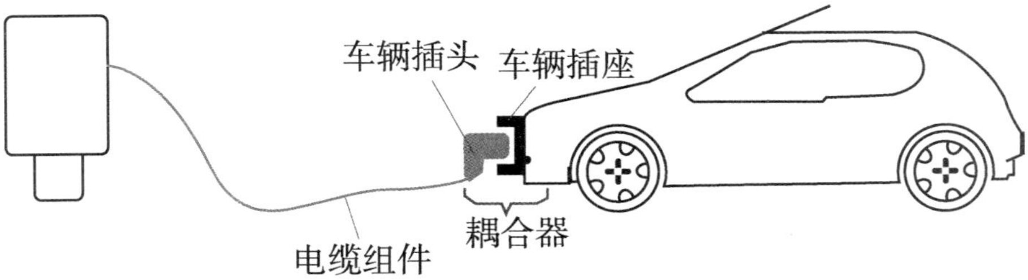

图 6-58　连接方式 C

注：电缆组件是充电设备的一部分。

连接方式 A、连接方式 B、连接方式 C 均适用于模式 3。仅连接方式 C 适用于模式 4。

三　电动汽车充电模式使用条件

❶ 充电模式 1

模式 1 充电系统使用标准的插座和插头，能量传输过程中应采用单相交流供电，且不允许超过 8A 和 250V，在电源侧应使用符合 GB 2099.1 和 GB 1002

要求的插头和插座,在电源侧使用了相线、中性线和保护搭铁线导体,并且在电源侧使用了剩余电流保护装置。从标准插座到电动汽车,应提供保护搭铁导体。

注意:不应使用模式 1 对电动汽车进行充电。

2 充电模式 2

模式 2 充电系统使用标准插座,能量传输过程中采用单相交流供电,电源测使用符合 GB 2099.1 和 GB 1002 要求的 10A 插头插座时,电流输出不能超过 8A。在电源侧使用相线、中性线和保护搭铁导体,并且采用缆上控制与保护装置(IC－CPD)连接电源与电动汽车。

从标准插座到电动汽车,应提供保护搭铁导体,且应具备剩余电流保护和过流保护功能。

3 充电模式 3

模式 3 应用于连接到交流电网的供电设备将电动汽车与交流电网连接起来的情况,并且,在电动汽车供电设备上安装了专用保护装置。

电动汽车供电设备具有一个及一个以上同时可使用的模式 3 连接点(供电插座)时,每一个连接点应具有专用保护装置,并确保控制引导功能可独立运行。

模式 3 应具备剩余电流保护功能。连接方式 A、连接方式 B、连接方式 C 适用于模式 3。

采用单相供电时,电流不大于 32A,采用三相供电且电流大于 32A 时,应采用连接方式 C。

4 充电模式 4

模式 4 用于电动汽车连接到直流供电设备的情况,应用于永久连接在电网(电源)的设备和通过电缆与电网(电源)连接为其供电的设备。模式 4 可直接连接至交流电网或直流电网,反连接方式 C 适用于模式 4。

四 交流充电控制导引电路与控制原理

1 交流充电控制导引电路

(1)充电模式 3。当电动汽车使用充电模式 3 进行充电时,应使用如图 6-59(连接方式 A)、图 6-60(连接方式 B)、图 6-61(连接方式 C)所示的控制导引电路,进行充电连接装置的连接确认及额定电流参数的判断。该电路由供电控制装置,接触器 K1 和 K2，电阻 $R1$、$R2$、$R3$、$R4$、RC，二极管 D1，开关 S1、S2、S3，车载充电机和车辆控制装置组成，其中车辆控制装置可以集成在车载充电机或其他车载控制单元中。电阻 $R4$、RC 安装在车辆插头上。开关 S1 为供电设备内部开关。开关 S2 为车辆内部开关，在车辆接口与供电接口完全连接，并且配置了电子锁，供电接口被完全锁止后，当车载充电机自检测完成后无故障，并且电池组处于可充电状态时，S2 闭合（如果车辆设置有“充电请求”或“充电控制”功能，则同时应满足车辆处于“充电请求”或“可充电”状态）。开关 S3 为车辆插头的内部常闭开关，与插头上的下压按钮（用以触发机械锁止装置）联动，按下按钮解除机械锁止功能的同时，S3 处于断开状态。控制导引电路中也可以不配置开关 S2，无 S2 开关的车辆应采用单相充电，且最大充电电流不超过 8A。对于未配置开关 S2 的控制导引电路，等同于开关 S2 为常闭状态（出于用户安全考虑，不推荐使用无开关 S2 的控制导引电路）。

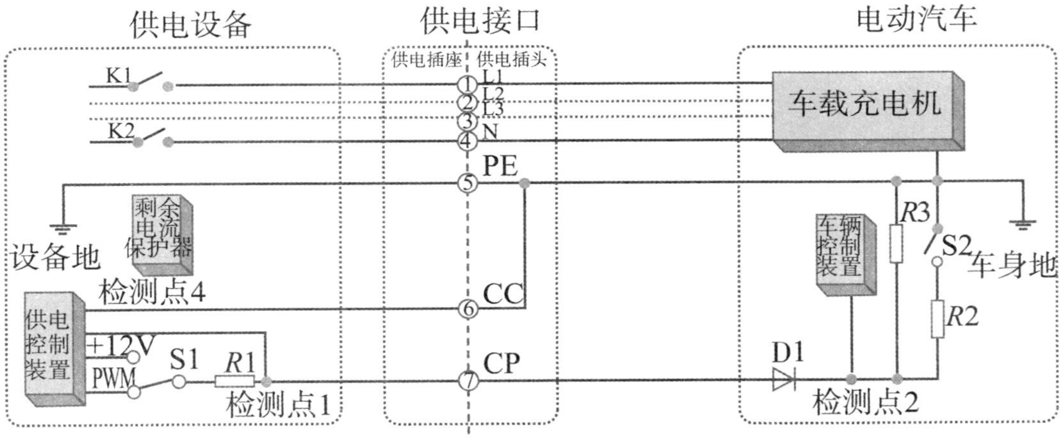

图 6-59　充电模式 3（连接方式 A）的控制导引电路原理图

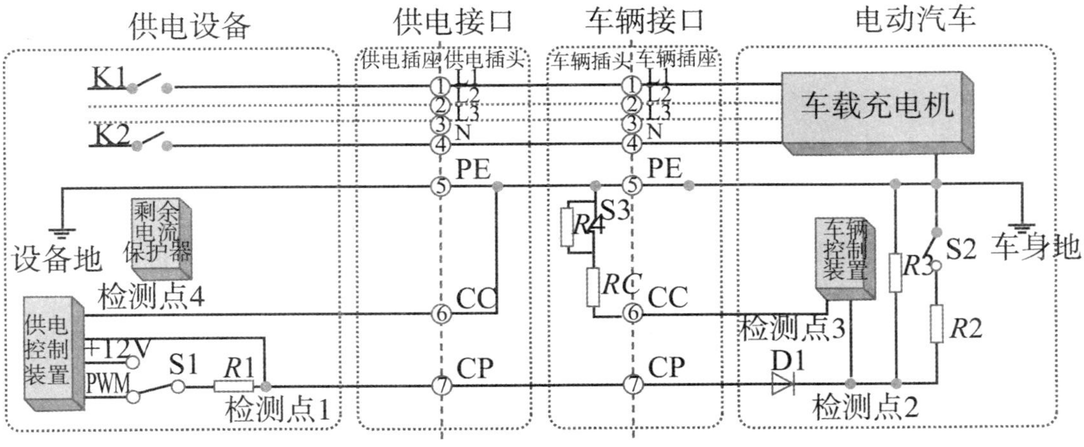

图 6-60　充电模式 3（连接方式 B）的控制导引电路原理图

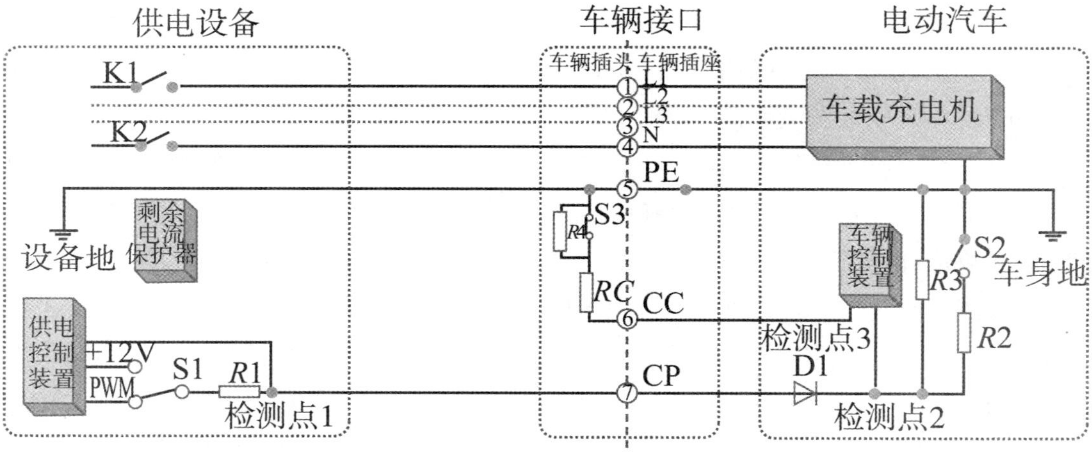

图 6-61　充电模式 3(连接方式 C)的控制导引电路原理图

(2)充电模式 2。当电动汽车使用充电模式 2 的连接方式 B 进行充电时,推荐使用如图 6-62 所示的控制导引电路,进行充电连接装置的连接确认及额定电流参数的判断。

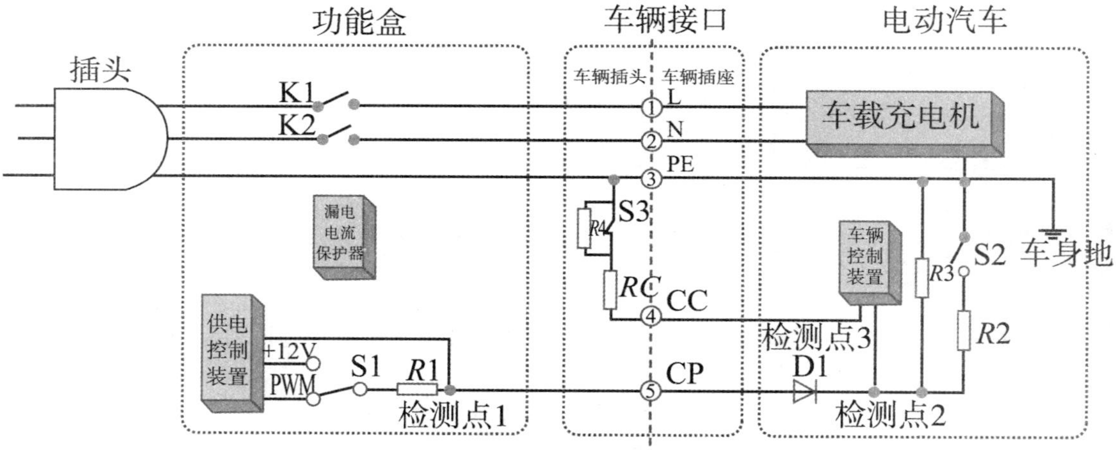

图 6-62　充电模式 2(连接方式 B)的控制导引电路原理图

❷ 控制导引电路的基本功能

(1)连接确认与电子锁。车辆控制装置通过测量检测点 3 与 PE 之间的电阻值来判断车辆插头与车辆插座是否完全连接(对于连接方式 B 和连接方式 C)。完全连接后,如车辆插座内配备有电子锁,电子锁应在开始供电(K1 与 K2 闭合)前锁定车辆插头并在整个充电过程中保持。如不能锁定,由电动车辆决定下一步操作,例如继续充电,通知操作人员并等待进一步指令或终止充电。供电控制装置通过测量检测点 1 或检测点 4 的电压来判断供电插头和供电插座是否完全连接(对于连接方式 A 和连接方式 B)。完全连接后,如供电插座内配备有电子锁,供电插座内电子锁应在开始供电(K1 与 K2 闭合)前锁定供电插头并在整个充电过程中保持。如不能锁定,终止充电并提示操作人员。

(2)充电连接装置载流能力和供电设备供电功率的识别。车辆控制装置通过测量检测点 3 与 PE 之间的电阻值来确认当前充电连接装置(电缆)的额定容量,通过测量检测点 2 的 PWM 信号占空比确认当前供电设备的最大供电电流。

(3)充电过程的监测。充电过程中,车辆控制装置应对检测点 3 与 PE 之间的电阻值(对于连接方式 B 和连接方式 C)及检测点 2 的 PWM 信号占空比进行监测,供电控制装置应对检测点 4 及检测点 1(对于充电模式 3 的连接方式 A 和连接方式 B)的电压值进行监测。

(4)充电系统的停止。在充电过程中,当充电完成或因为其他原因不能满足继续充电的条件时,车辆控制装置和供电控制装置分别停止充电的相关控制功能。

3 充电过程的工作控制程序

(1)车辆插头与车辆插座插合,使车辆处于不可行驶状态。

当车辆插头与车辆插座插合后(连接方式 A 下为供电插头与供电插座),车辆的总体设计方案可以自动启动某种触发条件(如打开充电门、车辆插头与车辆插座连接,或者对车辆的充电按钮、开关等进行功能触发设置),通过互锁或者其他控制措施使车辆处于不可行驶状态。

(2)确认供电接口已完全连接(对于充电模式 3 的连接方式 A 和连接方式 B)。

供电控制装置通过测量检测点 1 或检测点 4 的电压值来判断供电插头与供电插座是否完全连接。

(3)确认车辆接口已完全连接(对于连接方式 B 和连接方式 C)。

车辆控制装置通过测量检测点 3 与 PE 之间的电阻来判断车辆插头与车辆插座是否完全连接。未连接时,S3 处于闭合状态,CC 未连接,监测点 3 与 PE 之间的电阻值为无限大;半连接时,S3 处于断开状态,CC 已连接,监测点 3 与 PE 之间的电阻值为 $RC + R4$;完全连接时,S3 处于闭合状态,CC 已连接,检测点 3 与 PE 之间的电阻值为 RC。

(4)确认充电连接装置是否已完全连接。如供电设备无故障,并且供电接口已完全连接(对于充电模式 3 的连接方式 A 和连接方式 B),则开关 S1 从 +12V 连接状态切换至 PWM 连接状态,供电控制装置发出 PWM 信号。供电控制装置通过测量检测点 1 的电压值或检测点 4,来判断充电连接装置是否已完全连接。

车辆控制装置通过测量检测点 2 的 PWM 信号,判断充电连接装置是否已完全连接。

(5)车辆准备就绪。在车载充电机自检完成且没有故障的情况下,同时电池组处于可充电状态时,车辆控制装置闭合开关 S2(如果车辆设置有“充电请求”或“充电控制”功能,则应同时满足车辆处于“充电请求”或“可充电”状态)。

(6)供电设备准备就绪。供电控制装置通过测量检测点 1 的电压值判断车辆是否准备就绪。当检测点 1 的峰值电压为规定的对应电压值时(见表 6-7 中状态 3),则供电控制装置通过闭合接触器 K1 和 K2 使交流供电回路导通。

检测点 1 的电压状态 表 6-7

充电过程状态	充电连接装置是否连接	S2	车辆是否可以充电	检测点 1 峰值电压(稳定后测量)(V)	说明
状态 1	否	断开	否	12	车辆接口未完全连接,检测点 2 的电压为 0
状态 2	是	断开	否	9	S1 切换至与 PWM 连接状态,R3 被检测到
状态 3	是	闭合	可	6	车载充电机及供电设备处于正常工作状态

(7)充电系统的启动。

①当电动汽车和供电设备建立电气连接后,车辆控制装置通过判断检测点 2 的 PWM 信号占空比确认供电设备的最大可供电能力,并且通过判断检测点 3 与 PE 之间的电阻值来确认电缆的额定容量。车辆的连接状态及 *RC* 的电阻值见表 6-8。车辆控制装置对供电设备当前提供的最大供电电流值、车载充电机的额定输入电流值及电缆的额定容量进行比较,将其最小值设定为车载充电机当前最大允许输入电流。当车辆控制装置判断充电连接装置已完全连接,并完

成车载充电机最大允许输入电流设置后，车载充电机开始对电动汽车进行充电。

车辆接口状态及 *RC* 的电阻值 表 6-8

状态	*RC*	*R*4	S3	车辆接口连接状态及额定电流
状态 A	—		—	车辆接口未完全连接
状态 B	—		断开	机械锁止装置处于解锁状态
状态 C	1.5kΩ/0.5W	—	闭合	车辆接口已完全连接，充电电缆额定容量为 10A
状态 C′	1.5kΩ/0.5W	1.8kΩ/0.5W	断开	车辆接口处于半连接状态
状态 D	680Ω/0.5W	—	闭合	车辆接口已完全连接，充电电缆额定容量为 16A
状态 D′	680Ω/0.5W	2.7kΩ/0.5W	断开	车辆接口处于半连接状态
状态 E	220Ω/0.5W	—	闭合	车辆接口已完全连接，充电电缆额定容量为 32A
状态 E′	220Ω/0.5W	3.3kΩ/0.5W	断开	车辆接口处于半连接状态
状态 F	100Ω/0.5W	—	闭合	车辆接口已完全连接，充电电缆额定容量为 63A
状态 F′	100Ω/0.5W	3.3kΩ/0.5W	断开	车辆接口处于半连接状态

注：电阻 *RC*、*R*4 的精度为 ±3%。

②在充电过程中，当接收到检测点 2 的 PWM 信号时，车载充电机最大允许输入电流设置取决于供电设备的可供电能力、充电线缆额定容量和车载充电机额定电流的最小值。

(8)检查供电接口的连接状态及供电设备的供电能力变化情况。

①在充电过程中，车辆控制装置通过周期性检测检测点 2 和检测点 3，供电控制装置通过周期性检测检测点 1 和检测点 4，确认供电接口和车辆接口的连接状态，检测周期不大于 50ms。

②车辆控制装置对检测点 2 的 PWM 信号进行不间断检测，当占空比有变化时，车辆控制装置根据 PWM 信号占空比实时调整车载充电机的输出功率，检测

周期不应大于5s。

(9)正常条件下充电结束或停止。

①在充电过程中,当达到车辆设置的结束条件或者驾驶员对车辆实施了停止充电的指令时,车辆控制装置断开开关S2,并使车载充电机处于停止充电状态。

②在充电过程中,当达到操作人员设置的结束条件、操作人员对供电装置实施了停止充电的指令时,供电控制装置应能将控制开关S1切换到+12V连接状态。当检测到S2开关断开时,在100ms内通过断开接触器K1和K2,切断交流供电回路,超过3S未检测到S2断开则可以强制带载断开接触器K1和K2,切断交流供电回路。连接方式A或连接方式B时,供电接口电子锁在交流供电回路切断100ms后解锁。

(10)非正常条件下充电结束或停止

①在充电过程中,车辆控制装置通过检测PE与检测点3之间的电阻值(对于连接方式B和连接方式C)来判断车辆插头和车辆插座的连接状态,如判断开关S3由闭合变为断开(状态B),则车辆控制装置控制车载充电机在100ms内停止充电,然后断开S2(若车辆配置S2)。

②在充电过程中,车辆控制装置通过检测PE与检测点3之间的电阻值(对于连接方式B和连接方式C)来判断车辆插头和车辆插座的连接状态,如判断车辆接口由完全连接变为断开(状态A),则车辆控制装置控制车载充电机停止充电,然后断开S2(若车辆配置S2)。

③在充电过程中,车辆控制装置通过对检测点2的PWM信号进行检测,当信号中断时,则车辆控制装置控制车载充电机应能在3s内停止充电,然后断开S2(若车辆配置S2)。

④在充电过程中,如果检测点1的电压值为12V(状态1)、9V(状态2)或者其他非6V(状态3)的状态,则供电控制装置应在100ms断开交流供电回路。

⑤在充电过程中,供电控制装置通过对检测点4进行检测(对于充电模式3的连接方式A和连接方式B),如检测到供电接口由完全连接变为断开(状态A),则供电控制装置控制开关S1切换到+12V连接状态并在100ms内断开交流供电回路。

⑥在充电过程中,如果剩余电流保护器(漏电断路器)动作,则车载充电机处于失电状态,车辆控制装置断开开关S2。

⑦供电设备检测车载充电机实际工作电流,当供电设备PWM信号对应的最

大供电电流≤20A，且车载充电机实际工作电流超过最大供电电流+2A并保持5s时，或供电设备PWM信号对应的最大供电电流大于20A，且车载充电机实际工作电流超过最大供电电流的1.1倍并保持5s时，供电设备应在5s内断开输出电源并控制开关S1切换到+12V连接状态。

⑧当车辆S2断开（检测点1的电压值为9V）时，供电控制装置应在100ms内断开交流供电回路，持续输出PWM。

注意：如供电控制装置因充电连接装置由完全连接变为断开（状态A和状态1）的原因而切断供电回路并结束充电时，操作人员需要检查和恢复连接，并重新启动充电设置才能进行充电。

⑨在供电接口已完全连接但未闭合交流供电回路时，如果发生连接异常，供电控制装置应在100ms内控制开关S1切换到+12V连接状态且不闭合交流供电回路。

五　直流充电控制导引电路与控制原理

1　控制导引电路

控制导引电路如图6-63所示。

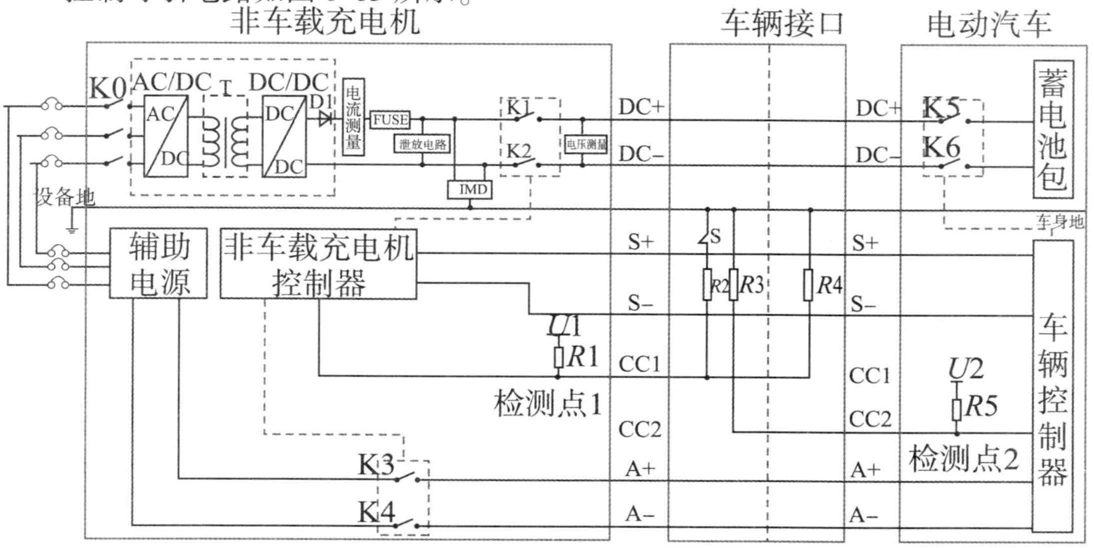

图6-63　直流充电控制导引电路原理图

注：1. 图中二极管D1防止反向电流，可采用其他电路替代。

2. 泄放电路中应具备投切功能。

3. 绝缘检测电路应具备投切功能。

2 控制导引电路参数

直流充电控制导引电路参数见表6-9。

直流充电控制导引电路的参数　　表6-9

对象	参数[1]	符号	单位	标称值	最大值	最小值
非车载充电机	R1 等效电阻	R1	Ω	1000	1030	970
	上拉电压	U1	V	12	12.6	11.4
	测试点1电压	U1a	V	12	12.8	11.2
		U1b	V	6	6.8	5.2
		U1c	V	4	4.8	3.2
车辆插头	R2 等效电阻	R2	Ω	1000	1030	970
	R3 等效电阻	R3	Ω	1000	1030	970
车辆插座	R4 等效电阻	R4	Ω	1000	1030	970
电动汽车	R5 等效电阻	R5	Ω	1000	1030	970
	上拉电压	U2[2]	V	12	12.6	11.4
	测试点2电压	U2a[2]	V	12	12.8	11.2
		U2b[2]	V	6	6.8	5.3

注:①在使用环境条件下和可用寿命都要保持精度范围;

②车辆厂家可自定义。

3 充电控制过程

(1)将车辆插头与车辆插座插合,使车辆处于不可行驶状态。

将车辆插头与车辆插座插合,车辆的总体设计方案可以自动启动某种触发条件(如打开充电门、车辆插头与车辆插座连接,或对车辆的充电按钮、开关等进行功能触发设置),通过互锁或其他控制措施使车辆处于不可行驶状态。

(2)车辆接口连接确认。

操作人员对非车载充电机进行充电设置后,非车载充电机控制装置通过测量检测点1的电压值判断车辆插头与车辆插座是否已完全连接,当检测点1电压值为4V时,则判断车辆接口完全连接。

(3)非车载充电机自检。

在车辆接口完全连接后，闭合 K3 和 K4，使低压辅助供电回路导通。闭合 K1 和 K2，进行绝缘检测，绝缘检测时的输出电压应为车辆通信握手报文内的最高允许充电总电压和供电设备额定电压中的较小值。绝缘检测完成后，将 IMD(绝缘检测)以物理的方式从强电回路中分离，并投入泄放回路，对充电输出电压进行泄放。非车载充电机完成自检后断开 Kl 和 K2，同时开始周期发送通信握手报文。如果车辆需要使用非车载充电机提供低压辅助电源，则在得到非车载充电机提供的低压辅助电源供电后，车辆控制装置通过测量检测点 2 的电压值判断车辆接口是否已完全连接；如果车辆不需要使用非车载充电机提供低压辅助电源，则直接测量检测点 2 电压值判断车辆接口是否连接。如检测点 2 的电压值为 6V，则车辆控制装置开始周期发送通信握手报文。

(4)充电准备就绪。

车辆控制装置与非车载充电机控制装置在配置阶段时，车辆控制装置闭合 K5 和 K6，使充电回路导通；非车载充电机控制装置检测到车辆端电池电压正常(确认接触器外端电压：与通信报文电池电压误差范围 $\leqslant \pm 5\%$，且大于充电机最低输出电压、小于充电机最高输出电压)后闭合 K1 和 K2，使直流供电回路导通。

(5)充电阶段。

在充电阶段，车辆控制装置向非车载充电机控制装置实时发送电池充电需求参数，调整充电电流下降时：$\Delta I \leqslant 20\mathrm{A}$，最长在 1s 内将充电电流调整到与命令值相一致；$\Delta I > 20\mathrm{A}$，最长在 $\Delta I/dl_{\min}$($dl_{\min}$为最小充电速率，20A/s)内将充电电流调整到与命令值相一致。非车载充电机控制装置根据电池充电需求参数实时调整充电电压和充电电流。此外，车辆控制装置和非车载充电机控制装置还相互发送各自的状态信息。在充电过程中，车辆端应能检测 PE 针断线。

(6)正常条件下充电结束。

车辆控制装置根据电池系统是否达到满充状态或是否收到"充电机中止充电报文"来判断是否结束充电。在满足以上充电结束条件时，车辆控制装置开始周期发送"车辆控制装置(或电池管理系统)中止充电报文"，在确认充电电流变为小于 5A 后断开 K5 和 K6。当达到操作人员设定的充电结束条件或收到"车辆控制装置(或电池管理系统)中止充电报文"后，非车载充电机控制装置周期发送"充电机中止充电报文"，并控制充电机停止充电以不小于 100A/s 的速率减小充电电流，当充电电流小于或等于 5A 时，断开 K1 和 K2。当操作人员实施了停止充电指令时，非车载充电机控制装置开始周期发送"充电机中止充电报文"，并控制充电机停止充电,在确认充电电流变为小于5A后断开K1、K2,并再次投入泄放回路,然后再断开K3、K4。

(7)非正常条件下充电中止。

①在充电过程中,如果非车载充电机出现不能继续充电的故障,则向车辆周期发送“充电机中止充电报文”,并控制充电机停止充电,应在100ms内断开K1、K2、K3和K4。

②在充电过程中,如果车辆出现不能继续充电的故障,则向非车载充电机发送“车辆中止充电报文”,并在300ms(由车辆根据故障严重程度决定)内断开K5和K6。

③在充电过程中,非车载充电机控制装置如发生通信超时,则非车载充电机停止充电,应在10s内断开K1、K2、K5、K6;非车载充电机控制装置发生3次通信超时即确认通信中断,则非车载充电机停止充电,应在10s内断开K1、K2、K3、K4、K5、K6。

④在充电过程中,非车载充电机控制装置通过对检测点1的电压进行检测,如果判断开关S由闭合变为断开,应在50ms内将输出电流降至5A或以下。

⑤在充电过程中,非车载充电机控制装置通过对检测点1的电压进行检测,如果判断车辆接口由完全连接变为断开,则控制非车载充电机停止充电,应在100ms内断开K1、K2、K3和K4。

⑥在充电过程中,非车载充电机输出电压若大于车辆最高允许充电总电压,则非车载充电机应在1s内停止充电,并断开K1、K2、K3、K4。

注意:如果非车载充电机因严重故障结束充电,重新启动充电时需要操作人员进行完整的充电启动设置。

4 充电电路原理

(1)在充电机端和车辆端均设置IMD电路,供电接口连接后到K5、K6合闸充电之前,由充电机负责充电机内部(含充电电缆)的绝缘检查;充电机端的IMD回路通过开关从充电直流回路断开,且K5、K6合闸之后的充电过程期间,由电动汽车负责整个系统的绝缘检查。充电直流回路DC+、PE之间的绝缘电阻,与DC-、PE之间的绝缘电阻,两者取小值R,当$R>500\Omega/V$视为安全;$100\Omega/V<R\leqslant500\Omega/V$时,宜进行绝缘异常报警,但仍可正常充电;$R\leqslant100\Omega/V$视为绝缘故障,应停止充电。

(2)充电机进行绝缘检测后,应及时对充电输出电压进行泄放,避免在充电阶段对电池负载产生电压冲击。充电结束后,充电机应及时对充电输出电压进行泄放,避免对操作人员造成电击伤害。泄放回路的参数选择应保证在充电连接器断开后1s内将供电接口电压降到DC 60V以下。

(3)因停电等原因,充电回路或控制回路失去电力时,非车载充电机应在1s以内断开K1、K2,或通过泄放回路在1s以内将充电接口电压降到DC60V以下。

六 吉利EV450交流充电系统

吉利EV450交流充电系统如图6-64和图6-65所示。

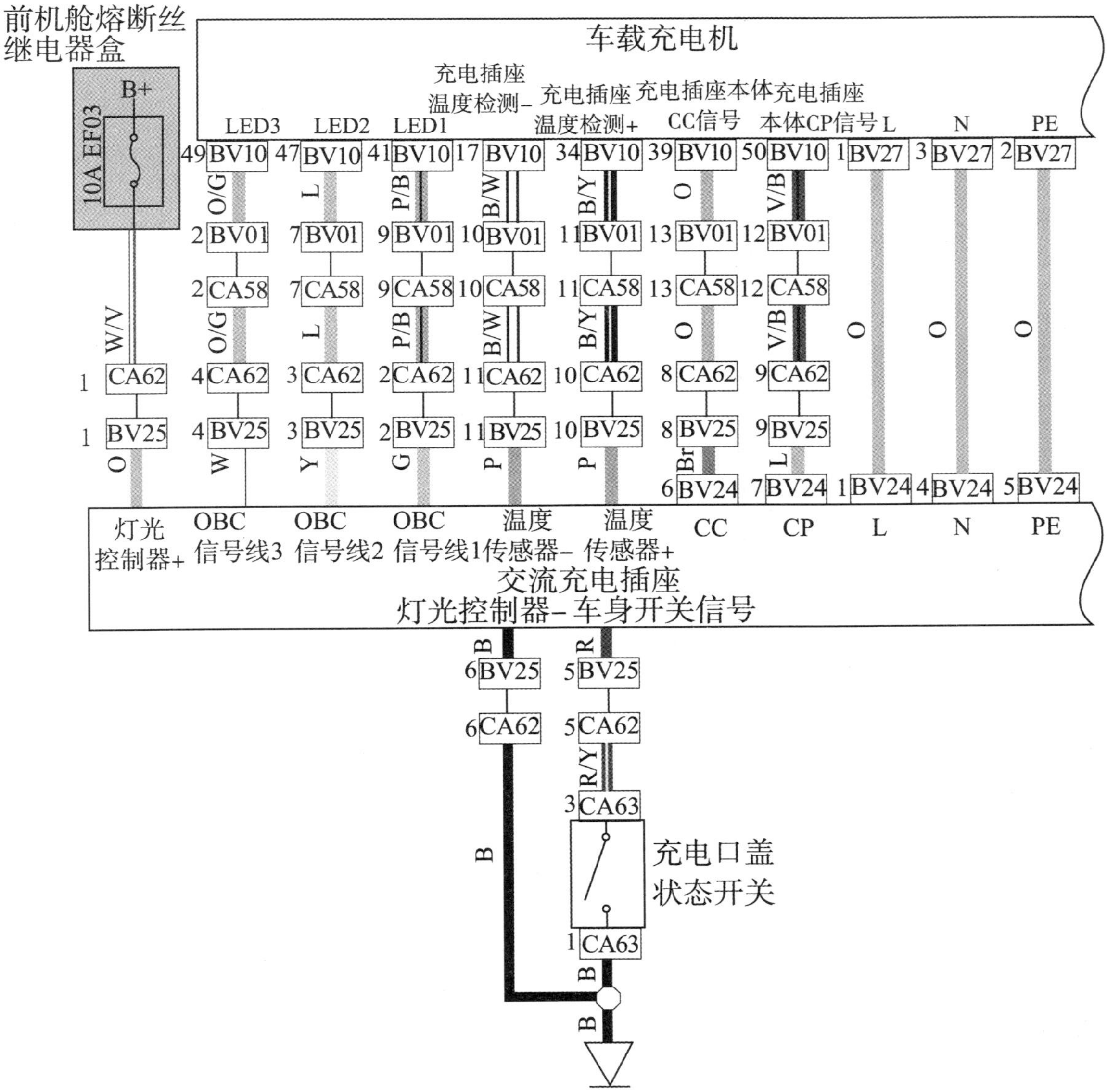

图6-64　吉利EV450交流充电系统(1)

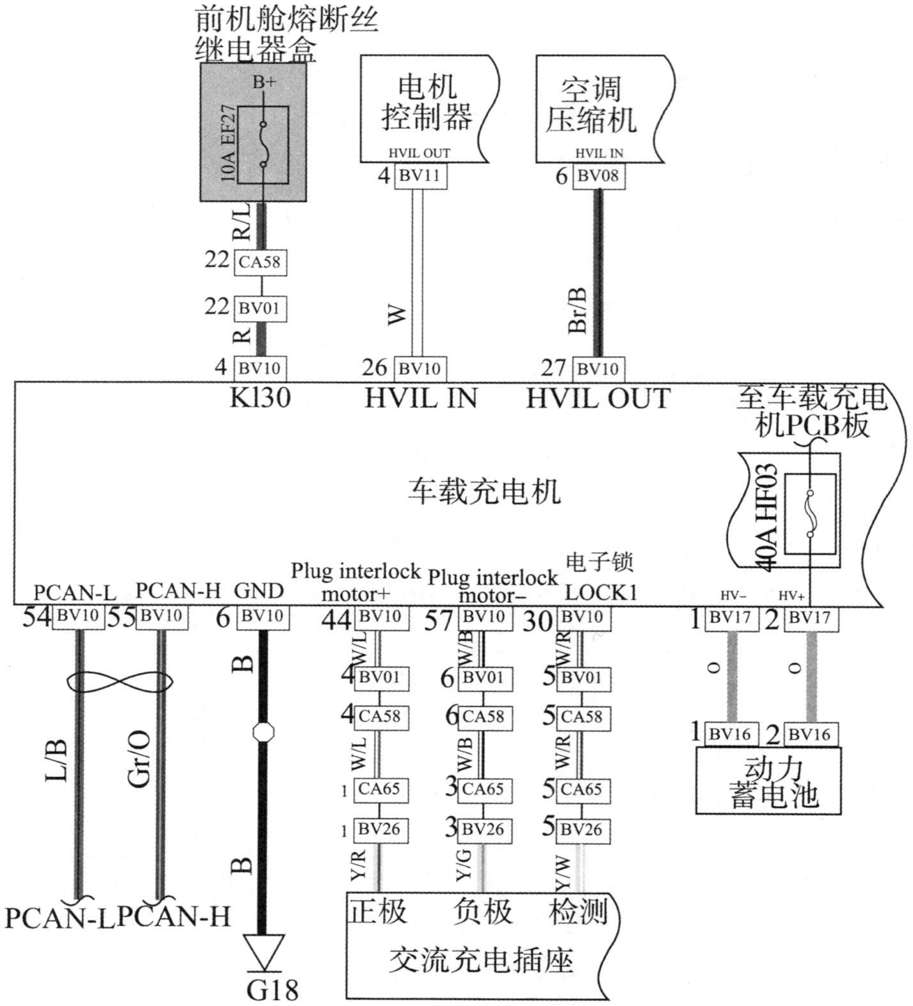

图 6-65　吉利 EV450 交流充电系统(2)

七　吉利 EV450 交流充电系统的检修

1 随车充电枪的检查

(1)检查充电枪的外观。检查充电枪的外观有无破损,脏污。

(2)检查充电枪指示灯。将随车充电枪连接上供电电源插座,观察随车充电枪上的指示灯指示是否正常。

(3)检查 CC-PE 电阻。用万用表电阻挡测量随车充电枪 CC-PE 电阻,吉利 EV450 随车充电枪 CC-PE 电阻值应为 1.5kΩ,当 S3 按下的时候,CC-PE 电阻值应为 3.35kΩ。

(4)检查 CP-PE 电压。将随车充电枪连接上供电电源插座,用万用表电压挡测量 CP-PE 电压，CP-PE 电压应为 12V。

❷ 车载充电机供电线路的检测

（1）检查 EF27 熔断丝是否断路。

（2）断开低压辅助蓄电池负极，断开 BV10，拔下 EF27 熔断丝，用万用表检测 EF27 座下端对 BV10/4 的电阻，电阻值应小于 1Ω，如果电阻值为无穷大，需分别测量 EF27 座下端对 CA58/22 电阻和 BV01/22 对 BV10/4 电阻，电阻值都应小于 1Ω。

❸ 车载充电机搭铁线路的检测

断开低压辅助蓄电池负极，断开 BV10，测量 BV10/6 对车身搭铁电阻，电阻值应小于 1Ω。

❹ 车载充电机 P-CAN 的检测

（1）检测 OBCP-CAN 是否对地或电源短路。测量 BV10/54 与车身之间电压，电压小于 2.5V，测量 BV10/55 与车身之间电压，电压应大于 2.5V。

（2）断开蓄电池的负极，断开 OBC 的 BV10，测量 CA66/54 与 BV10/55 之间电阻，电阻值应为 60Ω；如果为无穷大，转步骤（3）和（4），如果为接近 0Ω，说明 P-CAN 存在互短，需转步骤（5）。

（3）测量 BV10/54 与 IP19/14 之间电阻，电阻应为 0Ω，如果为无穷大，则说明 BV10/54 与 IP19/14 之间存在断路，需进行进一步测量，缩小断路的故障范围。

（4）测量 BV10/55 与 IP19/6 之间电阻，电阻应为 0Ω，如果为无穷大，则说明 BV10/55 与 IP19/6 之间存在断路，需进行进一步测量，缩小断路的故障范围。

（5）断开 BV01 与 CA58 之间连接器，断开 IP04a 与 CA04 之间连接器，测量 BV10/54 与 BV10/55 之间电阻、IP19/6 与 IP19/14 之间电阻、BV01/20 与 BV01/21 之间电阻，根据所测的电阻值，可以将互短的故障缩小在最小的范围内。

❺ 车载充电机高压熔断丝的检测

（1）做好高压安全防护工作。

（2）断开低压辅助蓄电池负极，负极桩头和负极电缆用绝缘胶布包好，静置车辆 10min。

（3）断开与 OBC 连接的母线，高压线束接口处用束口袋或胶布封住，防止异物进入。

（4）进行验电操作，确保 OBC 侧无高压电。

（5）拆下 OBC 盖板。

（6）用万用表测量 OBC 高压熔断丝，电阻值应小于 1Ω。

6 车载充电机低压线束的检测

(1)CP线的检测。断开蓄电池负极,断开BV10,测量BV10/50与BV24/7间的电阻值,电阻值应小于1Ω,如果电阻值为无穷大,应分别测量BV10/50与BV01/12间的电阻值、CA58/12与CA62/9间的电阻值和BV25/9与BV24/7间的电阻值,电阻值都应小于1Ω。

(2)CC线的检测。断开蓄电池负极,断开BV10,测量BV10/39与BV24/6间的电阻值,电阻值应小于1Ω,如果电阻值为无穷大,应分别测量BV10/39与BV01/13间的电阻值、CA58/13与CA62/8间的电阻值和BV25/8与BV24/6间的电阻值,电阻值都应小于1Ω。

(3)温度传感器线束检测。断开蓄电池负极,断开BV10,断开CA62和BV25,测量BV10/34与CA62/10间的电阻值,电阻值应小于1Ω,如果电阻值为无穷大,应分别测量BV10/34与BV01/11间的电阻值和CA58/11与CA62/10间的电阻值,电阻值都应小于1Ω;测量BV10/17与CA62/11间的电阻值,电阻值应小于1Ω,如果电阻值为无穷大,应分别测量BV10/17与BV01/10间的电阻值和CA58/10与CA62/11间的电阻值,电阻值都应小于1Ω。

(4)温度传感器的检测。断开蓄电池负极,断开CA62和BV25,测量BV25/10与BV25/11间的电阻值,电阻值应为4.5kΩ左右。

课题五 电动真空助力系统检修

学习目标

☞ 知识目标

1. 能叙述电动汽车制动系统的组成;
2. 熟悉电动真空助力系统的组成;
3. 能理解电动真空助力系统的工作原理。

☞ 技能目标

会正确对电动真空助力系统进行检修。

☞ 素养目标

1. 培养5S意识;
2. 培养团队协作意识。

建议课时

4课时。

一 电动汽车制动系统的组成

一般电动汽车制动系统与传统汽车制动系统相类似，主要由制动器、制动压力调节装置（例如防抱死制动系统ABS）、电动真空助力系统等组成。

与传统汽车制动系统相比，一般纯电动汽车制动系统多了电动真空助力系统。大多数轿车采用真空助力伺服制动系统，使人力和动力并用。传统内燃机轿车的制动系统真空助力装置的真空源来自发动机进气歧管，真空度负压一般可达到0.05～0.07MPa。对于纯电动车而言，由于没有了内燃机，制动系统没有真空动力源而丧失了真空助力功能，但是仅由人力所产生的制动力无法满足行车制动的需要，因此需要对制动系统真空助力装置进行改制，而改制的核心问题是产生足够压力的真空源，这就需要为制动系统增加电动真空助力系统。

二 电动真空助力系统

电动真空助力系统主要由电动真空泵、真空储存罐、压力传感器和控制器等组成。

吉利EV450纯电动汽车的制动助力装置采用DC 12V电源驱动，主要为汽车真空助力伺服系统提供真空源，它是一种免真空泵油的机电耦合产品，主要包括永磁直流电机、高精密机械泵、真空罐总成及ESC模块组成。

三 真空泵工作电路

吉利EV450纯电动汽车真空泵工作电路如图6-66所示。

四 电动真空助力系统的工作原理

ESC对电动真空泵工作进行控制管理。系统默认为自动开启状态，当助力系统真空度低于设定值时，ESC控制电动真空泵工作，为助力器提供真空，真空度值高于设定值时，ESC控制电动真空泵停止工作；真空度设定值会随着车速的变化而相应提高，在保证行车安全的前提下延长电动真空泵的使用寿命。

系统监测到电动真空管理系统失效时，仪表上黄色ESC故障灯会点亮。

五 吉利EV450电动真空助力系统的检测

1 电动真空助力系统的外观检查

检查真空管路是否存在破损漏气处。

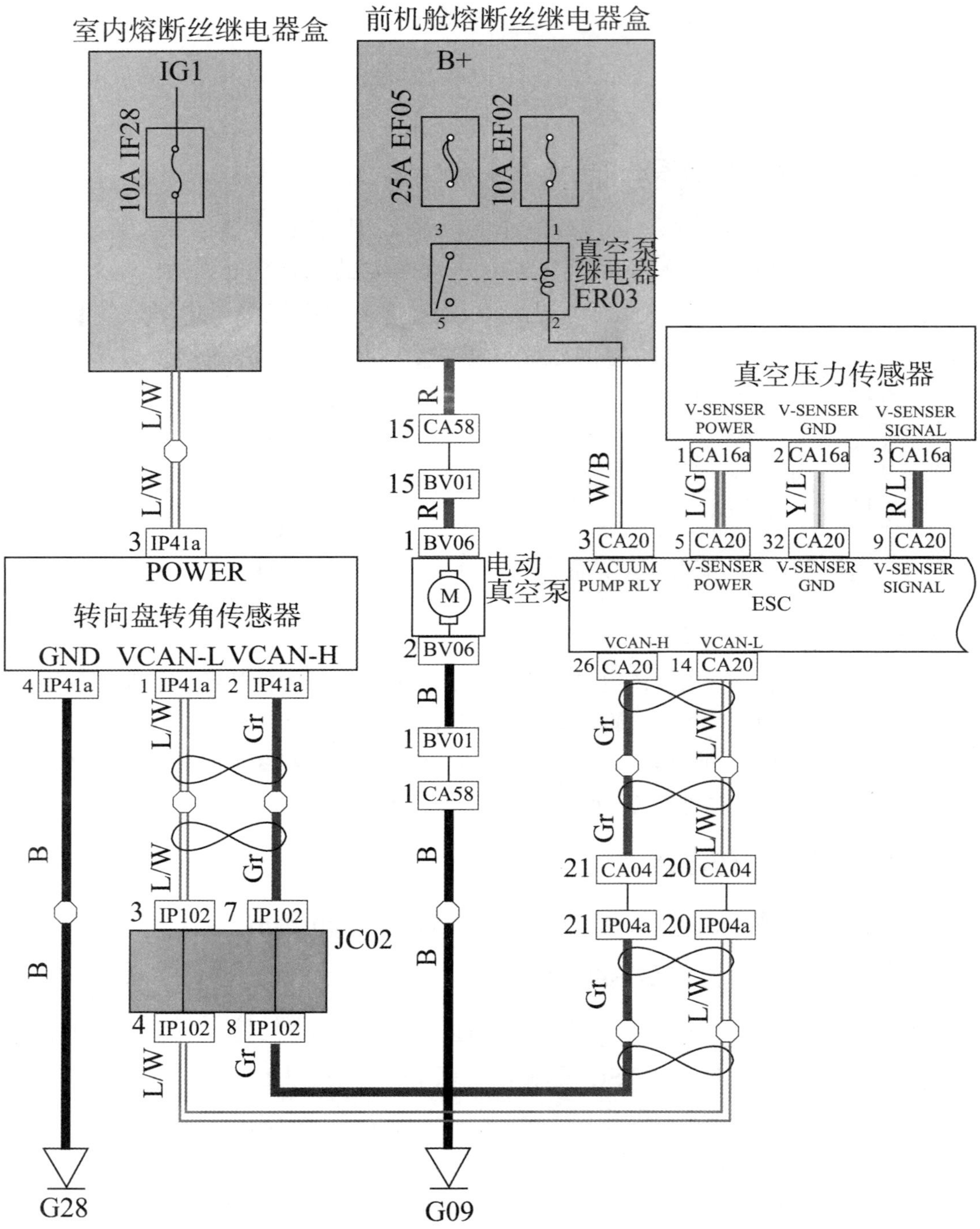

图 6-66　吉利 EV450 纯电动汽车真空泵工作电路

❷ 检查电动真空泵的工作声音

起动车辆,应能明显听到电动真空泵的工作声,或者起动车辆后踩几次制动踏板，也应该能听到电动真空泵的工作声音，否则说明电动真空助力系统存在故障。

③ 真空压力传感器的检测

(1)检查真空度传感器和液压电子控制单元之间的线束。

①操作启动开关使电源模式至 OFF 状态。

②将蓄电池负极电缆从蓄电池上断开。

③断开液压电子控制单元线束连接器 CA20。

④将蓄电池负极电缆连接到蓄电池上。

⑤操作启动开关使电源模式至 ON 状态。

⑥测量真空度传感器线束连接器 CA16a 端子 1、2、3 分别与液压电子控制单元 CA20 端子 5、32、9 之间的电阻值。电阻标准值应小于 1Ω。

⑦确认测量值是否符合标准值。如与标准值不符，应更换真空压力传感器。

(2)检查真空压力传感器的信号电压和电源电压。起动车辆，可以用穿刺的方法，测量 CA16a/3 对车身电压，电压应为 0.5～5V。

断开 CA16a，然后让电源开关处于 ON 挡，测量 CA16a/1 对车身电压，电压应为 5V 左右。

(3)EF05、EF02 的检查。拔下 EF05、EF02，检查熔断丝外观，用万用表测量熔断丝电阻值，应为 0Ω。

(4)检查 ER03 继电器。拔下主继电器 ER05，用万用表检测 ER03/85 与 ER03/86 之间线圈的电阻值，电阻值应在 85Ω 左右，然后将 ER03/85 和 ER03/86 端子连接蓄电池正负极，此时测量 ER03/5 与 ER03/5 之间电阻值，应小于 1Ω。

(5)电动真空泵的供电电路的检查。断开电压蓄电池负极，断开 BV06，拔下 ER03，测量 ER03 座 5 端子与 BV06/1 之间的电值阻，应小于 1Ω，如果为无穷大，需要分别测量 ER03 座 5 端子与 CA58/15 之间、BV01/15 与 BV06/1 之间的电阻值，都应小于 1Ω。

(6)电动真空泵的搭铁电路的检查。断开电压蓄电池负极，断开 BV06，测量 BV06/2 与车身之间的电阻值，应小于 1Ω，如果为无穷大，需要分别测量 BV06/2 与 BV01/1 之间、CA58/1 与车身之间的电阻值，都应小于 1Ω。

(7)电动真空泵的检测。断开电压蓄电池负极，断开 BV06，测量 BV06/1 与 BV06/2 之间电阻值，电阻应为 0.5Ω 左右。

单元小结

(1)介绍了典型动力蓄电池的结构、工作原理以及典型纯电动汽车高压系统部件的识别,详细介绍了电动汽车操作安全规范。要求学生能拆装动力蓄电池。

(2)介绍了吉利 EV450 纯电动汽车驱动电机安装位置、紧固件规格。详细介绍了纯电动汽车电机控制系统的作用。阐述了典型纯电动汽车电机控制器系统电气原理。要求能根据电路图正确检测驱动电机系统电路。

(3)叙述了充电模式和连接方式。重点介绍了交流充电控制导引电路与控制原理、直流充电控制导引电路与控制原理。要求会正确对交流充电系统进行检修。

思考与练习

(一)填空题

1. 动力蓄电池主要由________、________、动力蓄电池箱及辅助元器件等四部分组成。

2. 蓄电池管理系统是监视蓄电池的状态(温度、电压、荷电状态等),可以为蓄电池提供________、________、电芯均衡及管理控制,并提供与应用设备通信接口的设备。

3. 吉利 EV450 动力蓄电池________以钴酸锂、锰酸锂或镍酸锂等化合物为________。

4. 吉利 EV450 共有________个模组。

5. 电池模组 1P6S 表示 1 个________,6 个________。

(二)判断题

1. 动力蓄电池箱体通常安装在车身底盘下方,有承载及保护动力蓄电池组及电气元件的作用。 (　　)

2. 电流传感器用来监测充、放电电流的大小。 (　　)

3. 高压正极和负极接触器为主接触器,控制低压回路的通断。 (　　)

4. 每一个电池单元有一个 CSC 采集系统,以监测其中每个电池单体或电池组单体电压、温度信息。 (　　)

5. 整车控制器的总体功能是用于判断操纵者意愿,根据车辆行驶状态、动力

蓄电池和驱动电机系统的状态合理分配动力,使车辆运行在最佳状态。（　　）

6. 吉利 EV450 CAN 网络的连通是进行整车故障诊断的基础,其分为 V-CAN 和 P-CAN 两路 CAN 总线。（　　）

(三)简答题

1. 吉利 EV450 电池控制单元(BMU)的作用是什么?
2. 吉利 EV450 电池高压分配单元的组成是什么?
3. 吉利 EV450 高压配电系统的组成是什么?
4. 高压互锁回路的功能是什么?

参考文献

[1] 陈社会. 混合动力汽车构造与维修[M]. 北京:机械工业出版社,2017.

[2] 孔超. 纯电动汽车电池及管理系统拆装与检测[M]. 北京:机械工业出版社,2020.

[3] 申荣卫. 混合动力汽车拆装与检测[M]. 北京:机械工业出版社,2019.

[4] 崔胜民,韩家军. 新能源汽车概论[M]. 3 版. 北京:北京大学出版社,2020.

[5] 梅尔达德. 爱塞尼. 现代电动汽车混合动力电动汽车和燃料电池电动汽车[M]. 北京:机械工业出版社,2019.

[6] 刘玉梅. 电动汽车构造与原理[M]. 北京:人民交通出版社股份有限公司,2020.

[7] 何洪文. 电动汽车原理与构造[M]. 2 版. 北京:机械工业出版社,2018.

[8] 弋国鹏,魏建平. 电动汽车控制系统及检修[M]. 北京:机械工业出版社,2020.

[9] 敖东光. 电动汽车结构原理与检修[M]. 北京:机械工业出版社,2017.

[10] 关云霞,梁晨. 新能源汽车技术[M]. 北京:机械工业出版社,2018.

[11] 陈全世. 先进电动汽车技术[M]. 3 版. 北京:化学工业出版社,2018.

[12] 瑞佩尔. 新能源汽车结构与原理[M]. 北京:化学工业出版社,2019.

[13] 申荣卫. 纯电动汽车整车控制系统检测与修复[M]. 北京:机械工业出版社,2020.